# 互联网+
# 政务服务

*Internet*

王栋　王晓霞　等著

天津出版传媒集团

天津人民出版社

## 图书在版编目（ＣＩＰ）数据

互联网＋政务服务 / 王栋等著. —— 天津：天津人民
出版社，2023.4
ISBN 978-7-201-19295-6

Ⅰ.①互… Ⅱ.①王… Ⅲ.①电子政务—研究—中国
Ⅳ.①D63-39

中国国家版本馆 CIP 数据核字(2023)第 064957 号

# 互联网＋政务服务
HULIANWANG ＋ ZHENGWU FUWU

| | | |
|---|---|---|
| 出　　版 | 天津人民出版社 | |
| 出 版 人 | 刘　庆 | |
| 地　　址 | 天津市和平区西康路35号康岳大厦 | |
| 邮政编码 | 300051 | |
| 邮购电话 | （022）23332469 | |
| 电子信箱 | reader@tjrmcbs.com | |

| | |
|---|---|
| 责任编辑 | 郑　玥 |
| 特约编辑 | 林　雨 |
| 装帧设计 | 汤　磊 |

| | |
|---|---|
| 印　　刷 | 北京虎彩文化传播有限公司 |
| 经　　销 | 新华书店 |
| 开　　本 | 710毫米×1000毫米　1/16 |
| 印　　张 | 22 |
| 插　　页 | 2 |
| 字　　数 | 330千字 |
| 版次印次 | 2023年4月第1版　2023年4月第1次印刷 |
| 定　　价 | 98.00元 |

# 前言

党的十八大以来，习近平总书记准确把握信息时代脉搏，科学回答时代命题，从"数字福建""数字浙江"到网络强国、数字中国，明确提出把我国建设成为网络强国的战略目标。以习近平同志为核心的党中央高度重视"互联网＋政务服务"工作，中央政治局多次围绕信息时代前沿问题进行集体学习，对推进"互联网＋政务服务"作出重要部署。2002年1月，在"福建政务信息网"开通仪式上，习近平提出："在世界各国积极倡导的信息技术应用领域中，'电子政府'列为第一位。电子政务是企业信息化和社会生活全面电子化的基础和关键动力。没有政务信息化，就没有全面的企业信息化；没有电子政务，就没有真正的电子商务。"2016年4月，在网络安全和信息化工作座谈会上，习近平总书记指出，要以信息化推进国家治理体系和治理能力现代化，统筹发展电子政务，构建一体化在线服务平台。同年"两会"的政府工作报告提出，要大力推行"互联网＋政务服务"，实现部门间数据共享，让居民和群众少跑腿，好办事、不添堵。2016年12月，为加强全国一体化"互联网＋政务服务"技术、服务体系顶层设计和标准化建设，国办印发了《"互联网＋政务服务"技术体系建设指南》。2017年12月，习近平总书记在中共中央政治局第二次集体学习时对建设数字中国做出了顶层战略部署，强调要坚持以人民为中心的发展思想，推进"互联网＋教育"、"互联网＋医疗"、"互联网＋文化"等，让百姓少跑腿、数据多跑路，不断提升公共服务均等化、普惠化、便捷化水平。在2018年4月召开的全国网络安全和信息化工作会议上，习近平总书记再次强调：要运用信息化手段推进政务公开、党务公开，加快推进电子政务，构建全流程一体化在线服务平台，更好解决企业和群众反映强烈的办事难、办事慢、办事繁的问题。

数字政府建设是数字中国建设的关键。2019年10月，党的十九届四中全会首次提出推进数字政府建设，明确要创新行政管理和服务方式，加快推进全国一体化政务服务平台建设，健全强有力的行政执行系统，提高政府执行力和公信力。2021年3月11日，全国人大通过了关于《中华人民共和国国民经济和社会发展第十四个五年规划和2035年远景目标纲要》的决议，提出"加快数字化发展 建设数字中国"，特别是在提高数字政府建设水平等方面作出了战略部署。2022年4月19日，习近平总书记主持召开中央全面深化改革委员会第二十五次会议，强调要全面贯彻网络强国战略，把数字技术广泛应用于政府管理服务，推动政府数字化、智能化运行，为推进国家治理体系和治理能力现代化提供有力支撑。党的二十大报告再次强调加快网络强国建设。

加强数字政府建设，是创新政府治理理念和方式的重要举措。"互联网＋政务服务"已经成为国家治理体系和治理能力现代化的重要组成部分。同时，"互联网＋政务服务"也推动了政府治理的系统变革。"互联网＋政务服务"运用现代信息网络技术，通过对传统的政务流程进行再造和优化，促进部门协同、条块联动，实现了网上"受理、办理、反馈"的线上服务和实体大厅线下服务的密切配合,打通了便民服务的"最后一公里",变"群众跑腿"为"数据跑路",有效破解了市场主体和社会主体"办事难、办事慢、办事繁"问题,提高了政府运行效率,提升了政府治理能力,增强了人民群众的获得感、幸福感和安全感。

尽管,"互联网＋政务服务"在实践中不断推进,但目前,有关"互联网＋政务服务"的理论研究与实践系统研究的不多,更多是实践层面的探讨。本书对"互联网＋政务服务"的提出过程、基本内涵、政策要求以及重要意义和取得的成效进行了系统的梳理和分析;特别是专门探讨了"互联网＋政务服务"与转变政府职能的关系,提出了"互联网＋政务服务"是推动政府职能转变的新动力;对人工智能给政府服务带来的机遇和挑战也进行了深入的探究,提出了推进人工智能创新政府治理的路径;选取了以养老、医疗卫生和媒体融合发展为代表性的领域,对"互联网＋政务服务"在具体实践领域的推进进行了剖析。本书力图实现理论与实践相结合,对"互联网＋政务服务"进行系统的理论研究和实践分析,为进一步推进我国"互联网＋政务服务"做出努力。

本书由王栋、王晓霞负责整体设计、相关章节的撰写和统稿工作,周超、徐爱好、唐巍也参与了有关章节的撰写工作。

本书得以付梓还要感谢天津人民出版社编辑郑玥、林雨的倾力支持。

# 目 录

一、"互联网＋政务服务"概述 …………………………………… 001

　(一)"互联网＋政务服务"提出的过程及内涵 / 002

　(二)"互联网＋政务服务"的政策要求 / 021

　(三)"互联网＋政务服务"推动数字中国建设取得的成就 / 030

　(四)"互联网＋政务服务"的转型升级:数字政府建设 / 035


二、"互联网＋政务服务"与政府职能转变 …………………… 069

　(一)政府职能的界定与理论探讨 / 070

　(二)"互联网＋政务服务"与政府职能转变关系的探讨 / 082

　(三)"互联网＋政务服务"是政府职能转变的新动力 / 099


三、从"互联网＋"到人工智能——政府治理进一步创新 ……… 114

　(一)从"互联网＋"到人工智能技术 / 115

　(二)智能政务相关概念探讨 / 121

　(三)人工智能技术给现代政府治理带来的机遇 / 125

　(四)人工智能在政府治理中遇到的挑战 / 141

（五）推进人工智能创新政府治理的主要路径 / 151

（六）区块链助力智能政务服务 / 170

四、互联网＋养老服务 ……………………………………………………… 181

（一）"互联网＋养老服务"概念、特点及必要性 / 182

（二）国内"互联网＋养老服务"政策与实践探索 / 190

（三）国外"互联网＋养老"发展模式及启示 / 200

（四）"互联网＋养老服务"存在的问题 / 206

（五）深入开展"互联网＋养老服务"的路径 / 212

（六）大力推进智慧养老产业，提高养老服务质量 / 217

五、互联网＋医疗健康 ……………………………………………………… 227

（一）"互联网＋医疗健康"的概念与特点 / 228

（二）"互联网＋医疗健康"的政策与实践探索 / 230

（三）国外"互联网＋医疗健康"模式及借鉴 / 245

（四）"互联网＋医疗健康"面临的主要问题 / 252

（五）深入开展"互联网＋医疗健康"的路径 / 261

六、推进媒体融合发展，加强政府舆情引导 ………………………… 269

（一）媒体融合概念的提出及其内涵 / 270

（二）媒体融合发展对于推进"互联网＋政务"的必要性 / 287

（三）以媒体融合促政务媒体融合 / 298

（四）媒体融合发展的经验借鉴（天津经验） / 310

（五）在媒体融合背景下强化政府舆情引导 / 324

# 一 『互联网＋政务服务』概述

中国互联网络信息中心（CNNIC）2022 年 8 月 31 日发布了第 50 次《中国互联网络发展状况统计报告》。该报告显示，截至 2022 年 6 月，我国网民规模为 10.51 亿，互联网普及率达 74.4%。[1]《第 49 次中国互联网络发展状况统计报告》显示，截至 2021 年 12 月，我国互联网政务服务用户规模达 9.21 亿，较 2020 年 12 月增长 9.2%，占网民整体的 89.2%。[2]2022 年 7 月发布的《数字中国发展报告（2021 年）》显示，2017 年到 2021 年，我国网民规模由 7.72 亿增长到 10.32 亿，互联网普及率由 55.8% 上升到 73%，特别是农村地区互联网普及率提升到 57.6%，城乡地区互联网普及率差异缩小 11.9 个百分点。[3]中国网民规模的

---

① 《第 50 次〈中国互联网络发展状况统计报告〉》，《光明日报》2022–09–02。

② CNNIC：《第 49 次中国互联网络发展状况统计报告》，http://www.cnnic.cn/hlwfzyj/hlwxzbg/hlwtjbg/202202/P020220318335949959545.pdf#page=75&zoom=100,116,194。

③ 国家互联网信息办公室：《数字中国发展报告（2021 年）》，http://www.cac.gov.cn/2022–08/02/c_1661066515613920.htm?spm=C73544894212.P59511941341.0.0。

剧增,对政府网络治理提出了挑战。习近平总书记指出:"随着互联网特别是移动互联网发展,社会治理模式正在从单向管理转向双向互动,从线下转向线上线下融合,从单纯的政府监管向更加注重社会协同治理转变。我们要深刻认识互联网在国家管理和社会治理中的作用,以推行电子政务、建设新型智慧城市等为抓手,以数据集中和共享为途径,建设全国一体化的国家大数据中心,推进技术融合、业务融合、数据融合,实现跨层级、跨地域、跨系统、跨部门、跨业务的协同管理和服务。"[①]"互联网 + 政务服务"与政府治理现代化具有高度契合性。通过互联网 + 政务,打造线上线下融合、多级联动的政务服务平台体系,可以实现政务服务精准供给,让数据"多跑路",让群众"少跑腿",实现一站式办理,政务服务便捷化。因此,"互联网 +"与政务服务相结合,既是中国"互联网 +"战略的延伸,也是推进国家治理体系和治理能力现代化、建设服务型政府的必然趋势和要求。

## (一)"互联网 + 政务服务"提出的过程及内涵

### 1."互联网 + 政务服务"提出的过程

#### (1)"互联网 +"的提出

国内"互联网 +"提出,最早可追溯到 2012 年 11 月。易观国际的董事长兼首席执行官于扬,在易观第五届移动互联网博览会发言中首次提出"互联网 +"理念,指出,在未来,"互联网 +"公式应该是我们所在的行业的产品和服务,在与我们未来看到的多屏全网跨平台用户场景结合之后产生的这样一种化学公式。可以按照这样一个思路找到若干这样的想法。[②]

---

① 《习近平:加快推进网络信息技术自主创新 朝着建设网络强国目标不懈努力》,https://news.12371.cn/2016/10/09/ARTI1476012571684947.shtml。

② 参见于扬:《所有传统和服务应该被互联网改变》,http://www.cncompute.com/news/Internet_of_things/domestic/2016-03/64c02ce01c08d71bd4820552288fe245.html。

2015年3月,全国人大代表马化腾在两会上提交了《关于以"互联网＋"为驱动,推进我国经济社会创新发展的建议》的议案,呼吁要持续以"互联网＋"为驱动,鼓励产业创新、促进跨界融合、惠及社会民生,推动我国经济和社会的创新发展。马化腾认为,"互联网＋"是指,利用互联网的平台、信息通信技术,把互联网和包括传统行业在内的各行各业结合起来,从而在新领域创造一种新生态。2015年,李克强在政府工作报告中首次提出制定"互联网＋"行动计划,推动移动互联网、云计算、大数据、物联网等与现代制造业结合,促进电子商务、工业互联网和互联网金融健康发展,引导互联网企业拓展国际市场。①

2015年7月,国务院印发了《关于积极推进"互联网＋"行动的指导意见》(国发〔2015〕40号)。②这是推动互联网由消费领域向生产领域拓展,加速提升产业发展水平,增强各行业创新能力,构筑经济社会发展新优势和新动能的重要举措。9月,国务院印发《促进大数据发展行动纲要》(国发〔2015〕50号),围绕推进政府数据开放共享、推动资源整合、提升政府治理能力,明确提出"三个着力、五大目标、三方面任务、十项工程及七项措施"③。其中"三个着力"是要着力推动政府数据开放共享利用,提升政府治理能力;着力推进大数据技术研发、产业发展和人才培养,促进大数据产业健康发展;着力规范利用大数据,保障数据安全。"三方面任务"是:加快政府数据开放共享,推动资源整合,提升治理能力;推动产业创新发展,培育新兴业态,助力经济转型;强化安全保障,提高管理水平,促进健康发展。

---

① 李克强:《政府工作报告——2015年3月5日在第十二届全国人民代表大会第三次会议上》,http://www.gov.cn/guowuyuan/2015-03/16/content_2835101.htm。

② 《国务院关于积极推进"互联网＋"行动的指导意见》(国发〔2015〕40号),http://www.gov.cn/zhengce/content/2015-07/04/content_10002.htm。

③ 《国务院关于印发促进大数据发展行动纲要的通知》(国发〔2015〕50号),http://www.gov.cn/zhengce/content/2015-09/05/content_10137.htm。

### （2）"互联网＋政务"的提出

1951 年美国政府用计算机处理当年的人口普查数据，标志着人类第一次将现代信息技术用于政府管理活动中。[①]在中国，2016 年，李克强总理在政府工作报告中首次提出"互联网＋政务服务"：大力推行"互联网＋政务服务"，实现部门间数据共享，让居民和企业少跑腿、好办事、不添堵。简除烦苛，禁察非法，使人民群众有更平等的机会和更大的创造空间。实现各政府职能部门之间的数据共享，为的就是让居民和企业少跑腿、好办事、不添堵。[②]

此后，围绕推进"互联网＋政务"，国家密集出台文件。为了加快推进"互联网＋政务服务"，切实解决群众跨地域、跨层级办事难的问题，2016 年 4 月，国务院办公厅转发了国家发展改革委等部门制定的《推进"互联网＋政务服务"开展信息惠民试点的实施方案》（国办发〔2016〕23 号），对"互联网＋政务"做出明确部署，提出强化部门间协同联动，促进办事部门政务服务相互衔接，并要求充分运用"互联网＋"、大数据等创新理念和先进技术，切实促进政府服务的集成化、高效化和精准化，提升政务服务水平和公众满意度。[③]5 月，国务院印发了《关于印发 2016 年推进简政放权放管结合优化服务改革工作要点的通知》（国发〔2016〕30 号），围绕转变政府职能，明确提出了"大力推行'互联网＋政务服务'，推进实体政务大厅向网上办事大厅延伸，打造政务服务'一张网'，简化服务流程，创新服务方式，对企业和群众办事实行'一口受理'、全程服务"的要求。[④]9 月印发的《国务院关于加快推进"互联网＋政务服务"工作的指导意见》（国发〔2016〕55 号）（以下简称《指导意见》）对加快

---

① 汪玉凯：《数字化是政府治理现代化的重要支撑》，《国家治理》周刊 2020 年 4 月第 2 期。

② 李克强：《政府工作报告——2016 年 3 月 5 日在第十二届全国人民代表大会第四次会议上》，http://www.gov.cn/guowuyuan/2016-03/05/content_5049372.htm。

③ 《国务院办公厅关于转发国家发展改革委等部门推进"互联网＋政务服务"开展信息惠民试点实施方案的通知》（国办发〔2016〕23 号），http://www.gov.cn/zhengce/content/2016-04/26/content_5068058.htm。

④ 《国务院关于印发 2016 年推进简政放权放管结合优化服务改革工作要点的通知》（国发〔2016〕30 号）. http://www.gov.cn/zhengce/content/2016-05/24/content_5076241.htm。

推进"互联网＋政务服务"工作做出总体部署：由各省（区、市）人民政府、国务院有关部门建成一体化网上政务服务平台，全面公开政务服务事项，政务服务标准化、网络化水平显著提升。到 2020 年底前，实现互联网与政务服务深度融合，建成覆盖全国的整体联动、部门协同、省级统筹、一网办理的"互联网＋政务服务"体系，大幅提升政务服务智慧化水平，让政府服务更聪明，让企业和群众办事更方便、更快捷、更有效率。①9 月，李克强主持召开国务院常务会议，重点部署加快推进"互联网＋政务"，以深化政府自身改革，更大程度地便民利企。李克强提出，各级政府官员都要用好"互联网＋"的渠道，不断提高处理政务信息、感知群众冷暖、应变社会舆情的能力。②2016 年 12 月出台的《国务院办公厅关于印发"互联网＋政务服务"技术体系建设指南的通知》（国办函〔2016〕108 号）（以下简称《技术体系指南》），通过加强顶层设计，对各地区各部门网上政务服务平台建设进行规范，优化政务服务流程，推动构建统一、规范、多级联动的全国一体化"互联网＋政务服务"技术和服务体系。③《"十三五"国家信息化规划》（国发〔2016〕73 号）将"推动信息跨部门跨层级共享共用"列入重点任务分工清单。④

2017 年的政府工作报告提出，要推进"互联网＋政务服务"，深入推进"互联网＋"行动和国家大数据战略。⑤5 月发布《国务院办公厅关于印发政府网站发展指引的通知》（国办发〔2017〕47 号）（以下简称《政府网站发展指引》），

① 《国务院关于加快推进"互联网＋政务服务"工作的指导意见》（国发〔2016〕55 号），http://www.gov.cn/zhengce/content/2016-09/29/content_5113369.htm。

② 新华网：国务院常务会议部署加快推进"互联网＋政务服务"以深化政府自身改革更大程度利企便民 ［EB/OL].http://www.xinhuanet.com/politics/2016 -09/18/c_129285521.htm?isappinstalled = 0,2016-09-18。

③ 《国务院办公厅关于印发"互联网＋政务服务"技术体系建设指南的通知》（国办函〔2016〕108 号），http://www.cac.gov.cn/2017-01/13/c_1120300337.htm。

④ 《国务院关于印发"十三五"国家信息化规划的通知》（国发〔2016〕73 号），http://www.gov.cn/zhengce/content/2016-12/27/content_5153411.htm。

⑤ 李克强：《政府工作报告——2017 年 3 月 5 日在第十二届全国人民代表大会第五次会议上》.http://www.gov.cn/premier/2017-03/16/content_5177940.htm。

首次全面系统地对政府网站规划进行了阐述。通过加强顶层设计，对各地区各部门网上政务服务平台建设进行规范，优化政务服务流程，推动构建统一、规范、多级联动的全国一体化"互联网 + 政务服务"技术和服务体系。①12 月，国务院常务会议部署加快推进政务信息系统整合共享，提出按照党的十九大建设现代化经济体系和人民满意的服务型政府的要求，加快部门和地方政务信息系统整合共享。打通"放管服"改革"经脉"，是便利群众办事和创业创新、增强政府公信力的重要举措。建立政务数据校正完善机制，按照"谁提供、谁负责"原则，确保信息及时、可靠、完整、权威。②习近平总书记在中共中央政治局第二次集体学习时强调，要"统筹规划政务数据资源和社会数据资源，完善基础信息资源和重要领域信息资源建设，形成万物互联、人机交互、天地一体的网络空间"。"要以推行电子政务、建设智慧城市等为抓手，以数据集中和共享为途径，推动技术融合、业务融合、数据融合，打通信息壁垒，形成覆盖全国、统筹利用、统一接入的数据共享大平台，构建全国信息资源共享体系，实现跨层级、跨地域、跨系统、跨部门、跨业务的协同管理和服务。"③政务数据的整合利用已经提上国家政策与战略议程。

2018 年的政府工作报告提出，推行"互联网 + 政务服务"、实施一站式服务等举措。营商环境持续改善，市场活力明显增强，群众办事更加便利。深入推进"互联网 + 政务服务"，使更多事项在网上办理，必须到现场办的也要力争做到"只进一扇门""最多跑一次"，同时提出要加强政务服务标准化建设。④

①《国务院办公厅关于印发政府网站发展指引的通知》（国办发〔2017〕47 号），http://www.gov.cn/zhengce/content/2017-06/08/content_5200760.htm。

②《李克强主持召开国务院常务会议，部署加快推进政务信息系统整合共享，以高效便捷的政务服务增进群众获得感》，http://www.gov.cn/guowuyuan/2017-12/06/content_5244924.htm。

③《习近平在中共中央政治局第二次集体学习时强调，审时度势精心谋划超前布局，力争主动实施国家大数据战略，加快建设数字中国》，https://news.12371.cn/2017/12/09/ARTI1512803587039877.shtml。

④ 李克强：《政府工作报告——2018 年 3 月 5 日在第十三届全国人民代表大会第一次会议上》，http://www.gov.cn/premier/2018-03/22/content_5276608.htm。

2018年，国务院印发《关于进一步深化"互联网＋政务服务"推进政务服务"一网、一门、一次"改革实施方案》，就加快推进"互联网＋政务服务""一网通办"和企业群众办事"只进一扇门""最多跑一次"等做出部署。《方案》明确了加快推进"互联网＋政务服务"的主要任务和工作措施。一是以整合促便捷，推进线上"一网通办"；二是以集成提效能，推进线下"只进一扇门"；三是以创新促精简，让企业和群众"最多跑一次"。①在2018年全国网络安全和信息化工作会议上，习近平总书记提出："要运用信息化手段推进政务公开、党务公开，加快推进电子政务，构建全流程一体化在线服务平台，更好解决企业和群众反映强烈的办事难、办事慢、办事繁的问题。网信事业发展必须贯彻以人民为中心的发展思想，把增进人民福祉作为信息化发展的出发点和落脚点，让人民群众在信息化发展中有更多获得感、幸福感、安全感"。②

2019年的政府工作报告提出要深化"互联网＋政务服务"，推行网上审批和服务，抓紧建成全国一体化在线政务服务平台，加快实现一网通办、异地可办，使更多事项不见面办理，确需到现场办的要"一窗受理、限时办结""最多跑一次"。建立政务服务"好差评"制度，服务绩效由企业和群众来评判。③2019年4月26日出台的《国务院关于在线政务服务的若干规定》（国令第716号），明确了一体化在线平台建设的目标要求和总体架构，规定国家加快建设一体化在线平台，推进各地区、各部门政务服务平台规范化、标准化、集约化建设和互联互通，推动实现政务服务事项全国标准统一、全流程网上办理，促进政务服务跨地区、跨部门、跨层级数据共享和业务协同，并依托一体化在线平台，推进政务服务线上线下深度融合；一体化在线平台由国

---

① 蔡旭：《以"互联网＋政务服务"推动政府治理现代化》，《党政论坛》2019年第12期。

② 《习近平在全国网络安全和信息化工作会议上强调，敏锐抓住信息化发展历史机遇，自主创新推进网络强国建设》，http://www.gov.cn/xinwen/2018-04/21/content_5284783.htm。

③ 李克强：《政府工作报告——2019年3月5日在第十三届全国人民代表大会第二次会议上》，http://www.gov.cn/premier/2019-03/16/content_5374314.htm。

家政务服务平台、国务院有关部门政务服务平台和各地区政务服务平台组成。①2019年4月,李克强签署国务院令:《国务院关于在线政务服务的若干规定》,明确"电子签名,是指数据电文中以电子形式所含、所附用于识别签名人身份并表明签名人认可其中内容的数据"。政务服务中使用的符合《中华人民共和国电子签名法》规定条件的可靠的电子签名,与手写签名或者盖章具有同等法律效力。②2019年12月30日,国务院印发《国家政务信息化项目建设管理办法》(国办发〔2019〕57号),规范国家政务信息化建设管理,推动政务信息系统跨部门跨层级互联互通、信息共享和业务协同,强化政务信息系统应用绩效考核。③

2020年9月出台的《国务院办公厅关于加快推进政务服务"跨省通办"的指导意见》(国办发〔2020〕35号)提出建立权威高效的数据共享协调机制,明确数据共享供需对接、规范使用、争议处理、安全管理、监督考核、技术支撑等制度流程,满足"跨省通办"数据需求。④11月印发的《国务院办公厅关于印发全国深化"放管服"改革优化营商环境电视电话会议重点任务分工方案的通知》(国办发〔2020〕43号),将全面推行"不见面"办事,进一步拓展"互联网 + 政务服务",提供"24小时不打烊"的在线政务服务;持续推进"互联网 + 监管"⑤。

2021年3月,《中华人民共和国国民经济和社会发展第十四个五年规划

① 《中华人民共和国中央人民政府:国务院关于在线政务服务的若干规定》(国令第716号). http://www.gov.cn/zhengce/content/2019-04/30/content_5387879.htm。

② 李克强:《国务院关于在线政务服务的若干规定》(中华人民共和国国务院令第716号), http://www.gov.cn/zhengce/content/2019-04/30/content_5387879.htm。

③ 中华人民共和国中央人民政府:《国务院办公厅关于印发国家政务信息化项目建设管理办法的通知》(国办发〔2019〕57号). http://www.gov.cn/zhengce/content/2020-01/21/content_5471256.htm。

④ 中华人民共和国中央人民政府:《国务院办公厅关于加快推进政务服务"跨省通办"的指导意见》(国办发〔2020〕35号). http://www.gov.cn/zhengce/content/2020-09/29/content_5548125.htm。

⑤ 中华人民共和国中央人民政府:《国务院办公厅关于印发全国深化"放管服"改革优化营商环境电视电话会议重点任务分工方案的通知》(国办发〔2020〕43号). http://www.gov.cn/zhengce/content/2020-11/10/content_5560234.htm。

和 2035 年远景目标纲要》印发,提出要适应数字技术全面融入社会交往和日常生活新趋势,促进公共服务和社会运行方式创新,构筑全民畅享的数字生活。将数字技术广泛应用于政府管理服务,推动政府治理流程再造和模式优化,不断提高决策科学性和服务效率。[①]2021 年 2 月,国务院反垄断委员会发布《关于平台经济领域的反垄断指南》,明确平台经济领域反垄断执法原则;3 月,市场监管总局出台《网络交易监督管理办法》,进一步规范网络交易活动,维护网络交易秩序,保障网络交易各方主体合法权益;6 月,《数据安全法》审议通过,明确了统筹数据安全和发展的基本要求,健全了我国数据安全保护的制度规则,将政务 App 用户个人信息安全纳入了法律保障体系,同时也提升了国家数据安全保障能力;7 月,国务院公布《关键信息基础设施安全保护条例》,确立了关键信息基础设施安全保护的基本制度;8 月,《个人信息保护法》审议通过,为个人信息保护提供了更具系统性、针对性和可操作性的法律遵循。此外,国家网信办等部门制定修订《汽车数据安全管理若干规定(试行)》《网络安全审查办法》等法规规章草案。同时,技术治理规则体系加快构建,国家网信办、工业和信息化部、公安部和市场监管总局联合发布《互联网信息服务算法推荐管理规定》,进一步规范互联网信息服务算法推荐活动;10 月,市场监管总局对《互联网平台分类分级指南》《互联网平台落实主体责任指南》公开征求意见,进一步完善平台治理的基础性制度供给。[②]

### 2."互联网＋政务服务"的内涵

自 2015、2016 年政府工作报告提出"互联网＋"与"互联网＋政务服务"

---

① 中华人民共和国中央人民政府:《中华人民共和国国民经济和社会发展第十四个五年规划和 2035 年远景目标纲要》. http://www.gov.cn/xinwen/2021-03/13/content_5592681.htm。

② 国家互联网信息办公室:《数字中国发展报告(2021 年)》, http://www.cac.gov.cn/2022-08/02/c_1661066515613920.htm?spm=C73544894212.P59511941341.0.0。

后,"互联网＋政务"的概念受到关注,政府自身在"互联网＋"背景下如何作为,成为各方关注的重点话题。一些学者在对"互联网＋政务服务"展开研究时提出,讨论"互联网＋政务"内涵,首先要把握好"互联网＋"的基本内涵。

**（1）关于"互联网＋"概念的探讨**

2015 年国务院出台的《关于积极推进"互联网＋"行动指导意见》中,将"互联网＋"定义为:"把互联网的创新成果与经济社会各领域深度融合,推动技术进步、效率提升和组织变革,提升实体经济创新力和生产力,形成更广泛的以互联网为基础设施和创新要素的经济社会发展新形态。"[①]

关于"互联网＋"有多种看法。作为"互联网＋"概念倡导者之一的马化腾给出简明扼要的解释:"互联网＋"可以被简单地解释为"连接一切、万物互联"[②];腾讯研究院认为,"互联网＋"是以互联网平台为基础,利用信息通信技术与各行业的跨界融合,构建连接一切的新生态;阿里研究院认为,"互联网＋"是指以互联网为主的一整套信息技术（包括移动互联网、云计算、大数据技术、物联网等）在经济、社会生活各部门的扩散、应用,并不断释放出数据流动性的过程。[③]

学界讨论"互联网＋"的主要观点如下:黄楚新等人认为,"互联网＋"是依托互联网信息技术实现互联网与传统产业的联合,以优化生产要素,更新业务体系、重构商业模式等途径来完成经济转型和升级。[④]刘金婷认为,"互联网＋"是一种全新的,甚至带有某种神秘色彩的事物,是把互联网的创新成果与经济社会各领域深度融合,产生化学反应、放大效应。[⑤]邬贺铨院士提出,大数据、智能化、移动互联网和云计算相结合的"大智移云",代表了信息

---

① 《国务院关于积极推进"互联网＋"行动的指导意见》（国发〔2015〕40 号）,http://www.gov.cn/zhengce/content/2015−07/04/content_10002.htm。

② 詹丽华:《腾讯首席执行官马化腾:"互联网＋",连接一切》,《浙江日报》2015−12−15。

③ 刘涛:《"互联网＋政务服务"政府治理创新》,《合作经济与科技》2018 年第 4 期。

④ 黄楚新、王丹:《"互联网＋"意味着什么》,《新闻与写作》2015 年第 5 期。

⑤ 刘金婷:《"互联网＋"内涵浅议》,《中国科学技术语》2015 年第 3 期。

技术发展新阶段的时代特征,而"互联网＋"开拓了信息技术应用空间。汪玉凯认为,"互联网＋"是"互联网 2.0＋创新 2.0"的新经济创新模式①,他将我国电子政务发展概括为起步阶段、融合阶段、协同阶段和智能化阶段四个阶段,随着我国政府关于"互联网＋政务服务"等政策的发布和改革试点的推行,电子政务正在向政务全面整合阶段迈进。②苏丹认为,"互联网＋"就是创造性地运用互联网工具,构建互联网化的组织,推动组织和产业更有效率地运行;"互联网＋"代表着一种新的经济形态,是依托互联网信息技术实现互联网与传统产业的联合,优化生产要素、更新业务体系、重构商业模式,促进经济转型升级③,是把"互联网＋"视为传统互联网的进一步普及运用。后向东认为,"互联网＋"是互联网的创新成果与经济社会各领域深度融合,运用互联网思维创新商业模式和政府管理方式,推动技术进步、效率提升和组织变革,切实改变人们的生产、生活;"＋"的含义为融合、创新和改变,本质上讲,"互联网＋"意味着新的生产工具所带来的生产力增长,以及由生产力的增长所引发的上层建筑即生产关系的相应调整。④李广乾认为,"互联网＋"是基于物联网、云计算、大数据、移动互联网条件下的新一轮信息化,即"互联网＋"并不是传统信息化,而是在基础设施、业务架构设计、信息资源产生与处理、应用方式、参与主体等诸多方面都发生了根本改变的新一轮信息化。⑤关萍认为,"互联网＋"是指以互联网为主体的一整套信息技术(包括互联网、移动互联网、云计算、大数据技术等)在经济、社会等各部门的扩散和应用过程;简单说"互联网＋"就是指"互联网＋各个传统行业",但不是简单相加,"互联

---

① 汪玉凯:《"互联网＋"是"互联网 2.0＋创新 2.0"的新经济创新模式》,《办公自动化》2015 年第 10 期。

② 郭伟伟、黄满盈、周岩军、白鹭:《我国"互联网＋政务服务"的研究现状及趋势分析》,《办公自动化》2019 年第 24 期。

③ 苏丹:《技术更迭日新月异 互联网:踏浪前行风正劲》,《中国知识产权报》2018-12-10。

④ 后向东:《"互联网＋政务":内涵、形势与任务》,《中国行政管理》2016 年第 6 期。

⑤ 李广乾:《"互联网＋"政务服务与国家治理现代化》,《社会治理》2019 年第 3 期。

网 +"给各行各业行业提供了一个新的接入端口。①饶守艳认为,"互联网 +"是知识社会创新 2.0 推动下的经济社会发展新形态演进的产物,主要体现为跨界融合、创新驱动,利用实时、交互、便捷等特点推进网上信息公开、项目审批、事项办理、事后监督,以互联网实时、交互、共享的特点推动电子政务公开化、信息化、便利化。②另外,有学者认为"互联网 +"是在互联网基础上的根本性升级,最核心的是连接对象的升级,即从人与人通过网络的互联,升级到万物之间的互联;"互联网 +"突破了传统互联网的物理局限,通过移动终端实现了网络连接的随时随地化;"互联网 +"使连接更加紧密,人与人、人与物的连接交流,能够跨越物理屏障实现无限量、实时化。因此"互联网 +"是更加普遍、更加深入、实时无限的万物互联。它是一种生产力,是一种手段,也是一种新的生产生活状态。③"互联网 +"的本质是通过信息化技术,促进各领域各产业融合,提高产业自动化和经营水平,全面提高产业竞争力。④

李克强 2015 年 8 月 21 日在国务院先进制造与 3D 打印专题讲座上的讲话中指出,现在还有些争论,到底应是"互联网 +"还是"+ 互联网"? 实际上"互联网 +"和"+ 互联网"都非常必要。比如德国工业的主要特点就是"+ 互联网",不少重要的制造业企业在专注于技术和产品研发生产的同时,利用互联网集众智进行开发和销售。笔者认为"互联网 +"和"+ 互联网"从一定意义上讲是相通的,核心都是运用各种方式把众创、众包、众扶、众筹等带动起来,推动企业生产模式和组织方式变革,增强企业创新能力和创造活力。可以说,"互联网 +"是促进产业升级、推进市场化改革的一个关键举措。因此,各有关方面都要认真研究怎样让中国产品,不仅是制造业产品,也包括服务业产品,更好地实现与互联网相结合。美国发展制造业的一个显著特征,就

---

① 关萍:《我国"互联网+政务服务"基本问题研究》,《江苏广播电视报》2021 年第 5 期。

② 饶守艳:《智慧政务提升政务效能的理论与实践》,《技术经济与管理研究》2016 年第 5 期。

③ 后向东:《"互联网+政务":内涵、形势与任务》,《中国行政管理》2016 年第 6 期。

④ 刘涛:《"互联网+政务服务"政府治理创新》,《合作经济与科技》2018 年第 4 期。

是"互联网＋智能制造"。2016 年政府工作报告也明确提出"互联网＋"，如今众创、众包、众扶、众筹等应运而生，就是通过互联网把资源聚集起来、利用起来，这是重大的改革创新。①

**(2)关于"互联网＋政务"概念的探讨**

政务服务是各级政府向公民、法人和社会组织所提供的公共服务之一，是衡量我国服务型政府建设成功与否的重要标准之一，是政府职能转变与人民"获得感"是否增强的"试金石"②。2016 年的政府工作报告中首次明确提出大力推进"互联网＋政务服务"，实现部门间数据共享，让居民和企业少跑腿、好办事、不添堵。简除烦苛，禁察非法，使人民群众有更平等的机会和更大的创造空间。③可以说，"互联网＋政务服务"是我国政府治理体系与治理能力现代化最直接最具体的反应，是新时代行政体制改革的引擎。④

因传统电子政务面临新挑战，一些学者探讨了"互联网＋政务"的内涵。国外没有"互联网＋政务服务"的固定说法，相关研究主要是电子政务。由于"互联网＋政务服务"是在电子政务发展基础上根据我国国情提出的，因此国内学者有的是按照电子政务研究模式开展研究的，把"互联网＋政务"阐述为传统电子政务的拓展与延伸，主要与政府网站建设、政务微博微信、政务服务 App、政府数据开放等联系起来。⑤电子政务是政府机构应用现代信息和通信技术，将管理和服务通过网络技术进行集成，在互联网上实现政府组织结构和工作流程的优化重组，超越时间、空间与部门分隔的限制，全方位地向社会提供优质、规范、透明、符合国际水准的管理和服务。电子政务处理

① 李克强：《催生新的动能 实现发展升级》，《求是》2016 年第 20 期。

② 甄贞、吴明：《推进政务服务标准化的几点思考》，《人民论坛》2017 年第 35 期。

③ 李克强：《政府工作报告——2016 年 3 月 5 日在第十二届全国人民代表大会第四次会议上》，http://www.gov.cn/guowuyuan/2016-03/05/content_5049372.htm。

④ 徐敏宁、陈安国：《"互联网+政务服务"三步走战略探究》，《行政管理改革》2020 年第 8 期。

⑤ 范久红、陈婉玲：《互联网+政务：助推地方政府向服务型转变》，《世界电信》2015 年第 5 期；赵慧：《互联网+政务，怎么加？》，《人民邮电》2015-04-13。

的是与政权有关的公开事务，不是简单地将传统的政府管理事务原封不动地搬到互联网上，而是要对其进行组织结构的重组和业务流程的再造。电子政务主要包括政府间的电子政务（Government to Government，G2G），指电子法规政策系统、电子公文系统、电子司法档案系统、电子财政管理系统、电子办公系统、电子培训系统、业绩评价系统等；政府对企业的电子政务（Government to Business，G2B），包括电子采购与招标、电子税务、电子证照办理、信息咨询服务、中小企业电子服务等；政府对公民的电子政务（Government to Citizen，G2C），指教育培训服务、就业服务、电子医疗服务、社会保险网络服务、公民信息服务、交通管理服务、公民电子税务、电子证件服务。还有国外一些学者将政府机关的内部办公与管理信息化单列一类。①

学界对"互联网＋政务"的基本认识已达成了共识，明晰了"互联网＋"政务是我国电子政务发展的最新形态。②"互联网＋政务"是电子政务的新阶段、新模式。电子政务完全超越了工具论和技术论的范畴，为行政管理体制改革提供了外部动力，为服务型政府建设提供技术基础和社会基础。③电子政务在我国经历了网络化办公萌芽阶段、网络化办公大发展阶段、政府网上信息公开快速发展阶段，以及网上办事跨越式发展阶段。网络化办公萌芽阶段是信息化基本处于分散开发阶段，软件、硬件和数据资源的应用水平很低；网络化办公大发展阶段是以数据和信息的网络化传输为基础，逐步实现对企事业单位和社会主体的管理和服务的网络化；政府网上信息公开快速发展阶段是信息化发展被提升到国家战略层面，电子政务各个领域得以快速发展，但仍处于信息公开的初级阶段；网上办事跨越式发展阶段是电子政务管理体制科学化、信息共享、政务公开、法律法规和标准化不足，以及发展

---

① 李广乾：《"互联网＋"政务服务与国家治理现代化》，《社会治理》2019 年第 3 期。
② 孙荣、梁丽：《"互联网＋"政务视域下的政府职能转变研究》，《南京社会科学》2017 年第 9 期。
③ 饶守艳：《智慧政务提升政务效能的理论与实践》，《技术经济与管理研究》2016 年第 5 期。

不平衡等问题都亟待解决的阶段。①"互联网＋"政务服务是轻装信息化条件下的电子政务,是对于传统电子政务的升级换代。②"互联网＋政务"是互联网新技术在公共部门的进一步发展和应用,是电子政务发展的一个阶段,而不是脱离电子政务的"新产物",所以适用于电子政务的研究理论和内容在适当调整后完全可以作为"互联网＋政务"的理论基础。③"互联网＋"是工具和手段,是政务的"互联网＋"而非"互联网＋"的政务。"政务互联网＋"打造的就是全新的"电子政务",在技术手段上来有效保障"政务为民,为民政务",来有效拉近政府和人民的距离。"互联网＋政务服务"的本质就是以数据推动政府治理现代化,通过利用现代信息技术,对政府数据资源进行有效配置,实现政府部门之间的信息集成与共享,从而达到业务流程的优化与协同。④汪玉凯认为,在应对新冠肺炎疫情这场突发公共卫生事件过程中,电子政务发挥了显著作用。一是各地政府通过政府门户建立的疫情信息发布平台,为当地民众了解本地疫情、政府出台抗疫举措等提供了重要的信息渠道。二是借助各地这几年建立的大数据中心,以及大数据分析手段,对及时阻断疫情传播、隔离密切接触者提供了精准的依据。三是各地政府利用电子政务服务平台,为民众提供各式各样的便民服务,使很多群众足不出户就可以获得政府的相关服务,对减少人群外出活动导致的感染风险、舒缓群众的情绪、消除社会的恐慌都发挥了重要作用。四是在复工复产中,电子政务在为各类市场主体提供服务方面也发挥了重要作用。⑤

也有学者提出,探讨"互联网＋政务服务"的基本内涵,应回归到"互联网＋"源概念上来,认为"互联网＋政务服务"是"互联网＋"在政府治理中的

---

① 饶守艳:《智慧政务提升政务效能的理论与实践》,《技术经济与管理研究》2016 年第 5 期。

② 李广乾:《"互联网＋"政务服务与国家治理现代化》,《社会治理》2019 年第 3 期。

③ 郭伟伟、黄满盈、周岩军、白鹭:《我国"互联网+政务服务"的研究现状及趋势分析》,《办公自动化》2019 年第 24 期。

④ 后向东:《"互联网+政务":内涵、形势与任务》,《中国行政管理》2016 年第 6 期。

⑤ 汪玉凯:《数字化是政府治理现代化的重要支撑》,《国家治理》周刊 2020 年 4 月第 2 期。

战略延伸，是推动政府治理现代化的重要安排和国家治理现代化的重要组成部分。"互联网＋"扩展到政务服务领域，必将推动政府治理呈现出新的范式，"互联网＋政务服务"成为政府治理创新的最有效方式之一。①"互联网＋政务"是政府面对"互联网＋"时代经济社会基本状况所发生的深刻变化，是在新的技术条件下政府的管理、服务和社会管制所做的必要调整，在管理、服务和基本秩序管控等方面采取相应措施、做出相应调整、形成相应的制度机制和组织体系，进一步可以细分出"互联网＋政务管理""互联网＋政务服务""互联网＋政务管控"三个子概念。②"互联网＋政务"的本质是指以政务服务平台为基础，以实现智慧政府为目标，运用互联网技术、互联网思维与互联网精神，构建集约化、高效化、透明化的政府治理与运行模式，向社会提供新模式、新境界、新治理结构下的管理和政务服务产品。③"互联网＋政务"的核心要义是将电子政务、公共服务与互联网深度结合，融合发展，是利用互联网平台和微信、微博、政务 App 等手段实现网上办事、在线服务以及各种便捷应用。也有学者把"互联网＋政务"定义为政府变革，把政府所有的变革都归入其中，如简政放权、法治政府创新政府廉洁政府服务型政府建设、"三张清单一张网"建设等。④"互联网＋政务"是互联网在政务领域的深层开发与运用，运用信息技术手段，对各项数据信息进行整合，借助数据共享平台、政务服务信息系统、政务网站、移动互联网终端等多种平台，构建政府管理和服务的新形态，适应社会发展的新形势与新要求。"互联网＋"政务并不是简单地把传统的政务搬到线上，更是一种具有创新精神、开放精神、融合精神、服务精神的时代变革，信息公开、高效迅捷、互联互通、服务优化是"互

---

① 刘涛：《"互联网+政务服务"政府治理创新》，《合作经济与科技》2018 年第 4 期。

② 后向东：《"互联网+政务"：内涵、形势与任务》，《中国行政管理》2016 年第 6 期。

③ 姚梅：《"互联网+政务"背景下我国政府形象塑造研究》，《安徽商贸职业技术学院学报（社会科学版）》2017 年第 3 期。

④ 汪玉凯：《"互联网+政务"：政府治理的历史性变革》，《国家治理》2015 年第 27 期；刘红波、汪玉凯：《互联网+政务，驱动社会治理创新》，《光明日报》2015-08-24。

联网 +"政务服务的主要特点和优势。①大数据时代,更关注的是动态的数据、系统化的数据,以不间断"流"的形式存在的、成片的、活的数据。政府要凭借对这些数据的有效收集、处理和分析来治理国家。②

还有学者认为,"互联网 + 政务服务"是其在公共服务领域的应用,即政府从公众需求角度出发,运用互联网思维和技术,以提升政府治理能力和服务能力的现代化,促进公民参与的积极性,提升公众满意度,重塑政府形象,最终建设人民满意的服务型政府。③"互联网 + 政务服务"是政府创造性地利用互联网思维、技术和资源,将政务服务与"互联网 +"场景中的用户需求相结合,提升运作效率、服务能力,重塑政务服务体系,形成跨界融合、连接一切的政府治理模式。"互联网 + 政务服务"是政府治理服务意识提升、公共服务质量及效率提升的新机遇。④"互联网 + 政务服务"就是指政府根据法律规范,利用互联网新技术对政府、公众、社会团体、企业事业等给予相关政务服务,以全面推进政府政务服务的发展与创新,建立互联网政府服务平台。⑤"互联网 +"政务将政府行政部门的管理和服务活动,通过互联网、大数据、云计算、物联网、移动通信、3D 打印、智能机器人等方式实现,并运用这些先进技术改造传统的电子政务系统,使政府的服务能力和服务水平全面升级,顺应了信息社会发展和公民需求;"互联网 +"政务以公民需求为导向,以数据共享和权力公开为核心,以在线服务为模式,以政务 App 和第三方平台为枢纽,重构政府的管理和服务流程,形成了政民融合、良性互动的智慧政务;"互联网 +"政务引入大数据、云计算、移动通信等先进技术,帮助政府部门建立"用数据说话、用数据决策、用数据管理、用数据创新"的管理机制,通过大

---

① 孙荣、梁丽:《"互联网+"政务视域下的政府职能转变研究》,《南京社会科学》2017 年第 9 期。

② 涂子沛:《大数据推动精细决策》,《人民日报》2015-04-09。

③ 郭伟伟、黄满盈、周岩军、白鹭:《我国"互联网+政务服务"的研究现状及趋势分析》,《办公自动化》2019 年第 24 期。

④ 刘涛:《"互联网+政务服务"政府治理创新》,《合作经济与科技》2018 年第 4 期。

⑤ 关萍:《我国"互联网+政务服务"基本问题研究》,《江苏广播电视报》2021 年第 5 期。

数据分析增强了政府工作的可预测性;"互联网 +"政务通过平台化思维构建起惠民、利民、便民的开放性服务体系,打通了政府、企业、事业单位之间的数据壁垒,在很大程度上提升了各级政府的市场监管和社会治理能力。[①]"互联网 + 政务服务"主要是以构建智慧政府为中心应用,信息技术有效收集并整合各类资源,为社会提供创新政务服务与产品。[②]"互联网 + 政务服务"对内的政务管理包括行政管理变革、信息资源管理、系统安全管理、立法研究,着重强调使用互联网新技术、运用互联网思维,通过网络流程再造,在网上进行跨部门协同,最后提供智能化的管理和服务,进而实现现代化政府的目标。"互联网 + 政务服务"对外的政务服务主要包括客户关系管理、绩效评价、服务质量及满意度调查等。[③]对政府管理而言,社会信息化应用水平的提高对政府权力运行公开、舆论引导以及突发事件应对能力提出了更高要求,促使政府不断创新管理。信息整合及其对决策的支撑进一步加强,政府数据开放要求创造更大价值,面向公众的政务服务更加完善。[④]

有学者指出,综合来看,国内外"互联网 + 政务服务"研究已形成一套比较成熟的体系,但微观研究的多,宏观研究的少;局部研究的多,系统研究的少;简单实证研究的多,理论建构研究的少;短期应景的多,长期谋划的少。[⑤]研究初期,大部分专家和学者主要以政务服务大厅和政务网站建设为研究对象,对其服务质量和公众满意度的影响因素进行研究。随着互联网新技术的发展,转而对移动政务(即"两微一端")进行研究。只有少部分学者注意到政务服务在线一体化建设中的过渡阶段——线上线下相衔接,即 O2O 模

① 孙荣、梁丽:《"互联网+"政务视域下的政府职能转变研究》,《南京社会科学》2017 年第 9 期。

② 戴安娜、王明清:《"互联网+政务"背景下我国政务服务面临的机遇和挑战》,《供应链管理》2019 年第 7 期。

③ 郭伟伟、黄满盈、周岩军、白鹭:《我国"互联网+政务服务"的研究现状及趋势分析》,《办公自动化》2019 年第 24 期。

④ 饶守艳:《智慧政务提升政务效能的理论与实践》,《技术经济与管理研究》2016 年第 5 期。

⑤ 徐敏宁、陈安国:《"互联网+政务服务"三步走战略探究》,《行政管理改革》2020 年第 8 期。

式。①此外,有相当部分学者聚焦具有中国特色的"互联网＋政务服务"惠民试点城市典型案例研究。也有学者通过微观研究指出,我国"互联网＋政务服务"建设已经取得快速发展,但依然处在粗放阶段,不仅存在信息难共享、虚实两张皮、地域差异大、形式主义等一些基本问题,而且在战略方向上,没有明确不同发展阶段实体中心与虚拟中心的主次关系;在战略任务上,没有对未来实体中心的规模进行系统规划;在战略举措上,没有传统窗口模式向"互联网＋"现代窗口模式转变的有效方法。②

"互联网＋政务服务"是政府治理的历史性变革,其重点领域应为公共服务和社会治理模式的改革。③信息技术的发展在改变治理环境后,由外而内地倒逼着治理模式的革新;同时也为提高治理绩效提供一种不可或缺的新兴治理资源,是优化治理手段和治理过程、切实推进国家治理现代化的有效媒介。④"互联网＋政务服务"实际上是以数字化、智能化、协作化为导向,运用新一代信息技术"打破内部循环、倒逼体制改革",重塑传统组织体制、运行机制和工作流程,构建整体型行政管理体系。应用政务云和数据库,以数据为驱动,强化政务资源共享,实现政府管理体系的全面升级,构建管理规范、资源集约、运转高效、政务透明的整体性治理模式,做到跨层级、跨部门互联互通、资源共享、业务协同。

"互联网＋政务服务"的一个重要特征是通过"云、网、端"实现各级政府与社会的相互连接。运用互联网技术、互联网思维与互联网精神,依托多元化的移动终端与政务服务有机且深度融合,线上服务平台与线下服务大厅的紧密结合,为办事群众和企业提供便捷、实用、有效和及时的精准服务,以

---

① 郭伟伟、黄满盈、周岩军、白鹭:《我国"互联网+政务服务"的研究现状及趋势分析》,《办公自动化》2019 年第 24 期。

② 徐敏宁、陈安国:《"互联网+政务服务"三步走战略探究》,《行政管理改革》2020 年第 8 期。

③ 郭伟伟、黄满盈、周岩军、白鹭:《我国"互联网+政务服务"的研究现状及趋势分析》,《办公自动化》2019 年第 24 期。

④ 郭建锦、郭建平:《大数据背景下的国家治理能力建设研究》,《中国行政管理》2015 年第 6 期。

"互联化"打通服务群众"最后一公里"。通过政务服务领域大数据高效采集、整合共享、融合利用，运用互联网＋新型技术，打造智能决策、智能监管、智能服务、智能办公的新型政府，是智能政务发展的历史必然。"互联网＋"的"去中心化、扁平化、多元化"等核心理念和行为方式，将改变以政府为中心的传统管理模式，促进政府与公众的共同参与。对政务服务办理过程和结果进行大数据分析，创新办事质量控制和服务效果评估，大幅提高政务服务的在线化、智能化水平。

2016 年 9 月 14 日国务院常务会议在部署加快推进"互联网＋政务服务"时，李克强讲了堂生动的"互联网＋政务服务"课：一要讲观念。互联网时代公众的信息渠道和话语体系都呈现显著变化，李克强要求各级官员观念应随之而变，"政府不能把自己关在'玻璃缸'里面"。所谓优化政务服务，不能自说自话，而必须以公众感知为依归。政府必须要对公众关心的问题及时回应，这不仅是为人民服务的本质要求，也是政府必须尽的职责所在，不及时回应就是失责！二要讲方法。如果说政务服务是"事"，当今时代的"大器"就是"互联网＋"。总理提出，一是优化再造服务流程，其中包括凡能实现网上办理的事项，不得要求群众必须到现场办理等；二是优化再造服务平台，依托政府门户网站，整合政务信息和服务平台，推进实体政务大厅与网上服务平台融合；三是打通数据壁垒，促进各部门、各层级、各业务系统互联互通。四是加强系统和信息安全防护能力，加大对涉及商业秘密、个人隐私等重要数据保护力度。五是加快清理不适应"互联网＋政务服务"的各种规定。他举例说，我们党最早提出的三大纪律、八项注意，都是非常具体的"小事"，但正因如此才赢得了民心。所以各级政府不仅要重视宏观经济等"大事"，同时也丝毫不能忽视老百姓关心的"小事"。①

① 陈翰咏：《总理讲了堂生动的"互联网＋政务服务"课》，http://www.gov.cn/xinwen/2016—09/15/content_5108559.htm。

## (二)"互联网＋政务服务"的政策要求

随着"互联网＋"与网络强国战略的深入推进,人们对在线政务服务的需求越来越多,"互联网＋"已经成为深化政务服务改革的重要措施。国家相关部门先后出台系列政策及意见,指明了政务服务的发展方向,并对未来发展提出要求,"互联网＋政务服务"系列政策措施环环相扣、层层递进,不断推向深入,为政务服务改革提供了成熟的政策环境,更为政务服务实践发展指明了方向。

### 1.推进"互联网＋政务服务",开展信息惠民试点

为进一步推动部门间政务服务相互衔接,协同联动,打破信息孤岛,2016年4月,国务院办公厅转发国家发展改革委、财政部等10部委《推进"互联网＋政务服务"开展信息惠民试点的实施方案》,指出长期困扰基层群众的"办证多、办事难"现象仍然大量存在,造成群众重复提交办事材料、往返跑腿,给群众办事创业带来诸多不便,应力图加以解决。强调要加快推进"互联网＋政务服务",深入实施信息惠民工程,运用大数据等现代信息技术,强化部门协同联动,打破信息孤岛,促进办事部门政务服务相互衔接,确立"一号申请、一窗受理、一网通办"的办事方式,变"群众跑腿"为"信息跑路",变"群众来回跑"为"部门协同办",变"被动服务"为"主动服务"。①

### (1)信息共享,条块结合

由于居民身份证号是群众办事中使用最多、与各业务系统关联度最大的标识信息,因此采用公民身份号码作为唯一标识,实现群众办事"一号申

---

① 《国务院办公厅关于转发国家发展改革委等部门推进"互联网＋政务服务"开展信息惠民试点实施方案的通知》(国办发〔2016〕23号),http://www.gov.cn/zhengce/content/2016-04-26/content_5068058.htm。

请"。打通平台与基础信息库、业务信息库及各部门审批业务系统的对接，由"专网多系统"变多部门"平台共享"，所有审批事项流程信息在平台系统可查可控，支撑群众办事"一窗受理"。对于需要建立基于公民身份证号码的线上线下统一身份认证体系，实现群众办事认证信息的多部门共享互认，保证个人以唯一有效且通用的身份信息作为凭证，一次认证即能办理网上网下各类业务，实现"一网通办"。基于后台统一的政务服务信息系统，实现各部门业务受理情况的集中汇聚和统一发布，确保各服务渠道信息的一致性；在收件受理、审批审核、批件完成等环节可以短信、微信等方式向个人手机推送提醒，让办事群众共享进度信息。同时，加强行业主管部门的业务指导和政策支持，促进各层级、各部门的协调配合和业务联动，强化制度衔接，构建跨部门、跨层级一体化的联合推进机制。

### (2)"三个转变"，主动服务

一是变"群众来回跑"为"部门协同办"。虽然我国多数城市已建立政务服务中心为群众提供"一站式"服务，但大多数政务服务中心都是各部门派驻"摆摊"模式，群众在办事过程中仍须在不同窗口之间来回跑，甚至跨区域办事时要在不同城市之间来回跑，成为群众办事中的"堵点"。《推进"互联网＋政务服务"开展信息惠民试点的实施方案》提出发挥互联网交互性和共享性优势，实现跨部门、跨区域、跨层级的政务信息共享，通过公共服务的"一窗口"受理、"一平台"共享和"一站式"服务，有效解决群众办事"多头跑、重复跑、跨省跑"问题。二是变"群众跑腿"为"信息跑路"。虽然我国众多省市推进网上办审批系统将原来"串联"审批改为"并联"审批，大大减少了信息传递的资金、人力和时间成本，大幅提升审批效率，但仍需群众跑路。《推进"互联网＋政务服务"开展信息惠民试点的实施方案》提出发挥互联网和信息化技术的载体作用，把线下办理的事项扩展到线上，群众通过网上办事大厅、手机客户端等方式实现政务事项的网上办理，让"信息跑路"替代"群众跑腿"。三是变"被动服务"为"主动服务"。由于通过大数据分析，可实现对群众潜在办事需求的精准分析和主动推送,从而为公众提供便捷、多元、精细、专业的公共服务,《推进"互联网＋政务服务"开展信息惠民试点的实施方案》提出发挥信息化技术的数据集聚和智能处理优势,及时获得群众个性化需求,变"等待群众上门"为"主动上门为群众服务"。

**(3)"一号一窗一网",改革创新政务服务模式**

实现群众办事"一号"申办,极大简化群众办事的前置审核环节,避免群众办事重复提交材料、证明和文件,为缩短群众办事流程,降低政务服务成本创造了基础。构建"小前端大后台"的政务服务体系,以跨部门、跨层级、跨区域政务数据共享为前提,实现政务办事信息共享和业务协同"一窗"受理,支撑群众办事就近办理、同城通办和异地办理。整合构建网上统一身份认证体系,推进群众网上办事"一次认证、多点互联",实现多渠道服务的"一网"通办。

**(4)先行试点,全面推广**

《推进"互联网＋政务服务"开展信息惠民试点的实施方案》提出,2016年"先行试点,夯实基础",基本建成电子证照库,实现政务服务纸质证照和电子证照的同步签发,建成统一综合政务服务窗口和服务系统和统一身份认证体系;2017年"全面推广,成效显现",在全国范围内推动政务服务模式创新改革,最终实现各试点城市间政务服务跨区域、跨层级、跨部门"一号申请、一窗受理、一网通办",基本公共服务事项80％以上可在网上办理。

**(5)规范办事,信息公开**

一是推进办事依法依规,各地区、各部门结合编制权力清单、责任清单、负面清单及规范行政审批行为等相关工作,根据法律法规规定,对本地区、本部门以及相关国有企事业单位、中介服务机构的公共服务事项进行全面梳理,列出目录并实行动态调整。凡没有法律法规依据的证明和盖章环节,原则上一律取消。二是推进信息公开透明,全面公开公共服务事项,实现办事全过程公开透明、可追溯、可核查,切实保障群众的知情权、参与权和监督权。要对所有公共服务事项逐项编制办事指南,列明办理依据、受理单位、基本流程、申请材料、示范文本及常见错误示例、收费依据及标准、办理时限、咨询方式等内容,并细化到每个环节。建立健全服务规则,提升运用新技术新方法为民服务的能力。[①]

### 2.加快推进"互联网＋政务服务"建设

2016年9月,国务院印发《关于加快推进"互联网＋政务服务"工作的指导意见》,首次对全国"互联网＋政务服务"工作做出系统性部署。[②]

#### (1)持续简政放权,进一步激发市场活力和社会创造力

《国务院关于加快推进"互联网＋政务服务"工作的指导意见》提出继续加大放权力度,把该放的权力放出去,能取消的要尽量取消,直接放给市场和社会。"优化再造政务服务"与"融合升级平台渠道",直面政务服务本身,对服务事项、服务流程、服务模式进行优化再造,破旧立新;同时强调要以政府门户网站为核心,构建一体化互联网政务服务平台,并将实体政务大厅、基层办事网点、移动端、自助终端、热线电话进行全面融合升级。随着"互联网＋"战略全面推进和"放管服"改革不断深入,以及用户需求的激活,我国"互联网＋政务服务"迎来重要的发展节点,"互联网＋政务服务"不再仅限于对服务事项的虚拟化与线上化,正由一项便民利民的发展举措,升级成为激活经济社会发展动能与集聚民间创新激情与智慧的重要杠杆。

#### (2)政务服务平台厘清"四大关系"

为处理好政府网站和第三方平台之间、中央政府门户网站与地方政府门户网站之间,以及线上服务平台与线下实体大厅的关系,《关于加快推进"互联网＋政务服务"工作的指导意见》指出,各省(自治区、直辖市)人民政府、

---

① 许跃军:《互联网+政务服务新形势、新趋势、新未来》,中国工信出版社,2018年,第39页。

② 《国务院关于加快推进"互联网+政务服务"工作的指导意见》(国发〔2016〕55号),http://www.gov.cn/zhengce/content/2016-09/29/content_5113369.htm。

国务院有关部门要依托政府门户网站，整合本地区本部门政务服务资源与数据，加快构建权威、便捷的一体化互联网政务服务平台，提供一站式服务，避免重复分散建设；已经单独建设的，应尽快与政府门户网站前端整合。强调政府门户网站作为核心平台的地位。同时引入社会力量，积极利用第三方平台，开展预约查询、证照寄送，以及在线支付等服务。一是厘清 PC 端和移动端的关系。要利用统一的政务服务资源，积极推进平台服务向移动端、自助终端、热线电话等延伸，为企业和群众提供多样便捷的办事渠道。二是厘清中央和地方门户网站的关系。中央政府门户网站开通各地方和部门的服务连接通道，使关系民生的共性服务通过中央门户一站式办理，而具有区域特色的服务事项下沉到地方。三是厘清线上平台和线下大厅的关系。推进实体政务大厅与网上服务平台融合发展，推动基层服务网点与网上服务平台无缝对接。把移动互联网作为一种要素引入传统政务体系，改变原有的服务流程和效率，实现服务创新、模式创新、资源配置创新。

**（3）互联网政务服务流程严格按照"三个凡是"要求**

凡是能通过网络共享复用的材料，不得要求企业和群众重复提交；凡是能通过网络核验的信息，不得要求其他单位重复提供；凡是能实现网上办理的事项，不得要求必须到现场办理。"三个凡是"通过数据留痕与信息复用，避免"奇葩证明"和杜绝"证明你妈是你妈"现象，为群众办事创造良好的在线体验，提高办事效率。

此外，该指导意见还提出，要建立公众参与机制，鼓励引导群众分享办事经验，开展满意度评价，不断研究改进工作。要在企业运营与居民衣食住行等民生服务的事项上，做到"应上尽上、全程在线"[1]。

---

[1]　许跃军：《互联网+政务服务新形势、新趋势、新未来》，中国工信出版社，2018 年，第 43 页。

### 3."互联网＋政务服务"技术体系建设

2016年年底,国务院办公厅印发《技术体系指南》,围绕构建统一、规范、多级联动的"互联网＋政务服务"技术体系,以服务驱动和技术支撑为主线,提出了优化政务服务供给的信息化解决路径和操作方法,为各地区、各部门开展网上政务服务平台建设提供了重要参考和指引。

**(1)构建统一监督考核体系**

针对政务服务用户体验不足、评价手段欠缺等问题,以电子监察和第三方评估为手段,加强"互联网＋政务服务"评价考核体系建设。一是利用电子监察平台加强政府内部监督督察,实时采集政务服务运行数据,对时效、流程、内容、裁量(收费)、廉政风险点5种异常情况进行自动预警报警。二是运用第三方评估等方式组织开展政务服务评估评价,围绕服务方式完备度、服务事项覆盖度、办事指南准确度、在线服务深度、在线服务成效度等方面,以评价考核为手段促进各地区、部门不断提升网上政务服务水平。

**(2)构建统一业务支撑体系**

针对办事事项不全面、不规范、不统一等问题,加强业务支撑体系建设。一是依据法律法规编制统一目录清单;二是政务服务实施机构对目录清单中由本机构负责的政务服务事项进行细化完善,形成具体的实施清单;三是建立统一的事项管理数据库,实现政务服务事项数据统一、同步更新、同源公开、多方使用。

**(3)构建统一基础平台体系**

针对网上政务服务平台不互通、数据不共享等问题,加强"互联网＋政务服务"基础平台体系建设。一是围绕平台架构、数据交换和信息共享等,各地区、各部门开展一体化政务服务平台建设,实现政务服务事项统一申请、统一受理、集中办理、统一反馈和全流程监督;二是推进国务院部门统建系统数据对接,建设各级政务服务数据共享平台,推进跨地区、跨部门、跨层级数据共享、身份互信、证照互用、业务协同,实现就近办理、同城通办、异地可办。①

**（4）构建统一支撑保障技术体系**

针对网上政务服务平台建设运行、安全保障等关键技术环节,制定相关标准规范、管理办法和制度措施,以身份认证、电子证照、安全保障等为重点,完善"互联网＋政务服务"配套支撑体系。建成网上统一身份认证体系、统一支付体系、统一电子证照库,促进云计算、大数据、物联网、移动互联网等在政务服务中的应用,不断提升政务服务便捷化、个性化、智慧化、安全化水平。

**4.政务服务平台发展"升级"**

2017年5月国务院办公厅印发《政府网站发展指引》,包括总体要求、职责分工、开设与整合、网站功能、集约共享、创新发展、安全防护、机制保障以及附件"网页设计规范"等内容,意在通过解决长期以来政府网站开办关停随意性强,栏目内容标准化规范化程度低,网上政务公开和政务服务水平不能满足公众需要等问题,引导政府网站朝着开办有序、运行规范、资源集约、信息共享、开放创新的方向发展,不断提高政府网上履职能力,提升政府公信力,增强企业和群众的参与感、获得感和认同感。②具体体现为四个方面升级③:一是角色升级:政府网站主动服务政府工作。根据业务部门的需要,灵活设置专栏专题,共同策划开展线上线下联动的专项活动,主动服务政府工作。在"互联网＋政务服务"的背景下,政府网站只有深度与政务服务、政府工作互动,才能创造更大价值,真正体现"互联网＋"的乘数效应。随着新兴信

---

① 许跃军:《互联网＋政务服务新形势、新趋势、新未来》,中国工信出版社,2018年,第47页。

② 《国务院办公厅关于印发政府网站发展指引的通知》(国办发〔2017〕47号),http://www.gov.cn/zhengce/content/2017-06/08/content_5200760.htm。

③ 刘烈宏:《奋力开创数字政府新局面 引领驱动数字中国新发展》,http://www.egovernment.gov.cn/art/2022/7/5/art_194_6402.html。

息技术的发展，智能推送、智能客服、在线直播、在线信访等成为政府推进政务公开、为民服务的利器。二是价值升级：提供互联网政务信息数据服务。围绕企业、群众需求，推进政务公开，优化政务服务，提升用户体验，提供可用、实用、易用的互联网政务信息数据服务和便民服务，是政府网站从信息服务走向数据服务的价值升级。三是品牌升级：根据区域特色或部门特点设计网站徽标。徽标（Logo）是打造政府网站品牌形象的重要视觉要素。《政府网站发展指引》提出，各地区、各部门可根据区域特色或部门特点设计网站徽标。徽标应特点鲜明、容易辨认、造型优美，便于记忆和推广。这既可提升政府网站的辨识度，也意味着更多的创新通道被开启。[①]四是管理升级：明确政府网站主管单位，推进、指导、监督全国政府网站建设和发展。《政府网站发展指引》明确了国务院办公厅是全国政府网站的主管单位，负责推进、指导、监督全国政府网站的建设和发展。各省（自治区、直辖市）人民政府办公厅、国务院各部办公厅（室）是本地区、本部门政府网站的主管单位，实行全系统垂直管理的国务院部门办公厅（室）是本系统网站的主管单位。从根本上厘清了政府网站建设运营的职责分工。

《政府网站发展指引》还体现了三个亮点：亮点一是建立分工明确的政府网站管理体制，区分了主管、主办、承办单位的职责，强调各省（区、市）和国务院部门政府网站的统筹规划和监督考核由主管单位（即本地区本部门办公厅）负责，单个政府网站的建设规划和组织保障由主办单位负责。亮点二是首次系统化地提出了政府网站开办关停的流程要求。针对政府网站开办关停随意性强的问题和散而多的局面，首次系统化提出政府网站开办关停的流程要求，强调网站新开设、整合上移、临时下线等均有章可循，须按程序报批。强调有关单位拟开设政府网站要经过严格的审核流程，并分别向编制部门、电信主管部门、公安机关提交党政机关网站标识申请、注册网站域

---

① 许跃军：《互联网+政务服务新形势、新趋势、新未来》，中国工信出版社，2018年，第51页。

名和备案等,然后提交网站基本信息,经逐级审核并报国务院办公厅获取政府网站标识码后,网站方可上线运行。新开通政府门户网站要在上级政府门户网站发布开通公告;新开通部门网站要在本级政府门户网站发布开通公告。未通过安全检测的政府网站不得上线运行。此外,还进一步规范了政府网站域名使用,提出政府网站要使用以".gov.cn"为后缀的英文域名和符合要求的中文域名,不得使用其他后缀的英文域名。亮点三是进一步细化政府网站信息内容建设具体要求。政府网站功能主要包括信息发布、解读回应和互动交流, 政府门户网站和具有对外服务职能的部门网站还要提供办事服务功能。提出各地区、各部门要建立完善政府网站信息发布机制,要对发布的信息和数据进行科学分类、及时更新,确保准确权威,便于公众实用。对信息数据无力持续更新或维护的栏目要进行优化调整。当已发布的静态信息发生变化或调整时,要及时更新替换。要细化规范办事指南,列明依据条件、流程时限、收费标准、注意事项、办理机构、联系方式等;明确需提交材料的名称、依据、格式、份数、签名签章等要求,并提供规范表格、填写说明和示范文本,确保内容准确,并与线下保持一致。①

目前, 我国已经建成了全国一体化政务服务平台体系,"最多跑一次""不见面审批""接诉即办" 等服务创新模式不断涌现;"一网通办""一网统管""异地可办""跨区通办"渐成趋势,"掌上办""指尖办"逐步成为政务服务标配;"行程卡""健康码"等应用在数字抗疫中发挥重要作用;电子政务在线服务指数跃升至全球第九位。政务信息整合共享工作基本实现"网络通、数据通"的阶段性目标。②

---

① 《〈政府网站发展指引〉印发, 建设网上政府有了"操作手册"》,http://www.gov.cn/xinwen/2017-06/09/content_5201037.htm。

② 刘烈宏:《奋力开创数字政府新局面 引领驱动数字中国新发展》,http://www.egovernment.gov.cn/art/2022/7/5/art_194_6402.html。

## （三）"互联网＋政务服务"推动数字中国建设取得的成就

在2018年全国网络安全和信息化工作会议上，习近平总书记指出："党的十八大以来，党中央重视互联网、发展互联网、治理互联网，统筹协调涉及政治、经济、文化、社会、军事等领域信息化和网络安全重大问题，做出一系列重大决策、提出一系列重大举措，推动网信事业取得历史性成就。这些成就充分说明，党的十八大以来党中央关于加强党对网信工作集中统一领导的决策和对网信工作做出的一系列战略部署是完全正确的。我们不断推进理论创新和实践创新，不仅走出一条中国特色治网之道，而且提出一系列新思想新观点新论断，形成了网络强国战略思想。"[①]中国互联网络信息中心（CNNIC）发布第49次《中国互联网络发展状况统计报告》指出，国家政务服务平台建设加速，一体化政务服务能力显著提升。随着以国家政务服务平台为总枢纽的全国一体化政务服务平台建设成效逐步发挥，我国网上政务服务发展已由以信息服务为主的单向服务阶段，开始迈向以跨区域、跨部门、跨层级一体化政务服务为特征的整体服务阶段。全国一体化政务服务平台正在成为创新行政管理、优化营商环境的重要手段，成为服务人民群众的重要渠道。一是企业和群众的认可度高。全国一体化政务服务平台通过构建普惠均等、便民高效、智能精准的全国政务服务"一张网"，以"我为群众办实事"为初心，聚焦网上办事的堵点难点和"急难愁盼"问题，着力在提升服务水平和服务效能上下功夫，努力答写便民利企的民生答卷。全国一体化政务服务平台实名用户超过10亿人，其中国家政务服务平台注册用户超过4亿

---

[①] 《习近平在全国网络安全和信息化工作会议上强调，敏锐抓住信息化发展历史机遇，自主创新推进网络强国建设》，http://www.gov.cn/xinwen/2018-04/21/content_5284783.htm。

人,总使用量 368.2 亿人次。国家政务服务平台"跨省通办"服务专区已接入近 100 个可网上办理的高频"跨省通办"事项和近 200 项可跨省办理的便民服务,累计浏览量超 83 亿人次。各地区纷纷探索为老年人"定制"服务场景,建设"老年人服务专区",支持"语音找服务""亲情服务"代办代查,更大的字号让政务服务"掌上办"更有温度。二是平台公共支撑能力强。公共入口、公共通道、公共支撑等支撑作用显著发挥,特别是在疫情应急状态下,平台经受住了"数字战'疫'"的压力测试,为疫情精准防控、推进复工复产、服务中小微企业提供了有力支撑。依托全国一体化政务服务平台,持续推动各地区"健康码"互通互认、"一码通行",截至 2021 年 12 月,全国健康码累计使用人数超 9 亿,累计访问量超 600 亿次。国家政务服务平台共享枢纽累计向各地区各部门共享防疫相关数据 1811 亿次,基本满足联防联控防疫数据共享需求。三是平台有力促进了地方创新。各地区在工作实践中依托平台大胆探索、加强顶层设计与实践探索协同推进和良性互动,积极创新,创造和积累了许多好做法、好经验。①

根据 2020 年联合国电子政务调查报告,我国电子政务在线服务指数在全球排名第九,进入世界先进行列。②2022 年 7 月发布的《数字中国发展报告(2021 年)》总结了党的十九大以来数字中国建设取得的显著成就和 2021 年的重要进展成效③:

一是建成全球规模最大、技术领先的网络基础设施。截至 2021 年底,我国已建成 142.5 万个 5G 基站,总量占全球 60%以上,5G 用户数达到 3.55 亿户,千兆用户规模达 3456 万户,行政村、脱贫村通宽带率达 100%。截至 2021

---

① CNNIC:《第 49 次中国互联网络发展状况统计报告》,http://www.cnnic.cn/hlwfzyj/hlwxzbg/hlwtjbg/202202/P020220318335949959545.pdf#page=75&zoom=100,116,194.

② 孙志洋:《开启新时代数字政府建设新篇章》,http://www.egovernment.gov.cn/art/2022/7/1/art_477_6382.html.

③ 国家互联网信息办公室:《数字中国发展报告(2021 年)》,http://www.cac.gov.cn/2022-08/02/c_1661066515613920.htm?spm=C73544894212.P59511941341.0.0.

年底，IPv6 地址资源总量位居世界第一，IPv6 活跃用户数达 6.08 亿。算力规模全球排名第二，近 5 年算力年均增速超过 30%。

二是数据资源价值加快释放。2017 年到 2021 年，我国数据产量从 2.3ZB 增长至 6.6ZB，全球占比 9.9%，位居世界第二。大数据产业规模快速增长，从 2017 年的 4700 亿元增长至 2021 年的 1.3 万亿元。公共数据开放取得积极进展，2017 年到 2021 年，全国省级公共数据开放平台由 5 个增至 24 个，开放的有效数据集由 8398 个增至近 25 万个。各地积极探索数据治理规则，培育数据要素市场，促进数据流通交易和开发利用。

三是数字技术创新能力快速提升。5G 实现技术、产业、应用全面领先，高性能计算保持优势，北斗导航卫星全球覆盖并规模应用。芯片自主研发能力稳步提升，国产操作系统性能大幅提升。人工智能、云计算、大数据、区块链、量子信息等新兴技术跻身全球第一梯队。2021 年，我国信息领域 PCT 国际专利申请数量超过 3 万件，比 2017 年提升 60%，全球占比超过三分之一。我国互联网企业更加注重创新，2017 年到 2021 年，上市互联网企业研发投入增长 227%。关键核心技术创新能力大幅提升，5G 实现技术、产业、应用全面领先，高性能计算保持优势，全球超算 500 强中我国上榜数量持续蝉联第一，芯片自主研发能力稳步提升，国产操作系统性能大幅提升，规模化推广应用加速。

四是数字经济发展规模全球领先。2017 年到 2021 年，我国数字经济规模从 27.2 万亿增至 45.5 万亿元，总量稳居世界第二，年均复合增长率达 13.6%，占国内生产总值比重从 32.9% 提升至 39.8%，成为推动经济增长的主要引擎之一。数字化转型加快推进，农业生产信息化水平快速提升，工业互联网应用已覆盖 45 个国民经济大类，电子商务交易额从 2017 年的 29 万亿增长至 2021 年的 42 万亿元。

五是数字政府治理服务效能显著增强。我国电子政务在线服务指数全球排名提升至第九位，"掌上办""指尖办"已成为各地政务服务标配，"一网通办""跨省通办"取得积极成效。超90%的省级行政许可事项实现网上受理和"最多跑一次"。数字抗疫加速推动部门之间以及中央和地方之间的数据互通共享,健康码的普及和使用达到前所未有的程度,安全稳定性能大幅提升,2022年1月以来,全国各地健康码系统承载能力平均提升了7倍。健康码从最初"万码奔腾"到基本实现"一省一码",并逐步推动跨省"互通互认",数字抗疫对统筹推进疫情防控和经济社会发展发挥了至关重要的作用。截至2021年12月,全国政务服务一体化平台"防疫健康码"累计使用人数超9亿,累计访问量超600亿次。疫情加速了数字化进程,数字化有力支撑了疫情下经济社会发展和政府公共服务。

六是数字社会服务更加普惠便捷。2017年到2021年,我国网民规模从7.72亿增长至10.32亿,互联网普及率提升至73%,特别是农村地区互联网普及率提升到57.6%,城乡地区互联网普及率差异缩小11.9个百分点。国家智慧教育平台加快建设,我国所有中小学(含教学点)全部实现联网。全国统一的医保信息平台建成,实现跨省异地就医自助备案和住院直接结算。互联网应用适老化及无障碍改造行动深入开展。网络扶贫和数字乡村建设接续推进,城乡居民共享数字化发展成果。

七是数字化发展治理取得明显成效。法律法规体系加快健全完善,制定发布300余项国家标准,推动发布10余项我国主导和参与的国际标准。《电子商务法》《网络安全法》《数据安全法》《个人信息保护法》《关键信息基础设施安全保护条例》等制定实施。制定发布《网络信息内容生态治理规定》《区块链信息服务管理规定》《互联网信息服务算法推荐管理规定》等。推动平台经济规范健康发展,有效维护市场主体和人民群众合法权益。"清朗"系列专项行动深入实施,营造了良好的网络生态。

八是数字领域国际合作稳步拓展。我国倡导发起《携手构建网络空间命运共同体行动倡议》《"一带一路"数字经济国际合作倡议》等国际合作倡议。积极参与多边多方数字经济治理机制活动,为网络空间国际规则和技术标准制定贡献中国智慧和中国方案。申请加入《全面与进步跨太平洋伙伴关系协定》(CPTPP)和《数字经济伙伴关系协定》(DEPA)。"数字丝绸之路"建设成果显著,已与17个国家签署"数字丝绸之路"合作谅解备忘录,与23个国家建立"丝路电商"双边合作机制,数字贸易竞争力持续增强。

我国的"互联网＋政务服务"建设时间很短,"互联网＋"政务的发展依然面临诸多问题与挑战。如政府部门科层组织结构造成的资源分割,无法适应"互联网＋"政务需要,导致政府各部门间信息资源缺乏有效协同共享机制,互联网的系统安全与信息安全问题仍未解决、城乡之间基础设施存在差异,政务系统服务意识低,存在技术鸿沟等。"互联网＋"政务在提升政府效能和优化政务服务方面有重要的价值和功能。[1]"互联网＋政务服务"发展环境亟待优化。[2]从总体上看,目前是处于以实体中心为主、虚拟中心为辅的阶段。当前建设的主体思路应该既要强调"互联网＋"的"四梁八柱"的基础工程建设,又要继续完善实体大厅的建设。目前,"一人一事一窗"传统模式固化严重,依然占主导地位,难以有效转化,严重制约互联网＋政务服务的发展。许多地方政务服务中心窗口的改革只是象征式、应景式、点缀式的,没有全局性、系统性、根本性。其原因是复杂的、多重的,但最关键的是"互联网＋政务服务"的新型窗口模式没有明确界定,没有统一标准,没有一个适合各种层次中心的动态组织转化模式。"政府服务中心所涉及的事务触及公共权力行使的各个层面,可谓牵一发而动全身。"[3]虽然顶层设计提出"一窗"受理、"整合构建综合服务窗口",但这只是解决从"多门"到"一门"的最基本问题,并没有明确服务中心整个窗口的设置模式,也没有明确综合窗口的方法、标准、数量与不同层级政务服务中心综合窗口设置的差异等,更没有涉及通过

---

① 孙荣、梁丽:《"互联网＋"政务视域下的政府职能转变研究》,《南京社会科学》2017年第9期。

② 翟云:《政府职能转变视角下"互联网＋政务服务"优化路径探讨》,《国家行政学院学报》2017年第6期。

③ 孙宇:《互联网治理的模型、话语及其争论》,《中国行政管理》2017年第5期。

中心窗口的模式设置不断压缩与转化中心规模问题。我国各省基本都已建立三级或四级政务服务体系,已形成了一个庞大的政务系统,政务服务中心或便民服务站已遍及全国各地。如果不能及时定位与处理实体中心规模,有些地方为了短期绩效,往往过度强调虚拟建设,继续扩大市级实体中心规模,忽视薄弱的乡镇街道的服务站点建设。可以说,对窗口组织结构进行变革与重塑,实现"一人一事一窗"的传统串联窗口向"互联网＋"并联窗口不断转变,是一个迫切需要解决的事关重大的现实问题,它将直接关涉"互联网＋政务服务"改革的进度与成败。①

## (四)"互联网＋政务服务"的转型升级:数字政府建设

数字政府建设是引领驱动数字经济和数字社会建设发展,营造良好数字生态,加快数字化发展的必然要求;是建设网络强国、数字中国的基础性和先导性工程。②先进信息技术的广泛应用,正加速推动全球行政管理范式向整体性治理转变。各国政府对数字技术的依赖逐渐增强,纷纷推行数字政府建设,特别是在履行政府主要职能、应急管理、危机恢复等方面,不断提高处理和解决复杂事务的能力。政府数字化转型是政府主动适应时代发展,通过制度创新和技术创新,改变传统形态下的低效信息传递模式,加强行政权力制约,创新政府服务模式,使审批更简、监管更强、服务更优、治理更有效,最大限度地激活了市场活力和社会创新力。目前,数字政府建设已成为各国软实力竞争的重点领域。加快推进政府数字化转型是发展数字经济的重要引擎,在全面建成社会主义现代化强国伟大进程中具有基础性和引领性作用。

---

① 徐敏宁、陈安国:《"互联网+政务服务"三步走战略探究》,《行政管理改革》2020年第8期。

② 王钦敏:《加快推进数字政府建设》,http://www.gov.cn/xinwen/2022—08/26/content_5706931.htm。

### 1.数字化政府建设的提出

"数字政府"来源于 1998 年美国前副总统戈尔所提出的"数字地球"概念。[①]中国从 1999 年推出政府上网以来,通过政府门户网站,把政府与普通民众直接连接起来,为老百姓获取政府信息、参与政务管理和网上办事提供了直观的窗口和通道,成了政府数字化转型重要的历史转折点。[②]

2016 年,我国"十三五"规划提出加快建设数字中国。[③]在《国家信息化发展战略纲要》中,把"数字中国"建设和发展信息经济作为信息化工作的重中之重,要求提高政府信息化水平,完善部门信息共享机制,建立国家治理大数据中心;加强经济运行数据交换共享、处理分析和监测预警,增强宏观调控和决策支持能力;深化财政、税务信息化应用,支撑中央和地方财政关系调整,促进税收制度改革;推进人口、企业基础信息共享,有效支撑户籍制度改革和商事制度改革。推进政务公开信息化,加强互联网政务信息数据服务平台和便民服务平台建设,提供更加优质高效的网上政务服务。[④]《"十三五"国家信息化规划》指出, 新一轮信息革命对经济社会各个领域产生深远影响,创新政务信息化工作已成为通往现代治理之路必不可少的重要依托,对于深化行政体制改革,建设法治政府、创新政府、廉洁政府和服务型政府具有重要意义。"十三五"时期重点统筹建设"两网、一平台、四库、六系统"等国家重大政务信息化工程。[⑤]一是统筹推进国家电子政务内网和国家电子政务外网,基本实现各类政务专网的整合迁移和融合互联,提升政务信息安全防

① 徐晓林,明承瀚,陈涛:《数字政府环境下政务服务数据共享研究》,《行政论坛》2018 年第 25 期。

② 汪玉凯:《数字化是政府治理现代化的重要支撑》,《国家治理》周刊 2020 年第 2 期。

③ 《中华人民共和国国民经济和社会发展第十三个五年规划纲要》,http://www.gov.cn/xinwen/2016-03/17/content_5054992.htm。

④ 中共中央办公厅 国务院办公厅印发《国家信息化发展战略纲要》,http://www.gov.cn/gong-bao/content/2016/content_5100032.htm。

⑤ 《国务院关于印发"十三五"国家信息化规划的通知》(国发〔2016〕73 号),http://www.gov.cn/zhengce/content/2016-12/27/content_5153411.htm。

护能力,支撑各级政务部门纵横联动和协同治理。二是深入推进政务信息化建设的集约整合和共享共用,打造"覆盖全国、统筹利用、统一接入"的国家数据共享交换平台(包含全国政务共享网站、公共数据开放网站等)。三是深化国家基础信息资源开发利用,持续推进人口基础信息库、法人单位基础信息库、自然资源和地理空间基础信息库、社会信用信息库的建设完善及开发利用,关联融合社会大数据,逐步汇聚形成政务治理大数据,充分挖掘数据价值,释放数据红利。四是推进国家重要信息系统建设,充分体现协同共治、信息共享理念,形成党的执政能力、民主法治、综合调控、市场监管、公共服务、公共安全治理6大体系工程,按照统一信息目录、统一协同汇聚平台和多个业务系统的工程架构,统筹整合新增业务系统及已有存量信息系统。①

党的十九大报告提出,支撑数字中国、智慧社会建设。数字中国首次被写入党和国家纲领性文件。②习近平总书记在首届数字中国建设峰会的贺信中提出,加快数字中国建设,就是要适应我国新的历史发展方位,全面贯彻新发展理念,以信息化培育新动能,用新动能推动新发展,以新发展创造新辉煌。③"数字中国"建设成为缩小数字鸿沟、释放数字红利,支撑党和国家事业发展,促进经济社会均衡、包容和可持续发展,提升国家治理体系和治理能力现代化的坚实支撑。2017年,习近平总书记在中共中央政治局第二次集体学习上明确指出:发展"数字中国",就是要运用大数据提升国家治理现代化水平,要建立健全大数据科学决策和社会治理的机制,实现政府决策科学化、社会治理精准化、公共服务高效化。以数据集中和共享为途径,推动技术融合、业务融合、数据融合,打通信息壁垒,形成覆盖全国、统筹利用、统一接

① 《"十三五"国家政务信息化工程建设规划》,http://www.gov.cn/xinwen/2017-08/30/content_5221491.htm。

② 国家互联网信息办公室:《数字中国发展报告(2021年)》,http://www.cac.gov.cn/2022-08/02/c_1661066515613920.htm?spm=C73544894212.P59511941341.0.0。

③ 习近平:《决胜全面建成小康社会 夺取新时代中国特色社会主义伟大胜利——在中国共产党第十九次全国代表大会上的报告》,http://www.gov.cn/zhuanti/2017-10/27/content_5234876.htm。

入的数据共享大平台,构建全国信息资源共享体系。建设网络强国、数字中国、智慧社会,是推动经济社会发展、促进国家治理体系和治理能力现代化的必然要求,也是满足人民日益增长的美好生活需要的客观条件。[①]

数字政府是"数字中国"体系的有机组成部分,是推动"数字中国"建设和经济社会高质量发展,持续优化营商环境的重要抓手和重要引擎。数字政府是对传统政务信息化模式的改革,包括对政务信息化管理架构、业务架构、技术架构的重塑,通过构建数据驱动的政务新机制、新平台、新渠道,全面提升政府在经济调节、市场监管、社会管理、公共服务、环境保护等领域的履职能力。推进以公众为中心的公共服务创新发展,提高管理效率、改善服务体验,促进公众与政府的良性互动,实现政府的社会公共服务价值。政府的数字化转型是为了充分释放数据红利,实现以数据为基础的政府治理能力升级,并让公众能随时随地通过任何设备方便、快捷获取政府的高质量服务。政府要适应数字化的发展进程,从而能够经济、安全、有效地管理数据应用和数据资产。[②]

2022年4月19日,习近平总书记在主持召开中央全面深化改革委员会第二十五次会议时强调,要全面贯彻网络强国战略,把数字技术广泛应用于政府管理服务,推动政府数字化、智能化运行,为推进国家治理体系和治理能力现代化提供有力支撑。会议审议通过了《关于加强数字政府建设的指导意见》,指出,加强数字政府建设是创新政府治理理念和方式的重要举措,对加快转变政府职能,建设法治政府、廉洁政府、服务型政府意义重大。党的十八大以来,党中央围绕实施网络强国战略、大数据战略等做出一系列重大部署,各方面工作取得新进展。要把坚持和加强党的全面领导贯穿数字政府建

---

① 《习近平在中共中央政治局第二次集体学习时强调 审时度势精心谋划超前布局力争主动实施国家大数据战略加快建设数字中国》,http://www.gov.cn/xinwen/2017-12/09/content_5245520.htm。

② 王益民:《数字政府》,中共中央党校出版社,2020年,第12页。

设备领域各环节,坚持正确政治方向。要以数字化改革助力政府职能转变,统筹推进各行业各领域政务应用系统集约建设、互联互通、协同联动,发挥数字化在政府履行经济调节、市场监管、社会管理、公共服务、生态环境保护等方面职能的重要支撑作用,构建协同高效的政府数字化履职能力体系。要强化系统观念,健全科学规范的数字政府建设制度体系,依法依规促进数据高效共享和有序开发利用,统筹推进技术融合、业务融合、数据融合,提升跨层级、跨地域、跨系统、跨部门、跨业务的协同管理和服务水平。①

2022 年 6 月,国务院印发《关于加强数字政府建设的指导意见》(国发〔2022〕14 号)(以下简称《指导意见》)。作为第一个全国性数字政府建设指导文件,《指导意见》着重解释了什么是数字政府、数字政府的内容、数字政府怎么建设。提出加强数字政府建设是创新政府治理理念和方式、形成数字治理新格局、推进国家治理体系和治理能力现代化的重要举措。《指导意见》总结了各级政府业务信息系统建设和应用的成效显著,数据共享和开发利用取得积极进展,一体化政务服务和监管效能大幅提升,"最多跑一次""一网通办""一网统管""一网协同""接诉即办"等创新实践不断涌现,数字技术在新冠肺炎疫情防控中发挥重要支撑作用,数字治理成效不断显现,为迈入数字政府建设新阶段打下了坚实基础。同时,《指导意见》也指出了目前数字政府建设存在的问题:我国已经开启全面建设社会主义现代化国家的新征程,推进国家治理体系和治理能力现代化、适应人民日益增长的美好生活需要,对数字政府建设提出了新的更高要求。但数字政府建设仍存在一些突出问题,主要是顶层设计不足,体制机制不够健全,创新应用能力不强,数据壁垒依然存在,网络安全保障体系还有不少明显短板,干部队伍数字意识和数字素养有待提升,政府治理数字化水平与国家治理现代化要求还存在较大差

---

① 《习近平主持召开中央全面深化改革委员会第二十五次会议》,http://www.mod.gov.cn/big5/shouye/2022-04/19/content_4909340.htm。

距。《指导意见》提出了主要目标：到 2025 年，与政府治理能力现代化相适应的数字政府顶层设计更加完善、统筹协调机制更加健全，政府数字化履职能力、安全保障、制度规则、数据资源、平台支撑等数字政府体系框架基本形成，政府履职数字化、智能化水平显著提升，政府决策科学化、社会治理精准化、公共服务高效化取得重要进展，数字政府建设在服务党和国家重大战略、促进经济社会高质量发展、建设人民满意的服务型政府等方面发挥重要作用。到 2035 年，与国家治理体系和治理能力现代化相适应的数字政府体系框架更加成熟完备，整体协同、敏捷高效、智能精准、开放透明、公平普惠的数字政府基本建成，为基本实现社会主义现代化提供有力支撑。①

《指导意见》特别提出，要把坚持和加强党的全面领导贯穿数字政府建设各领域各环节，坚持正确政治方向。坚持党的全面领导是推进数字政府建设的根本遵循，坚持以人民为中心是推进数字政府建设的价值导向，坚持改革引领是推进数字政府建设的行动指南，坚持数据赋能是推进数字政府建设的发展动力，坚持整体协同是推进数字政府建设的实践路径，坚持安全可控是推进数字政府建设的先决条件。②《指导意见》构建了数字化政府履职能力体系、安全保障体系、制度规则体系、数据资源体系、平台支撑体系"五大体系"。数字化政府履职能力体系是政府数字化的业务应用体系，即在哪些领域重点推进数字化；安全保障体系、制度规则体系是政府数字化的保障体系；数据资源体系、平台支撑体系是指政府数字化的技术、资源支撑。政府数字化履职能力包括七方面内容，其中包括经济调节、市场监管、社会管理、公共服务、生态环境保护政府五大基本职能的数字化转型，还包括为提升内部办公效率、增强决策科学性、强化政民互动的政务运行和政务公开的政府内部数字化。《指导意见》在数字政府建设机制方面做出了一些突破和创新。一

---

① 《国务院关于加强数字政府建设的指导意见》（国发〔2022〕14 号），http://www.gov.cn/zhengce/content/2022-06/23/content_5697299.htm。

② 王钦敏：《加快推进数字政府建设》，http://www.gov.cn/xinwen/2022-08/26/content_5706931.htm。

是明确中央层面的数字政府建设统筹机制，成立数字政府建设工作领导小组，统筹指导协调数字政府建设，且由国务院领导同志任组长，更有利于统筹和调动各方积极性。二是为地方数字政府建设推进机制指明方向。此前，各地关于数字政府的建设推进机制存在一定差异，有的由省委办公厅统筹，有的由大数据局统筹，有的成立了建设领导小组。《指导意见》提出："各地区各部门要建立健全数字政府建设领导协调机制"，强化统筹规划，实现一体化推进。三是建立数字政府建设的考核评估体系，将数字政府建设工作作为政府绩效考核的重要内容，有利于数字政府建设工作落地落实。四是建设全国一体化政务大数据体系，对数据管理机制、政务数据共享、数据开发利用等方面的治理要求予以明确。五是探索创新数字政府项目的审批机制，提出"健全完善政务信息化建设管理会商机制，推进建设管理模式创新，鼓励有条件的地方探索建立综合论证、联合审批、绿色通道等项目建设管理新模式"，压缩数字化项目的审批时间，有效回应数字技术快速更新变革的发展需求。①

数字政府建设成为落实"网络强国"战略、加快建设"数字中国"的重要内容。当今世界正面临全球产业格局重构的新挑战与产业链再造的新机遇，在这场变革中，数字技术的创新活力裂变式释放，国家数字化力量的对决和对未来科技制高点的争夺日趋激烈，数据资源成为世界各国的战略性核心资源。提高数字政府建设水平成为网络强国和数字中国建设的核心和基础性工程，成为打造数字经济新优势和加快数字社会建设步伐的先手棋和新引擎，成为衡量综合国力和国际竞争力的重要标志。数字政府也成为提升国家治理体系和治理能力现代化的重要支撑。互联网政务服务发展到今天，已由最初业务办公的支撑工具，成为促进重大改革措施贯彻落实、支撑重大问题决策研判、提高服务人民群众水平的有效抓手和提升政府治理能力的创

---

① 张春飞、杨嫒：《加强数字政府建设 引领驱动数字化发展》，《人民邮电报》2022-07-23。

新手段。①

## 2.数字政府的内涵

关于数字政府的概念,自数字政府建设以来就不断进行探讨。有专家认为,数字政府以构建整体性治理和透明服务型的现代政府为目标,以大数据、云计算、人工智能、物联网、区块链等新一代数字技术为支撑,以"业务数据化、数据业务化"为基础,以打造整体高效的政务运行体系、便捷普惠的在线服务体系、智慧共享的社会治理体系、公平公正的执法监管体系为建设重点,以优质完善的数据资源体系和安全集约的技术支撑体系为保障,把数字化、智能化、现代化贯穿于政府治理的体制机制、组织架构、方式流程、手段工具等全方位系统性重塑过程,通过数据、职能、业务、技术的不断融合汇聚,推动"用数据决策、用数据服务、用数据治理、用数据创新"的治理现代化进程。②数字政府是将数字技术广泛应用于政府管理服务,推动政府治理流程优化和模式创新,不断提高决策科学性和服务效率的政府运行新形态。③"数字政府"即"政府通过数字化思维、数字化理念、数字化战略、数字化资源、数字化工具和数字化规则等治理信息社会空间、提供优质政府服务、提高公众服务满意度的过程",是一种新型政府管理和服务形态,其核心目标在于推进以公众为中心的公共服务,提高管理效率、改善服务体验,促进公众与政府的良性互动,实现政府的社会公共服务价值。④政府数字化转型是利用互联网、大数据、云计算、人工智能等现代信息技术,强化政务数据的整

---

① CNNIC:《第 49 次中国互联网络发展状况统计报告》,http://www.cnnic.cn/hlwfzyj/hlwxzbg/hlwtjbg/202202/P020220318335949959545.pdf#page=75&zoom=100,116,194。

② 孟庆国:《〈"十四五"国家信息化规划〉专家谈:加强数字政府建设 以数字化助力治理现代化》,http://www.cac.gov.cn/2022-01/21/c_1644368223524535.htm。

③ 刘烈宏:《奋力开创数字政府新局面 引领驱动数字中国新发展》,http://www.egovernment.gov.cn/art/2022/7/5/art_194_6402.html。

④ 徐晓林,明承瀚,陈涛:《数字政府环境下政务服务数据共享研究》,《行政论坛》2018 年第 25 期。

合、开放、共享，构建人机协同的数字化、网络化、智能化集成应用系统，以流程再造实现跨部门、跨系统、跨地域、跨层级高效协同。政府数字化转型是发展数字经济和建设数字社会的基础性工程，具体内容涉及政府运行、公共服务、社会治理、市场监管、经济调节等众多方面，是跨政府、跨地区、跨层级、跨系统、跨业务的庞大而复杂的工程，面临着不小的困难与问题。[①]数字政府建设是构建法治政府、廉洁政府、服务型政府的必然要求；是推动有效市场和有为政府结合，充分激活经济发展新动能的关键途径。其根本目的在于更好地为人民服务，不断提升人民群众的获得感、幸福感和安全感，要把"为老百姓做了多少好事实事"作为检验数字政府建设成绩的最重要标准。[②]数字政府建设实质是数字化与政府改革的深度融合，数字技术应用与政府改革在数字政府建设进程中相辅相成、缺一不可。[③]

坚持改革引领是推进数字政府建设的行动指南。[④]《指导意见》赋予数字政府建设新内涵。一是更加注重以人为本。数字政府建设把满足人民对美好生活的向往作为出发点和落脚点，把"为老百姓做了多少好事实事"作为检验数字政府建设成绩的最重要标准。二是更加注重数据价值，强调加强数据汇聚融合、共享开放和开发利用，通过推进全国一体化政务大数据体系建设，不断深化政务数据全流程治理，赋能政府治理流程优化和模式创新。这意味着，数据共享开放与深度开发利用是提升数字政府建设水平的着力点。三是更加注重统筹协调，明确了各地方各部门在数字政府统筹规划、建设指引、标准规范建设中的主导职责，要加强对政务数据、公共数据和社会数据的统筹管理；统筹推进各行业各领域政务应用系统集约建设、互联互通、协

① 仲瑜：《关于加快推进政府数字化转型的对策建议》，《智库时代》2019 年第 2 期。

② 刘烈宏：《奋力开创数字政府新局面 引领驱动数字中国新发展》，http://www.egovernment.gov.cn/art/2022/7/5/art_194_6402.html。

③ 孙志洋：《开启新时代数字政府建设新篇章》，http://www.egovernment.gov.cn/art/2022/7/1/art_477_6382.html。

④ 王钦敏：《加快推进数字政府建设》，http://www.gov.cn/xinwen/2022-08/26/content_5706931.htm。

同联动。四是更加注重系统安全,强调要全面落实总体国家安全观,统筹发展和安全,要构建全方位安全保障体系,强化安全管理责任,持续提升数字政府安全保障水平。①

相比于电子政务,数字政府形成新的内涵。《指导意见》将数字政府定位为"推进国家治理体系和治理能力现代化的重大举措",这与电子政务有着根本区别。数字政府是区别于电子政务的全新阶段。我国政府信息化建设经历了无纸化办公、电子政务、"互联网＋政务服务"、数字政府等多个阶段。数字政府是在前期政府信息化基础上,适应国家治理现代化演变生成的新阶段。一是在核心目标上,从推动政府职能转变走向服务国家治理现代化。电子政务主要出现在"十五"到"十二五"期间,核心目标是进一步转变政府职能,改变管理方式,提升行政效率,建设服务型政府。二是在职能领域上,强调从内部信息化走向决策、服务和管理全领域。在电子政务阶段,政府信息化建设的目标是提升内部办公的信息化水平,降低行政成本,促进政务流转。数字政府则强调政府整体的数字化转型,覆盖政府五大职能所有领域以及政府内部运行、政府信息公开,范围有很大扩展,是一项非常系统而庞大的工程。三是在治理模式上,强调从流程驱动走向数据驱动。数字政府不仅强调技术对治理效率的提升,而且强调利用数据和技术重塑治理流程,促进治理模式改革创新。四是在技术应用上,强调从连接在线走向智能主动。在电子政务阶段,政府主要关注互联网技术应用,解决的是连接和共享问题。而数字政府对技术的选择和应用更加多元化,技术应用的重点也从解决连接在线走向智能化、主动化服务。五是在发展定位上,强调从以政府为中心转向以人民为中心。数字政府建设的基本原则之一就是坚持以人民为中心,始终把满足人民对美好生活的向往作为数字政府建设的出发点和落脚点。在数据驱动模式下,数据的采集和应用都是以业务场景办理为出发点,即按

---

① 刘烈宏:《奋力开创数字政府新局面 引领驱动数字中国新发展》,http://www.egovernment.gov.cn/art/2022/7/5/art_194_6402.html。

照服务对象的逻辑,思考如何组织相关事项和流程,从根本上来说是面向服务对象的。①

与电子政务的发展模式不同,数字政府主要体现了新技术应用环境下,政府通过完成数字化转型实现治理的变革,满足公众对公共服务和公共价值的需求。因此,数字政府包含四个特征:一是政府即平台。政府通过推动与公众、非政府组织和企业共同创造共同设计和共同交付的创新,从公共服务的提供者变成改善公共服务生态系统的管理者;公共部门提供数据和基础设施,并确保公平、包容和社会效益,在推动企业抓住正在崛起的平台经济的机遇方面发挥关键作用;打好信息和通信技术基础设施、数字智慧、劳动力技能等提高信任的坚实基础。二是创新公共价值。数字政府超越以技术为中心的行政效率和服务能力等政府内部效益提升的微观改进,政府更具有远见和洞察力,更注重政府治理体系和治理能力数字化转型中社会和公共效益的提升;从宏观层面解决政府的数字化转型问题,即为了解决社会在技术变革中出现的日益复杂的问题,新的政府数字化模式需要包括除技术和服务以外的社会和组织因素,如人力资源和多元治理,从而使得政府的数字化转型不断提升公共价值。三是用户驱动的服务设计与交付。政府服务的重点从满足政府和政策需要向回应公众需求转变,通过服务设计和交付过程改变需求的方向,将满足用户需求作为工作重点,并以这种方式设计服务为用户提供他们实际所需。利益相关者和用户的参与不应仅限于服务的实施,还应参与公共电子服务的设计过程。为了捕捉用户需求并适应不断变化的公共价值,需要采用敏捷开发而不是传统的瀑布式电子服务开发方法。四是数据治理与协同。政府强化数据资源统筹规划、分类管理、整合共享,实现公共数据资源一体化管理,为各级政府及部门开展大数据分析应用提供数据支撑;充分发挥数据的作用,预测政策需求和对未来做出规划,把数据作为

---

① 张春飞、杨媛:《加强数字政府建设 引领驱动数字化发展》,《人民邮电报》2022-07-28。

驱动创新和引领发展的先导力量,作为应对危机、解决问题和实现目标的工具;对数据进行资产化管理,实现数据有规律地跨组织边界流动,使部门之间更容易进行交互和为人们提供更好的服务,专注于设计和实现以数据为中心的策略和流程。

### 3.我国推进政府数字化转型的主要经验

按照党中央关于建设网络强国、数字中国、智慧社会等重要精神要求,特别是按照《国务院关于加强数字政府建设的指导意见》,各地政府加强数字化转型顶层设计,围绕政务服务和治理理念、模式创新,持续推进新一代信息技术在政务服务、城市管理和信息服务等领域的深度融合应用,形成政务服务和智慧治理的新平台、新能力、新方式,提高政府数字建设水平,推动国家行政体系更加完善,使政府作用更好的发挥、行政效率和公信力得到显著提升,提高政务、智慧治理的效能和水平。由于政府数字化改革基础坚实,我国数字政府建设进入快车道。随着数字化程度不断推进,我国数字化政府建设取得了成效。中国互联网络信息中心(CNNIC)发布第 49 次《中国互联网络发展状况统计报告》显示,针对企业群众"急难愁盼"问题,全面开展数字普惠行动,优化数字公共产品供给;全面推行电子居住证、出生医学证明线上申领、制发,已通过线上分别核发 600 余万张和 7 万余张,让数字红利最大限度地惠及社会大众。上海全面拓展"一网通办",接入服务事项 3458 项,高频事项基本实现一件事一次办,实名用户数超 6195 万,日均办件量超 28 万。广东省创新打造"粤省事"移动政务服务平台,已上线 2170 项高频民生服务及 90 种个人电子证照,为近 1.5 亿用户提供便捷办事的服务体验。贵州省依托全国一体化政务服务平台,打造"贵人服务"品牌,推动实现材料"免提交"、表单"免填写"、办事"免核验",目前已实现 371 类、8700 万本证照信息入库共享,减免办事材料 2755 万份,省市县三级仅需身份证或营业执照就能办理的"一证通办"高频事项达 6538 项。四是政务信息资源开发利用成效初显。依托全国一体化政务服务平台，全国一体化政务数据共享枢纽加速建成，统一受理地方和部门政务服务数据共享需求，构建起覆盖国务院部门、31 个省（自治区、直辖市）和新疆生产建设兵团的数据共享交换体系，初步实现资源目录统一管理、数据资源统一发布、共享需求统一受理、数据供需统一对接、数据异议统一处理、数据应用统一推广。全国一体化政务服务平台推动 27 个国务院部门的 107 个重点垂直业务管理信息系统与地方政务服务平台对接和数据返还，破解各地反映强烈的基层办事大厅数据重复录入、企业和群众办事重复登录等"一网通办"的堵点难点。相关部门先后制定发布了 4 批近 4000 项数据共享的责任清单，推动政务数据供需有效对接和共享应用。目前，全国一体化政务服务平台已发布 53 个国务院部门 9000余项数据资源，支撑各地区各部门共享调用超过 2000 亿次，成为全国政务数据共享服务的主要渠道；汇聚有关地方和部门 900 余种电子证照目录信息 42 亿余条，累计为各地区各有关部门提供电子证照跨地区跨部门共享22.35 亿次，推动电子证照扩大应用领域和全国互通互认。[①]数字化政府建设在短时间内取得成效的经验在于：

**（1）强化党对数字政府建设的领导，加强政府数字化转型顶层设计**

数字政府建设必须加强党的领导，坚持以人民为中心，增进人民福祉。党中央、国务院高度重视，一以贯之持续推进数字政府发展，强调要以信息化推进国家治理体系和治理能力现代化，统筹发展电子政务，构建一体化在线服务平台。从十九届四中全会提出"推进数字政府建设"到五中全会提出"加强数字政府建设"，短期内两次党的全会强调数字政府建设，深刻反映着我国党和政府对数据赋能国家治理的认识在不断深化，对以数字化引领国家治理现代化的重视程度日益加深。党中央、国务院先后印发推进实施国家

---

① CNNIC：《第 49 次中国互联网络发展状况统计报告》，http://www.cnnic.cn/hlwfzyj/hlwxzbg/hlwtjbg/202202/P020220318335949959545.pdf#page=75&zoom=100,116,194。

大数据战略、推进审批服务便民化、推进"互联网＋政务服务"、加强有效监管等一系列重要文件、行政法规和部门规章,推进数字政府建设的法律制度环境不断健全完善。[①]在党中央集中统一领导下,全面贯彻党中央、国务院关于加强数字政府建设的决策部署,要着力培养干部队伍数字思维和数字素养,提升数字化管理能力和行政履职能力,将坚持和加强党的全面领导贯穿数字政府建设全过程,确保党的基本理论、基本路线、基本方略贯彻落实到数字政府建设各领域各环节。[②]加快推进数字政府建设,必须把坚持和加强党的全面领导贯穿到各领域各环节,推动形成共商、共建、共享、共治的数字政府建设新局面,推动形成协同高效的工作合力。[③]政府数字化转型是一项系统性、耦合性很强的工程,涉及部门之多、范围之广、数据之大,政府部门要全局统筹、通盘谋划,加强对这项改革的总体规划和顶层设计。各地政府要高度重视数字政府建设,加快推进政府数字化转型,成立以政府主要领导为组长的政府数字化转型工作领导小组,制定政府数字化转型总体框架,明确市场监管、公共服务、社会治理、政府运行、经济调节等重要领域的政府履职数字化内容。[④]综合运用法律、标准和技术等手段,以数字化改革促进制度创新,保障数字政府建设和运行整体协同、智能高效、平稳有序。

**(2)构建政务大平台大系统,服务便利群众**

"互联网＋政务服务"是以跨部门、跨层级甚至跨地区的政务部门业务对接为基础,需要全国同步共享电子证照库等,以及政务部门的信息与数据公开。构建统一的大平台大系统是承载"数据共享模型""流程再造模型",以

---

① CNNIC:《第49次中国互联网络发展状况统计报告》,http://www.cnnic.cn/hlwfzyj/hlwxzbg/hlwtjbg/202202/P020220318335949959545.pdf#page=75&zoom=100,116,194。

② 刘烈宏:《奋力开创数字政府新局面 引领驱动数字中国新发展》,http://www.egovernment.gov.cn/art/2022/7/5/art_194_6402.html。

③ 刘烈宏:《奋力开创数字政府新局面 引领驱动数字中国新发展》,http://www.egovernment.gov.cn/art/2022/7/5/art_194_6402.html。

④ 仲瑜:《关于加快推进政府数字化转型的对策建议》,《智库时代》2019年第2期。

及"信用体系模型",有效实现政府数字化转型的必要载体和条件。一是建立并完善能够覆盖全域、统一接入的城市政务大数据中心,完善政务数据共享交换大平台,加快构建资源共享的政务信息资源体系。二是建立并完善全域深度应用、上下联动、纵横协管的协同治理和应急管理等大平台大系统,通过数据流、业务流、信息流的实时同步更新,构建便民利民公共服务和基层社会治理系统、智慧城管、危化品运输车辆监控系统等基础设施系统。三是建立并完善政务服务平台,深化一体化的政务服务和权力运行平台建设,按"一件事""一套标准"原则梳理整合行政审批及公共服务事项,实现一网一平台通办,精简手续,便利群众。数字技术广泛应用于政府服务,着力破解人民群众反映强烈的突出问题,推动政府治理流程优化和模式创新,为人民群众提供更加智能、便捷、精准、优质的政务服务,更好地满足人民群众需求,让人民群众在数字化发展中有更多获得感、幸福感、安全感。

**(3)充分发挥数据倍增作用和融通价值,打造便捷、公平普惠的数字化服务体系**

数字政府建设的要义是建立在政务数据整合与共享基础上的数字化转型,以支撑实现业务协同和整体政府的模式。而数据的整合共享问题必然涉及共享方式、跨部门数据共享的实现机制、数据管理部门(大数据局)的定位、政务大数据平台的建设、数据运营管理中心/公司的设置五方面核心问题。[①]政府数字化转型最大的症结在于各级政府之间、各部门之间、各系统各业务之间存在大量信息孤岛,政务数据缺乏有效的互联互通。因此要深化城市大数据整合共享。一是各地以数据共享为基础,构建跨部门、跨地域、跨系统的"政务云",强化政务数据整合共享的支撑作用。二是成立专门的数据管理部门,强化数据整合共享统筹能力,建立完善共享标准规范,加快推进各

---

① 中国行政管理学会:《2020 年会暨"学习贯彻党的十九届五中全会精神 加强数字政府建设推进国家治理现代化"研讨会在京召开》,《中国行政管理》2020 年第 11 期。

级政府、各部门、各系统之间数据、信息和业务的联通共享。三是强化政务数据共享模型建设，对接好上下级政府数据共享模型，建立各地本地数据共享模型，统一数据和业务标准，使得两者相匹配，并实现同步更新，确保数据的准确性、完整性和及时性，实现数据价值最大化。[1]四是让数字政府建设成果更多更公平地惠及全体人民，需要加快构建标准统一、布局合理、管理协同、安全可靠的全国一体化政务大数据体系，持续推动政府数据"看得见、管得住、用得好"，全面赋能政府治理和科学决策。[2]

**（4）广泛推行政务"掌上办事"，让百姓少跑腿、数据多跑路**

以数字技术与政府治理深度融合为抓手，加强数据汇聚融合、共享开放和开发利用，充分发挥数据要素的叠加倍增效应，推动数据资源和数字能力持续转化，赋能政府治理流程优化和模式创新，不断提高政府决策科学性和管理服务效率。从群众需求出发，建设服务型、响应型的及时性政府。通过建立并完善政务、公安、交通、医疗、教育等掌上办理基础，建设一体化移动政务服务、实现掌上办事，构建 App 系统管理，加快推进公安、交警、工商、质检、食药、环保等单位移动执法办公等功能的整合汇聚，完成行政审批、行政执法、信用监管等各领域政务服务的移动端通办，促进政务服务在线化、智能化、实时化，将政务服务的网络覆盖每一位社会公众，惠及全民。

**（5）坚持一体化安全保障，持续提升数字政府安全水平**

大数据时代，数据的安全保障是各部门最关注的。政府部门要坚持数据安全和系统建设同步规划、同步建设、同步运行，建立健全一系列规范体系和管理条例，确保数据安全。通过始终绷紧数据安全这根弦，树立安全底线思维，加快构建数字政府全方位安全保障体系，加大信息技术应用创新力度，为数字政府提供体系化、常态化、实战化的安全防护体系，不断提升安全

---

① 仲瑜：《关于加快推进政府数字化转型的对策建议》，《智库时代》2019 年第 2 期。

② 刘烈宏：《奋力开创数字政府新局面 引领驱动数字中国新发展》，http://www.egovernment.gov.cn/art/2022/7/5/art_194_6402.html。

保障能力和风险防范水平,切实保障网络和数据安全。不断提升数字信息基础设施建设的供给能力和水平,为政府数字化改革提供坚实基础。一方面通过加强安全防控,形成体制机制,覆盖从数据的形成、存储到数据的传输、应用及共享整个过程,实行全过程监管。另一方面通过构建多层次安全保障体系,以保障数据安全、政务安全为首要目标,建设动态感知云平台,实时监控网络安全态势,强化评估风险、共享信息,同时进行数据研究判断,建立安全应急机制。①

为了解各地区群众在数字中国建设中的感受情况和意见建议,国家网信办首次开展了数字中国发展情况网络问卷调查活动。调查范围覆盖我国31 个省(自治区、直辖市)的 18 至 70 岁网民,共收到有效样本 409574 份。根据回收数据,对互联网应用、数字基础设施、数字公共服务、网络空间治理等方面网民感知的情况进行统计分析。参与调查的网民普遍认为近年来数字中国建设取得了显著成效,在数字化发展中获得感、幸福感、安全感不断提升,期盼未来能够享受更便捷、更高效、更普惠的数字服务。②

### 4.数字政府建设的地方实践

资料显示,截至 2021 年 11 月,全国已有 20 多个省(自治区、直辖市)相继出台数字政府建设的有关规划,为我国互联网政务服务发展注入新的活力;截至 2021 年 12 月,我国共有政府网站 9414566 个,主要包括政府门户网站和部门网站 14566 个。其中,中国政府网 1 个,国务院部门及其内设、垂直管理机构共有政府网站 890 个;省级及以下行政单位共有政府网站 13675个,分布在我国 31 个省(自治区、直辖市)和新疆生产建设兵团。③同时,全国

---

① 仲瑜:《关于加快推进政府数字化转型的对策建议》,《智库时代》2019 年第 2 期。

② 国家互联网信息办公室:《数字中国发展报告(2021 年)》,http://www.cac.gov.cn/2022-08/02/c_1661066515613920.htm?spm=C73544894212.P59511941341.0.0。

③ CNNIC:《第 49 次中国互联网络发展状况统计报告》,http://www.cnnic.cn/hlwfzyj/hlwxzbg/hlwtjbg/202202/P020220318335949959545.pdf#page=75&zoom=100,116,194。

一体化政务服务平台功能不断优化，以国家政务服务平台为总枢纽，构建国家、省、市、县多级覆盖的政务服务体系。国家政务服务平台开通的"一件事一次办"服务专区，首批上线服务涵盖从"出生"到"退休养老"等个人主题和从"开办企业"到"破产注销"等企业主题。"跨省通办"能力显著增强，截至2021年底，国家政务服务平台共计提供321项跨省通办事项，全国31个省（自治区、直辖市）和新疆生产建设兵团一体化政务服务平台均设置跨省通办专区，开通京津冀、长三角、川渝等6个区域通办和41个"点对点"省际通办服务。通过"同事同标"无差别受理、电子证照互认等手段，住房公积金异地转移接续、失业登记、电子社会保障卡申领、残疾人证新办等高频事项在全国范围内实现"无感漫游"[1]。我们可以通过以下几个省市的地方经验，透视中国数字政府建设取得的成效。

**（1）广东省的数字政府建设实践**

广东省作为中国经济最发达的省份和改革开放的前沿阵地，率先提出数字政府改革，发布数字政府建设规划，从体制机制改革入手，组建广东省政务服务数据管理局，探索制度创新与技术创新相结合、政务服务与数据管理相融合的新模式。2021年，广东在全国省级政府一体化政务服务能力指数评估中连续三年得分位居全国第一，这表明广东深入推进网络强国、数字中国、智慧社会建设取得突出成效，意味着广东的数字政府改革建设在全国起到示范和推动作用，具有标杆地位。广东将进一步深化政务服务"一网通办"，不断提升公共服务均等化、普惠化、便捷化水平，持续优化营商环境，做到更大程度利企便民。[2]广东省数字政府建设的具体做法如下：

①统筹规划数字政府发展战略，构建"管运分离"管理模式

广东省提供顶层设计，发布数字政府规划，指导数字政府建设。2017年，

---

[1] 国家互联网信息办公室：《数字中国发展报告（2021年）》，http://www.cac.gov.cn/2022-08/02/c_1661066515613920.htm?spm=C73544894212.P59511941341.0.0。

[2]《数字政府建设跑出"广东模式"》，https://weibo.com/ttarticle/p/show?id=2309404773127984120384。

广东省先后发布了《广东"数字政府"改革建设方案》《广东"数字政府"发展总体规划（2018—2020 年）》《广东"数字政府"建设总体规划（2018—2020年）实施方案》等一整套数字政府顶层设计的方案，为广东数字政府建设提供了强有力的指导。此外，为加快数字政府改革建设、推动政府治理体系和治理能力现代化，广东省从机制改革入手，成立数字政府改革建设专家委员会。专家委员会作为省政府的决策咨询机构，针对数字政府改革建设中长期规划、重大决策、技术指导等提出意见或建议，为政府部门决策提供重要参考。广东省数字政府建设从体制机制入手，构建"管运分离"的数字政府改革管理新体制，组建政务服务数据管理局，作为广东省数字政府改革建设工作行政主管机构，由广东省直部门提出建设需求，由省政务服务数据管理局进行顶层设计、整合需求、组织实施、管理监督、市县指导、公共资源交易管理、政务数据资源管理。集中腾讯、三大基础电信运营商和华为公司优势资源，成立数字广东公司，负责数字政府建设运营。

②创新数字服务方式，建立"政企合作"运营模式

2017 年广东在全国率先启动数字政府改革建设以来，打造出粤省事、粤商通、粤省心等"粤系列"移动政务服务品牌。政府统一规划各部门间的服务，并借助腾讯云开放的云计算、人工智能等技术能力，构建了全流程一体化的在线服务，为群众解决办事难、办事慢等问题，推行"移动化""一站式""指尖办理"，提升百姓的幸福感。"粤省事"平台上线 2279 项服务和 91 种个人电子证照，其中 1165 项"零跑动"，用户超过 1.56 亿，"粤省事"码上线不到5 个月，领码人数超过 3470 万，亮码人次达 1.32 亿，"粤商通"平台上线 1700项服务，用户超 1146 万，覆盖九成活跃市场主体。"粤政易"平台覆盖了全省五级公务人员 3.7 万家单位，开通用户 215 万，"粤省心"平台实现 12345 一号对外，全年办理工单 5118 万宗（数据截至 2022 年 4 月）。[①]平均每 2 个广

---

① 《数字政府建设跑出"广东模式"》，http://zfsg.gd.gov.cn/xxfb/spxw/content/post_3936964.html。

东人，就有 1 个在使用"粤省事"①。"粤省事"并非单兵作战，已与主打涉企服务的"粤商通"、主打政务协同的"粤政易"相融合，形成"粤系列"这一聚合性数字政府平台。未来，"粤系列"将逐步实现政府、企业和社会服务"三位一体"，打造开放互融的数字政府平台。数字政府建设运营中心承担了方案设计以及省级电子政务基础设施和系统的建设运维工作，提供解决方案、系统管理、应用开发、数据融合、安全机制等专业化的综合服务。在政企合作模式中，国企和私企充分发挥了各自所长。国企展现在政府行业经验的优势，华为能够弥补网络基础设施方面的短板，私企的经营模式更具有灵活性，因此，私企和三大运营商可以形成"强强合作，联合创新"的政企合作模式。特别是新冠肺炎疫情发生以来，广东多措并举强化数字抗疫能力，用最短时间建成全省疫情防控核心数据库和分析平台，整合汇聚国家部委、省直部门、中直驻粤单位、公共服务企业等部门 176 类约 80 亿条数据，形成风险防控"一张网""一张图"，成为疫情防控"精准化"的关键力量。②

③重构政务云基础设施，注重开展数字政府评价

广东构建了一个技术先进、安全可靠、服务完备的政务云平台，进一步降低各部门信息化建设成本、促进政府部门间的信息资源利用和协同共享，提升基础设施利用率，推动政务信息资源共享，实现业务应用快速部署，保障业务应用系统安全可靠运行，推动省直各部门完成新建及现有政务业务系统的有序迁移上云。构建"1+N+M"的数字政府政务云平台，包括 1 个省级政务云平台、N 个特色行业云平台、M 个地市级政务云平台，形成"全省一片云"的总体架构。通过集约化建设，广东实现了政务服务和政府治理双提升，在强大的"互联网＋"数据后台支撑下，广东省网上办事"一个入口、一张表单、一套材料"得以实现，全省市县镇村五级政务服务事项纳入标准化管理，全省事项网办率达 95.54%，最多跑一次 99.88%，"零跑动"事项 93.14%，免

---

① 《数字广东公司成立三周年 探索数字政府建设"广东模式"》，《中国日报》2020-09-27。
② 王益民：《数字政府》，中共中央党校出版社，2020 年，第 184 页。

证办事项 50.07%,政务服务实现了从"可办"向"好办"的提升。广东的移动政务服务平台建设领跑全国,"粤省事"实名用户超 1.5 亿,上线民生服务事项 2200 多项,累计业务办理量超过 168 亿件;"粤商通"集成涉企重点事项 1294 项,服务覆盖广东超过 1000 万市场主体;"粤省心"政务热线平台整合部门自建的便民热线,实现线上线下融合;"粤智助"政府服务一体机今年底将覆盖全省全部行政村,全面打通服务群众"最后一百米";"珠澳通"App 上线,探索政务服务跨境通办,泛珠九省区 300 项高频事项实现跨省通办,泛在普惠型政务服务体系基本建成。①

广东省以评促改、以评促建、以评促管成为近年来政府推进工作的重要抓手,为推进广东省数字政府改革,广东省政务服务数据管理局委托第三方进行了数字政府的第三方评估工作,从统筹推进机制、数字化支撑能力、数字化服务能力和创新情况四个方面对数字政府建设进行评价。统筹推进机制方面主要是考察各地各部门如何推进数字政府改革建设工作,包括决策领导机制、工作协调机制;数字化支撑能力方面主要是考察数据支撑能力和基础设施支撑能力;数字化服务能力方面主要是考察各地各部门通过数字化方式向企业和群众提供服务的能力,包括数字化服务供给能力、服务标准化能力和服务体验;创新情况主要是考察部门在公共服务、数据驱动等方面的创新能力。

④提升数字政府法治化规范化水平,加强数据安全风险管理

2021 年,广东在全国率先出台数据要素市场化配置改革行动方案和省级公共数据管理办法,建立权责清晰的公共数据资源开发利用长效机制。为实现数字政府高质量发展,广东数字政府产业发展联盟正式成立,聚焦产业研究、政策建议、产业合作、人才培养等重点领域。同时,广东持续开展数字政府专业能力培训,助力提升各级干部队伍数字化素养,全年组织培训 10

---

① 《广东政务服务能力和治理水平实现跨越式发展 99.88%事项最多跑一次》,《广州日报》2021-11-23。

余次,上线课件 58 个,全省学习人次超 49 万。从数据安全风险管理角度,探索一种新的数据风险管理模式,建立数据运营方、数据管理方、数据监审方及数据标准方的"1+3"管理架构,形成统一规范的政务数据管理和安全保障体系,为政务数据共享提供有效的安全保障。数据运营方为数字广东公司,主要承担政务数据资源采集、传输、存储、使用、交换、销毁等全生命周期的数据运营工作。2021 年,广东建立了数字政府网络安全多部门协同联动机制,建成一体化网络安全防护体系。出台《广东省电子印章管理暂行办法》,发布年度数字政府网络安全指数,推动网络安全工作"可量化、可评估"。强化数字政府网络安全运营常态化管理,连续 2 年举办"粤盾"攻防实战演练,定期开展网络安全大检查,不断完善安全应急响应机制。此外,广东省数字政府建设不断升级。2022 年 3 月,广东提出全面深化"数字政府 2.0"建设,打造全国数字政府标杆和数字化发展高地,推动数字化发展持续走在全国前列。[①]

**(2)福建省的数字政府建设实践**

电子政务是建设数字福建的引领工程,福建省持续打造政务综合信息服务体系、政务信息化应用体系、政务信息资源共享体系。2000 年 10 月,时任福建省省长的习近平高瞻远瞩地做出了建设"数字福建"的战略决策。此后,"数字福建"建设作为新世纪的一项重大战略工程持续推进,引领和推动着福建省经济发展、社会治理等多方面变革。福建是"数字中国"的孕育地,福州是习近平总书记当年提出的"数字福建"先行实践地。[②]作为信息化建设先行省份,福建省在推进数字福建进程中,以信息资源的整合共享和信息技术的创新应用为抓手,推进数字政府建设。数字中国建设峰会已经连续五届

---

① 《广东数字政府 2.0 建设"划重点",2022 年力推八大重点领域再突破》,https://www.gzwxb.gov.cn/context/contextId/205542。

② 《第五届数字中国建设峰会新闻发布会举行》,https://fjca.miit.gov.cn/xwdt/bsyw/art/2022/art_6ad5a16a65aa49ff80130e793eff0cd4.htm。

在福建福州成功举办。福建省数字政府建设具体体现为：

①夯实数字基础设施建设

2000 年，福建省把加快电子政务建设作为重要抓手，先行先试，在全国率先大规模推进信息化建设。率先统一建设全省政务信息网、开展信息资源整合与开发利用；率先实施省级范围政务信息资源标准化、规范化、时空化改造；率先开展省直部门数据中心和信息中心整合。福建省成为电子证照、无线政务专网、电子政务综合试点、政务信息开放、政务信息系统整合共享应用、健康医疗大数据等六项全国试点省份，电子政务建设保持全国领先。福建省光网和 4G 已全面覆盖城乡，5G 商用试点加快推进，陆上行政村实现100%通光纤，固定宽带家庭普及率居全国第二位[1]；移动宽带用户普及率均达到 104.8%，居全国第 6 位。全省 IPv6 活跃用户数达 3879.2 万，占全省宽带用户总数 59.38%。[2]海峡两岸直通光缆和国家级互联网骨干直联点作用进一步发挥，互联网性能居全国前列，福州成为全国互联网核心节点、重要支点和新的数据交换口岸；适应数字经济、智慧社会发展需要的新一代信息基础设施体系正在加快形成。截至 2021 年 4 月底，"数字福建云计算中心"（政务云）已为 269 个部门 1723 个应用系统提供近万兆外部网络互联带宽。"数字福建云计算中心"（商务云）已投入运行。[3]

②加强数据资源汇聚整合

作为我国首批共享数据接入省份，福建省积极推动省直部门按目录汇聚数据到省政务数据汇聚共享平台，由平台统一与国家共享交换平台对接，实现国家和福建省共享数据互联互通，在全国率先实现了省级政务数据中心整合。按照"大平台、大整合、高共享"的集约化建设思路，福建率先启动建

---

① 《国新办举行数字中国建设峰会有关情况发布会》，https://www.xuexi.cn/270102de665e084da d6b000d8233e949/e43e220633a65f9b6d8b53712cba9caa.html。

② 《福建："新基建"激发新动能 助力数字经济发展》，http://www.cac.gov.cn/2020-08/04/c_15980 94892951024.htm?from=groupmessage。

③ 《"数字福建"打造高质量发展新引擎》，《工人日报》2021-05-24。

设省级"生态云"平台。2018 年 3 月,该平台正式上线运行;5 月在全国率先建成省级生态环境大数据平台并投入使用。全省生态环境数据资源中心有效打破了部门壁垒,构建纵向到底、横向到边的数据共享体系。纵向向上联通了生态环境部,向下贯通至市县级生态环境部门及相关企业;横向则汇聚了相关部门的业务数据、集成物联网数据和互联网数据。福建省政务数据汇聚共享平台作为"数字福建"重要的公共平台,为"数字福建"政务信息资源的目录服务、数据交换、数据汇聚、信息共享和业务协同提供统一的底层构架和解决方案。2020 年是"数字福建"建设 20 周年。"数字福建"建设 20 年的优势就是数据优势,不仅体现在量上,更体现在质上。福建省级政务云平台已汇聚了 2400 多项共计 69 亿多条数据记录,涵盖全省 150 多万家企业及 8 万家机关事业单位和社团组织信息、全省近 4000 万常住人口和 320 多万流动人口信息、1 亿多本电子证照、1 亿多条信用记录信息和 10 亿多条环境监测数据,并实现"一人一档"和"一企一档"。 2019 年,福建数字经济总量 1.73 万亿元人民币,占 GDP 比重超过 40%,增长速度居全国第 2 位。①

③推进数据资源互通共享

2015 年,福建省启动实施省级政务数据整合汇聚与共享应用工程。2016 年 10 月,福建省人民政府发布了《福建省政务数据管理办法》(省政府令第 178 号),提出要加强政务数据管理,推进政务数据汇聚共享和开放开发,加快"数字福建"建设,增强政府公信力和透明度,提高行政效率,提升服务水平。2017 年 11 月,福建省发布了《福建省人民政府办公厅关于印发福建省政务信息系统整合共享实施方案的通知》(闽政办〔2017〕126 号),要求在 2018 年底,基本完成省直部门和设区市政务系统清理和整合工作,完成事业单位数据中心整合,建成市级数据中心和政务数据汇聚共享平台,全省各级政务部门整合后的信息系统接入政务数据汇聚共享平台, 常态化向政务数据汇

---

① 《打造"数字中国"样板工程——写在数字福建建设 20 周年之际》,《福建日报》2020-10-12。

聚共享平台汇聚数据；建立完善项目运维统一备案制度，加强信息共享审计、监督和评价，进一步优化政务信息化建设模式，政务数据共享和开放在重点领域取得突破性进展。6月，福建省又发布《福建省人民政府办公厅关于进一步加快推进政务信息系统整合共享工作的通知》（闽政办函〔2018〕30号）提出，要进一步强化整合共享工作责任落实，着力破解制约网上办事的难点堵点，加快完善整合共享相关法规标准，加强整合共享安全保障和评估。福建省现已实现全省"一号通认"。率先建设省级统一身份认证平台——福建省社会用户实名认证授权平台，为全省各级政务平台提供身份认证支撑服务，并对接50个省内政务服务平台（业务系统）身份认证。同时，具备"一码通行"基础条件，可以生成居民身份码，实现个人信息"一人一档，随手可查"，完成与省医保局业务系统对接，上线医保扫码付款功能，一键生成医保结算码，初步具备"一码通行"基础条件。通过对接财政非税支付缴费平台、多卡融合公共平台、微信支付和支付宝等多个渠道，初步实现聚合支付。目前，福建省正在筹备建设全省统一支付平台，为各级各部门非税支付和商业支付提供线上线下缴费能力。[1]福建省网上办事大厅在全国第三个建成了全省行政审批"一张网"，为社会和公众提供"一站式"网上办事服务。闽政通App整合便民服务事项超过1000项，全面推进"一号通认"和"一码通行"。2020年10月24日，福建省网上办事大厅推出"跨省通办"服务专区，首批上线跨省窗口通办事项134项，全流程网上办理通办事项157000多项，有效破解企业与群众异地办事"多地跑、折返跑"的难题。福建省还牵头建成闽琼桂全国首个跨省自助机政务服务"跨省通办"平台，实现"跨省通办"690项高频政务服务事项"自助办"。[2]

④有效降低市场运行成本，有力支撑市场主体保护

第一，"单一窗口"贸易便利。福建省国际贸易单一窗口在全国率先实现

---

① 王益民：《数字政府》，中共中央党校出版社，2020年，第191页。

② 王永珍：《信息化支撑，营商环境加速优化》，《福建日报》2021-04-23。

船舶运输工具海关、国检、海事、边防"一单四报"和检商"两证合一"，进出口货物申报从 4 小时减至 5~10 分钟，入选全国自贸试验区"最佳实践案例"。第二，"金服云"破解融资难。福建省金融服务云平台通过"数字福建＋金融科技＋产品服务＋惠企政策"的全新政银企合作模式，打造互联网智慧"金融产品超市"，助力政银企三方精准高效对接。上线两年来，注册企业已突破 11 万家，累计解决融资需求超 1.6 万笔 575 亿元，有效打通普惠金融服务的"最后一公里"。第三，"非接触"办税常态化。福建电子税务局建设水平位居全国前列，2019 年底上线"福建省微电子税务局"，为纳税人、缴费人提供更便捷高效的服务，2020 年"非接触式"综合办税率达 96％以上。第四，知识产权协同保护。"知创中国"知识产权综合运营公共平台，汇聚了 105 个国家 1.3 亿条专利文献，标引九市一区近 90 万条专利文献，建成 7 个战略性新兴产业专利数据库，整合近 600 名技术、行业和法律等方面的专家资源，为在线咨询、侵权判定、项目评审等服务的开展提供有力支撑。第五，"智慧监管"，执法更有力。作为全国试点省份，省"互联网＋监管"系统汇聚全省监管数据，助力政府"一网通管"。省网上执法平台初步形成全省行政执法"一张网"，2015 年上线以来累计接收和办理案件 159 万件。福建省市场监管业务平台基本实现市场监管业务网上办事全覆盖，并有效促进部门联动预警和协同监管。第六，信用福建加快建设。省公共信用信息共享平台依法归集共享和向社会公开公共信用信息，实施失信联合惩戒，共计归集 44 家省级单位和中央驻闽机构报送的公共信用信息 5.55 亿条，"信用中国（福建）"网站累计访问量超过 1500 万次。①

作为"互联网＋政务服务"改革的首批试点城市之一，福建省厦门以"互联网＋政务服务"探索"五个一"建设项目审批改革。"一张蓝图"统一了生态控制线和城市开发边界及城市空间容量，划定了全市生态控制线范围 981

---

① 王永珍：《信息化支撑，营商环境加速优化》，《福建日报》2021-04-23。

平方千米、城市开发边界640平方千米,为后期改革推进提供了统一的框架基础;构建"互联网 + 政务服务"数据协同管理的"一个平台",接入市、区级部门、指挥部235个部门,纳入了发改、规划、国土、环保、海洋、林业、水利、交通、教育、医疗卫生、农业等多部门15大专题54个子专题275个图层的空间规划数据及业务数据,实现规划信息、策划信息、审批节点信息、电子证照、监督信息数据共享;打造"一个窗口",设立工程建设项目审批综合服务窗口,建立完善"前台受理、后台审核"机制,协调线上线下联动服务的步调,不断提升"综合窗口"收发件的业务处理水平,拓展"综合窗口"的服务范围,实现工程建设项目审批的"一个窗口"服务和管理;受理"一张表单",实行"统一收件、同时受理、内部流转、并联审批、限时办结"的运行模式,大幅度减少申请材料,项目从立项到开工建设所需的申请材料由228项减少至85项;建立"一套机制",建立配套制度,衔接审批各阶段、各环节,通过引导相关企业运用网络平台提供的网上备案、合同网签、节点网监、质量网评、信用公示等功能,切实规范审批中介服务,最大限度地压缩权力寻租空间,打造风清气正的营商环境。①

### (3)浙江省的数字政府建设实践

作为全国首个信息经济示范区,浙江省是国内唯一同时承担国家电子政务综合试点、公共信息资源开放试点、政务信息系统整合共享试点三个国家级试点任务的省份。简政放权一直是我国各级政府行政体制改革的主要内容,但每次减权减编总是难以跳出"一放就乱,一乱就收;一管就死,一死就放"的"放收循环"周期律,权力结构的调整缺乏足够的定力,单纯依靠制度约束也难以固化改革的成果。另一方面,信息技术在政府治理中的应用,也因为难以突破条块分割的壁垒,形成诸多碎片化的信息孤岛,难以实现智

---

① 蔡旭:《以"互联网+政务服务"推动政府治理现代化》,《党政论坛》2019年第12期。

慧政府整体性治理的理想绩效。①浙江省"四张清单一张网"改革同时面向上述两个问题，以信息技术作为权力结构调整的动力与约束力，通过权力结构优化产生出信息技术对治理绩效的积极效应。推进了地方政府管理数字化、智慧化，构建了现代政府数字治理新模式。近年来，浙江省以"互联网＋政务服务"为抓手，利用信息化手段、新兴网络工具、大数据平台整合政务资源、优化办理流程，持续推进"四张清单一张网"和"最多跑一次"改革，政府数字化转型在审批服务领域率先突破，走在全国前列，特别是浙江省"最多跑一次"改革中通过推进"互联网＋政务服务"2.0建设，建立数字化公共服务体系，坚持以用户为中心的服务理念，强调以数据定义服务的服务方式，实现政府与群众双在线组织结构。

①以城市大脑推进智能政务建设

早在2003年，习近平总书记在浙江工作时就部署"数字浙江"。2014年6月浙江政务服务网正式上线运营，在全国首开"互联网＋政务服务"先河，全面实施"四张清单一张网"。2016年浙江省政府全面深化"最多跑一次"改革，从2016年开始试用"浙政钉"。2018年全面推进"政府数字化转型"。12月，杭州发布城市大脑（综合版）推出交通全域应用、优驾自动容错、重车全程严管等9项举措。2019年推出了舒心就医、欢快旅游、便捷泊车等9个重点应用场景，11大系统、48个场景同步推进。在不断扩容的便民服务中，群众的获得感、幸福感和安全感也持续攀升。形成智能导服、自动填表、一次办结、查看状态、统一评价的一体化流程，整个行政服务流程可以通过移动端、PC端、窗口端和自动终端等统一受理界面完成；实行统一办件调度，同时为数据共享和业务对接提供基础，实现业务流程的标准化、智能化和自动化；通过"互联网＋政务服务"2.0能够实时全面掌握办件情况、评价情况、连板

---

① 周盛：《走向智慧政府：信息技术与权力结构的互动机制研究——以浙江省"四张清单一张网"改革为例》，《浙江社会科学》2017年第3期。

效率、数据共享率等客观数据,推动高效公正监管。

城市大脑还建设了"亲清在线"数字化平台。在杭州城市大脑全面支撑下,通过对政府部门"轻量级"资源整合、数据协同,创新了政务服务模式,通过数据共享,流程再造,政府惠企政策和人才补贴政策等都是线上申报、秒级直达,形成了"零材料、零审批、秒兑现"的直达模式,实现"人找政策"转换为"政策找人"。2020 年抗击新冠肺炎疫情期间,"亲清在线"助力复工复产。从当年 3 月 2 日正式上线起,8 天内为 11.4 万家企业、37.1 万员工兑付补贴 3.36 亿元。截至 2022 年 4 月,"亲清在线"已经累计上线政策 639 条、兑付资金 163 亿元,办件 1287 万件、服务企业 46 万家,切实优化了营商环境,提升了政务服务效能。可以说,这是一种刀刃向内的改革,用数字化的算法替代一大批审批部门和审批人员,只要信息能够准确、稳定、有规律地更新,这项工作就能精准完成。①2022 年,出台《浙江省人民政府关于深化数字政府建设的实施意见》②,开始了全面推进数字政府建设的新篇章。

②以互联互通推动数字协同治理

依托信息经济大省的优势,浙江省大力推进电子政务与公共数据统筹建设和资源整合,建立人口综合库、法人综合库、信用信息库、电子证照库、资源地理信息库等多部门、多数据、多主体的信息资源库,消除层级间、部门间数据壁垒,实现数据共享。探索贯穿数据全生命周期的治理新路径,着力破解影响数据共享开放的体制和技术难题,构建数据融合汇聚的信息共享体系。依托省级政务云平台实现全省政务数据的融合汇聚,根据统一的数据采集与交换标准推动数据资源共享开放、部门间数据标准对接和系统互联,以流程再造实现跨部门、跨系统、跨地域、跨层级高效协同。同时,打造统一安全的政务云平台、数据资源共享共用的大数据平台和一体化网上政务服

---

① 《城市有大脑 治理更聪明》,《中国纪检监察报》2022-04-26。

② 《浙江省人民政府关于深化数字政府建设的实施意见》,https://www.zj.gov.cn/art/2022/8/9/art _1229641548_59736930.html。

务平台,形成大平台共享、大数据慧治、大系统共治的顶层架构,建成省级统筹、部门协同的"互联网＋政务服务"新体系。基于政务 OA 和钉钉应用,实现智能随身、高效便捷的全平台实时提醒、全天候处理公务、全方位监督管理,实现审批更简、监管更强、服务更优。

③以"掌上办公""掌上办事"打造移动政务

2017 年初,浙江省政府办公厅发文,为推动"互联网＋政务""最多跑一次"改革,决定在全省政务统一部署使用移动办公钉钉系统,提高行政决策效率。到 2018 年底,"浙政钉"组织架构内,浙江省政府、省属委办厅局机关和全省11 个地市、90 个区县都在钉钉上进行工作沟通和办公协同, 钉钉系统接入公职人员数量已超过 120 万人。浙江省进一步提出在医疗健康、教育培训、社会保障、救助抚恤、精准扶贫、文化旅游、公用事业、交通出行、法律服务、科技服务、社区服务、全面健身等公共服务领域全面推广和优化"浙里办""浙政钉",打造"掌上办公之省"和"掌上办事之省",在国内首先实现了省、市、县、乡、村五级机构的组织在线,完成了五级行政区划的移动联络系统建设,通过让数据多跑路,换取了群众和企业"最多跑一次"甚至不跑路,大大提升了政务办事及服务效率,助力政府数字化转型。①

④以"一门一网式"政府服务保证权力公开透明

"一门一网式"政府服务遵循"用户至上"的理念设计。用户在线以个人的基本信息为依据,以生命周期为轴线,将与个人相关的各项政务服务、公共服务、社会专业服务有针对性地导入个人专属网页,使个人专属网页成为个人网络身份证。在市民专属网页丰富的模板、内容和模式中,强调通过个人自主定制、自主选择、自主设计、自主服务,不断提高个人专属网页的用户体验。"一门一网式"是"互联网＋"时代政府对服务创新与治理创新的重新思考,对企业、个人、社会组织等设立"专属页"也是对互联网时代用户行为习

---

① 王益民:《数字政府》,中共中央党校出版社,2020 年,第 196 页。

惯与体验需求的深刻洞察。"一门一网式"政府服务利用大数据技术,可以创新治理,进行绩效评估,完善实施在线行政效能监察和问责机制,接受公众监督,从而保证权力公开透明。[①]

　　由于为公众提供综合性、一站式服务,浙江政务服务网被喻为"政务淘宝",并被国务院办公厅等列为改革试点。浙江政务服务网打破了各部门之间的信息壁垒,在全国率先做到"同一事项、同一标准、同一编码"。为了顺应移动互联网发展潮流,浙江政府服务网推出手机 App"浙里办",成为浙江省深化"最多跑一次"改革和数字化改革面向群众、企业的总入口。基层群众通过"浙里办"可以随时查缴社保、提取公积金、缴罚、缴学费、公共支付、生育登记、诊疗挂号、打印社保证明、处理交通违法等,还推出了公共支付、生育登记、诊疗挂号、社保证明打印、公积金提取、交通违法处理等 17 个类别、300 余项便民应用,提供省级掌上办事 168 项、市级平均 452 项、县级平均371 项,成为百姓办事的好帮手。截至 2022 年 2 月,"浙里办"注册用户突破5400 多万,依申请政务服务事项 100%网上可办,群众企业办事基本实现"网上办理""最多跑一次"。机关内部"最多跑一次"实现率达 100%,部门间办事事项实现"一网通办"。[②]浙江省一脉相承、一以贯之的理念引领和支撑着政务服务的改革和探索。"四张清单一张网",里面的"网"是浙江政务服务网,其核心就是"互联网＋政务服务",而"最多跑一次"改革本质上也是"互联网＋政务服务",其特点在于是站在群众的视角,以群众的语言阐述政府这场刀刃向内的自我革命,以"最多跑一次"改革撬动各个领域的改革,从而建设数字政府,建设治理体系和治理能力的现代化。[③]

　　此外,全国还有很多地方不断创新政务服务做法。如,青岛市政府运用

---

　　①　蔡旭:《以"互联网+政务服务"推动政府治理现代化》,《党政论坛》2019 年第 12 期。

　　②　《浙江省数字政府建设的创新经验与启示》,https://new.qq.com/omn/20220215/20220215A03HFR00.html。

　　③　徐颖:《深化"最多跑一次"改革 推进政府数字化转型》,https://baijiahao.baidu.com/s?id=1652136724359592793&wfr=spider&for=pc。

"互联网＋"思维,创新行政审批服务方式,利用"互联网＋"行政审批的服务形式推进审批权下放,简化审批流程,让信息多跑腿、群众少跑路。开展行政审批事项网上梳理,同时开通网上咨询、网上办理;按照"四级网办深度"标准,全力推进网上行政审批三级、四级办理,全部审批事项实现"外网申报、内网审批、外网反馈",对审批申请、受理、审查、决定、制证和送达6个环节进行改革,优化审批流程,保障了审批权的下放落实,提升了审批效率。为保障行政审批权的有序下放和有效落实,青岛市政府成立了市政府行政审批制度改革办公室和由23名各领域专家组成的咨询委员会,对其进行统筹指导;制定了行政审批事项业务手册、服务指南和批后监管办法,明确行政审批制度改革的任务书、时间表和路线图,全部在网上公示;通过网上查询和网上办理,审批证照统一制发、二维码扫描识别、统一送达,优化了行政审批流程,提高了行政效能,将简政放权落到实处,"互联网＋"政务平台的运用为行政审批权的有效下放和审批效率的提升提供了保障。"互联网＋"政务也为政府效能的提升提供了技术支撑。青岛市利用互联网开展行政审批事项网上梳理,在各级政务网站开设"行政审批目录"栏目,将有关行政审批的事项目录、流程、所需材料、通知公告、审查细则等都在网上公布,并提供网上咨询和预约,服务对象通过网站就可以获取事务信息,下载表格,节省时间成本,提高了行政审批效率。从群众来回跑腿、反复交材料到网上预约、一窗受理、一表登记、同步审批,"互联网＋"审批网络服务平台极大地推进了精简高效的惠民政府建设,有效增强了公众对"互联网＋"政务在促进政务公开、提升政府效率与改善政民互动的认知,提高了公民对政府行为效用的预期与政府对公民需求回应性的预期。①

再如,2015年,安徽省出台了《安徽省人民政府办公厅关于印发安徽省公共信用信息征集共享使用暂行办法的通知》,建成了安徽省信用信息平台

---

① 孙荣、梁丽:《"互联网＋"政务视域下的政府职能转变研究》,《南京社会科学》2017年第9期。

整体框架，即"一个网站、两个系统、一个中心"。以公共信用信息共享平台为代表的数据收集、整合和共享平台，将全省各政务部门、企业、社会团体等不同主体的基本信息、资质信息、监管信息、信用信息整合进"一张网"中，向政府、企业和公众公开，并主动向公众推送不良信用主体的信息。利用公共信用信息平台向各有关部门推送侵犯消费者合法权益、制假售假、未履行信息公示义务等失信行为的信息，并建立行政许可、行政处罚等信用信息公示系统、"红黑榜"专项系统，实现了通过信息公示对市场的监管和调控，并促使政府在管控路径和手段上做出改变。①

另外，还有"云上贵州"打破了数据壁垒，实现了共享共通。2014 年，贵州"云上贵州"平台打破束缚，实现了政府数据共享。2014 年 5 月 1 日，《贵州省信息基础设施条例》正式实施。2016 年，贵州省第十二届人民代表大会常务委员会第十次会议表决通过了《贵州省大数据发展应用促进条例》，填补了大数据这个行业的空白，具有把大数据产业纳入法制轨道的意义。

"云上贵州"的主要特点为：一是信息共享。贵州云平台建设之初，就摒弃了各地各部门自建平台的传统做法，其目的就是通过建设全省统一平台，实现数据开放共享。从 2015 年开始，凡是省级财政新建的信息化系统必须基于同一个云平台进行开发，每个部门的信息化项目在立项之前，方案必须到贵州省大数据局做前置审批，不允许单独建服务器、交换器，要基于云的架构、项目，购买云服务来解决信息化建设的问题。二是节约成本。贵州省在信息化建设的硬件投入上无法和北京、上海、广州相比，以往由各个部门信息中心单独建设平台，软硬件需求都非常高，需耗费大量财力精力，对建设运维人员素质要求也比较高。迁入统一的"云上贵州"平台后，信息资源的利用就弹性化了，不足的能够自动扩展，多余的可以释放，这样为财政节约了大量资金。三是安全保障。以往各地各部门自建平台，安全保障方面缺乏专

---

① 孙荣、梁丽：《"互联网+"政务视域下的政府职能转变研究》，《南京社会科学》2017 年第 9 期。

业技术人员及科学的监管平台。现在的云平台由专业技术团队负责监控,配合贵州省公安厅网络安全保卫大队、网信办等相关部门,建立安全监管体系,保证平台顺利运行。①

---

① 蔡旭:《以"互联网+政务服务"推动政府治理现代化》,《党政论坛》2019 年第 12 期。

# 二 "互联网＋政务服务"与政府职能转变

　　政府是数字技术及其应用的治理者。政府职能转变是数字时代经济社会高质量发展的必要保障。政府职能转变是中国改革的核心内容之一，也是经济体制改革和政治体制改革的"结合部"，是调整政企关系、建立现代企业制度、行政体制改革、机构改革、发展第三部门等多项改革的重要内容或重要基础。①政府职能转变贯穿了我国改革开放的全过程，是政府持续调整与市场、社会权责边界，建立完善社会主义市场经济体制的重要组成部分。②政府职能的调整与重构在很大程度上依赖"互联网＋政务服务"实现。从数字时代政府履行基本职能到开拓新场域、新疆域，其制度规则体系的重构，必将型构一种数字时代的新经济社会形态，这是一种与基于工业文明、物理形态的现代社会形成鲜明对比，但又与之交织

---

① 朱光磊：《中国政府职能转变问题研究论纲》，《中国高校社会科学》2013 年第 4 期。
② 高翔：《以数字政府建设引领驱动数字化发展》，《法治日报》2022-08-09。

存在、以数字文明为目标的超现代经济社会形态。<sup>①</sup>由此，"互联网＋政务服务"是政府职能转变的重要突破<sup>②</sup>，促进政府职能全面重新定位。

## （一）政府职能的界定与理论探讨

政府职能是行政管理体制的核心，是政府活动内容及方向的综合反映。任何政府都有一定的服务职能。提供维护基本的公共安全与社会秩序的服务是早期的政府主要职能。随着时代的发展，政府提供的服务内容不断拓展，其中政务服务是不断发展的一项政府职能。改革开放以来，政府职能转变成为我国行政体制改革的关键内容。政府改革实践已反复证明，改革只有紧紧抓住政府职能转变这一关键才能顺利推进，否则就走不出"精简—膨胀—再精简—再膨胀"的不良循环。<sup>③</sup>政府职能（government function），也称行政职能（administrative function），是国家行政机关依法对国家和社会公共事务进行管理时应承担的职责和所具有的功能。关于政府职能，中西方有不同界定。

### 1.西方关于政府职能的主要理论

政府职能基本理论，是政府进行科学的职能设置的前提，也是政府正确履行职能的关键。一般来说，自从民族国家诞生以来就开始了对政府职能的理论和实践探索。从西方现当代政府职能基本理论涉及的实质内容的角度来分析，其主要涉及国家干预主义和自由主义政府职能基本理论两大块。<sup>④</sup>

① 郁建兴：《以数字化改革助力政府职能转变与制度规则重塑》，http://www.gov.cn/xinwen/2022-08/26/content_5706941.htm

② 蔡旭：《以"互联网+政务服务"推动政府治理现代化》，《党政论坛》2019年第12期。

③ 潘小娟：《中国政府改革七十年回顾与思考》，《中国行政管理》2019年第10期。

④ 童颖华、刘武根：《国内外政府职能基本理论研究综述》，《江西师范大学学报（哲学社会科学版）》2007年第3期。

第一阶段，从18世纪开始到20世纪30年代。这一阶段政府的职能定位是做一个"守夜人"的政府，其理论依据是自由主义思想家提出的"有限政府理论"，该理论认为，市场经济是最有效的经济制度，通过市场这只"看不见的手"，个人利益与公共利益可以实现自然和谐；而且市场也是最公平的制度，因此政府应对经济事务持自由放任立场。"政府要想管理得好一些，就必须管理得少一些"，因此政府主要承担三项职能：一是保卫个人的安全，使其不受他人的侵害；二是保卫国家安全，使其不受外敌的侵犯；三是建设、维护某些私人无力经办或不愿经办的公共设施与公共事业，除此之外的其他事务都属于政府不该管的事情。第二阶段，从20世纪30年代到60年代。由于资本的集中和生产的垄断，仅靠市场机制已经不太可能实现充分就业和发展经济的目标，出现了"市场失灵"。为此，凯恩斯提出"政府干预理论"，认为"看不见的手"本身存在收入水平悬殊、经济外部性以及垄断现象等诸多弊端，而这些弊端从市场内部又不可能得到克服，只有通过政府干预才能予以解决。第三阶段，从20世纪70年代到80年代。政府的积极干预直接导致政府职能的过度扩张和机构膨胀，并且扭曲了市场对资源配置的调节作用，产生了所谓"政府失灵"的现象。为解决这一难题，政府职能理论中的公共选择理论应运而生，认为市场的缺陷并不是把问题转交给政府去处理的充分理由。最好的出路就在于打破政府的垄断地位，让政府将其不该做和做不好的事交给市场来完成，在能够引入竞争的领域，允许私人机构进入并与政府机构形成竞争，从而改善公共部门的产出以及公众的福利状况。因此，政府职能应该定位在维护市场秩序和正常运转上。

在世界范围内，面对如何应对全球性的"政府失灵"危机，关于政府职能的一系列新理论也开始形成。主要有：

**(1)公共服务市场化、多元化的新公共管理理论**

20世纪80年代，政府管理相继出现严重危机。西方理论界与实践界开始关注以新自由主义经济学为基础、以效率为指向的新公共管理理论(New

Public Management Theory）。新公共管理是通过政府职能简化、组织结构"解科层化"、作业流程电子化,强调尊重顾客和消费者权益。新公共管理理论在20世纪90年代在英、美、澳大利亚等发达国家掀起了一波改革政府的浪潮。"我们面临着选择,选择一个庞大的但软弱无力的政府,还是选择把自己局限于决策和指导从而把实干让给他人去做的强有力的政府。"[①]新公共管理理论的核心观点是重塑政府,并形成"企业化政府"。新公共管理理论认为政府失败的主要之处不在目的而在手段[②],主张在公共服务提供方式上,以市场为基础,把企业经营中的顾客至上理念,引入公共服务过程中。奥斯本和盖布勒提出了"掌舵而不是划桨""满足顾客的需要""授权而不是服务""竞争性政府"等十条基本原则,强调政府的职责是掌舵而不是划桨,政府并不擅长于划桨[③],政府要扮演掌舵的角色,制定管理条文;当政府把所有权和控制权交给社区时,政府也许不再直接提供服务,但仍然对满足居民需要负有责任;把竞争机制注入提供服务中去以提高效率,政府也要为政府内部的服务工作创造竞争机制;政府按效果而不是按投入拨款,采用全面质量管理办法;政府要满足顾客的需要,而不是满足官僚政治需要,顾客需要确切地知道去哪里得到有关各种服务的质量和有效性的信息,并能够选择更喜爱的服务;有事业心的政府是有收益而不浪费的;有预见的政府会做两件根本性的事情——使用少量钱预防而不是花大量钱治疗,在做决定时尽一切可能考虑到未来;除非另有重要的理由,处理问题的责任应该尽可能地交给最基层的政府,一个政府与其公民的关系愈密切,公民也就愈信任政府;市场机制有胜过行政机制的许多优点,因此要改变公共投资政策,制定以市场为依

---

① ［美］戴维·奥斯本,特德·盖布勒:《改革政府:企业家精神如何改革着公共部门》,上海市政协编译组、东方编译所编译,上海译文出版社,1996年,第25页。

② ［美］戴维·奥斯本,特德·盖布勒:《改革政府:企业家精神如何改革着公共部门》,周敦仁译,上海译文出版社2006年,前言1。

③ ［美］戴维·奥斯本,特德·盖布勒:《改革政府:企业家精神如何改革着公共部门》,周敦仁译,上海译文出版社2006年,第1页。

据的管理政策。新公共管理理论提出,政府是决策者,而非具体的执行者,要让政府回归到"有限政府",政府不应管得太多。但政府管得少又不能影响公共服务供给的质量。因此,政府应借鉴企业经营的管理理念和方法,以顾客为导向,积极参与多元的市场竞争,根据市场需求提供公共服务,从根本上改变政府与社会的关系,最终以新的公共管理模式取代传统的官僚制模式,促进政府效率的提升。通过建立一个介于政府、公共部门和私人部门之间的"第三部门"提供公共产品与服务,通过公共服务合同鼓励私人组织提供公共产品。①新公共管理注重"结果",政府提供服务的重点是强调"效率"。

**(2)公民本位、公共利益至上的新公共服务理论**

新公共服务理论(New Public Service Theory)是在反思与批判了传统公共行政(即老公共行政)、新公共管理等理论基础上提出的。罗伯特·B.登哈特指出,所谓新公共服务,是指"关于治理体系中公共行政官员角色的一系列思想,而且这种治理体系将公民置于中心"。新公共服务理论的核心在于促进公共服务的尊严和价值,以及重新确立以民主、公民权和公共利益为主的公共行政价值观,并重新确定公务员和公民之间的关系。登哈特夫妇(Janet Denhardt & Robert Denhardt)指出:"当我们急于掌舵时,是否正在淡忘谁拥有这条船?""政府不应该像企业那样运作;它应该像一个民主政体那样运作。"在公共管理理论看来,公共利益是政府追求的目标。而在新公共服务理论看来,政府要鼓励公民超越短期的利益,愿意为邻里和社区承担个人的责任。新公共服务理论的观点具体包括,服务于公民,而不是服务于顾客;追求公共利益,公共利益是目的,而不是副产品,肯定公共利益在政府服务中的中心地位;公共行政官员要重视人民和第三部门的作用与地位,行政官员负有倾听公民声音并对其话语做出回应的责任;政府都是开放的并且是可以接近的,公民参与和社区建设,政府要致力于使各方共同致力于公共利益的实

---

① 燕继荣:《服务型政府的研究路向——近十年来国内服务型政府研究综述》,《学海》2009年第1期。

现;尽管公共服务中的责任极为复杂,但公共服务的责任不能简单化;政府的职能是服务而不是掌舵,政府不再是直接提供公共服务,而是中介者和调停者①;未来的公共服务将是以公民对话协商和公共利益为基础。登哈特还指出,公务员是帮助公民明确表达并帮助公民实现共同利益的,是公共利益的引导者和服务者,而非企业家。但新公共服务理论同样也存在一些缺陷,忽视了效率,在实践中也缺乏一定的可操作性。

### 2.中国关于政府职能及其构成的探讨

习近平总书记指出,我们对政府职能的认识和定位,是随着改革开放和社会主义市场经济发展而发展的,从传统计划经济体制向社会主义市场经济体制转变是一个不断前进的过程。改革的推进,经济基础的发展,自然而然会对上层建筑提出新的要求。我们党在实践中不断深化对这个问题的认识,持续推进政府职能转变。从总体上看,改革开放以来,我们在转变政府职能方面取得了重大成就,积累了宝贵经验,有力地推进了社会主义现代化建设。同时,我们也必须看到,现在政府职能转变还不到位,政府对微观经济运行干预过多过细,宏观经济调节还不完善,市场监管问题较多,社会管理亟待加强,公共服务比较薄弱,这些问题的存在与全面建成小康社会的新要求是不相符的。进一步改革政府机构、转变政府职能,不仅是提高政府效能的必然要求,也是增强社会发展活力的必然要求。我们必须下更大决心、以更大力度推进政府职能转变,以更好适应深化改革开放、加快转变经济发展方式、转变工作作风、维护社会和谐稳定的迫切要求。②在党的十一届三中全会以前,学界对政府职能研究的规模有限,而且往往是从政治学的角度将其与

---

① [美]珍妮特·V.登哈特,罗伯特·B.登哈特:《新公共服务:服务而不是掌舵》,丁煌译,中国人民大学出版社2004年,第142页。

② 习近平:《发挥政府作用,不是简单下达行政命令》,http://cpc.people.com.cn/xuexi/n1/2017/1121/c385476-29658419.html。

国家职能的研究相结合。1980 年邓小平在《党和国家领导制度的改革》中分析原有的中央高度集权的管理体制的弊病时,指出了我国的各级领导机关,都管了很多不该管、管不好、管不了的事。①

在现代社会中,政府职能取决于多种多样的因素,包括构成国家的个体的归属感、选举与政治规则、政治压力和制度限制、惯例及流行的社会思潮,这就要求对政府职能进行适时的界定和建构。②关于什么是政府职能,国内学术界的观点并不统一,大致有三种观点:一是认为它是能力和作用的结合③;二是认为它体现的是职责和功能;三是认为它表现为职责和作用。采用后两者的观点相对较多。中文将"功能"解释为事物或方法所发挥的作用,而英文的"功能"(function)本身就有"作用"的内涵。20 世纪 80 年代初,理论界对政府职能问题进行了广泛的探讨,并于 1986 年、1994 年分别在山西太原和安徽黄山召开"政府职能理论研讨会",探讨"经济体制改革中的政府职能的变化"和"加快政府职能转变,建立健全宏观经济调控体系"等重要的理论与现实问题,推进了政府职能的研究向纵深发展。学者们对政府职能概念进行了新的界定,并对其类别作了新的划分,观点大致有以下三类:第一,将政府职能区分为基本职能和其他职能。前者包括政治职能、经济职能、文化职能和社会职能,这实际上是按照政府活动的领域进行分类的;后者则包括计划、组织和控制等职能,这种职能的确定是管理科学运用于行政管理的结果。此外,还有的将政府职能分为基本职能和主要职能两个层次,前者分为阶级职能和社会公共职能,后者分为指导、管理、服务、协调、监督、保卫等职能。第二,从政府职能的性质出发,将政府职能分为保卫功能、管理功能、扶助功能、服务功能等。保卫功能,即抵御外来侵略,保卫国家安全,镇压内部反叛势力;管理功能,如对经济、市场、物价、资源、外贸、外汇等的管理;扶助

---

① 邓小平:《党和国家领导制度的改革》,《人民日报》1980-08-18。
② 刘涛:《"互联网+政务服务"政府治理创新》,《合作经济与科技》2018 年第 4 期。
③ 金太军:《政府职能与政府能力》,《中国行政管理》1998 年第 1 期。

功能,如群众性的宣传教育、思想建设、教育文化建设、技术辅导、咨询、人口控制、计划生育等;服务功能,如公共事业、城市及市政建设、住宅、环保等。第三,从政府所起的实际作用和担任的角色对政府职能分类。例如有的研究者从该分析角度入手对政府职能进行国际比较研究,认为欧美国家政府具有守夜人、气象员和监督官的职能;日本政府则履行领航员、教练员和市场参与者的职能等,并将中国政府的职能确定为宏观调控器的职能、裁判员的职能、推进器的职能和救生员的职能。也有学者认为,我国政府应当履行规则的制定者、秩序的维护者、矛盾的协调者、社会的服务者等社会公共职能。政府职能就是政府"管什么,如何管"的问题。"管什么"所要解决的是政府职能确定的问题,"如何管"所要解决的是政府职能实现的问题。政府职能的要素包括职责范围,即政府职责在横向上拓展的广度;作用程度,即政府作用的纵向深度。

朱光磊认为,政府职能是一个复杂系统,其特定结构包括功能和职责两个层面。"职能"的概念比较宽泛,容易被拿来当作可以装下一切东西的"筐",没有明确的具体指向;"职能"的具体执行主体处于一个模糊的状态,有待明确。中国政府职能转变的基本逻辑,也是一个"从哪里来""到哪里去"层次上的重要课题。2002 年至 2003 年,中央明确提出,"经济调节、市场监管、社会管理和公共服务"是社会主义市场经济条件下政府的四项基本职能。这"十六字职能"奠定了目前中国行政管理领域研究工作的基本平台。但是从发展上讲,"十六字职能"作为最基本的、框架性的表述,仍然是一个过渡性的概括。①政府职能是作为包含若干方面、若干层次的一个整体性结构而存在的。仅就现代政府职能而言,就至少应当划分为"政府的功能"与"政府的职责"两个层次。政府的功能,是政府职能的一部分,是指政府依托国家权力,为扮演其社会角色而对各种重要的社会关系进行调控的活动。这也是

---

① 朱光磊:《政府职能转变认识过程与建设逻辑》,《中国社会科学报》2021-10-16。

统治集团在取得统治地位、执掌政府以后，所享有的最基本的社会政治权利。按照目前的理解，政府作为政治统治工具和公共管理机关的统一体，必须有效地处理好国家的阶级性与社会性的关系、公平与效率的关系、集中与分权的关系、国家之间的关系等重要社会关系。政府功能客观存在，政府对这些社会关系处理的娴熟程度反映了一个国家、一个统治领导集团的成熟程度。政府在这些方面没有多大的选择和回旋余地，不以主观意志为转移，也就是说，政府没有做与不做的问题，只有做多做少、做好做坏、主动被动的问题，一般不涉及转变职能的问题。政府的职责是政府职能的一部分，是政府作为国家当局应当完成的主要工作任务，是政府对社会必须履行的基本义务。政府职责的主观色彩比较强，一个政府在选择其政府职责时，在做不做、做多少、怎么做、由哪个层次上的政府去做等问题上，有一定的灵活性，不同国家之间的差别也比较大。①中国政府职能在纵向上配置的总特点可以概括为"职责同构"。所谓"职责同构"，是指在政府间关系中，不同层级的政府在纵向间职能、职责和机构设置上的高度统一、一致。②

在政府实践方面，1988 年首次提出"转变政府职能是机构改革的关键"，提高了转变政府职能的重要地位。虽然政府已经开始逐步转变经济职能和经济管理方式，但对于政府职能的定位还不明确。在中国，服务是我国政府职能的重要组成部分，是政府最核心的价值理念，也是政府行为的重要依据。"服务一直是中国政府的施政原则，中南海新华门就写着'为人民服务'。"③改革开放以来，我国政府职能的内涵、范围、行使方式不断丰富和完善，政府对经济的管理由微观管理转到宏观调控，持续深化简政放权，有效和服务型政府建设得到进一步强化。1992 年，党的十四大确定社会主义市场经济体制为中国经济体制改革的目标，提出政府的职能"主要是统筹规划，

---

① 朱光磊：《中国政府职能转变问题研究论纲》，《中国高校社会科学》2013 年第 4 期。

② 朱光磊：《"职责同构"批判》，《北京大学学报(哲学社会科学版)》2005 年第 1 期。

③ 毛寿龙：《公共管理与治道变革》，《中国特色社会主义研究》2004 年第 1 期。

掌握政策，信息引导，组织协调，提供服务和检查监督"①。当时，政府职能定位在继续调整和加强经济职能方面。1997年，党的十五大报告进一步指出，要按照社会主义市场经济的要求，实现政企分开，把企业生产经营管理的权力切实交给企业；根据精简、统一、效能的原则进行机构改革，建立办事高效、运转协调、行为规范的行政管理体系，提高为人民服务水平；把综合经济部门改组为宏观调控部门，调整和减少专业经济部门，加强执法监管部门，培育和发展社会中介组织。深化行政体制改革，实现国家机构组织、职能、编制、工作程序的法定化，严格控制机构膨胀，坚决裁减冗员。②2002年的政府工作报告首次提出政府职能为经济调节、市场监管、社会管理和公共服务，并在党的十六大报告中予以明确。③中共十六届三中全会明确指出，"完善政府社会管理和公共服务职能，为全面建设小康社会提供强有力的体制保障"④。2003年爆发的"非典"事件暴露出了我国公共服务不到位、政府公共服务能力弱化的问题。为此，党中央和政府强调要完善政府社会管理和公共服务的职能。2004年的《政府工作报告》进一步明确指出，各级政府的主要职能是在继续搞好经济调节、加强市场监管的同时，更加注重履行社会管理和公共服务职能。⑤在两会期间，时任国务院总理温家宝提出："对政府职能后两项任务公共管理和社会服务，恰恰是政府极为重要的职责，恰恰是政府最为薄弱的环节。去年抗击非典教育了我们，使我们懂得了处理公共突发事件，

---

① 《中国共产党第十四次全国代表大会文件汇编》，人民出版社1992年，第26页。

② 江泽民：《高举邓小平理论伟大旗帜，把建设有中国特色社会主义事业全面推向二十一世纪》（1997年9月12日），http://www.gov.cn/test/2008-07/11/content_1042080.htm。

③ 朱镕基：《2002年政府工作报告——2002年3月5日在第九届全国人民代表大会第五次会议上》，http://www.gov.cn/test/2006-02/16/content_201164.htm。

④ 《中共中央关于完善社会主义市场经济体制若干问题的决定》，《人民日报》2003-10-23。

⑤ 《温家宝总理在十届全国人大二次会议上的政府工作报告（摘登）》，《人民日报》2004-03-06。

搞好公共管理的重要性。"①2005 年新修订的《国务院工作规则》也明确提出，国务院及各部门要加快政府职能转变，全面履行经济调节、市场监管、社会管理和公共服务职能。②2006 年 10 月，中共十六届六中全会通过的《中共中央关于构建社会主义和谐社会若干重大问题的决定》进一步明确要求"建设服务型政府，强化社会管理和公共服务职能"③。党的十八届三中全会通过的《中共中央关于全面深化改革若干重大问题的决定》提出，"加强中央政府宏观调控职责和能力，加强地方政府公共服务、市场监管、社会管理、环境保护等职责"，这一新表述，是对政府职能转变理论和工作思路的新发展。这一论断的重要意义可以用"第一次"来形容：第一次对中央政府和地方政府的职责做了明确区分；第一次明确区分了政府的"职能"和"职责"；第一次对中央和地方的差异性职责作了区分，没有单列地方政府经济建设方面的职责；第一次把"公共服务"提升到地方政府职责的最前列；第一次单列了"环境保护"职责，并作为地方政府的一线职责。④习近平总书记指出，转变政府职能，关键是要明确往哪里转、怎么转。在总结经验的基础上，我们提出了现在转变政府职能的总方向，这就是党的十八大确定提出的创造良好发展环境、提供优质公共服务、维护社会公平正义。要按照这个总方向，科学界定政府职能范围，优化各级政府组织结构，理顺部门职责分工，突出强化责任，确保权责一致。⑤党的十八届三中全会合理界定政府职能，明确政府与市场、政府与社会、政府与公民之间的关系，合理界定各自的职能权限。政府要保证市场在资源配置中的决定性作用，深化行政审批制度改革，进一步减少行政审批

①　《总理话转变政府职能："政府要抓好'两个四'"》，《人民日报》2004-03-10。

②　国务院关于印发《国务院工作规则》的通知（国发〔2005〕2 号），2005 年 2 月 18 日，http://www.chinalawedu.com/falvfagui/fg21752/12309.shtml。

③　《中共中央关于构建社会主义和谐社会若干重大问题的决定》，《人民日报》2006-10-19。

④　朱光磊：《政府职能转变认识过程与建设逻辑》，《中国社会科学报》2021-10-16。

⑤　习近平：《发挥政府作用，不是简单下达行政命令》，http://cpc.people.com.cn/xuexi/n1/2017/1121/c385476-29658419.html。

项目,简化审批手续和流程,事前审批更多转向加强事中事后监管,减少市场的"失灵"现象;还权于社会和公民,营造有利于社会组织产生发展的环境,使社会组织更好地自治和提供服务。①

学界围绕服务型政府进行了讨论。有学者提出,服务型政府就是以公共服务为主要职能的政府。②建设服务型政府是解决"政府失灵"的关键。③服务型政府就是指政府遵从民意的要求,在政府工作目的、工作内容、工作程序和工作方法上,用公开的方式,给公民、社会组织和社会提供方便、周到和有效的帮助。服务型政府的服务主体是各级政府,服务对象是公民、社会组织和社会,服务宗旨是为民兴利,促进社会的稳定发展,服务的内容是由民意决定,服务方式公开透明。④服务型政府是在公民本位、社会本位理念指导下,在整个社会民主秩序的框架下,通过法定程序,按照公民意志组建起来的、以为公民服务为宗旨,并承担服务责任的政府。服务型政府的目的是公民利益的实现,体现公民本位的行政理念。在政府向公民提供服务过程中,由广大公民来决定要不要政府服务,服务多少,以及服务什么。⑤服务型政府是以服务为宗旨、以公民为本位的政府:为公民服务是政府存在的合法性基础;服务是服务型政府的首要职责;为公民服务也是公务员职业伦理的核心内容;服务质量是判断政府绩效的最主要标准。服务型政府是政府首先考虑公民利益的实现,保证公民需求在公共管理中的支配性地位。⑥还有学者从八个方面界定了服务型政府的内涵:不是控制导向,而是服务导向的政府;

① 李丹:《改革开放以来我国政府职能转变的发展历程与趋势》,《山东行政学院学报》2019年第3期。

② 朱光磊:《"职责同构"批判》,《北京大学学报》(哲学社会科学版)2005年第1期。

③ 束锦,肖靓:《全面推进服务型政府建设——基于矫正政府失灵角度的探讨》,《甘肃社会科学》2005年第3期。

④ 吴玉宗:《服务型政府:概念、内涵与特点》,《西南民族大学学报》(人文社科版)2004年第2期。

⑤ 刘熙瑞:《服务型政府三种观点的澄清》,《人民论坛》2006年第5期。

⑥ 井敏:《试析服务型政府的内涵》,《兰州学刊》2006年第7期。

不是效率导向,而是公正导向的政府;是把工具效用与价值观照有机结合起来的政府;是包含着合作和信任整合机制的政府;是德治与法治有机结合的政府;是行政程序的灵活性与合理性相统一的政府;是在行政人员的行为层面上,行政自由裁量权得到道德制约的政府;是超越了回应性的前瞻性政府。在政府与社会的关系方面,它既不是近代早期的自由放任型政府职能模式,也不是20世纪的干预型政府职能模式,而是一种引导型的政府职能模式。①建设"服务型"政府,就是要把"全能大政府"体制颠倒了的政府和人民之间的主仆关系校正过来,建设一个公开、透明、可问责的服务型政府。②服务型政府要求行政体制和机制转变,也就是结构功能和运行方式的转变,强调政府为所有人服务,为一切对象服务。③服务型政府构建应从培育文化与理念层面、重塑制度与规则层面、完善操作和具体措施层面着手④;从建立公民参与的制度平台,鼓励作为"第三部门"的民间组织的发展入手。⑤服务型政府建设的基本途径就是政府创新,即通过政府改革、发展和创新的途径,逐步实现服务型政府的目标。⑥尽管学界对服务型政府的界定有不同观点,但对于服务型政府的本质的认识,基本上达成了共识。多数学者认为,服务是政府的本质所在,也是政府最基本的职能。服务型政府的主要任务是以民为本,服务于民,体现了为人民服务的宗旨,政府真正成为人民的公仆。

早期的研究大多集中在"互联网＋政务服务"的内涵、特征、价值等理论探讨方面,在达成共识后,现阶段研究的重点开始转向"互联网＋"政务与政府职能的关系。学界围绕政府职能转变进行了深入探讨。大部分学者对"互

---

① 张康之:《把握服务型政府研究的理论方向》,《人民论坛》2006年第5期。
② 吴敬琏:《建设一个可问责的服务型政府迫在眉睫》,《电子政务》2004年第5期。
③ 魏爱云:《服务型政府:政府改革的目标选择——专访北京大学政治发展与政府管理研究所所长、教授谢庆奎》,《人民论坛》2006年第5期。
④ 彭正波:《服务型政府建设的实践困境及其改进策略》,《四川行政学院学报》2007年第2期。
⑤ 燕继荣:《对服务型政府改革的思考》,《国家行政学院学报》2006年第2期。
⑥ 谢庆奎:《服务型政府建设的基本途径:政府创新》,《北京大学学报(哲学社会科学版)》2005年第1期。

联网＋政务服务"的政务管理研究是从行政管理变革角度展开的,如政府治理现代化、政府职能转变、数据共享与业务协同等。①在政府职能扩张已成为世界各国普遍趋势的情况下,对此更应有清醒的认识。政府改革只有牢牢牵住科学、合理配置政府职能这个"牛鼻子",才能不断深化。②

## （二）"互联网＋政务服务"与政府职能转变关系的探讨

"互联网＋"政务服务加快了政府职能转变,促进了国家治理现代化,加快了服务型政府建设,加快了政府职能由"管理型"向"服务型"转化。③通过运用大数据、云计算、移动互联网等信息技术,为化解政府职能转变中的梗阻问题提供了技术支撑,加速了政府职能转变预设目标的实现。④政府数字化改革是政府职能转变工作的关键,以数字化改革助力政府职能转变是其中的重要组成部分。"信息技术的引入使得政府的组织体系发生了变化,它需要政府管理从过去的科层化体系转变为网络化的和以技术为依托的新组织框架",而且这种组织结构的变革是全方位的,可能涉及权力结构的外部边界,也可能是其内部纵向与横向的调适。⑤在"互联网＋"时代,政府的组织架构从金字塔形和树状结构向扁平化转变,政府组织的权力体系从中心化向网状结构转变,政府组织的形态呈现扁平、弹性和无缝隙的特征,政府组织的成员将趋向个体化,这些特征将对政府职能的建构提出挑战。⑥按照国务院提出的"紧紧扭住转变政府职能这个'牛鼻子'"更有力放管服改革,"最

---

① 郭伟伟、黄满盈、周岩军、白鹭:《我国"互联网+政务服务"的研究现状及趋势分析》,《办公自动化》2019 年第 24 期。

② 潘小娟:《中国政府改革七十年回顾与思考》,《中国行政管理》2019 年第 10 期。

③ 李广乾:《"互联网+"政务服务与国家治理现代化》,《社会治理》2019 年第 3 期。

④ 孙荣、梁丽:《"互联网+"政务视域下的政府职能转变研究》,《南京社会科学》2017 年第 9 期。

⑤ Mehdi Asgarkhani, "Digital Government and its Effectiveness in Public Management Reform: A Local Government Perspective", *Public Management Review*, 2005, 7(3), pp.465–487.

⑥ 刘涛:《"互联网+政务服务"政府治理创新》,《合作经济与科技》2018 年第 4 期。

多跑一次""一网通办""一网统管""一网协同""接诉即办"等政府数字化改革的创新是贯穿政府职能转变工作的关键词。统筹推进各行业各领域政务应用系统集约建设、互联互通、协同联动,发挥数字化在政府履行经济调节、市场监管、社会管理、公共服务、生态环境保护等方面职能的重要支撑作用,构建协同高效的政府数字化履职能力体系。①

### 1.关于我国政府职能转变的政策解读与理论探讨

从政府职能转变的实践和研究历程来看,中国是先有"转变政府职能"的实践要求和提法,之后才有对转变政府职能的理论研究。②

党的十一届三中全会提出以社会主义现代化建设为中心,政府将重心转移到经济管理职能上来,关注经济发展和人民生活改善。为了避免在改革中陷入"精简—膨胀—再精简—再膨胀"的困境,党的十三大报告正式提出"转变职能"一词:"这次改革要以转变职能为核心",并明确了政府机构改革的核心任务。③

1986 年,第一次全国中等城市机构改革试点工作座谈会首次提出了"转变政府职能"的概念④,之后转变职能成为历次政府改革的重要任务。1988年,全国人大通过的《国务院机构改革方案》首次将转变政府职能确定为机构改革的关键,使得政府改革的内容发生了重大改变,之后"改革不是搞简单的撤减、合并,而是转变职能"⑤。此次机构改革的目标是变革在传统计划

---

① 徐文光:《以数字化改革助力政府职能转变 提升政府履职科学化精准化智能化水平》,http://www.gov.cn/xinwen/2022–08/26/content_5706936.htm。

② 朱光磊:《构建中国特色社会主义政府职责体系 推进政府治理现代化(笔谈)》,《探索》2021年第 1 期。

③ 赵紫阳:《沿着有中国特色的社会主义道路前进——在中国共产党第十三次全国代表大会上的报告》(一九八七年十月二十五日),https://fuwu.12371.cn/2012/09/25/ARTI1348562562473415_all.shtml。

④ 劳动人事部政研室:《人事工作文件选编(九)》,劳动人事出版社 1987 年,第 390 页。

⑤ 国家行政学院编著:《中华人民共和国政府机构五十年》,党建读物出版社/国家行政学院出版社,2000 年,第 481 页。

经济体制条件下逐步形成的政府职能配置结构和机构设置框架，将政府管理方式由直接管理为主转变为间接管理为主。与此相适应,这次机构改革的重点是转变政府经济管理职能,精简政府经济管理部门。①1992 年,党的十四大提出加快政府职能的转变。这是上层建筑适应经济基础和促进经济发展的大问题。不在这方面取得实质性进展,改革难以深化、社会主义市场经济体制难以建立。转变的根本途径是政企分开。凡是国家法令规定属于企业行使的职权,各级政府都不要干预。下放给企业的权利,中央政府部门和地方政府都不得截留。政府的职能,主要是统筹规划,掌握政策,信息引导,组织协调,提供服务和检查监督。②从 1993 年开始,转变政府职能就成了政府改革的关键和重点,政府加大了计划、投资、财政、金融等领域管理体制改革的力度,明确要把政府的职能转变到宏观调控上,取消和调整了许多行政审批事项,向企业和社会组织还权,实行政企、政社分开。③1998 年机构改革是在社会主义市场经济体制框架初步建立, 市场机制在资源配置中的基础性作用明显增强的背景下进行的。这次机构改革在转变政府职能,实现政企分开方面有了较大的突破。

进入 21 世纪以来,转变政府职能进入新阶段,围绕这一目标进行的"放管服"改革和行政审批制度改革成为转变政府职能的抓手和突破口。④转变政府职能的重点在于推进行政审批制度改革。因为中国传统的行政管理体制是在计划经济体制条件下逐步形成的, 而计划经济体制实际就是以审批管理为主的经济体制。20 世纪后半叶,中国政府进行过数次行政审批权限的

---

① 夏海:《政府的自我革命——中国政府机构改革研究》,中国法制出版社,2004 年,第 38 页。

② 江泽民:《加快改革开放和现代化建设步伐,夺取有中国特色社会主义事业的更大胜利——江泽民在中国共产党第十四次全国代表大会上的报告》,https://fuwu.12371.cn/2012/09/26/AR-TI1348641194361954.shtml。

③ 黄小勇:《机构改革的历程及其内在逻辑》,《行政管理改革》2018 年第 5 期。

④ 朱光磊:《构建中国特色社会主义政府职责体系 推进政府治理现代化(笔谈)》,《探索》2021 年第 1 期。

调整,但那时审批权主要是在政府内部的上下级之间转移,更多的是权力的下放,而非取消。2001 年 9 月,为了进一步转变政府职能,也为了与世贸组织规则接轨,国务院正式成立了国务院行政审批制度改革工作领导小组,全面启动了行政审批制度改革。①2002 年的政府工作报告中首次提出要"加快政府职能转变……切实把政府职能转到经济调节、市场监管、社会管理和公共服务上来。继续理顺政府部门职能分工,防止有些事情互相推诿和无人负责。"②(也首次出现"公共服务"概念)"非典"事件促使 2003 年的政府机构改革主要围绕我国经济社会发展中的突出问题推进政府职能转变,强调要完善政府社会管理和公共服务的职能。在这次改革中我国开始注重深化行政审批制度改革,这也成为转变政府职能的突破口。③

2004 年 2 月,时任国务院总理温家宝在省部级主要领导干部树立和落实科学发展观高级研究班上的讲话中,首次提出"服务型政府"概念,这既是对政府公共服务范围的基本概括,也是对我国服务型政府建设内涵的界定。2003 年的"非典",凸显了公共服务的不足。为此,温家宝提出:"管理就是服务,我们要把政府办成一个服务型的政府,为市场主体服务,为社会服务,最终是为人民服务。"《中共中央关于构建社会主义和谐社会若干重大问题的决定》第一次将服务型政府写入执政党的指导性文件中,同时确定了 2020 年构建和谐社会的目标和主要任务,并把"建设服务型政府"作为重要内容。④2007 年的政府工作报告将公共服务作为政府职能转变的一个重要方向,提出加快转变政府职能、提高行政效能,更好为人民服务。建设服务型政府的要求也首次写入了党的十七大报告,其明确提到政府职能转变的目标是"建

---

① 潘小娟:《中国政府改革七十年回顾与思考》,《中国行政管理》2019 年第 10 期。

② 朱镕基:《2002 年政府工作报告——2002 年 3 月 5 日在第九届全国人民代表大会第五次会议上》,http://www.gov.cn/test/2006-02/16/content_201164.htm。

③ 李丹:《改革开放以来我国政府职能转变的发展历程与趋势》,《山东行政学院学报》2019 年第 3 期。

④ 《中共中央关于构建社会主义和谐社会若干重大问题的决定》,《人民日报》2006-10-19。

设服务型政府"。2008年,党的十七届二中全会进一步提出,要建设服务政府、责任政府、法治政府和廉洁政府。[①]2008年行政管理体制改革侧重强化政府的社会管理和公共服务职能,探索实行职能有机统一的大部门体制。[②]2011年的《政府工作报告》尤其强调:"各级政府一定要把社会管理和公共服务摆到更加重要的位置,切实解决人民群众最关心最直接最现实的利益问题。"[③]

党的十八大以来,围绕推进国家治理体系和治理能力现代化的总目标,政府职能转变工作的深度和广度进一步拓展,在处理好政府和市场关系、实现政府和社会良性互动、优化政府内部横向部门间协调、理顺纵向政府间关系等方面取得了显著成效。进入新时代以来,我国政府改革的重心是政府职能转变,将政府职能转变作为全面深化改革的重要内容,对政府职能进行全面重塑,着力于构建科学的政府职能体系。2012年,党的十八大对新阶段的行政体制改革做出部署,提出"建设职能科学、结构优化、廉洁高效、人民满意的服务型政府""稳步推进大部门体制改革,健全部门职责体系"等与转变政府职能密切相关的改革内容。党的十八大对"服务型政府"的内涵表述得更加清晰、丰富,即深入推进政企分开、政资分开、政事分开、政社分开,建设职能科学、结构优化、廉洁高效、人民满意的服务型政府,对政府职能转变提出了更明确要求。[④]党的十八届三中全会提出加快转变政府职能,强调必须切实转变政府职能,深化行政体制改革,创新行政管理方式,增强政府公信力和执行力,建设法治政府和服务型政府。特别指出,要全面正确履行政府职能。进一步简政放权,深化行政审批制度改革,最大限度减少中央政府对微观事务的管理,市场机制能有效调节的经济活动,一律取消审批,对保留

---

① 温家宝:《努力建设人民满意的政府》,《求是》2013年第3期。

② 《国务院关于机构设置的通知》(国发〔2018〕6号),http://www.gov.cn/zhengce/content/2018-03/24/content_5277121.htm。

③ 《温家宝在十一届全国人大四次会议上的政府工作报告(摘登)》,《人民日报》2011-03-06。

④ 《坚定不移沿着中国特色社会主义道路前进为全面建成小康社会而奋斗——在中国共产党第十八次全国代表大会上的报告》,《人民日报》2012-11-18。

的行政审批事项要规范管理、提高效率；直接面向基层、量大面广、由地方管理更方便有效的经济社会事项，一律下放地方和基层管理；转变政府职能必须深化机构改革。优化政府机构设置、职能配置、工作流程，完善决策权、执行权、监督权既相互制约又相互协调的行政运行机制。①

简政放权是建设有限政府、提高政府效能的关键环节，是政府职能转变的出发点。②2013年新一届政府成立后，开门办的第一件大事就是简政放权，转变政府职能，推进行政审批改革。③特别是，党的十八届三中全会通过的《中共中央关于全面深化改革若干重大问题的决定》提出，要"使市场在资源配置中起决定性作用和更好发挥政府作用"④。从"基础性"到"决定性"的转变，是对政府与市场关系的认识的里程碑。要把放管服改革作为转变政府职能的重要抓手，提升人民对服务型政府的满意程度。这是对政府职能结构与核心更为清晰的认识，既是理论突破，也在实践上更加贴近服务型政府建设的主题。在《关于〈中共中央关于全面深化改革若干重大问题的决定〉的说明》中，习近平总书记指出：市场作用和政府作用的职能是不同的。全会决定对更好发挥政府作用提出了明确要求，强调科学的宏观调控、有效的政府治理，是发挥社会主义市场经济体制优势的内在要求。全会决定对健全宏观调控体系、全面正确履行政府职能、优化政府组织结构进行部署，强调政府的职责和作用主要是保持宏观经济稳定，加强和优化公共服务，保障公平竞争，加强市场监管，维护市场秩序，推动可持续发展，促进共同富裕，弥补市

---

① 习近平：《中共中央关于全面深化改革若干重大问题的决定》，http://www.gov.cn/jrzg/2013-11/15/content_2528179.htm。

② 朱光磊：《构建中国特色社会主义政府职责体系 推进政府治理现代化（笔谈）》，《探索》2021年第1期。

③ 张定安、彭云、武俊伟：《深化行政审批制度改革，推进政府治理现代化》，《中国行政管理》2022年第7期。

④ 习近平：《中共中央关于全面深化改革若干重大问题的决定》，http://www.gov.cn/jrzg/2013-11/15/content_2528179.htm。

场失灵。①而转变政府职能是一个系统工程。落实这次全会确定的改革举措，需要周密部署、精心组织。要强化的职能怎么强化，要放的职能怎么放，要合的职能怎么合，都要有工作方案和严密程序。②这一届政府强调持续推进政府职能转变。使市场在资源配置中起决定性作用和更好发挥政府作用，必须深化简政放权、放管结合、优化服务改革。这是政府自身的一场深刻革命，要继续以壮士断腕的勇气，坚决披荆斩棘向前推进。③政府职能转变明显以"放管服"改革为抓手，以行政审批制度改革为突破口，既要求做好简政放权的"减法"，又要求做好加强监管的"加法"和优化服务的"乘法"，实现审批更简、监管更强、服务更优。同时，将清单管理制度作为巩固职能转变和"放管服"改革成效的制度保障，相继推行省、市、县三级政府部门权力和责任清单、市场准入负面清单。这表明关于转变政府职能的认识由关注职能内涵拓展到了明确核心职能与职能边界，由关注职能本身拓展到了构建职责体系，把服务型政府建设放到了更高的位置上。④从 2013 年开始，国务院每年召开一次转变政府职能专题电视电话会议部署相关工作，从顶层设计上进一步保障了行政审批制度改革高位推动。

2015 年，李克强在第十二届全国人民代表大会第三次会议的《政府工作报告》中提出"四个政府建设"："要全面推进依法治国，加快建设法治政府、创新政府、廉洁政府和服务型政府，增强政府执行力和公信力。促进国家治理体系和治理能力现代化。"2015 年 5 月出台的《推进简政放权放管结合转变政府职能工作方案》第一次在党和国家的重要文件中将职能转变与机构

---

① 习近平：《关于〈中共中央关于全面深化改革若干重大问题的决定〉的说明》，https://news.12371.cn/2013/11/15/ARTI1384513621204530.shtml。

② 习近平：《发挥政府作用，不是简单下达行政命令》，http://cpc.people.com.cn/xuexi/n1/2017/1121/c385476-29658419.html。

③ 李克强：《2017 年政府工作报告（全文）》，http://www.china.com.cn/lianghui/news/2019-02/28/content_74505911.shtml。

④ 朱光磊：《构建中国特色社会主义政府职责体系 推进政府治理现代化(笔谈)》，《探索》2021 年第 1 期。

改革相并列,明确指出,要重点围绕阻碍创新发展的"堵点"、影响干事创业的"痛点"和市场监管的"盲点",拿出硬措施,打出组合拳,在放权上求实效,在监管上求创新,在服务上求提升,在深化行政管理体制改革,建设法治政府、创新政府、廉洁政府和服务型政府方面迈出坚实步伐,促进政府治理能力现代化。推进简政放权、放管结合和转变政府职能工作,要适应改革发展新形势、新任务,从重数量向提高含金量转变,从"给群众端菜"向"让群众点菜"转变,从分头分层级推进向纵横联动、协同并进转变,从减少审批向放权、监管、服务并重转变,统筹推进行政审批、投资审批、职业资格、收费管理、商事制度、教科文卫体等领域改革,着力解决跨领域、跨部门、跨层级的重大问题。①国务院批准的《2016 年推进简政放权放管结合优化服务改革工作要点》,进一步提出,按照创新、协调、绿色、开放、共享的发展理念,紧紧扭住转变政府职能这个"牛鼻子",在更大范围、更深层次,以更有力的举措推进简政放权、放管结合、优化服务改革,使市场在资源配置中起决定性作用和更好发挥政府作用,破除制约企业和群众办事创业的体制机制障碍,着力降低制度性交易成本,优化营商环境,激发市场活力和社会创造力。要充分发挥各级政府推进职能转变协调机构的作用,加强统筹协调和指导督促。②

党的十九大对简政放权作了一个关键性概括:"转变政府职能,深化简政放权,创新监管方式,增强政府公信力和执行力,建设人民满意的服务型政府。"并赋予省级及以下政府更多自主权。在省市县对职能相近的党政机关探索合并设立或合署办公。深化事业单位改革,强化公益属性,推进政事分开、事企分开、管办分离。③其中,转变职能是基础,放权和监管是手段,提

---

① 《2015 年推进简政放权放管结合转变政府职能工作方案》(国发〔2015〕29 号),http://www.gov.cn/zhengce/content/2015-05/15/content_9764.htm。

② 《关于印发 2016 年推进简政放权放管结合优化服务改革工作要点的通知》(国发〔2016〕30号),http://www.gov.cn/zhengce/content/2016-05/24/content_5076241.htm。

③ 习近平:《决胜全面建成小康社会 夺取新时代中国特色社会主义伟大胜利——在中国共产党第十九次全国代表大会上的报告》,http://www.gov.cn/zhuanti/2017-10/27/content_5234876.htm。

高公信力和执行力是要求,人民满意是宗旨,建设服务型政府是方向。[1]党的十九届三中全会专门对优化政府机构和职能配置进行了明确的界定,指出党和国家机构职能体系是中国特色社会主义制度的重要组成部分,是我们党治国理政的重要保障。强调转变政府职能是深化党和国家机构改革的重要任务。要坚决破除制约市场在资源配置中起决定性作用、更好发挥政府作用的体制机制弊端,围绕推动高质量发展,建设现代化经济体系,加强和完善政府经济调节、市场监管、社会管理、公共服务、生态环境保护职能,调整优化政府机构职能,全面提高政府效能,建设人民满意的服务型政府。提出要把深化党和国家机构改革同简政放权、放管结合、优化服务结合起来,加快转变职能,理顺职责关系。深入推进简政放权。要减少微观管理事务和具体审批事项,最大限度减少政府对市场资源的直接配置,最大限度减少政府对市场活动的直接干预,提高资源配置效率和公平性,激发各类市场主体活力。[2]强调转变政府职能、优化政府机构设置和职能配置,以坚决破除制约市场在资源配置中起决定性作用、更好发挥政府作用的体制机制弊端为起点,各地政府成立了行政审批(政务服务)和市场监管的综合部门,政府改革更加聚焦市场主体和营商环境建设,更加关注审管全流程运行制度综合改革。国务院推进政府职能转变协调小组设立专题组,协调教育、卫生健康、养老、社保等公共服务和社会管理领域改革工作,全面梳理和公开各地区、各部门及国有企事业单位公共服务目录清单,并对审批服务事项逐项编制指南,创新渠道,优化流程,明确时限要求等,不断提升与群众生活密切相关的教、科、文、卫、体等公共服务的服务质量和审批效率,大大提升民众的获得感和

---

① 朱光磊:《构建中国特色社会主义政府职责体系 推进政府治理现代化(笔谈)》,《探索》2021年第 1 期。

② 《中共中央关于深化党和国家机构改革的决定》(2018 年 2 月 28 日中国共产党第十九届中央委员会第三次全体会议通过),http://www.gov.cn/zhengce/2018-03/04/content_5270704.htm。

满意度。<sup>①</sup>我国政府职能转变的本质是基于政府与市场、社会的关系的调整，一方面坚持政府的强而有效，一方面坚持维护市场的活力。<sup>②</sup>

20世纪80年代后期以来，经过反复讨论，理论界在转变政府职能的问题上达成一定共识，"应该做什么"的问题已基本清楚，并在实践中做了一些尝试，但目前在政府职能理论上还存在着许多模糊的地方。<sup>③</sup>关于政府职能转变，有学者认为，狭义上的政府职能转变是指政府在原有职能内涵、范围、重点以及职能履行方式基础上进行的有目的的转移和改变。<sup>④</sup>朱光磊认为，转变政府职能不意味着政府不调整社会关系，而是意味着政府承担工作任务的改变。政府职能转变包括优化政府功能、转变政府主要职责、实现政府全面履责和削减政府的不必要职责。转变政府职能不是修修补补或单项推进就可以做到的，而是需要处理好整体与局部的关系，单一地推进某一方面的改革并不足以形成对政府职能的转变。<sup>⑤</sup>"转变政府职能"中所讲的"转变"，既可以指工作重心的转移，也在某些环节上有替代的含义。政府职能的转变，更多的是指在并不完全放弃政府基本职能的基础上调整政府具体职责之间的位次关系和权重大小。"转变"不等于"替代"。任何具有积极政治态度的国家，都面临着转变政府职能的现实任务，也都在不断地以各种方式调整着政府职责。"转变"不是"从一个极端到另一个极端"。转变政府职能的重点是调整政府职责。处于社会经济转型期的国家，转变政府职能的幅度会更大一些。政府尽可能系统、有力地实现其基本功能，是全面、有效地履行其各方面职责的政治基础，也是在政府职责方面不断实现政府职能转变的基本

---

①　张定安、彭云、武俊伟：《深化行政审批制度改革，推进政府治理现代化》，《中国行政管理》2022年第7期。

②　孙荣、梁丽：《"互联网+"政务视域下的政府职能转变研究》，《南京社会科学》2017年第9期。

③　朱光磊：《"职责同构"批判》，《北京大学学报（哲学社会科学版）》2005年第1期。

④　李丹：《改革开放以来我国政府职能转变的发展历程与趋势》，《山东行政学院学报》2019年第3期。

⑤　朱光磊：《政府职能转变认识过程与建设逻辑》，《中国社会科学报》2021-10-16。

条件。①党中央在分析民主政治建设和政府发展时，总是把转变政府职能作为重要的实践基础和理论前置。因为，转变政府职能是中国行政体制改革的核心内容，是经济体制改革和政治体制改革的"结合部"，也是正确处理政府与市场的关系、建立现代企业制度、机构改革、发展社会组织等多项改革的重要基础。如果没有政府职能转变，机构改革就是无源之水，改了的也还会退回去；而如果职能转变了，机构就不可能长期存续下去。②

　　长期以来，政府职能转变主题是"放权""简化"和"精简"。"放权"即管制经济的范围逐步放松，让市场和企业发挥越来越多的作用，坚持放权给下级政府和市场主体；"简化"主要指削减审批项目，简化程序、提高效率；"精简"即控制政府机构的规模，减员增效。这些改革都在一定程度上起到了转变政府职能的作用，但随着改革不断深化，人们对社会生活质量和政治发展有了更高的要求和期望，政府不仅要着眼于继续为经济的持续健康发展保驾护航，而且要把更多的精力转到公共服务和协调社会关系上来。③因此，是否为公民提供了其所需的服务，是衡量政府责任的重要依据，是政府存在的合法性依据；服务质量是判断政府工作绩效的主要标准；公民在服务关系中是处于支配性地位的，政府提供什么样的服务以及怎样提供服务，不是由政府判断，应由公民来决定。④从当下中国政府的要求与实践可以看出对政府公共服务职能的强调，对购买服务的重视等。⑤权力清单的首要作用在于限权，通过明确边界将政府"有形之手"限定在有限的范围之内。然而，这种政府的"自我革命"除了执政者理念的转变外，还需要足够外部压力的推动和持续的约束。浙江省强调"服务导向"的行政改革，不再按照"自上而下"的管控思

---

① 朱光磊：《中国政府职能转变问题研究论纲》，《中国高校社会科学》2013年第4期。

② 朱光磊：《构建中国特色社会主义政府职责体系 推进政府治理现代化（笔谈）》，《探索》2021年第1期。

③ 朱光磊：《中国政府职能转变问题研究论纲》，《中国高校社会科学》2013年第4期。

④ 参见井敏：《构建服务型政府——理论与实践》，北京大学出版社，2006年。

⑤ 高铁军：《比较视野下公共服务的概念与理论简析》，《人民论坛·学术前沿》2015年第10期。

维去审视权力结构，而是从用户端出发、借助信息技术的力量优化权力结构。①

朱光磊认为，政府职能转变领域存在两个主要认识局限：其一，把政府职能的转变和机制调整混为一谈。比如，人们常把政府活动方式的重要变化解释为政府职能转变。在工作接触中不难发现，许多干部习惯于把改善政府服务、改进工作态度，甚至把机构调整，都解释为转变政府职能。这导致政府职能转变的概念包含了过多的内容。其二，政府职能转变与机构改革未能有效结合，使得机构改革长期停留在"精简"的水平。从新中国成立初期的"精兵简政"，一直到 1998 年，政府机构的增设和精简长期处于循环往复之中。这种"加减运算"是低层次的改革和无可奈何的反复，会造成资源浪费。党和政府的大部分职能依然重叠，五级政府的职能也大部分重叠，也即"一马双跨""一根针穿到底"，这是政府机构设置上下同一和归口管理体制长期效益不明显的根本基础，其根源是职能转变的工作长期不能真正到位。②

政务服务是政府职能转变的"试金石"。进入新时代，政府职能转变研究重点集中在全能型政府向有限政府和服务型政府转变。政府职能转变的终极目标依然是"具有中国特色的社会主义市场经济"条件下的政府职能模式。政府职能转变的核心问题是处理好政府与市场、政府与社会关系，仍聚焦在两个方面：如何处理好政府与市场的关系、处理好政府与社会的关系。③政府在转变职能过程中，逐步理顺与市场、社会之间的关系，推动政府职能为市场主体服务，创造良好的发展环境。同时，政府进一步加强市场监管，保障市场经济有序健康发展。加快政府职能转变，关键在于把握好政府与市场、政府与社会的动态关系，建设有限政府。改革开放以前，政府在履行职能

---

① 周盛：《走向智慧政府：信息技术与权力结构的互动机制研究——以浙江省"四张清单一张网"改革为例》，《浙江社会科学》2017 年第 3 期。

② 朱光磊：《中国政府职能转变问题研究论纲》，《中国高校社会科学》2013 年第 4 期。

③ 孙荣、梁丽：《"互联网＋"政务视域下的政府职能转变研究》，《南京社会科学》2017 年第 9 期。

过程中大多以政治职能为主。从"经济建设型政府"转向"公共服务型政府"，是中国市场化改革的必然选择。①能否切实转变政府职能，是检验中国政治发展能否做到为社会主义市场经济体制建设服务、政治体制改革是否取得实质性进展的关键指标之一。②政府职能转变既要注重防范风险，又要防止"管得过死"。长期以来，在政府与市场的关系中，政府干预过多，提供的公共物品和公共服务存在欠缺，政府越位错位的现象一直存在，公权与私权处于失衡状态。此外，传统的政府服务内容也在随着新技术、新环境的改变而深化和拓展。从现实政府走向虚拟政府是人类历史上的政府形态大变革。借助现代信息技术，实现政府从工业社会的现实政府向虚拟政府的形式转变，能够彻底改变那种层层传递信息的传统权力运行方式。③建设数字政府首先必须真正把握数字时代经济社会发展的特征是什么。这些特征包括，推动经济增长的动力发生了变化；人口和思想的流动加速，提升了整个市场的经济容量和潜在增长力；人力资本的存量与增量飞速发展。在这种大背景下，数字政府建设必须释放所有的经济增长潜力，激发整个社会的创造性和积极性。为此，必须让数据充分赋能公共决策、公共服务、政府监管，同时坚持安全导向和门户导向。④

### 2."互联网＋"政务与政府职能转变的内在关联

"互联网＋"政务与政府职能转变具有内在关联性。2022年国务院印发的《关于加强数字政府建设的指导意见》（国发〔2022〕14号）提出"以数字化改革助力政府职能转变"，表明在推动政府履职效能优化方面，数字技术具

---

① 迟福林：《全面理解"公共服务型政府"的基本涵义》，《人民论坛》2006第5期。
② 朱光磊：《"职责同构"批判》，《北京大学学报》（哲学社会科学版）2005年第1期。
③ 饶守艳：《智慧政务提升政务效能的理论与实践》，《技术经济与管理研究》2016年第5期。
④ 中国行政管理学会：《2020年会暨"学习贯彻党的十九届五中全会精神 加强数字政府建设 推进国家治理现代化"研讨会在京召开》，《中国行政管理》2020年第11期。

备巨大潜力。以数字化改革为新语境,是对以往政府职能转变相关讨论的一次重要拓展。①简政放权是全面深化改革的"先手棋"和转变政府职能的"当头炮"。本届政府的开门"第一件大事"、国务院第一次常务会议主题是"简政放权"。"互联网 + 政务服务"的提出,改变传统政务治理模式,体现了简政放权中放管结合的理念,使政府的服务功能得到提高,对于提升政府治理水平、转变政府职能、优化政务效能具有重要意义。政府治理植入"互联网 +"基因,不仅是技术层面的应用,或是行政管理移动化、网络化,以及信息通过互联网被采集、输送,大大舒缓信息传递的资金、人力、时间成本;以"互联网 +"为引擎推动政务服务升级,更意味着政府部门施政思路、行政理念、管理体系、服务模式以及工作方式的革命性变化②,体现了简政放权中放管结合的理念,使政府的服务功能得到提高,说明我国政府职能正向服务型转变。2016 年"两会"期间,李克强总理在政府工作报告中指出,要把"互联网 +"引入政务工作,提出"互联网 + 政务服务"的理念,实现各政府职能部门之间的数据共享,表明我国政府职能正向着服务型转变。在 2016 年 5 月 9 日的全国推进简政放权放管结合优化服务改革电视电话会议上,李克强指出,我们也清醒地看到,政府仍然管了很多不该管的事情,存在放权不到位、监管缺失疏漏等问题,公共服务还有不少薄弱环节,转变职能、提高效能有很大空间。必须在更大范围、更深层次推进"放管服"改革,降低制度性交易成本,并与"双创"和发展新经济紧密结合、互促共进,形成经济发展的持续内生动力。改革成效要看改革后企业申请开办时间压缩多少、项目审批提速多少、群众办事方便多少,而且要有明确的量化指标,不能用模糊不清的概念。要优化政府服务。提高服务"双创"的效率,为企业开办和成长提供"一条龙"服务,促进新注册企业增长势头不减、活跃度提升。提高公共服务供给效率,推

---

① 《国务院关于加强数字政府建设的指导意见》(国发〔2022〕14 号),http://www.gov.cn/zhengce/content/2022–06/23/content_5697299.htm。

② 刘祺、彭恋:《互联网+政务"的缘起、内涵及应用》,《东南学术》2017 年第 5 期。

广政府和社会资本合作模式，多渠道提升公共服务共建能力和共享水平。提高政务服务效率，依托"互联网 + 政务服务"，让企业和群众办事更方便、更快捷。优化服务还要保住基本民生，切实兜牢底线。深化"放管服"改革是一场牵一发动全身的深刻变革。各级政府要树立大局意识，相忍为国、让利于民，计利当计天下利，以政府减权限权换来市场活力和社会创造力的发挥。要以壮士断腕的决心和工匠精神，抓好"放管服"改革实施，严格责任落实，用实实在在的成果推动国家发展、增进人民福祉。①

2016 年 9 月，国务院出台了《关于加快推进"互联网 + 政务服务"工作的指导意见》，提出"一个中心，三个支撑"，其中优化政府服务是核心环节，也是发展目标。从技术层面来看，信息技术蓬勃发展为改革提供了技术支持，"互联网 + 政务服务"将政务服务与互联网这一载体有机融合，打造了智能化、一体化政务服务平台；从体制创新层面来看，"互联网 + 政务服务"有助于推进部门协同，形成整体数字政府，为我国行政体制改革管理创新、服务创新开通了新的渠道，为全面深化改革打开了新的改革通道。该指导意见提出"大力推进'互联网 +'政务服务，实现部门间数据共享，让居民和企业少跑腿、好办事、不添堵"；并要求至 2017 年底前，各省区市人民政府、国务院有关部门建成一体化网上政务服务平台，全面公开政务服务。②在十三届全国人大开幕会上，李克强再次强调：要深化"放管服"改革，深入推进"互联网 + 政务服务"，使更多事项在网上办理，必须到现场办的也要力争做到"只进一扇门""最多跑一次"。"只进一扇门""最多跑一次"是中央政府做出的庄重承诺，背后彰显的是加快转变政府职能，提高政府服务效率和透明度，降低制度性交易成本，便利群众办事创业的决心。而"互联网 +"政务则推动了政府职能转变。国务院《关于加快推进全国一体化在线政务服务平台建设的指导

---

① 《国务院：全国推进简政放权放管结合》，http://www.jscj.com/new/ckzx/1605/41897.html。
② 《国务院关于加快推进"互联网+政务服务"工作的指导意见》（国发〔2016〕55 号），http://www.gov.cn/zhengce/content/2016-09/29/content_5113369.htm。

意见》(国发〔2018〕27号)、《进一步深化"互联网 + 政务服务"推进政务服务"一网、一门、一次"改革实施方案》(国办发〔2018〕45号)等一系列文件,从制度方面推进"互联网 + 政务服务"改革,旨在加快推进政府职能转变,大力优化营商环境。在2018年全国网络安全和信息化工作会议上,习近平总书记提出,要发展数字经济,加快推动数字产业化,依靠信息技术创新驱动,不断催生新产业新业态新模式,用新动能推动新发展。要推动产业数字化,利用互联网新技术新应用对传统产业进行全方位、全角度、全链条的改造,提高全要素生产率,释放数字对经济发展的放大、叠加、倍增作用。要推动互联网、大数据、人工智能和实体经济深度融合,加快制造业、农业、服务业数字化、网络化、智能化。[1]各级政府可以充分运用"互联网 +"的技术手段,通过跨部门、跨层级和跨区域的流程再造和数据共享,实现行政审批和服务事项的一站式在线办理,形成无差别服务、实现全流程监督,从而推动政府高效履职、规范执法,助力构建亲清政商关系、不断优化营商环境。[2]

"互联网 +"政务与政府职能转变之间存在着深层的互动关系。党的十八届三中全会提出要"使市场在资源配置中起决定性作用和更好发挥政府作用"[3]。习近平总书记指出,发展社会主义市场经济,既要发挥市场作用,也要发挥政府作用,但市场作用和政府作用的职能是不同的。全会决定对更好发挥政府作用提出了明确要求,强调科学的宏观调控、有效的政府治理,是发挥社会主义市场经济体制优势的内在要求。全会决定对健全宏观调控体系、全面正确履行政府职能、优化政府组织结构进行了部署,强调政府的职责和作用主要是保持宏观经济稳定,加强和优化公共服务,保障公平竞争,加强

---

① 《习近平在全国网络安全和信息化工作会议上强调,敏锐抓住信息化发展历史机遇,自主创新推进网络强国建设》,http://www.gov.cn/xinwen/2018-04/21/content_5284783.htm。

② 高翔:《以数字政府建设引领驱动数字化发展》,《法治日报》2022-08-09。

③ 习近平:《中共中央关于全面深化改革若干重大问题的决定》,http://www.gov.cn/jrzg/2013-11/15/content_2528179.htm。

市场监管,维护市场秩序,推动可持续发展,促进共同富裕,弥补市场失灵。[①]治理数字经济与治理传统经济有很大不同。网络和数字技术的变革,深刻影响了政府和市场划分这一基础性的制度问题,带来了一系列的机遇和挑战。政府和市场的边界发生移动,同时催生出边界模糊的新领域。

一是企业进入公共服务。在网络和技术环境下,政府的公共服务可以通过互联网空间来实现,企业也可能从中找到可持续的商业模式。

二是企业参与市场监管。市场监管原本是政府的重要职责,但平台型企业产生后,在政府和市场之间加进了"平台"这个跨界组织形态,形成了局部市场。平台上要处理的纠纷和各种问题数量巨大,政府机构原有的监管力量远远不足,因此平台必须承担起协调和监管职能,成为局部的有形之手,参与市场监管。

三是自然垄断的监管难题。目前平台型大企业具有市场优势和影响力,但是否真正影响消费者利益却不好判断。在多边市场和免费服务的情况下,原有的标准受到了挑战,应该采取什么标准,是反垄断监管碰到的难题。

四是政府不干预企业经营的观念产生变化。网络空间通达范围极广,形成了新的公共空间,政府的角色不能按照旧有政府是否干预企业的理念来认识,而应将其视为公共治理问题。互联网空间如何实现政府和企业的协同共治是个难题。目前这类监管问题尚以一事一议的形式在推进。[②]数字政府建设为全面深化政务公开、助推"放管服"改革、打造廉洁政府和服务型政府提供了重要契机和更多抓手,与此同时,在数字政府建设中推进政务公开纵深发展还任重道远,需要从全过程推进政务公开、全方位回应社会关切、全流程优化政务服务、全链条加强政务信息管理等方面予以重点突破。[③]

---

① 习近平:《发挥政府作用, 不是简单下达行政命令》,http://cpc.people.com.cn/xuexi/n1/2017/1121/c385476-29658419.html。

② 江小涓:《数字时代政府治理的机遇和挑战》,http://www.echinagov.com/viewpoint/246488.htm.

③ 中国行政管理学会:《2020 年会暨"学习贯彻党的十九届五中全会精神 加强数字政府建设推进国家治理现代化"研讨会在京召开》,《中国行政管理》2020 年第 11 期。

因此，要以积极有效的制度和政策促进数字经济发展，推进高水平数字基础设施建设，大力推动政府数据公开，在对个人信息和商业机密等信息作适当处置后，加快开放数据。数字政府建设应立足信息公开、服务输出、数据开放的要求，统一数据开放标准和数据质量，让更多机构和个人能够挖掘和创造新的数据价值，产生经济和社会效益。①要针对长期制约数字政府健康发展的问题，着力破解数字政府建设难点堵点问题。健全完善与数字化发展相适应的政府职责体系是数字政府建设的重要内容。适应数字化发展，政府要及时调整职能，系统重构政府职责体系，实现政府职能转变。要以优化政府职责体系引领政府数字化转型，在数字政府建设与管理的体制机制和标准规范方面，健全完善政务信息化建设管理会商机制，加快消除区域间"数字鸿沟"。

习近平总书记强调，大数据发展日新月异，我们应该审时度势、精心谋划、超前布局、力争主动，深入了解大数据发展现状和趋势及其对经济社会发展的影响，分析我国大数据发展取得的成绩和存在的问题，推动实施国家大数据战略，加快完善数字基础设施，推进数据资源整合和开放共享，保障数据安全，加快建设数字中国，更好服务我国经济社会发展和人民生活改善。②这为政府聚焦公共服务职能提供了根本遵循。大数据在保障和改善民生方面大有作为。

## (三)"互联网＋政务服务"是政府职能转变的新动力

"互联网＋政务服务"以对象为中心和以需求为导向，强化了政府的服务功能定位和对政府效能、效益和经济性的综合追求。技术本身并不能够保

---

① 江小涓：《"十四五"时期数字经济发展趋势与治理重点》，《光明日报》2020年09月21日。

② 《习近平在中共中央政治局第二次集体学习时强调，审时度势精心谋划超前布局力争主动，实施国家大数据战略加快建设数字中国》，http://www.gov.cn/xinwen/2017-12/09/content_5245520.htm。

证善治，政府才是激发数据潜力、引导技术向善的关键所在。①"互联网＋政务服务"已成为政府职能转变的新动力、建设服务型政府的重要路径、"放管服"改革的基本依托、推动释放市场潜力活力的新增长极、供给侧结构性改革的有力杠杆。②

### 1."互联网＋政务服务"为政府职能转变提供了技术支撑

"互联网＋"对原有的社会结构、经济结构、地域结构和文化结构带来冲击甚至重塑，结构被重塑的同时会带来诸多要素如权力、关系、规则和话语体系的转变，政府治理的模式也必将在这一潮流中发生转型。③数字政府建设是转变政府职能的助推器，为推进政府职能转变提供了新动力。"互联网＋"政务为政府职能转变提供了技术支撑，是服务型政府建设的一次全局性的调整，是政府职能转变一次重大突破，这种突破不仅是技术创新，还是一次体制机制的改革与调整。④"互联网＋政务"通过技术调节，为政府与市场、政府与社会关系的调节提供了新的手段，也为政府实现职能转变提供了可能。"一号申请、一窗受理、一网通办"为简政放权提供了技术保障，为透明政府的实现提供了信息公开和共享平台，也保障了人民群众知情权、参与权、表达权和监督权。

"互联网＋政务服务"以简政放权、创新监管、提升服务为核心，以政府权力清单为基础，以信息化技术为支撑，创新"互联网＋"思维，开启了从"群众跑腿"到互联网"数据跑腿"的服务管理新模式。⑤简政放权一直贯穿中国

① 高翔：《以数字政府建设引领驱动数字化发展》，《法治日报》2022-08-09。
② 翟云：《政府职能转变视角下"互联网+政务服务"优化路径探讨》，《国家行政学院学报》2017年第6期。
③ 刘涛：《"互联网+政务服务"政府治理创新》，《合作经济与科技》2018年第4期。
④ 孙荣、梁丽：《"互联网+"政务视域下的政府职能转变研究》，《南京社会科学》2017年第9期。
⑤ 翟云：《政府职能转变视角下"互联网+政务服务"优化路径探讨》，《国家行政学院学报》2017年第6期。

政府职能转变过程。我国经济运行中存在的突出问题是行政体制改革滞后、政府职能范围不清。因此,政府职能转变的重心就落在简政放权和提高公共服务方面,简化审批流程是简政放权的核心内容。各级政府的管理权一般体现在行政审批权力。行政审批制度改革的主要内容是简化行政审批程序和手续、减少审批项目、缩短审批时间,达到规范行政审批权力、提高办事效率的目的。通过构建覆盖全国的整体联动、部门协同、省级统筹、一网办理的"互联网 + 政务服务"体系,大幅提升政务服务智慧化水平,使政府服务更聪明,让企业和群众办事更方便、更快捷、更有效率,"互联网 + 政务服务"与政府职能转变彼此的嵌入程度越来越深。[1]中国互联网络信息中心(CNNIC)发布《第 49 次中国互联网络发展状况统计报告》指出,电子政务 40 多年的发展历程中,从"办公自动化""三金工程"到一系列金字工程行业系统建设再到"最多跑一次""一网通办、一网统管",电子政务的不断优化发展之路,是我国推进政府职能转变,构建服务型政府的建设之路,更是不断推进国家治理现代化的过程。当前,全国政府数字化转型工作稳步开展,政务服务平台、监督平台和全国信用体系已经形成。数字政府建设成为实现政务数字化转型,驱动经济社会高质量创新发展,推进国家治理体系和治理能力现代化的关键抓手。[2]《数字中国发展报告(2021 年)》显示,截至 2021 年 10 月,我国 193 个省级和城市的地方政府上线了数据开放平台,其中省级平台 20 个(含省和自治区,不包括直辖市和港澳台),城市平台 173 个(含直辖市、副省级与地级行政区),与 2020 年同期相比新增 51 个地方平台,总数增长超过 30%。目前,我国政务数据共享交换体系建设加速推进,国务院办公厅印发《关于建立健全政务数据共享协调机制加快推进数据有序共享的意见》,2021 年全国一体化政务服务平台数据共享交换体系接入各级政务部门

---

① 孙荣、梁丽:《"互联网+"政务视域下的政府职能转变研究》,《南京社会科学》2017 年第 9 期。

② CNNIC:《第 49 次中国互联网络发展状况统计报告》,http://www.cnnic.cn/hlwfzyj/hlwxzbg/hlwtjbg/202202/P020220318335949959545.pdf#page=75&zoom=100,116,194。

5951 个，支撑全国调用超 2000 亿次，向地方回流数据超 6000 万条，打通垂管系统壁垒，推动政府职能转变和机制再造。①

借助互联网先进技术，"互联网＋政务服务"也升华了政府治理新理念，推进政府职能转变，进而推进国家治理体系和治理能力现代化。例如，浙江省在四张清单制度和政务服务网建设中不谋而合的价值导向并没有停留在理念层面，而是渗透到了改革落地生根的各个环节。在政府职能界定环节，浙江省创造性地提出了"店小二"精神——也就是在减少权力事项的同时，根据市场主体的需求界定服务事项，要求各级干部针对企业的实际需求精准服务。在智能信息技术驱动下，通过引入智能信息技术，转变和完善政府职能，并通过政府职能改变，推动社会各类主体运用智能信息技术，最终提升政府治理水平。②《数字中国发展报告（2021 年）》显示，智慧法院推动构建互联网司法新模式，实现在线服务全国四级法院全覆盖、群众打官司全流程"掌上办理"，截至 2021 年底，全国法院在线立案 1143.9 万件，在线开庭127.5 万场，在线调解纠纷突破 1000 万件；在全球率先出台法院在线诉讼、在线调解、在线运行三大规则，逐步健全以人民为中心的互联网司法规则体系。全国检察机关积极打造智慧检务，检察业务应用系统 2.0 全面部署应用，截至 2021 年底，系统共受理各类案件 380 万件。截至 2021 年底，12309 中国检察网发布案件程序性信息 1600 万余条、重要案件信息 120 万余条、公开法律文书 720 万余份，全面开展律师互联网阅卷。③

实体大厅向网上政务服务大厅拓展和延伸已成为"互联网＋"时代政府管理改革创新的必然选择。在政府职能履行环节，在服务导向的引领之下，

---

① 国家互联网信息办公室：《数字中国发展报告（2021 年）》，http://www.cac.gov.cn/2022–08/02/c_1661066515613920.htm?spm=C73544894212.P59511941341.0.0。

② 户占良：《智能信息技术对政府治理的影响研究》，《电脑知识与技术：学术版》2021 年第 3期（17 卷第 31 期）。

③ 国家互联网信息办公室：《数字中国发展报告（2021 年）》，http://www.cac.gov.cn/2022–08/02/c_1661066515613920.htm?spm=C73544894212.P59511941341.0.0。

各级政府的线上和线下行为都发生了转变：一站式审批、全程式代管、跟踪式联系、保姆式服务等各种主动服务模式的涌现，一改传统政府"以审批代管理"、坐等企业上门的衙门作风。构建"互联网＋政务服务"线上线下相融合体系，双轮驱动，成为研究的新课题。"互联网＋政务服务"主要有线下服务模式、线上服务模式和线上线下相融合(OTO)三种模式。目前，线上线下相融合正在走向主流。但要准确厘清线上线下相融合的辩证关系。线上服务不是完全替代线下模式，也不是线下模式的升级版，更不是线下模式的山寨版，而是在业务流程、信息共享、业务协同等诸多方面进行重塑和升华。①

### 2."互联网＋政务服务"助力政府职能优化

"互联网＋政务"在提升政府效能和优化政府职能方面有重要的价值和功能。数字中国建设并不是一个单项任务，而是对经济社会发展产生全面性影响的重大部署，能够助力、支撑和引领多项重要工作。②以数字化改革助力政府职能转变，加快数字机关建设，对政府运行的体制机制、组织架构、方式流程、手段工具进行全方位系统性重塑，再造政府运行流程和治理模式，推动政府运行方式的数字化、智能化，进而提升政府行政执行能力、行政监督能力、辅助决策能力。③坚持以优化政府职责体系引领政府数字化转型，以数字政府建设支撑加快转变政府职能，推进体制机制改革与数字技术应用深度融合。④

作为元治理(治理的治理)主体的政府应当重视建立以发展为导向的公共治理机制，通过促进市场、社会中的各类主体开展合作互动，激发数据资

---

① 李一宁等：《完善政务服务工作运行机制研究》，《中国行政管理》2017 年第 6 期。

② 江小涓：《以数字政府建设支撑高水平数字中国建设》，《中国行政管理》2020 年第 11 期。

③ 徐文光：《以数字化改革助力政府职能转变 提升政府履职科学化精准化智能化水平》，http://www.gov.cn/xinwen/2022-08-26/content_5706936.htm。

④ 王钦敏：《加快推进数字政府建设》，http://www.gov.cn/xinwen/2022-08-26/content_5706931.htm。2022-06-27。

源价值、为公众创造更大公共利益。①习近平总书记提出要求，不论政府职能怎么转，为人民服务的宗旨都不能变。要坚持以人为本、执政为民，接地气、通下情，想群众之所想，急群众之所急，解群众之所忧，在服务中实施管理，在管理中实现服务。②"互联网＋政务服务"使得政务服务从被动转为主动，主动对公共服务进行过程追踪，并改进服务治理，主动推送公共产品和公共服务，通过数据深入和精细化挖掘，发现民意诉求，提供个性化政务服务，是政府治理服务意识提升的新机遇，能够推动政府治理服务观念转变，从管理者向监管者、服务者转变。③

"互联网＋政务服务"涉及管理（行政体制、法律法规等）、业务、技术（信息公开、技术支撑、运维管理）等多管理部门协同配合。信息化与现代化各领域正在发生"化学反应"，不断催生新业态、新模式。④这就决定了政府要顺应时代变化转变职能。宾伯认为，互联网技术引发的信息革命带来的一个重要后果就是信息丰富，信息丰富可能改变政治组织形式和边界的性质，非正式的、灵活的结构呈现出重要性，协议式的关系、临时的联盟以及特设的合作和伙伴关系等，更容易作为传统的层级组织结构的替代物。⑤"互联网＋政务服务"通过引入"互联网＋"的运作机制，打破政府稳定保守的科层制结构。数据分布结构的交互性和信息传输方式的开放性，决定了数字政府权力系统能够在跨区域、跨层级、跨部门中进行政务流程再造和机构职能整合，成为一个政府内部纵横联动，外部与国家社会治理协同开放的高效运行体系。跨界治理突破了科层制职能裂解性与机构碎片化的藩篱，将部门间交叠或相近职能进行重新整合及流程再造，形成一种基于总体服务导向而非单一部

---

① 高翔：《以数字政府建设引领驱动数字化发展》，《法治日报》2022-08-09。

② 习近平：《发挥政府作用，不是简单下达行政命令》，http://cpc.people.com.cn/xuexi/n1/2017/1121/c385476-29658419.html。

③ 刘涛：《"互联网＋政务服务"政府治理创新》，《合作经济与科技》2018 年第 4 期。

④ 李建成：《信息化是现代化的战略引擎》，《人民日报》2019-04-12。

⑤ 刘涛：《"互联网＋政务服务"政府治理创新》，《合作经济与科技》2018 年第 4 期。

门导向的跨部门、条块间整体治理格局,这也契合了数字政府建设中的跨部门信息共享与业务协同要求。目前,政府数字化转型正处于从以组织为中心、以职能为中心的电子政务阶段到以服务企业群众"办好一件事"为中心、以部门间整体协作为遵循的数字政府阶段,亟须政府组织机构做到垂直整合(垂直机构的统一业务管理系统、纵向业务的标准化处理)、水平整合(跨部门信息系统的整合、一网通办业务集成),从而实现跨界治理的职能整合、信息整合、业务整合、流程整合。①利用政务服务和社会公众的互动形成政府治理变革的倒逼机制,有助于实现政府的整体性、开放式、协同性和智慧性治理,为政府业务流程的重组和优化提供全新的平台,实现政务服务的精细化、精准化和个性化;通过互联网与政府公共服务体系深度融合,打通政府与社会的数据壁垒,提升政府治理能力。②

以数字化转型推动深化行政体制改革,是数字时代政府治理方式变革和治理能力提升的重要手段。由于数字技术在赋能政府进行经济调节、市场监管、社会管理、公共服务、生态环境保护的同时,可能也带来政府管理的流程优化、模式创新,数字技术应用、数字政府建设、数字化改革,不再只是政府职能履行、制度规则约束的对象,不再只是政府职能转变、制度规则创新的结果,更是政府职能转变、制度规则创新的原因和动力。③一是组织机构改革。数字政府建设需形成与数字化时代发展相适应的组织架构。一方面要依法依规进行数字化改革,另一方面还要通过组织机构改革推动数字化转型发展。二是职责体系优化。数字政府建设有助于加快破除体制机制障碍,推动政府职能转变。坚持以优化政府职责体系引领政府数字化转型,以数字政府建设支撑加快转变政府职能,推进体制机制改革与数字技术应用深度融

---

① 刘祺:《跨界治理理论与数字政府建设》,《理论与改革》2020 年第 4 期。

② 刘涛:《"互联网+政务服务"政府治理创新》,《合作经济与科技》2018 年第 4 期。

③ 郁建兴:《以数字化改革助力政府职能转变与制度规则重塑》,http://www.gov.cn/xinwen/2022-08/26/content_5706941.htm

合，健全完善与数字化发展相适应的政府职责体系。通过数字化改革，实现数据共享、协同办公。三是管理机制创新。数字化改革将进一步推动修订和清理现行法律法规中与数字化发展不相适应的条款，依法依规推进技术应用、流程优化和制度创新，鼓励和规范政产学研用等多方力量参与数字政府建设。

在数字化改革进程中，创新各级政府与其他参与主体的合作模式，探索购买服务、合同外包、特许经营等方式，推动形成高效可持续的数字化机制。数字政府建设要以数字化改革促进制度创新，保障数字政府建设和运行整体协同、智能高效、平稳有序，实现政府职能转变、治理方式变革和治理能力提升。[①]"互联网＋政务服务"是一种扁平、融合、开放和协作的服务方式，通过积极吸纳企业、个人和非政府部门等多种社会力量参与公共服务供给，与参与公共服务供给的多元主体协商合作，政务部门的功能由公共服务的主要供给转变为搭建平台、制定规则和提供基础服务，政府与社会力量之间形成了一种平等协作、相互制约的关系。[②]政府职能向提供公共服务职能方向转变，应以公众为服务对象，扩大政府决策的公众参与。[③]

此外，平台（特别是电商平台）已经成为政府、市场、第三方（非政府机构）之外的第四方，正在承担部分公共管理功能。第三方是非营利机构，本身只有服务功能而缺乏管理职责，与服务对象之间没有利益关系；而作为第四方的电商平台是一个营利机构，本身面临着来自其他市场竞争对手的压力，不仅有服务功能，而且肩负着监管职责，且还与被服务、被监管对象之间构成一种无形的利益联盟关系。对此，政府治理应从以下方面转变：放宽针对企业日常管理的部分要求；赋予平台更多的管理权限；加强对平台的日常监管；建立网络监管平台，要求平台向该监管平台开放；要求平台之间互联互

---

① 王益民：《以数字政府建设推进职能转变》，《经济日报》2022-08-04。

② 孙荣、梁丽：《"互联网＋"政务视域下的政府职能转变研究》，《南京社会科学》2017年第9期。

③ 沈荣华：《提高政府公共服务能力的思路选择》，载《中国行政管理》2004年第1期。

通,以及法律法规的相应修改。①

### 3."互联网＋政务服务"使政府履职更加高效高质

"互联网＋政务服务"的本质是将政府传统政务服务数据化和在线化,通过"鲜活"数据比对和移动互联在线服务提升政府服务效率质量。"互联网＋政务服务"的核心就是要求政务过程中减少中间环节,实现扁平式、网格化的服务模式。下放行政审批权是政府简政放权职能转变的重要内容。②传统以部门为基础的政府履职体系使得数字技术在公共管理中的应用大多服务于一个部门的某些目标,标准、规范的设定缺乏跨部门协同,技术仅围绕部门需要、以部门逻辑运行,而非以整体性政府的逻辑运行。这就导致技术在政府中的碎片化应用,在建设层面,普遍存在数据孤岛、重复开发等情况;在运行层面,经常面临多头管理、数据重复填报等问题。许多表面上的技术困境,其背后隐藏的却是当外部环境发生剧烈变化时,政府职能转变不到位、制度规则体系不健全的问题。"互联网＋政务服务"基于无边界、分步式、开放共享和连接一切的互联网平台之上,与政府职能紧密相连,提供 7×24 小时全天候在线服务,通过整合资源向社会公众提供高效便捷的公共服务。通过"一号"申请、"一窗"受理、"一网"通办,通过政务部门间互联互通、数据共享、协同联动,实现跨部门数据流动,提升公共服务的整体效能,让居民和企业少跑腿。③国家网信办首次开展的数字中国发展情况网络问卷调查显示,从数字政务服务方面看, 参与调查的网民普遍通过数字政务服务办理过相关事项,调查结果显示,77.6%的网民认为"数字政务服务有效提升了办事效率和质量"。同时,部分参与调查的网民认为"一网通办""跨省通办"平台的体验还有待提升,55.9%网民认为"平台打开页面等待时间较长",43.4%网民

---

① 李广乾:《"互联网+"政务服务与国家治理现代化》,《社会治理》2019 年第 3 期。
② 孙荣、梁丽:《"互联网+"政务视域下的政府职能转变研究》,《南京社会科学》2017 年第 9 期。
③ 王印红、渠蒙蒙:《办证难、行政审批改革和跨部门数据流动》,《中国行政管理》2016 年第 4 期。

认为"平台操作流程较烦琐"。此外,从数字抗疫应用方面看,网民对我国在疫情防控过程中的数字技术应用效果评价较高,参与调查的网民认为数字技术在疫情监测、流调溯源、防控救治、资源调配等工作中发挥了重要作用。调查结果显示,参与调查的网民对数字化防疫中的"流调溯源精准防控""最新防疫政策查询""人群日常监测""核酸检测预约与查询"等应用效果感知评价相对较高,满意度均超过 80%。①

以数字化改革助力政府职能转变,必须统筹推进各行业各领域政务应用系统集约建设、互联互通、协同联动。政府职能部门为了创新提效,往往需要从其他相关职能部门获取业务数据,必然会遭遇并需要解决源自上下级职能部门的纵向边界问题和源自同级职能部门的横向边界问题。跨越的部门边界越多,要克服的影响因素就会越多,这与部门之间复杂的竞合关系紧密相关。为有效应对,大多数职能部门往往同时采取多种信息共享方案以备不同环境所需。我国现行的财政体制在一定程度上制约了政府信息化的投资模式和建设模式,部门利益的存在,使纵向统筹易实现,而横向贯通难度大,间接导致信息碎片化、服务碎片化的现象突出,形成了诸多"信息孤岛""数字鸿沟"和"数据烟囱"。②大数据之父舍恩伯格提出,大数据的核心要义在于共享。高效率的政务服务所面对的基础性症结是信息共享不足。数据共享不足,导致申办材料难以精简、办理流程难以简化,阻碍了政务服务流程优化及其业务重组,在一定程度上影响了改革整体进程。③对"互联网 + 政务服务"而言,信息共享主要介于政府部门(含法律法规授权具有行政职能的事业单位和社会组织)内部和不同部门之间。④改革的持续推进,要求政府数

① 国家互联网信息办公室:《数字中国发展报告(2021 年)》,http://www.cac.gov.cn/2022-08/02/c_1661066515613920.htm?spm=C73544894212.P595119413 41.0.0.0。

② 李一宁等:《完善政务服务工作运行机制研究》,《中国行政管理》2017 年第 6 期。

③ 徐晓林、明承瀚、陈涛:《数字政府环境下政务服务数据共享研究》,《行政论坛》2018 年第 25 期。

④ 翟云:《政府职能转变视角下"互联网+政务服务"优化路径探讨》,《国家行政学院学报》2017 年第 6 期。

据共享的对象要兼顾社会公众与政府职能部门自身群体。信息化技术的采纳与推广,能有效疏通部门内的数据流通渠道,但部门间政务服务数据的共享障碍重重。①为此,国务院印发的《政务信息资源共享管理暂行办法》明确了以共享为原则,不共享为例外的基本原则,为政府部门间的信息共享提供了基本遵循。②公共信息共享平台对不同社会主体的信息进行整合、交换与共享,迫使政府部门开放数据,将政府、企业、社会单位都置于公众的监督之下,为政府简政放权之后的市场监管提供了条件。③持续优化全国一体化政务服务平台功能,强化政务云平台支撑能力,统筹推动经济调节、市场监管、社会管理、公共服务、生态环境保护等政府职能和政府内部运行数字化转型,全面提升数字政府集约化建设水平。

通过"互联网＋",优化、重塑政务业务流程,实现政务高效率和低成本,促进政府组织从纵向结构向扁平化发展,催生服务型政府的组织结构与权力结构发生深刻变革。从技术层面来看,"互联网＋政务服务"的生命力在于数据。"互联网＋政务服务"的核心是打通政府部门数据共享和业务协同的任督二脉。④"互联网＋"政务能够实现信息共享、互联互通、业务协同,审批和服务事项可以在线上咨询、网上办理、电子监察,将各类服务事项的查询、预约、申报、办理等全部流程放在网上,推进政府、市场与社会间的信息公开与共享,从根本上减少政府对市场的干预,源头上厘清政府职能范围;将实体政务大厅、网上政务平台、移动客户端、自助终端、服务热线结合起来,为服务型政府建设开辟了新渠道,是解决我国基层群众办证多、办事难、来回跑腿、反复提交材料等问题的关键;政府部门通过打造网站和信息公开平台,

---

① 徐晓林、明承瀚、陈涛:《数字政府环境下政务服务数据共享研究》,《行政论坛》2018年第25期。

② 《国务院关于印发政务信息资源共享管理暂行办法的通知》(国发〔2016〕51号),http://www.gov.cn/zhengce/content/2016-09/19/content_5109486.htm。

③ 孙荣、梁丽:《"互联网＋"政务视域下的政府职能转变研究》,《南京社会科学》2017年第9期。

④ 翟云:《基于"互联网＋政务服务"情境的数据共享与业务协同》,《中国行政管理》2017年第10期。

畅通信息"高速公路",加强政府与群众的沟通,避免许多误解、传言,增加了政府公信力。

### 4."互联网＋政务服务"使政府监管职能更加精准

建设好数字政府,提高政府数据治理能力,也是国家创新力和竞争力增强的重要体现。推动政府治理手段和治理模式的数字化转型,已经成为国家治理体系和治理能力现代化的重要抓手,是强化政府运行、决策、服务、监管能力的重要引擎,对于助力政府职能转变,更好激发数字经济活力,优化数字社会环境,营造良好数字生态,实现经济社会高质量发展意义重大。数字政府通过数字化手段管理公共权力、公共资金、公共资源和公职人员,加强对权力运行的制约和监督,为推动法治政府、廉洁政府建设提供支撑。[①]

以数字化改革助力政府职能转变,促进政府治理各方面改革创新。政府利用数字技术能够有效地调控经济、监管市场。在经济调控方面,应利用数字技术探知经济实时状况,并通过不同来源数据的交叉复现把握事态真相。如,在经济监测方面,通过全面构建经济治理基础数据库,加强政府与互联网企业等数据载体相关数据资源的关联分析和融合利用,精准发现宏观经济运行中的微观联系,实现对经济运行状态的实时跟踪和精准研判,确保宏观经济平稳运行;在经济预测方面,运用数字技术搭建经济运行多维分析模型,对数据深度挖掘和智能分析,解决宏观数据复杂化、繁多化、冗余化问题,及时发现苗头性、倾向性、潜在性问题,提高经济预测的科学性、可靠性、有效性;在经济政策方面,充分利用大数据分析平台,对政策实施成效和影响进行分析和量化测算,找准宏观经济政策的支持方向和切入点,推动数据分析与经验判断紧密结合,提升经济政策制定的科学性。[②]建设数字中国,市

---

① 刘烈宏:《奋力开创数字政府新局面 引领驱动数字中国新发展》,http://www.egovernment.gov.cn/art/2022/7/5/art_194_6402.html。

② 王益民:《以数字政府建设推进职能转变》,《经济日报》2022–08–04。

场是基础力量,政府要有效发挥作用,以自身高水平数字化能力支持和引领数字中国建设。①以数字化监管体系构建、系统平台互联互通、监管数据汇聚为契机,建立监管协同联动工作机制,促进从职能部门"单打独斗"向综合监管、智慧监管转变,提升联合执法、跨域执法效率与效能,破解监管力量不足与监管手段滞后问题。②在市场监管方面,新的技术手段可以根据市场主体的多方面信息,筛选出需要重点跟踪的企业和产品,并与更多已知信息进行交叉比对,识别异常现象,及时发现那些违规违法可能性较大的市场主体,有针对性地加强监管;同时,最大限度减少对依规依法企业正常经营活动的干扰。③"互联网 + 政务服务"通过利用现代互联网科技对传统政务服务模式进行优化改造,打通政府部门之间的信息壁垒和信息孤岛并生成全新政务服务模式的动态过程,构建互联互通和统一共享的数据交换平台,实现跨层级、跨区域、跨部门的数据互通和共享交换。通过信息资源公开共享,"互联网 + 政务"可以对政府、市场、社会的关系进行重新理顺和调整,减小了行政干预力度,调和了政府与市场的关系。

政府要对数字技术应用进行有效监管。一是对代码、算法等数字技术的基本规则进行监管。现在,大数据和人工智能广泛应用,机器学习能力快速增强,数据、代码和算法愈来愈多地决定着每位公民在信息方面的可知与不可知,在资源分配中的可得与不可得,在社会活动中的可为与不可为。数字技术如果被滥用,就会违背公共利益和社会价值观,例如因收入、地域、民族、宗教、性别等因素被机器"识别"而导致的各种歧视行为。因此,需要引导形成数字技术的价值遵循和基本原则,划出底线和边界并严格监管。二是在数字产业发展、数据权益分配和个人隐私保护等各方面把握好平衡。当前的突出问题,是要对个人隐私进行有效保护,明确数据企业的责任、数据权利

---

① 江小涓:《以数字政府建设支撑高水平数字中国建设》,《中国行政管理》2020 年第 11 期。
② 王益民:《以数字政府建设推进职能转变》,《经济日报》2022-08-04。
③ 江小涓:《"十四五"时期数字经济发展趋势与治理重点》,《光明日报》2020-09-21。

的建构、数据治理规则的确立等。三是积极参与全球数字治理规则的制定。我们是数字技术应用大国，数字产业有广阔的发展前景和较强的国际竞争力。推动全球数字治理规则制定和应用，既是我们的发展需求，也是我们的发展责任，要平衡好我们自己的发展、安全和与世界共赢的关系。①2022 年发布的《数字中国发展报告（2021 年）》显示，2021 年，涉及互联网平台企业重大执法案例近百起，累计处罚金额超 200 亿元。②《第 49 次中国互联网络发展状况统计报告》显示，政府通过手机"云"办事，实现了政务服务"全程无接触、24 小时不打烊"。在"互联网＋监管"工作方面，我国各项工作稳步推进成效初显。一方面，各地区高度重视"互联网＋监管"工作。"互联网＋监管"工作是国务院深化"放管服"改革的一个重要举措，各地区积极将推进"互联网＋监管"系统建设作为促进政府监管规范化、精准化、智能化的重要手段。截至 2021 年，我国多数地区把"互联网＋监管"纳入重要工作议事日程，全面加强工作统筹，积极整合资源要素，加快推进系统建设和改革工作，推动形成工作合力，切实保障"互联网＋监管"工作有力推进。另一方面，"互联网＋监管"系统建设成效初显，创新经验和做法逐步形成。各地区依托省级"互联网＋监管"系统，积极推动现有监管系统整合，实现各类事中事后监管数据汇聚，在实现监管信息全程可溯、监管部门协同化办公和智能化决策等方面涌现出一批创新经验和做法。北京市依托"互联网＋监管"系统数据中心，结合企业信用系统归集数据以及互联网采集数据，搭建市场监管风险洞察平台，将 163 万余户企业纳入监测范围，监测企业常见潜在高风险行为 41 项，监测重点行业 77 类。浙江省依托省级"互联网＋监管"系统，建设全省统一执法监管系统，实现省市县三级行政检查事项全入驻，3170 个部门、54781 个执法

---

① 江小涓：《以数字政府建设支撑高水平数字中国建设》，《中国行政管理》2020 年第 11 期。

② 国家互联网信息办公室：《数字中国发展报告（2021 年）》，http://www.cac.gov.cn/2022–08/02/c_1661066515613920.htm?spm=C73544894212.P59511941341.0.0。

人员通过"浙政钉"App 实现移动端掌上执法。[①]政府部门和企业彼此监督,减少寻租腐败。通过提升监管的灵活性和有效性,以信息共享、信用信息公示等方式进行调控和全程监管、分类监管、重点监管、联动监管、精准监管,减少了政府对市场的干预和限制,给市场更大的发展创新空间。

---

① CNNIC:《第 49 次中国互联网络发展状况统计报告》,http://www.cnnic.cn/hlwfzyj/hlwxzbg/hlwtjbg/202202/P020220318335949959545.pdf#page=75&zoom=100,116,194。

# 三 从『互联网＋』到人工智能——政府治理进一步创新

　　"人工智能"对生产力和产业结构产生革命性影响，推动了人类进入普惠型智能社会。习近平在主持中共中央政治局关于人工智能发展现状和趋势集体学习时强调，人工智能是新一轮科技革命和产业变革的重要驱动力量，加快发展新一代人工智能是事关我国能否抓住新一轮科技革命和产业变革机遇的战略问题。人工智能是引领这一轮科技革命和产业变革的战略性技术，具有溢出带动性很强的"头雁"效应。在移动互联网、大数据、超级计算、传感网、脑科学等新理论新技术的驱动下，人工智能加速发展，呈现出深度学习、跨界融合、人机协同、群智开放、自主操控等新特征，正在对经济发展、社会进步、国际政治经济格局等方面产生重大而深远的影响。加快发展新一代人工智能是我们赢得全球科技竞争主动权的重要战略抓手，是推动我国科技跨越发展、产业优化升级、生产力整体跃升的重要战略资源。①党的十九届四中全会通过的《中共中央关于坚持和完善中国特色社会主义制度、推进国家治理体系和治理能力现代化若干重大问题的决定》指出："建立健全运用互联网、大数据、人工智能等技术手段进行行政管理的制度规则⋯⋯提高社会治安立体化、法治化、专业化、智能化水平。"②"智能＋"比"互联网＋"再进一步,体现了基于数字革命的人工智能技术对社会生产的全新赋能。人工智能不仅对政府治理能力提出挑战,人工智能发展也对政府的治理模式和绩效逻辑产生颠覆性影响。③

## (一)从"互联网＋"到人工智能技术

### 1.人工智能发展历程

当网络社会的边界逐渐扩展,从而创造了前所未有的大数据世界后,如何来处理庞大的数据,就成为亟待解决的问题,这就自然而然产生了对人工智能的迫切需求。④最早提出人工智能相关概念的是冯·诺依曼(John von Neumann),其于 1945 年首次提出"奇点"概念,意为机器达到人类智力水平的点。⑤现代意义的人工智能,是图灵于 1950 年设计的思想实验,即"图灵测试":如果在一个隔离的房间中,根据对问题的回答,测试者无法区分被测者是人还是机器,就可以认为机器具有了人的智能。

---

① 《习近平在中共中央政治局第九次集体学习时强调,加强领导做好规划明确任务夯实基础推动我国新一代人工智能健康发展》,http://www.gov.cn/xinwen/2018-10/31/content_5336251.htm?all-content。

② 习近平:《中共中央关于坚持和完善中国特色社会主义制度 推进国家治理体系和治理能力现代化若干重大问题的决定》,《人民日报》2019-11-06。

③ 薛泽林:《预判公众需求 提供精准服务》,《解放日报思想周刊》2018-11-06。

④ 何哲:《网络经济——跨越计划与市场》,《经济社会体制比较》2016 年第 2 期。

⑤ [美]雷·库兹韦尔:《奇点临近》,李庆诚、董振华、田源译,机械工业出版社,2011 年,第 10 页。

人工智能（Atificial Intelligence, AI）正式提出是在 1956 年。麦卡锡（McCarthy J.）、明斯基（Minsky M.）、罗彻斯特（Rochester N.）和香农（Shannon C.）四位年轻科学家在美国达特茅斯学院研讨"如何用机器模拟人的智能"时，首次正式提出了人工智能概念。会上，他们运用数理逻辑和计算机的成果，模拟人类某些智能行为的基本方法和技术，构造了具有一定智能的人工系统，让计算机完成需要人的智力才能胜任的工作（即，"让机器达到与人类做同样事情"的能力）。这标志着人工智能学科正式诞生。2016 年，阿尔法狗战胜李世石，体现出了人工智能领域的飞速进展，并成为人工智能领域的标志性事件。2017年 10 月 26 日，沙特阿拉伯授予机器人索菲亚"公民身份"，索菲亚成为世界首个获得公民身份的机器人。

人工智能的发展历程划分为以下六个阶段：一是起步发展期，即 1956年至 20 世纪 60 年代初。人工智能概念提出后，相继取得了一批令人瞩目的研究成果，如机器定理证明、跳棋程序等，掀起人工智能发展的第一个高潮。二是反思发展期，即 20 世纪 60 年代至 70 年代初。人工智能发展初期的突破性进展大大提升了人们对人工智能的期望，人们开始尝试更具挑战性的任务，并提出了一些不切实际的研发目标。然而，接二连三的失败和预期目标的落空（例如，无法用机器证明两个连续函数之和还是连续函数、机器翻译闹出笑话等），使人工智能的发展走入低谷。三是应用发展期，即 20 世纪70 年代初至 80 年代中期。专家系统模拟人类专家的知识和经验解决特定领域的问题，实现了人工智能从理论研究走向实际应用、从一般推理策略探讨转向运用专门知识的重大突破。专家系统在医疗、化学、地质等领域取得成功，推动人工智能走入应用发展的新高潮。四是低迷发展期，即 20 世纪 80年代中期至 90 年代中期。随着人工智能的应用规模不断扩大，专家系统存在的应用领域狭窄、缺乏常识性知识、知识获取困难、推理方法单一、缺乏分布式功能、难以与现有数据库兼容等问题逐渐暴露出来。五是稳步发展期，即 20 世纪 90 年代中期至 2010 年。网络技术特别是互联网技术的发展，加速了人工智能的创新研究,促使人工智能技术进一步走向实用化。1997年国际商业机器公司(简称IBM)深蓝超级计算机战胜了国际象棋世界冠军卡斯帕罗夫,2008年IBM提出"智慧地球"的概念。以上都是这一时期的标志性事件。六是蓬勃发展期,即2011年至今。随着大数据、云计算、互联网、物联网等信息技术的发展,泛在感知数据和图形处理器等计算平台推动以深度神经网络为代表的人工智能技术飞速发展,大幅跨越了科学与应用之间的"技术鸿沟",诸如图像分类、语音识别、知识问答、人机对弈、无人驾驶等人工智能技术,实现了从"不能用、不好用"到"可以用"的技术突破,迎来爆发式增长的新高潮。①

从更长的技术周期与历史维度来看,互联网、大数据与人工智能在推动政府转型和城市创新的技术语境中,恰恰代表了连接、数据、智能三个阶段,体现了数字技术在政务服务、治理与监管层面在不同阶段的应用深度,同时也暗含着政府机构利用数字技术推动数字化转型时面对的不同形势与亟待解决的问题。②

### 2.人工智能相关概念辨析

人工智能的定义繁多,人们对人工智能有不同的理解。主要观点为,一个计算机科学分支,研究计算机中的模拟智能的行为;一个机器能够模拟人类的智能行为的能力。③有人认为人工智能是指机器能够完成人类需要智能才能够完成的任务。④人工智能的领军者斯坦福大学约翰·麦卡锡教授认为,"任何关于智能的定义都依赖人的智能",因为"目前为止,还不能总括出怎

---

① 谭铁牛:《人工智能的历史、现状和未来》,《求是》2019年第4期。

② 唐鹏:《政府数字化转型中的技术价值与权力边界》,http://digitalization.infosws.cn/20191111/28600.html。

③ Artificial Iintelligence,www.merriam-webster.com/dictionary/artificial%20intelligence.

④ Matthew U. Scherer,Regulating Artificial Intelligence Systems:Risks,Challenges,Competencies,and Strategies,29 Harv. J. L. & Tech. 362(2016).

样的计算机程序可被称为智能"。①人工智能是将人的特征、技能加以片段化、分割化和分散化。或许我们可以将人工智能视为"特定目的的人"。②维基百科的人工智能词条采用的是斯图亚特·罗素(Stuart Russell)与彼得·诺维格(Peter Norvig)在《人工智能：一种现代的方法》一书中的定义，即人工智能是有关"智能主体(Intelligent agent)的研究与设计"的学问，而"智能主体是指一个可以观察周遭环境并做出行动以达至目标的系统"。该定义既强调人工智能可以根据环境感知做出主动反应，又强调人工智能所做出的反应必须达致目标。但这一定义被认为主观性太强，不利于科学讨论。③AI 先驱、人工智能名人堂入选者、AAAI 前任主席、多部人工智能教科书作者尼尔斯·约翰·尼尔森(Nils John Nilsson)在《人工智能探索：思想和成就的历史》一文中指出，人工智能可能缺乏被广泛认可的定义……人工智能是致力于使机器智能化的活动，并且智能的性质是使其能够在它所处的环境里正常工作并有前瞻性预判的能力。④以人工智能为基础的科技包括，机器学习能力、计算机视觉、语音识别、自然语言处理和机器人技术。

梳理相关概念，有以下几个基本观点：人工智能是研究、开发用于模拟、延伸和扩展人的智能的理论、方法、技术及应用系统的一门新的技术科学；由人制造出来的机器所表现出来的智能，是指通过普通计算机程序来呈现人类智能的技术；人工智能是对人的意识、思维的信息过程的模拟；人工智能不是人的智能，但能像人那样思考，也可能超过人的智能；人工智能是生产出一种新的能以人类智能相似的方式做出反应的智能机器，包括机器人、

---

① 转引自 Matthew U. Scherer，Regulating Artificial Intelligence Systems：Risks，Challenges，Competencies，and Strategies，29 Harv. J. L. & Tech. 359–360(2016).

② Jack M. Balkin，The Path of Robotics Law，6 Cali. L. Rev. Cir. 59(2015).

③ 李开复 AI 五讲|人工智能的五个定义：哪个最不可取？https://finance.sina.cn/2019-08-27/detail-ihytcitn2287051.d.html?vt=4。

④ Nils J.Nilsson，The Quest for Artificial Intelligencea History of Ideas and Achievements，Web Version，Print version published by Cambridge University Press，2009. http://www.cambridge.org/us/05211 22937.

语言识别、图像识别、自然语言处理和专家系统等；人工智能是采用"人工"的方法和技术，通过研制智能机器或智能系统来模仿、延伸和扩张人类某些智能思维，从而实现智能行为，即人工智能就是让计算机为人类做各种各样的事情；人工智能研究的一个主要目标是使机器能够胜任一些通常需要人类智能才能完成的复杂工作。尽管目前对人工智能的概念尚缺乏共识，但一般被广泛使用的定义是，人工智能是根据对环境的感知，做出合理的行动，并获得最大收益的计算机程序。人工智能的本质是通过大数据感知和深度学习，让机器能像人一样思考并应对复杂问题。

李开复则按人工智能的发展程度提出了三种区分：①"弱人工智能"，即专注于且只能解决特定领域问题的人工智能。人们更愿意将"弱人工智能"看成是人类的工具，而不会将它视为威胁。②"强人工智能"，即能够胜任人类大部分的工作，在大多数领域甚至可以取代人类50%以上的工作。③"超人工智能"，即比世界上最有天赋的人类还聪明的人工智能系统。以今天的标准看，"弱人工智能"的发展还有很长一段路要走，人类离"超人工智能"的威胁还相当遥远。①"弱人工智能"只能简单地执行任务而不会"思考"；"强人工智能"不仅能完成人类交给的任务，而且还能思考任务目标并根据现实场景及时调整。

从可应用性看，人工智能大体可分为专用人工智能和通用人工智能。面向特定任务（比如下围棋）的专用人工智能系统由于任务单一、需求明确、应用边界清晰、领域知识丰富、建模相对简单，形成了人工智能领域的单点突破，在局部智能水平的单项测试中可以超越人类智能。真正意义上完备的人工智能系统应该是一个通用的智能系统。当前人工智能系统在信息感知、机器学习等"浅层智能"方面进步显著，但是在概念抽象和推理决策等"深层智能"方面的能力还很薄弱。总体上看，目前的人工智能系统可谓有智能没智

---

① 《专访李开复｜关于人工智能的五大核心问题》，https://www.sohu.com/a/134607173_703270。

慧、有智商没情商、会计算不会"算计"、有专才而无通才。①

在讨论人工智能问题时,还需要澄清互联网、大数据、人工智能容易混淆的几个基本概念。大数据是数据量很大的海量数据,一般 TB 级以上;大数据技术就是对海量数据进行高效存储、查询、分析和处理的技术,为决策提供充足的原始数据资源。云计算是建立大规模的计算机资源集群,通过虚拟化技术,提供资源租用服务,包括数据存储租用服务,主机平台租用服务,应用软件租用服务,为决策提供技术处理的平台、存储资源、计算资源。数据挖掘是通过对原始数据的收集、整理、清洗、分析,利用数据挖掘和统计方法,对数据进行里多维交叉统计挖掘分析,提供人脑可以看得懂的各种统计数据、报告、图表等,为人脑进行决策提供信息支持。其内在关系为:互联网生成大数据—大数据训练机器学习—机器学习处理大数据—人工智能分析后的结果通过互联网反馈给用户或直接根据结果执行。

### 3.人工智能时代的基本特征

人工智能时代是人类进入网络时代、大数据时代的自然结果,解决的是网络连接端对内容主体的处理问题。②人工智能主要呈现在三个领域的核心层面,即信息收集辅助与智能筛选,识别应答接受模糊任务并完成,替代人的自主决策与行为。③

#### (1)信息收集辅助与智能筛选

这是最基础的人工智能服务,已被广泛使用。如各类搜索引擎,其内在都是采用智能化的搜索机器人算法,在广域的网络中不断读取、分析,并汇集而来。从这个意义而言,最基础的人工智能早已经进入人类社会。其难度在于在大数据时代,如何有效地快速获取最有价值的信息。人工智能可以被

---

① 谭铁牛:《人工智能的历史、现状和未来》,《求是》2019 年第 4 期。
② 何哲:《人工智能时代的政府适应与转型》,《行政管理改革》2016 年第 8 期。
③ 何哲:《人工智能时代的政府适应与转型》,《行政管理改革》2016 年第 8 期。

广泛应用于各类信息获取需要的服务和反馈。

**（2）识别应答接受模糊任务并完成**

人工智能的早期使用如搜索数据，其最基础的命令输入依然是要用固定形式的格式化命令来实现的。如搜索引擎的"关键字＋搜索"。而人工智能要求机器能够识别人类相对较为模糊的自然语言命令，并做出有效反应和完成工作。在这一层面上，人工智能将更广泛地替代传统、僵化的人与机器的交互形式，以声音、图像、动作等多种交互手段，为人类提供更有效的决策与行为方案参考，并根据人的命令指示而完成工作。

**（3）自主的判断与决策**

在这一层面中，机器可以根据环境条件的变化自主决定最优的行动方案，从而在更大程度上模拟和替代人的行为，并能够对前两个层面能力进行统合，形成完整的人工智能功能体。目前广泛所知的"阿尔法狗"程序就是在这一层面的探索，其他如车载自动驾驶、自主无人机等，都要在一定程度上实现自主的判断与决策。

## （二）智能政务相关概念探讨

智能政务是人工智能与政务服务的深度融合。智能政务一般是指通过政务服务领域大数据高效采集、整合共享、融合利用，运用互联网＋新型技术，打造智能决策、智能监管、智能服务、智能办公的新型政府。智能政务是利用物联网、云计算、移动互联网、人工智能，数据挖掘、知识管理等技术手段，提高政府在办公、监管、服务、决策、执行及监督等环节和领域的智能化水平，形成高效、敏捷、便民的新型政府，实现"电子政务"向"智慧政务"的转变。[①]智能政务推动一颗印章全贯通、全覆盖、管到底，推动承诺制、标准化、

---

① 戴安娜、王明清：《"互联网＋政务"背景下我国政务服务面临的机遇和挑战》，《新财经》2019年第 7 期。

智能化、便利化,推动政府诚信、企业诚信、社会诚信建设,推动审管联动、数据共享。通过推进智能政务服务体系建设,能够实现"少、通、简、快",即行政审批少、办事环节少、直接干预少;职能运转通、网络系统通;申请材料简、运行流程简、系统功能简;信息交换快、数据处理快、办事效率高。

作为电子政务升级版的"智能政府",是指以公民需求为导向,深度运用大数据、云计算、物联网等信息技术对现有治理资源进行优化重组,政府组织结构及运行流程持续改进,为公民提供无缝隙、智能化、个性化公共服务的政府治理模式。①2015年,蚂蚁金融服务集团、阿里巴巴集团与新浪微博在北京联合启动了"互联网＋城市服务"战略,同时,微信团队与腾讯研究院也共同发布了《"互联网＋"微信政务民生白皮书》,多个互联网巨头通力合作,为各地政府提供了"智慧城市"的一站式方案。用户可以通过支付宝钱包、手机淘宝、新浪微博进行多项城市服务操作,如车辆违章查询、驾驶证计分、小客车摇号、全城路况、公交查询、诊疗挂号、养老测算、住院信息、门诊买药,甚至结婚登记、海关邮包查询、办证预约、违法举报、案件进度查询等,近50项城市生活服务都可直接利用手机上网操作。政府通过接入"城市服务"平台,打造移动互联网上的"市民之家",运用云计算、大数据、物联网、移动互联网等新一代信息技术,让城市的各个功能彼此协调运作,促进政府公共管理和公共服务的系统化和高效化,为企业提供优质的服务,为市民办理各类政务、民生、商务等业务提供全方位信息,使服务对象足不出户就可以在网上办好。从过去人找信息和服务,变为信息和服务找人。地方政府部门也对此平台产生和收集的大数据加以利用,为地方政府制定民生政策提供支撑和依据。②

人工智能时代对政府治理的主体、行为、决策等产生了严重的冲击和挑

---

① 周盛:《走向智慧政府:信息技术与权力结构的互动机制研究——以浙江省"四张清单一张网"改革为例》,《浙江社会科学》2017年第3期。

② 孙荣、梁丽:《"互联网＋"政务视域下的政府职能转变研究》,《南京社会科学》2017年第9期。

战。人工智能时代解决的是海量数据的处理和决策问题。无论如何能力强大的自然人与传统组织，都无法处理大数据时代产生的庞大数据，只能依靠人工智能实现对数据的分析和处理、再现。人的大脑能举一反三、融会贯通，可处理视觉、听觉、判断、推理、学习、思考、规划、设计等各类问题，可以"一脑万用"。通过人工智能，让整个政务系统像人类一样拥有"大脑"，能够听得懂、看得懂，像人一样能思考。因此，人工智能的本质是集感知、推理、学习、行动于一体，利用计算机视觉、语音识别、深度学习等方式，通过汲取丰富的信息，像人一样思考，做出决策。有研究表明，公共部门正在寻求和发现应用来改善服务，人工智能的认知技术最终可能会彻底改变政府运作的方方面面。例如，美国国土安全部公民和移民服务局创造了一个能对人类语言做出准确反应的虚拟助手 EMMA。EMMA 仅仅使用其智慧就能给出相关问题的答案，目前每月几乎有五十万个问题。虚拟助手从它自己的经验中学习，回答的问题越多越聪明。用户反馈告诉 EMMA，哪些答案有帮助。①

推进人工智能与政务服务深度融合，是深化"放管服"改革、创新现代政府治理、推动高质量发展的重大决策。党中央、国务院高度重视并大力支持发展人工智能。2015 年 11 月 23 日，习近平总书记在《致 2015 世界机器人大会贺信》中指出："中国将机器人和智能制造纳入了国家科技创新的优先重点领域，我们愿加强同各国科技界、产业界的合作，推动机器人科技研发和产业化进程，使机器人科技及其产品更好为推动发展、造福人民服务。"②2016 年 3 月，"人工智能"一词被写入国家"十三五"规划纲要。③2017 年 3 月，"人工智能"首次被写入《政府工作报告》。④2017 年 7 月 8 日，国务院印发的《国务院关于印发新一代人工智能发展规划的通知》将新一代人工智能放

---

① 《德勤报告：人工智能如何增强政府治理》，https://www.sohu.com/a/159177740_224692。

② 习近平：《致 2015 世界机器人大会贺信》，《光明日报》2015-11-24。

③ 《中华人民共和国国民经济和社会发展第十三个五年规划纲要》，http://www.gov.cn/xinwen/2016-03/17/content_5054992.htm。

④ 《政府工作报告（全文）》，http://www.gov.cn/premier/2017-03/16/content_5177940.htm。

在国家战略层面进行部署，提出到 2030 年人工智能理论、技术与应用总体达到世界领先水平，成为世界主要人工智能创新中心的战略发展目标。[①]在党的十九大、2018 年两院院士大会、全国网络安全和信息化工作会议、十九届中央政治局第九次集体学习等场合，习近平总书记多次强调要加快推进新一代人工智能的发展。2017 年 12 月 8 日，在中共中央政治局第二次集体学习时，习近平总书记强调，审时度势精心谋划，超前布局，力争主动，要运用大数据促进保障和改善民生。[②]

2017 年 12 月，工业和信息化部印发了《促进新一代人工智能产业发展三年行动计划（2018-2020 年）》的通知，提出加快人工智能产业发展，推动人工智能和实体经济深度融合。[③]在 2018 年《政府工作报告》中，李克强总理强调，要"加强新一代人工智能研发应用，在医疗、养老、教育、文化、体育等多领域推进'互联网＋'。发展智能产业，拓展智能生活。运用新技术、新业态、新模式"[④]。2019 年全国"两会"，"人工智能"第三次出现在政府工作报告中，成为促进新兴产业加快发展的新动能。提出了打造工业互联网平台，拓展"智能＋"，为制造业转型升级赋能。[⑤]这是继"互联网＋"被写入政府工作报告之后，"智能＋"第一次出现在政府工作报告中。

人工智能在政府治理中的应用可分三个阶段进行：技术导向，即政府同相关企业合作，借助于人工智能手段，向公众提供基本公共服务，公众则通过人工智能平台向政府反馈服务情况，由此实现服务的无缝隙和规范化；统合主义，即政府与企业合作运作的人工智能平台在积累了一定的知识库之

---

① 参见《国务院关于印发新一代人工智能发展规划的通知》（国发〔2017〕35 号），http://www.gov.cn/zhengce/content/2017-07/20/content_5211996.htm。

② 《习近平在中共中央政治局第二次集体学习时强调，审时度势精心谋划超前布局力争主动实施国家大数据战略加快建设数字中国》，http://www.gov.cn/xinwen/2017-12/09/content_5245520.htm。

③ 《工业和信息化部关于印发〈促进新一代人工智能产业发展三年行动计划（2018-2020 年）〉的通知》，http://www.cac.gov.cn/2017-12/15/c_1122114520.htm。

④ 《政府工作报告》2018，http://www.gov.cn/zhuanti/2018lh/2018zfgzbg/zfgzbg.htm。

⑤ 《政府工作报告》2019，http://www.gov.cn/premier/2019-03/16/content_5374314.htm。

后,可以主动向社会公众提供个性化的公共服务,而政府作为公共服务的责任主体,则通过与技术公司合作的方式,将技术与社会公众需求统合起来,实现治理的统合效应;价值引导,即人工智能发挥到超强水平之后,政府已经探索出一条治理和技术有效结合的新路径,政府可以通过开放式治理,发挥治理的价值引导和问责监督作用,让人工智能在社会治理和公共服务中选择"自主创业",实现高度自治式治理。①按照互联网、大数据等现代信息技术对政府结构、运行机制等的影响来看,可以归纳为四种基本形态:基于系统整合的整体政府,即在虚拟空间中是可以实现无缝隙对接的;基于信息公开和数据被激活的开放政府,这种开放既要按照国家的法令及时公开政务信息,还要在政府部门之间实现政务数据的共享,并且定期将公共数据向社会公开,让其产生新的价值;基于数据共享的协同政府,这是政府可以借助互联网为社会提供各类协同服务的必要条件;体现数字化、网络化、智慧化的智慧政府,即我们平常所说的"让信息多跑路,让群众少跑腿""智能化管理,智慧化服务"。②

## (三)人工智能技术给现代政府治理带来的机遇

2017年12月,中央政治局就实施国家大数据战略进行第二次集体学习。习近平总书记在主持学习时强调,大数据是信息化发展的新阶段。随着信息技术和人类生产生活交汇融合,互联网快速普及,全球数据呈现爆发增长、海量集聚的特点,对经济发展、社会治理、国家管理、人民生活都产生了重大影响。世界各国都把推进经济数字化作为实现创新发展的重要动能,在前沿技术研发、数据开放共享、隐私安全保护、人才培养等方面作了前瞻性

---

① 薛泽林:《中央政治局集体学习人工智能,其中谈到的这个"结合"事关治理现代化》,https://www.jfdaily.com/news/detail?id=113675。

② 汪玉凯:《数字化是政府治理现代化的重要支撑》,《国家治理》2020年第2期。

布局。① 人工智能技术的发展为政府治理带来了新的机遇，在现代政府治理中发挥了重要作用，推进了智能政务发展。

### 1.利用大数据技术可以辅助政府决策，提升政府治理决策科学化

习近平总书记强调，要以推行电子政务、建设智慧城市等为抓手，以数据集中和共享为途径，推动技术融合、业务融合、数据融合，打通信息壁垒，形成覆盖全国、统筹利用、统一接入的数据共享大平台，构建全国信息资源共享体系，实现跨层级、跨地域、跨系统、跨部门、跨业务的协同管理和服务。② 基于人工的政府公共事务决策，往往由于收集信息有限，收集渠道和处理方式相对单一，存在决策不确定性问题，难以做出科学精确决策，致使决策质量不高。而实现政府治理的有效性首先要突破模糊信息带来的局限。人工智能借助大数据、精算超算术、区块链等新一轮技术应用，可以辅助信息收集，全面提升更有效的决策信息支持，并利用大数据挖掘、人工智能、仿真及可视化技术对海量信息进行有效分析，进行智能筛选，优化和改进政策的备选方案，自动生成相应的决策方案，供决策者选择，有助于提升政府的决策质量。通过人工智能，还可以减少信息不对称，全面提升更有效的决策信息支持，提高政府治理信息的完整性、准确性与及时性，增强政策制定科学性、政策执行有效性、政策评估准确性。通过开发适用于政府服务与决策的人工智能平台，有助于改进公众对公共政策形成的参与，改进政策形成的内容，优化和改进政策的备选方案，有助于行政机关制定出更好的政策③，促进公众参与公共政策的决策。习近平总书记强调，要加强人工智能同社会治理

---

① 《习近平在中共中央政治局第二次集体学习时强调，审时度势精心谋划超前布局力争主动，实施国家大数据战略加快建设数字中国》，http://www.gov.cn/xinwen/2017-12/09/content_5245520.htm。

② 《习近平在中共中央政治局第二次集体学习时强调，审时度势精心谋划超前布局力争主动，实施国家大数据战略加快建设数字中国》，http://www.gov.cn/xinwen/2017-12/09/content_5245520.htm。

③ 宋华琳、孟李晃：《人工智能在行政治理中的作用及其法律控制》，《湖南科技大学学报（社会科学版）》2018 年第 6 期。

的结合,开发适用于政府服务和决策的人工智能系统,运用人工智能提高公共服务和社会治理水平。①

人工智能应用有效强化了政府治理主体的能力。通过人工智能自动化模型的建构,模拟相关的情境和政策备选方案,以及相应情境和备选方案下的应答,可以从一定程度上替代人的自主决策与行为。人工智能可以通过声音、图像、动作等多种交互手段,为政府治理中的问题识别、目标确定、政策制定和制度设计等一系列活动提供更为系统、准确、科学的决策信息。人工智能系统可以通过机器学习,对大型数据分析,输入不同的政策选择,判定未来可能的不同结果,有助于在不同政策方案之间比较、选择,实现决策科学化。例如,美国总务管理局(U.S.General Services Administration)使用聊天机器人招募新员工;美国国家卫生研究院(National Institutes of Health)利用认知计算来帮助确定投入研究经费的领域和方式;美国食品和药物管理局(U.S. Food and Drug Administration)正在对某些数据集进行自动化处理。②机器可以根据环境条件的变化自主决定最优的行动方案,并根据需要自动生成相应的决策方案,评估不同备选方案可能带来的成本,供决策者选择,对人的行为进行辅助和替代,从而提高决策质量,实现决策科学化。通过人工智能开展数据分析,可以深度挖掘数据关联,打破政府部门间的行政数据壁垒,为分析、发现和利用具有重要决策价值的信息提供基础和前提,开展数据分析或行为预测,更好地研判经济社会发展态势,研判复杂政策问题,进行趋势预测,评估风险,为动态制定和修订政策提供必要的参考,提高预测的准确性。例如,可以利用"智慧信用城市政府信用管理平台"进行智能信用分析;可将模拟算法应用于招标投标、投资融资、日常监管、行业分析等应用场景;

① 《习近平在中共中央政治局第九次集体学习时强调,加强领导做好规划明确任务夯实基础推动我国新一代人工智能健康发展》,http://www.gov.cn/xinwen/2018-10/31/content_5336251.htm?all-content。

② 清华大学:《2018 中国人工智能 AI 发展报告》,https://blog.csdn.net/tkkzc3E6s4Ou4/article/details/81784725。

可根据政务服务大数据,自动形成涵盖市场主体存量、资金流入以及市场活跃度等信息的走势分析,帮助政府制定有效的产业调控政策。[①]

人工智能技术在政治决策方面具有天然的优势。人工智能技术可用最高的效率对获取与决策相关的信息并加以分析,更重要的是,还能够通过大数据分析来感知民众对于特定问题的感觉和情绪,预测不同资源分配和决策结果可能造成的公众反应,从而优化决策选项。[②]利用人工智能,可以快速推进中国政务、经济、社会与大数据的深度融合,为政府提供决策建议,服务社会。2018 年 1 月 18 日,由中国知网与贵州省大数据发展管理局联合打造的"贵州大数据智库平台"正式发布。这是国内首个人工智能大数据决策平台。2020 年 2 月 4 日,工信部发出《充分发挥人工智能赋能效用协力抗击新型冠状肺炎感染的肺炎疫情倡议书》,倡议进一步发挥人工智能赋能效用,组织科研和生产力量,把加快有效支撑疫情防控的相关产品攻关和应用作为优先工作。[③]2 月 6 日,国家卫健委也发布《关于加强信息化支撑新型冠状病毒感染的肺炎疫情防控工作的通知》,要求各地充分发挥信息化在辅助疫情研判、创新诊疗模式、提升服务效率等方面的支撑作用。[④]

### 2.有助于政府治理、服务精准化

清晰的信息是精准行动的基础与前提。传统的政府决策和管理,由于社会信息资源有限,收集渠道和处理方式也相对单一,难以做出科学精确的决策。人工智能技术具有的快速整合信息、精准分析能力,为政府应对治理信息不足的问题提供了技术支撑。人工智能具有优于常人的精确性,也更为便

---

[①] 艾琳、王刚:《重塑面向公众的政务服务》,社会科学文献出版社,2015 年,第 245–298 页。

[②] 封帅:《人工智能技术与全球政治安全挑战》,《信息安全与通信保密》2021 年第 5 期。

[③] 《充分发挥人工智能赋能效用协力抗击新型冠状病毒感染的肺炎疫情倡议书》,https://www.miit.gov.cn/jgsj/kjs/jscx/gjsfz/art/2020/art_1782cd08c7ef45b6bd7224d340f5dadb.html。

[④] 国家卫生健康委办公厅:《关于加强信息化支撑新型冠状病毒感染的肺炎疫情防控工作的通知》(国卫办规划函〔2020〕100 号),http://www.gov.cn/zhengce/zhengceku/2020–02/05/content_5474692.htm。

捷和快速。人工智能技术在解决纵向信息流动与横向信息流动时,通过其强大的信息整合能力、数据分析能力,促进了信息从供给方到需求方的精准流动。习近平总书记强调:"要建立健全大数据辅助科学决策和社会治理的机制,推进政府管理和社会治理模式创新,实现政府决策科学化、社会治理精准化、公共服务高效化。"①当人工智能技术应用于政务决策工作中时,便可辅助政府将在经济、治理、民生等领域的管理变得更加精细化、智慧化,使公众需求与政务工作有效衔接。人工智能在政府治理各大领域都有重要用途,包括公共卫生、法律和秩序、教育、甚至城市卫生和清洁等。例如,为助力精准扶贫工作,确保按时完成脱贫攻坚任务,2017 年,安徽省扶贫办联合当地科技企业启动了基于人工智能的大数据精准扶贫平台项目,通过该平台不仅可以了解到最需要扶贫的对象,还可针对性地做出及时帮扶,同时也可利用平台在省内乃至全国找到最合适的项目,以实现扶贫和被扶贫对象之间的智能匹配。

政府公共服务分工日趋复杂细化。人工智能可以通过声音、图像、动作等多种交互手段,提供更有效的决策与行为方案参考,并根据人的命令指示而完成工作,为政府的精准治理提供更多的参数选择。人工智能通过对海量数据信息进行科学分析,对资源进行精准整合,能够避免"九龙治水"。通过系统精算超算,人工智能可以提供多元、多维、多位的科学决策方案,为决策者提供系统的科学知识和专业技能,便于准确掌握相关决策信息,有助于研判复杂政策问题,助力决策精细化。通过行为预测,政府可以制定更为有的放矢、量体裁衣的政策。根据政务服务大数据,自动形成涵盖市场主体存量、资金流入及市场活跃度等信息的走势分析,能够帮助政府制定有效精准的产业调控政策。例如,美国纽约建立了市长办公室的数据分析系统,其中包

---

① 习近平:《在中共中央政治局第二次集体学习时强调,审时度势精心谋划超前布局力争主动,实施国家大数据战略加快建设数字中国》,http://politics.people.com.cn/n1/2017/1209/c1001-29696291.html。

括与城市消防部门合作利用机器学习来决定应派遣建筑检查员的地点。①美国疾病控制和预防中心利用人工智能工具对脊髓灰质炎病毒追踪和报告过程进行了精简,将病毒类型分类,并将疾病报告分成相关的集群。机器学习和自然语言处理可以发现问题的类型并对问题做出有效反应;可以发现公共卫生危机中最脆弱的群体,或追溯食源性疾病的起源。②各地探索建设的"智慧法院""智慧检察院",法院和检察院基于人工智能和大数据分析预测案件,大大提升了办案的效率和判案精准性。

利用人工智能精准打击食物中毒。2014 年,南内华达州卫生区(SNHD)对近 16000 个场所随机检查, 进行了 35855 次食品检验。为了提高其有效性,该部门使用从推特得来的数据,通过应用程序采用地理标记和自然语言处理,来识别推特用户的食物中毒,并标记他们去过的餐馆,生成调查餐馆列表。在拉斯维加斯进行的一项实验中, 该市一半的食品检测是随机分配的,另一半使用了 App。三个月内,该系统每天平均自动扫描约 3600 名用户的约16000 条推特。这些推特中有一千条可以与特定的餐馆相连,每天约有12 条提到食物中毒。SNHD 通过人引导机器学习和自动化语言模型分析推文,将8000 条推文放入模型中,以检测哪些是可能对公共卫生产生危害的场所。如果每一次检查都是适应性的,那么每年会导致食物中毒事件减少 9000个,住院人数减少 557 人。③

### 3.有助于提高政府效能

智能化给政府履行职能带来新变化。人工智能解决的是提高效率的问题,能实现对复杂系统高效率管理。人工智能的崛起为强化政府效率提供了

---

① Cary Coglianese,David Lehr,Regulating by Robot:*Administrative Decision Making in the Machine-Learning Era*,105 Georgetown L. J. 1161 (2017).

② 《德勤报告:人工智能如何增强政府治理》,https://www.sohu.com/a/159177740_224692。

③ 《德勤报告:人工智能如何增强政府治理》,https://www.sohu.com/a/159177740_224692。

技术支撑。以人工智能为基础的科技在公共部门的应用是以幂的速度,能够有效助力政府高效履职。人工智能凭借其强大的技术能力将碎片化的信息进行整合,避免了可能存在的信息偏差带来的治理风险,将"条条块块"的多元信息聚合在一个统一标准的框架内,为复杂的政府治理提供基础数据库。[1]技术的赋能使制度优势更容易转化为治理效能。人工智能运用在政府治理的各个环节,会极大推进政府管理效能大幅提升。认知自动化可以将资源和任务匹配,从而优化劳动力。自动化可以让一线员工大大减少他们在管理任务上花费的时间,使他们有更多的时间进行以任务为中心的工作。智能自动化是去掉员工不喜欢做的单调日常任务,让他们把精力投入到更需要人类的判断和经验的、更令人满意的任务中。[2]一些工作更适用于通过人工智能进行优化,使政府部门工作人员可以开展更多的认知工作,即最终审查和批准过程,可以节省大量时间。人工智能的嵌入也打破了以往事事亲力亲为的主体运作模式,深度学习、遗传算法等的介入赋予了机器本身一定程度的自主研判和自主决策能力,在人工智能环境下,传统行政模式下的人浮于事、素质低下等问题得以化解。[3]

政府部门由执行一系列工作的人员组成,其中许多工作是重复且耗时的,当人们执行这些平凡和重复的任务时,身陷"循环"之中。面对越来越复杂的行政过程,依赖人的传递实现行政流程的协同,会形成严重的效率滞后。由于办事人员对业务的熟悉、尽责程度不同,可能会影响事务的办理进度;由于各部门间、公众与政府间的信息无法共享、流动,导致办事时间长、办事效率低。例如在美国,2017年,政府雇员花费大量的时间在文书工作上。对州和地方官员进行的调查显示,由于文书工作负担过重,53%的工作人员

① 《政府部门通往人工智能的发展之路》,http://mp.ofweek.com/robot/a545673123996。

② 清华大学:《2018 中国人工智能 AI 发展报告》,https://blog.csdn.net/tkkzc3E6s4Ou4/article/details/81784725。

③ 胡洪彬:《人工智能时代政府治理模式的变革与创新》,《学术界》2018 年第 4 期。

一周在 35 至 40 小时内完成工作有难度。在联邦层面上，仅文件编制和记录信息，每年的工作时间就消耗了五十亿小时，单薪水这一项就要花 160 多亿美元。处理信息等消耗了 2.8 亿小时，联邦政府每年额外花费 150 亿美元。[①]调查显示，科罗拉多州的公共事业部 2014 年花四周对 54 个县 1300 名儿童福利工作者进行了研究，记录了他们在不同活动上花费的时间。结果发现，个案工作者在文件和行政管理方面花费了 37.5% 的时间，而与儿童及其家属的实际接触的时间只有 9%。而如果使用认知自动化来减轻工作人员基于规则、常规、重复和相对简单的任务，人类就有更多的时间专注于更复杂、附加值更高的任务。[②]

机器人技术和认知自动化，能够将人类劳动转化为附加值高的工作。机器人和认知自动化允许机器复制人类的行为和判断，让人们从手工作业中解放出来，以便完成需要人类独有的能力才能完成的工作。例如，可以通过自动手写识别技术实现自动录入数据，用规划优化算法处理日程安排，并使用语音识别、自然语言处理和问答技术来向客户提供服务。这些功能可能会解决政府的资源限制、文书工作负担和积压的工作等常见难题。机器人自动化（RPA）涉及称为"机器人"的软件，可以自动执行通常自行执行的各种任务，模拟完成各种数字任务所需的步骤，如填写表单或采购订单、发票处理、准确快速地访问多个数据库。机器人相对容易实现显著的生产力增长。[③]事实上，人工智能并不是劳动力套利，而是劳动力的增加。当人工智能发挥作用时，工作人员有更多机会将节省的时间和资源重新分配到其他更紧迫的优先事项。自动化还可以缓解许多政府面临的一些人员问题，特别是可以削减文书的工作负担。在政府法制机构人力资源极其有限的情况下，无论是对行政法规和规章的事前审查，还是对行政规范性文件的备案审查，都给法制

---

[①] 《德勤报告：人工智能如何增强政府治理》，https://www.sohu.com/a/159177740_224692。

[②] 《德勤报告：人工智能如何增强政府治理》，https://www.sohu.com/a/159177740_224692。

[③] 《德勤报告：人工智能如何增强政府治理》，https://www.sohu.com/a/159177740_224692。

机构带来了沉重的负担。通过人工智能系统的改进,将有助于推进规则制定审查工作的智能化,提高审查质量和效率。①美国一些公司已经与联邦卫生保健机构合作部署了自动化系统,提高其数据收集流程的效率和质量,从而解放了员工,使其专注于更有价值的面向客户的任务。②例如,在法律案件的搜索阶段,电子文档通过搜索功能找到了95%的相关文件,相比之下,其所耗费的一小部分时间内人类平均只找到了50%。③

人工智能还将极大解决传统政府庞大的等级科层产生的效率缓慢、机构臃肿、部门协调和公共服务缺乏精准化等不足问题。有研究表明,人工智能将在公共部门产生巨大变化,将改变政府员工如何完成工作的方式。基于人工智能的应用可能减少积压,降低成本,克服资源限制,帮助工人从平淡无奇的任务中获得解放。这可能会淘汰一些工作,导致无数人再设计并创造出全新的职业。有分析表明,在短期内政府不太可能大量裁员。但认知技术将会改变许多工作的性质——无论做什么,还是工作人员如何去做,许多工作人员都可以腾出四分之一的时间,集中精力从事其他活动。典型的政府工作人员在"一篮子"的任务中分配他的工作,通过将工作分解为单个活动,并分析每个活动对自动化的影响程度,可以预测能腾出或取消的劳动时间。分析发现,通过自动化计算机执行的常规任务,每年可以节省数百万个工作时间。在低端范围,自动化可以每年节省9760万小时,能节省33亿美元;在高端范围,每年可节省的时间增加到12亿小时,每年可能节省41.1亿美元(见图1)。④根据世界四大会计师事务所之一机构德勤公司的研究,采用人工智能,美国政府每年可以节省数亿个工时和数十亿美元的成本,可能在五到七

---

① 宋华琳、孟李晃:《人工智能在行政治理中的作用及其法律控制》,《湖南科技大学学报(社会科学版)》2018年第6期。

② 清华大学:《2018中国人工智能AI发展报告》,https://blog.csdn.net/tkkzc3E6s4Ou4/article/details/81784725。

③ 《德勤报告:人工智能如何增强政府治理》,https://www.sohu.com/a/159177740_224692。

④ 《德勤报告:人工智能如何增强政府治理》,https://www.sohu.com/a/159177740_224692。

年内释放 30% 的政府工作人员的时间。[1]美国的警察和司法部门正在采用人工智能技术，通过面部识别犯罪嫌疑人，迅速逮捕犯罪嫌疑人并结案。实施嫌疑人身份识别的过程可能非常困难。调查人员审查犯罪嫌疑人的照片或视频监控，通过查看已知罪犯的文件夹或计算机数据库来进行人工匹配，要花费数天甚至数周时间。而人工智能面部识别可以简化和加速编校过程，可使这一过程速度提高 90%，可节省数千小时的人力和财力。而且这些视频能够满足法律要求。[2]人工智能还可以参与行政立法过程、政策形成和行政决定，推进行政治理智能化。2018 年 2 月 2 日，上海市政府立法信息平台投入使用，此平台对规则制定过程全程留痕，实现过程控制，还可以通过"一键推送"电子流程改变草案征求意见的烦冗，提高及时性和反馈效率。[3]

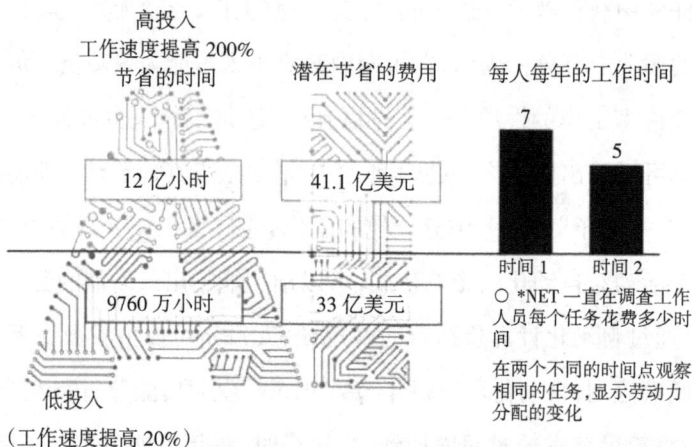

图 3-1　人工智能能为政府节省多少财政资金？

来源：Deloitte University Press

人工智能的应用可以极大缓解政府越来越面临着的人力资源缺乏的压

---

[1]　《政府部门通往人工智能的发展之路》，http://mp.ofweek.com/robot/a545673123996。

[2]　《德勤报告：人工智能如何增强政府治理》，https://www.sohu.com/a/159177740_224692。

[3]　罗培新：《上海率先建成政府立法信息平台，打通运用法制大数据的"任督二脉"》，《上观新闻》2018-02-07。

力。在公民与政府发生交互的同时,也给政府提供了大量的信息,但很难收集和分析这些信息用来改进政务服务。面对日益复杂的公共管理和服务诉求,政府工作大量信息需要人来收集、分析。通过人工智能建立公民的政务服务助手,可以实现随时随地对政务服务的咨询和协助解决,并且可以有效地将互动结果进行分析从而改进政务流程。人工智能在信息收集、行政流程、行政咨询等领域,可以大量替代传统人力投入,有助于解放生产力,把人从繁杂的工作中解放出来,改善政府的人力资源不足境况。通过人工智能,可有效识别行政流程中的冗余环节,并形成高效公文流转过程,从而提高整个政府内部的行政流程效率。通过线上服务减轻办事负担、服务标准化、服务便利化、节约服务成本,智慧交通、智能化"无人审批"、智能化推送服务提升便利服务,新的服务与治理模式效率更高。近年来,各地形成了"智慧校园""智慧社区""智慧医疗""智慧纪检"等。2017年4月,浙江省首个人工智能机器人上岗,通过公开政府办事信息,改变传统业务管理流程,整合多部门审核办理事项,减少窗口办事人流量30%以上,极大地提高了政府的服务效率。

### 4.有助于公正执法,打造廉洁、公正的政府

政府行政执法过程中执法资源稀缺是普遍问题,执法资源与执法任务不匹配的情况时有发生,在一定程度上影响了公正执法。在行政过程中,人工智能可以辅助行政主体确定行政检查、行政执法、发布行政命令及行政执法资源的配置,在一定程度上做出自动化的行政决定。通过梳理行政执法依据、行政裁量基准、行政执法流程、行政执法文书,整合入人工智能系统中,能够在人工智能系统辅助下,做出自动化的行政执法决定。[1]借助人工智能系统,行政机关可以对行政相对人发出行政指导,告知行政相对人应如何遵

---

① 袁雪石:《建构"互联网+"行政执法的新生态》,《行政管理改革》2016年第3期。

守法律；告知行政相对人是否存在轻微违法现象，对其进行劝诫，责令其改正，有助于削减行政执法的成本，向行政相对人发布精准化、情景化的指令。①通过人工智能系统的引入，有助于分析已有的行政执法案例、已有的违法案例，判断甄别出相对更高的风险。通过建构智能化监测平台和智能化预警系统，对数据集进行处理，能够预测违法行为发生的概率及分布②，有助于将稀缺行政执法资源配置在风险更高的地方，针对更有可能发生的违法行为、违法主体，加强行政检查频率，提高行政监管力度。

我国对公权力监督薄弱，钱权交易、权权交易等权力异化、贪腐现象时有发生。由于中国治理规模大、治理负荷重等因素的影响，传统的信息采集机制无法即时收集到"全样本"信息，在一定程度上为信息不对称的发生提供了潜在条件。信息不对称往往会诱发官员腐败、无序竞争和治理失败。③研究表明，机器学习算法可以用来预测财务报表欺诈、选举舞弊，甚至非法捕鱼行为。④政府利用人工智能采集决策过程背后的数字记录，或通过数据的可视化，能够使决策更加透明。智能政务的推进，借助电子化的监察手段，让公权力在政务系统内部运行中"留痕"，对公职人员的权力运作起到有效的监督作用，使政务系统内部公权力的规范化、合法化运作得以保证，为公权力的内、外部监督提供了技术与渠道支持。⑤利用人工智能技术，可以智能化查找新增廉政风险点，盯住关键时期、关键区域，对重大案件加强过程监督和检查，切实把牢源头关口，履行好管理监督职责。以智能筛查分析出的数

---

① Anthony Casey & Anthony Niblett, *Self-Driving Laws*, University of Toronto Law Journal 432–433（2016）.

② 徐骏，苗运卫：《智能辅助：破解环境刑事司法证据困局之匙》，《常州大学学报（社会科学版）》2018 年第 2 期。

③ 韩啸：《让信息流动起来：人工智能与政府治理变革》，《社会主义研究》2019 年第 4 期。

④ 转引自 Cary Coglianese, David Lehr, Regulating by Robot: *Administrative Decision Making in the Machine-Learning Era*, 105 Georgetown L. J. 1161（2017）.

⑤ 姚梅：《"互联网+政务"背景下我国政府形象塑造研究》，《安徽商贸职业技术学院学报（社会科学版）》2017 年第 3 期。

据报告为基础,开展违纪风险点评查,可以严格约束官员活动,加强对政府及其公职人员的监督,有效防止各类廉政问题发生,有利于减少贪污腐败、违法违纪等行为的发生,进而为塑造廉洁法治的政府形象提供了新的契机。公众借助人工智能平台也强化了对政府及其公职人员的监督与约束。

此外,人工智能的介入,也有助于改进行政检查的针对性。我国食品安全问题层出不穷,造成巨大的经济损失和社会影响,严重威胁人们的身体健康和生命安全。为此政府投入了大量的人力、物力与财力,建立监管体系并定期、不定期地向消费者发布食品质量安全信息,以改善监管效率,降低风险,但效果并没有显著提升。在市场监管领域,可以通过应用人脸识别和计算机图像识别等技术,迅速识别食品监管场所的卫生不达标状况,发现安全施工过程中的潜在危险等。通过智能舆情分析,可以提前预警无证经营或非法经营的营商行为。通过企业信用的全领域、全渠道归集和披露,可以将信用风险提前识别、监管精准定位,实现企业信用联动奖惩。例如,上海市食品药品监督管理局探索运用人工智能前沿领域的图像识别技术,自动识别视频监控拍摄的违法行为,该项技术在不增加监管人员工作量的前提下,提升了对食品安全违法行为的威慑力。2018年初,通过网络订餐平台的数据分析,甄别出第一批存在较高食品安全风险的"网红"餐厅,通过线下检查,发现部分此类餐厅存在管理状况差乃至无证经营的情况,并进行了查处。①再如,纽约市利用人工智能推送食品安全信息。纽约市政府拥有海量的食品卫生信息,这些信息都放置在政府的数据存储器中,都可以在政府网站上发布。但公众面对如此海量信息,无法从中选择出自己需要的信息。"Don't Eat At",是纽约市政府举办的开放数据大赛"Big Apps"的获奖作品。该软件利用人工智能的精准性、集成性和及时性来解决食品安全中的信息"最后一公里"问题。当你走进一家餐厅时,手机就会收到一条关于这家餐厅近期食品卫生的

---

① 《上海食药监局局长谈寿宁路整治,针对无证无照等并非完全取缔》,https://www.thepaper.cn/newsDetail_forward_2089280。

信息提醒；当你在 App 上选择周末聚会餐厅时，每一家餐厅最近的食品卫生情况都有详细信息供参考。困扰食品安全的信息不对称问题基本得到解决。这款 App 精准匹配需求，将政府静态信息与市场动态信息组合并与消费者搜寻用餐的商店进行匹配，形成了精确的信息集合推送给公众，及时满足人们对食品安全信息的需求。同时，其有效地避免了政府自下而上信息传递中的信息损失、截流，实现了政府监管、市场选择与公众满意的最佳解决方案。

### 5.有助于畅通公共服务渠道，提高人民群众获得感、满足感

公共服务的过程也是民众诉求信息不断集聚的过程。新时代，人民群众数量众多而差异化诉求特征日益彰显。信息爆炸带给人们丰富生活的同时，也产生了海量的数据。塔洛克的研究发现，由于政府官员对上负责，因而信息与权力具有天然的联系。导致上级政府在收集信息时，地方官员很可能采取"象征性合作"或"选择性执行"等策略，根据自己的利益需求对上级的要求进行取舍，从而导致社会公众的诉求与请愿在通过政府科层体系时被逐级筛选出去了。当信息自下而上地通过一个级别就会丢失一半时，最终达到最高层官员那里的信息只有最初收集数据的 1.6%，并且这部分信息在内容与含义上与最初收集到的事实会有很大不同。同样，当上级部门试图通过科层制进行信息传播时，发现下级部门会为了自身利益对上级部门发布的信息"选择性传播"或"二次解读"上级发布的信息内容，导致社会公众无法完全获得真实的、完整的信息。[①]公民有需要时，通过如咨询、申请、求助等相对狭窄的渠道与政府发生关系，而政府缺乏足够的人力，难以实现有效的公民联系。习近平总书记强调，要加强人工智能同保障和改善民生的结合，从保障和改善民生、为人民创造美好生活的需要出发，推动人工智能在人们日常工作、学习、生活中的深度运用，创造更加智能的工作方式和生活方式。要抓

---

① 韩啸：《让信息流动起来：人工智能与政府治理变革》，《社会主义研究》2019 年第 4 期。

住民生领域的突出矛盾和难点,加强人工智能在教育、医疗卫生、体育、住房、交通、助残养老、家政服务等领域的深度应用,创新智能服务体系。要加强人工智能同社会治理的结合, 开发适用于政府服务和决策的人工智能系统,加强政务信息资源整合和公共需求精准预测,推进智慧城市建设,促进人工智能在公共安全领域的深度应用,加强生态领域人工智能运用,运用人工智能提高公共服务和社会治理水平。要加强人工智能发展的潜在风险研判和防范,维护人民利益和国家安全,确保人工智能安全、可靠、可控。要整合多学科力量,加强人工智能相关法律、伦理、社会问题研究,建立健全保障人工智能健康发展的法律法规、制度体系、伦理道德。各级领导干部要努力学习科技前沿知识,把握人工智能发展规律和特点,加强统筹协调,加大政策支持,形成工作合力。①

人工智能技术在政府机构及公共部门的广泛应用, 为构建人民满意的服务型政府体系提供了强大技术支持、智能思维、智力工具和智慧渠道。②人工智能可以把不同群体、组织聚合为一个高度整合的系统,实现全时间、远距离合作,协同解决问题。面对海量的诉求信息,人工方式很难做出准确归类;建立海量公民的个性数据库。通过人工智能和大数据进行行政治理,有助于改进公共政策,改进公共服务的提供方式。③只有通过大数据基础上的人工智能手段,才能有针对性地针对每一位公民建立完备的数据档案,并适时调配公共资源满足公民的需求, 有助于构建更精准的公民个性化服务体系。人工智能能帮助各个部门更好地了解服务对象,以确保为所有人提供支持和机会。例如,在医疗方面,人工智能系统基于大数据、云计算、数据挖掘

---

① 《习近平在中共中央政治局第九次集体学习时强调,加强领导做好规划明确任务夯实基础推动我国新一代人工智能健康发展》,http://www.gov.cn/xinwen/2018-10/31/content_5336251.htm?all-content。

② 董立人:《人工智能发展与政府治理创新研究》,《天津行政学院学报》2018年第3期。

③ Lilian Edwards,Privacy,Security and Data Protection in Smart Cities:*A Critical EU Law Perspective*,European Data Protection Law Review 28-58(2016).

等技术对患者进行测试诊断甚至预测，为患者精准医疗和预防式医疗提供了可靠的信息。人工智能技术能够精准了解民众的"喜怒哀乐"及其他生活偏好，有利于提升社会公共服务的质量和水平。人工智能在城市治理、社会治理、环境治理、城市运行、学校教育、医疗养老、司法服务等领域广泛应用，为改善人们的生产生活提供了技术支撑，切实提升了市民办事效率，提高了市民的幸福指数。上海市徐汇区是首个入选国家"互联网＋政务服务"的区级政府。徐汇区行政服务中心智能化政务建设升级，借助竹间智能打造的 AI机器人"徐小智"和"徐小境"，通过人脸识别和语音、文字交互并结合录入的专项业务场景语料和知识图谱，为企业和民众办事提供便捷、高效服务的同时，也提高了企业和民众的满意度及获得感。政务服务机器人在政务服务领域的运用，推动政务工作从互联网时代迈入智能化时代。通过功能一体化，即政务机器人集视觉识别、语音互动、触摸交流、自助服务等各类功能为一体，应用在各个城市的行政服务中心；通过信息一体化，即在机器人内部能够设置不同政务部门的咨询模块，建设智能平台和职能部门子信息系统的搭建，打破信息壁垒；通过宣传一体化，即机器人能够及时进行信息更新与展示，方便业务员和办事人迅速了解实时新政，有效宣传时政，实现零距离互动；通过监督一体化，即建议、投诉、举报、反馈、办理结果、民众满意度，推进智能一体化监督流程，实现智能民众一体化的监督体系。

人工智能有助于畅通政府与公众的交互渠道，改进公众对公共政策形成的参与，使公众更容易反映对公共政策的诉求，政府也可以更好地分析公众诉求。通过人工智能，在政府与民众之间形成了一个全新的连接点。通过创建综合的决策树算法模型，并将其同公共服务大数据进行结合，人工智能可以对服务内容做出基本判断和调整，让民众能够更好、更便捷地接受公共服务。利用大数据基础上的人工智能手段，可以有针对性地解决老百姓中突出的现实问题，提高人民群众的获得感、满足感。人工智能的引入，也有助于推进意见听取和意见回应的智能化。公众可以借助人工智能系统，提交对行政规则的意见。人工智能系统可以对公众意见进行收集、筛选和归并,运用自然语言处理程序来阅读和总结意见,甚至来帮助对意见加以回应。①

人工智能技术以社交媒体作为平台,成为各种信息要素的联结者,并且能够成功地建立起特定内容与特定人群的情感联系,只要稍稍加以引导,情感联系就会转化为自然的行动。诺贝尔经济学奖得主塞勒(Richard Thaler)更是在理论上很精确地将其归纳为"助推"效应。只要将相关算法的目标转向政治领域,也同样可以达到类似效果。②在人工智能时代,社会公众从被动参与开始转变为主动参与,从间接参与变为直接参与。通过人工智能技术,深度学习提取群体特征,政府可在预判人民群众需求、提供精准服务方面有更大的作为。

## (四)人工智能在政府治理中遇到的挑战

人工智能革命的出现必然会对公共管理和社会秩序带来挑战。英国著名物理学家史蒂芬·霍金(Stephen Hawking)在 2016 年 10 月剑桥大学演讲中指出:"人工智能有可能是人类文化的终结者。它既可能成为人类至今发生过的最好的事,也可能成为最糟糕的事。"③在公共治理智能时代,智能技术使政府更好地履行职能。一方面是智能技术助力政府高效履职,从政府经济调节多维多层实时数据支持、市场监管及时精准有效、社会管理等,变"不能为"成为"可以为";另一方面是智能政务面临更多机遇与挑战。人工智能技术在政府治理中的作用如何界定?智能政务建设中如何实现实体大厅与网上大厅融合?如何实现政务服务事项跨省"一网通办"?智能政务在审管联动

---

① Cary Coglianese & David Lehr, Regulating by Robot: *Administrative Decision Making in the Machine-Learning Era*, 105 Georgetown L. J. 1172 (2017).

② 封帅:《人工智能技术与全球政治安全挑战》,《信息安全与通信保密》2021 年第 5 期。

③ 腾讯研究院等:《人工智能——国家人工智能战略行动抓手》,中国人民大学出版社,2017年,第 332 页。

中应如何发挥作用？如何解决专业智能自助终端在 24 小时无人值守问题？等等,使我国智能政务建设面临挑战。深入探讨相关问题是智能政府建设必须解决的问题,也是推进政府治理体系和治理能力现代化的考量。

### 1.安全与监管问题

在 2018 年全国网络安全和信息化工作会议上,习近平总书记提出:"没有网络安全就没有国家安全,就没有经济社会稳定运行,广大人民群众利益也难以得到保障。要树立正确的网络安全观,加强信息基础设施网络安全防护,加强网络安全信息统筹机制、手段、平台建设,加强网络安全事件应急指挥能力建设,积极发展网络安全产业,做到关口前移,防患于未然。"[1]习近平总书记在中央全面深化改革委员会第二十五次会议上强调,"要始终绷紧数据安全这根弦,加快构建数字政府全方位安全保障体系,全面强化数字政府安全管理责任。"[2]人工智能技术的不断普及虽带来了巨大的便利性,但技术本身也带来了诸多治理挑战,个人隐私保护、数字安全保障、网络诈骗防范等问题越发凸显[3],也给政府机构遭受恶意攻击留下"可乘之机"。作为一项赋能性技术,人工智能正在逐渐"改写"各领域的秩序规则,给各领域带来机遇和挑战。尽管以往的技术进步也是如此,但其影响的深度和广度远远不及人工智能。而且以往各领域安全问题"错综复杂、交织并存"的程度,也远远不及人工智能时代高。[4]如果人工智能技术继续保持高速进步,并能够突破既有的技术瓶颈,那么它所带来的就将是系统的、全面的、指向政治结构基

---

① 《习近平在全国网络安全和信息化工作会议上强调,敏锐抓住信息化发展历史机遇,自主创新推进网络强国建设》,http://www.gov.cn/xinwen/2018-04/21/content_5284783.htm。

② 《习近平主持召开中央全面深化改革委员会第二十五次会议》,http://www.mod.gov.cn/big5/shouye/2022-04/19/content_4909340.htm。

③ 韩啸:《让信息流动起来:人工智能与政府治理变革》,《社会主义研究》2019 年第 4 期。

④ 《如何应对人工智能给国家政治安全带来的挑战》,https://www.sohu.com/a/361222643_329822。

础的政治安全挑战。①人工智能技术从新的维度对当前世界各国的国家治理体系与基础政治架构形成不同程度的冲击。早在 2017 年初《科学美国人》(Scientific American)杂志就开始开展关于"民主会在大数据和人工智能中生存下来吗"问题的系列讨论,安全问题成为西方国家研究者的重大关切。可信 AI 研究和咨询专业公司 Adversa 发表的业界首个全面的人工智能安全性和可信度研究报告显示,政府、学术界和工业界发布的 AI 安全性方面的研究论文多达 3500 篇,超过过去二十年的总和,但还没有为防止黑客攻击做好准备。②随着人工智能技术的持续进步,技术会以更加多元的路径渗透到社会生活中,也会获得更多的渠道去影响世界各国的政治生活。人工智能所带来的政治安全挑战会随着技术水平的不断提升而向政治活动的各个环节扩散。③特别是,人工智能技术的蓬勃发展和广泛应用,将深度影响国家政治安全。人工智能较之以往的技术,拥有前所未有的机器"主观能动性"优势,必将对政治安全理念、安全机制、安全路径等带来更大的改变。④一旦技术利用不当、发生技术失控,或者技术自身缺陷所蕴含的风险爆发,政治安全可能被技术进步"反噬"。

人工智能技术在决策效率方面的优势对于现有的主权国家来说, 反而有可能成为重要的政治安全风险的来源。在国家的政治生活中,政治决策是最为关键的环节,掌控决策过程是政治权力的集中体现,也是各种政治矛盾的焦点。对于现代主权国家的政治体系来说,合理的政治决策不仅意味着获得最优的结果,还需要遵循一个已被普遍接受的过程,即确保各个群体获得政治参与的机会。政治参与过程本身意味着通过程序和仪式赋予决策以合法性。在很多时候,这种参与的过程比决策结果更加重要。于是,由人工智能

---

① 封帅:《人工智能技术与全球政治安全挑战》,《信息安全与通信保密》2021 年第 5 期。

② 《人工智能面临的十大安全威胁》,https://www.sohu.com/a/466348136_120533373。

③ 封帅:《人工智能技术与全球政治安全挑战》,《信息安全与通信保密》2021 年第 5 期。

④ 《如何应对人工智能给国家政治安全带来的挑战》,https://www.sohu.com/a/361222643_329822。

技术所带来的悖论就形成了：随着技术的持续发展，一旦人工智能技术在提升决策水平、提高决策效率、完善执行程序等方面的优势被证实，那么政治决策是否应该广泛使用人工智能决策系统，或者说更多地将政治决策的权限赋予技术本身呢？充分的政治参与则是平衡各方利益，使得政治决策获得合法性和权威性的基础。然而，当人工智能技术能够提供不依赖于政治参与过程的更优决策，且由于深度学习模式的"黑箱"特点，使得算法无法解释其决策过程时，我们应该如何选择？人工智能技术能够提供的政治决策效能越高，就越容易引发决策结果与决策过程的矛盾关系，最终必将冲击现有的政治体系，从长远来看，这将是埋藏在体系深处的重大政治安全风险。[①]

当人工智能技术广泛应用于经济社会各领域并引起变革时，将会推动国家治理结构与权力分配模式做出相应调整。人工智能技术研发的门槛很高，依赖于大量的、长期的资本投入和技术积累，这导致社会各产业、各阶层、各人才群体间的技术研发能力、资源占有程度、社会影响力等方面极不平衡，以互联网商业巨头为代表的技术资本将占据明显优势。由于人工智能时代"资本的权力"的特殊地位作用带来的挑战重大，巨头企业以强大资本为后盾，逐步垄断技术、控制数据，或将不可避免地在一定程度上逐渐分享传统意义上由国家所掌控的金融、信息等重要权力，进而插手政治事务。2016 年发生的"剑桥分析事件"即是例证。[②]国家是否有能力为资本权力的扩张设定合理的边界，是未来国家安全面临的重大挑战。[③]

人工智能将增加政府部门系统遭遇恶意攻击的可能性。一种观点认为，

---

① 封帅：《人工智能技术与全球政治安全挑战》，《信息安全与通信保密》2021 年第 5 期。

② "剑桥分析丑闻"指 8700 万 Facebook 用户数据被不当泄露给政治咨询公司剑桥分析，用于在 2016 年总统大选时支持美国总统特朗普。美国联邦贸易委员会认为，Facebook 没能保障这些用户数据的安全，违反了平台此前承诺保护用户隐私的协议。随后，美国联邦贸易委员会对 Facebook 开展调查，关注 Facebook 当时是否能够做更多事情来阻止剑桥分析事件发生。2020 年 4 月 23 日，美国联邦法院终于批准了 Facebook 与美国联邦贸易委员会就剑桥分析丑闻的 50 亿美元和解协议。

③ 《如何应对人工智能给国家政治安全带来的挑战》，https://www.sohu.com/a/361222643_329822。

可以通过购买等手段,引用国外的智能接口嵌入来实现有效的政务智能服务,将产生极为严重的安全问题,因为一个智能平台在建立之时,就掌握了平台体系所涉及的所有数据。一旦这种体系由国外购买或其他商务平台直接引进,则最终可能造成严重的安全隐患。①马云曾经讲过,阿里每天要遇到3000~4000千万次攻击。如果对重要设施发起攻击,一旦系统瘫痪,将会给严重依赖人工智能运作的政府系统造成混乱,后果可能是灾难性的。如果黑客绕过防火墙而恶意攻击甚至篡改人工智能程序,在人为干扰下,程序很容易就出现"失算"的尴尬局面,使智能失去效用,进而欺诈犯罪活动很容易发生。人工智能技术极有可能被政治敌对势力用于实施渗透、颠覆、破坏、分裂活动,危及国家政治安全。人工智能时代,攻击一国人工智能系统或利用人工智能实施渗透、颠覆、破坏、分裂活动,带来的后果可能比以往的技术更为严重。人工智能还可以通过自动化社会工程攻击来助长各种暴力破坏活动,比如,国内外敌对势力可能会通过聊天机器人,在线上宣传极端思想、招募恐怖分子,怂恿诱导他们在线下实施暴恐暗杀活动,制造政治恐慌。②

此外,人工智能的失控会给人身安全造成威胁。承载政务数据资源的主要平台都是由政府、科技公司、大型互联网平台企业及金融科技企业承建,从而导致在对用户的指纹、定位、录音、刷脸等生物数据采集上缺乏有章可循的判断,对数据的后续应用规范也缺乏必要的预先规划,隐私安全问题依然是目前如火如荼建设的政务服务平台的重要问题。③公共数据与个人隐私、智慧城市建设、企业从提供服务中获得大量数据,无形中增大了人工智能在政府治理中的潜在风险控制压力。人工智能的安全问题与其控制问题密不可分。人工智能系统包含了很多不可控制的机制,如文件损坏、输入设

---

① 何哲:《人工智能时代的政府适应与转型》,《行政管理改革》,2016年第8期。

② 《如何应对人工智能给国家政治安全带来的挑战》,https://www.sohu.com/a/361222643_329822。

③ 唐鹏:《政府数字化转型中的技术价值与权力边界》,http://digitalization.infosws.cn/20191111/28600.html。

备受损等故障、安全系统漏洞、计算机系统相比于人类更快的反应时间、有瑕疵的编程,等等①,如果人工智能建设与安全建设没有同步,那么将会造成敏感数据泄露、重要数据平台瘫痪,后果严重,教训深刻。

### 2.信息共享中的梗阻问题

人工智能的底层支撑是大数据。由于受政府"条块体制"壁垒约束,因条块分割,部门之间信息整合受到限制。政府部门间的信息隔离、壁垒等限制,影响了政府效能的发挥,加上协调立法机构的缺失、部门间协作不深入等原因,导致"拥有大量的数据,却拥有较少的信息"。各职能部门虽然建立了业务数据,但数据缺乏相互之间互联互通,难以呈现有价值的信息,尤其是跨部门合作的项目,其效果往往大打折扣。由于各部门在数据库构建和运作中缺乏统一的标准和规范,其数据资源和信息系统均由自身监管和操作,相互之间无论是在操作系统、网络协议、语义表达、数据库类型甚至硬件管理平台上都存在不少差异。"信息孤岛"造成了信息和数据资源的浪费和重复建设,是阻碍信息和数据功能最大限度发挥的重要根源,构成了人工智能发展和应用中的障碍。数据只有共享出去后才能判断是否存在、有多大威胁,为"保险起见",相关职能部门往往采取消极共享的策略,将非原始、不完整的数据拿出来共享,增加了其他单位在使用中的数据清洗、数据匹配成本,影响共享效果,导致数据共享难以实现理论设计中的理想效果。②信息流通和数据共享存在障碍,很大程度地限制了人工智能在社会治理中的能力充分发挥。由于政府部门是按照专业分工,对本部门的信息垄断可以保证部门在组织中具有不可替代性,导致在制定政策和执行政策的过程中,政府部门间、地方政府间的信息无法共享,条块分割难以形成整体合力,形成人为的"信

---

① Matthew U. Scherer, Regulating Artificial Intelligence Systems: Risks, Challenges, Competencies, and Strategies, *29 Harvard Journal of Law & Technology* 366(2016).

② 徐晓林、明承瀚、陈涛:《数字政府环境下政务服务数据共享研究》,《行政论坛》2018 年第 25 期。

息隔离"。"互联网＋政务服务"使政府部门之间数据共享，打破信息壁垒，是未来政务工作的发展趋势。因此，人工智能对政府提出了更高的协同能力要求。

### 3.大量数据有待于深度挖掘与开发

现在海量数据尚未发挥为政府服务的作用，对政府科学决策的基础作用未得到深入有效地挖掘。虽然各职能部门不同程度积累了大量政务服务数据，但由于整体上缺乏数字化、电子化、标准化处理，且不同信息系统在数据存储形式、调用方式、业务系统接口等方面都存在一定的差异，客观上导致短期内难以实现互联互通，无法实现有效共享。①为了改变政府面临的困境，许多"药方"被开出，如"无缝隙政府"（Seamless government）"服务型政府"（Service-oriented government）"电子政府"（E-government），等等。这些富有针对性的理念与方案，或多或少提高了政府运行的效率，但一些根植于行政体系深处的结构性问题，仍然没有得到真正解决。上述问题都存在一个共性表征：信息不对称。随着组织规模的扩大、等级链条的延长，信息不对称情况将逐渐恶化，组织效率愈发低效。②

为此，习近平总书记强调，"要以推行电子政务、建设智慧城市等为抓手，以数据集中和共享为途径，推动技术融合、业务融合、数据融合，打通信息壁垒，形成覆盖全国、统筹利用、统一接入的数据共享大平台，构建全国信息资源共享体系，实现跨层级、跨地域、跨系统、跨部门、跨业务的协同管理和服务"③。在实践中，要推动互联网、云计算、大数据、人工智能与政务服务

---

① 徐晓林，明承瀚，陈涛：《数字政府环境下政务服务数据共享研究》，《行政论坛》2018年第25期。

② 韩啸：《让信息流动起来：人工智能与政府治理变革》，《社会主义研究》2019年第4期。

③ 习近平：《在中共中央政治局第二次集体学习时强调：审时度势精心谋划超前布局力争主动，实施国家大数据战略加快建设数字中国》，http://politics.people.com.cn/n1/2017/1209/c1001-29696291.html。

融合发展,在统筹考虑网络信息安全的基础上,加快制定统一身份认证、统一电子印章、统一电子证照等标准规范,实现政务信息资源跨层级、跨地域、跨系统、跨部门、跨业务的互联互通、数据共享、业务协同、一网通办,形成线上线下功能互补、相辅相成的政务服务新模式。

**4.智能政务建设需要相应的人才支撑**

人工智能对政府提出了更新的技术能力要求。专业性人才的拥有率是人工智能能否有效嵌入政府治理各层面的关键环节。目前国内的人工智能专业性人才,主要还是面向企业治理和电子商务等层面展开技术研发,直接针对政府治理和公共服务领域的人工智能技术发展不足,我国政府部门人工智能人才严重短缺,智能政务建设的人才奇缺,直接构成了人工智能嵌入政府治理的阻滞。政府不仅无法开发人工智能系统,更重要的是政府也会失去对人工智能在社会治理领域应用的辨别能力和监督能力。因此,政府要及时吸纳智能人才,创新培训方式,确保职工所拥有的技能与机器相互补充,还要加大力度培训探索尖端技术的政府分析师。

政府的智能化水平虽在提升,但政府治理体制却在很大程度上依旧未能跳出传统体制的基本框架,不仅各部门和各机构间实现条块分割,而且上下级之间关系单向度化明显,遇到公共突发事件往往是逐级向上汇报,然后再展开决策部署。决策周期的冗长化及不断扩张的行政成本等,会带来政府回应社会诉求的呆滞与迟缓。①人工智能需要适应性强和高度灵活性的体制模式。政府治理过程的扁平化,以及各主体之间的协同配合与互动互通,是人工智能的应用实现最优化的基本前提。如果治理模式不能实现从"人找信息"向"信息找人"的彻底转变,人工智能的效果也无法真正实现。

---

① 胡洪彬:《人工智能时代政府治理模式的变革与创新》,《学术界》2018 年第 4 期。

### 5.相关法律法规、伦理问题

随着人工智能飞速发展，法律和伦理问题也许是实现人工智能利益的最大障碍。从提供权力形式和决策的方案来说，即便最终是由人类做出的决定，其方案的制定也已经体现了机器的意志，这是否违背了人类有史以来的重要的行政伦理？如公民向政府的政务咨询，由人工智能来回应的话，是否具有权威性和合法性，类似的这些问题是政府在人工智能时代所要面对的最大挑战。[1]人工智能技术嵌入社会治理在使得社会治理智能化的同时，技术发展的不确定性会导致社会治理存在从"数字民主"滑向"技术利维坦"的潜在风险，即人工智能技术赋权与约束的非对称性潜含着加剧寡头统治的危险。[2]在公共安全智能化监测预警和风险预防过程中，都有可能存在数据偏见。对于以机器学习为代表的人工智能治理系统而言，控制数据就控制了算法。掌握数据越多，算法就越精准。当数据不全面、不准确时，也会出现歧视。[3]数据的遗漏、偏差或过时可能会造成数据样本的代表性缺失，代表性缺失的数据样本训练出的算法极可能存在歧视。如果数据存在偏见，由偏见数据训练的算法则可能存在歧视。这种偏见可能是数据自身具有的，也可能是行政主体对数据的不当处理所致。因此，正确处理好人工智能应用中的法律和监管问题是人工智能时代行政伦理的重大课题。在人工智能技术被广泛应用的同时，要及时做好伦理与法理的制度构建与风险预防。

行政伦理决定着公共行政本身的性质、目的、责任和义务。在传统行政模式下，人是行政行为的唯一主体，所有行政行为都体现了人的主观意志，

---

① 董立人：《人工智能发展与政府治理创新研究》，《天津行政学院学报》2018 年第 3 期。

② 王小芳、王磊：《"技术利维坦"：人工智能嵌入社会治理的潜在风险与政府应对》，《电子政务》2019 年第 5 期。

③ AI in the UK：ready，willing and able，https://publications.parliament.uk/pa/ld201719/ldselect/ldai/100/100.pdf，p.41.

人承担相应的行政责任。人工智能使行政伦理面临主体责任缺失。人工智能的运用从一定程度上替代了人的行政行为，以致行政方案、行政决策等体现了机器意志，由此可能削弱了行政行为的合法性根基，导致行政责任主体模糊化。算法和大数据可能会左右智能机器的"认知"和"判断"，继而影响政治行为体的抉择。人工智能的核心"三大件"是算法、算力和大数据。算法是否公正不偏袒、大数据是否真实完整未被删减篡改伪造污染，直接决定了机器的研判结果，并影响人的判断和行为。①在缺乏人类伦理引导的前提下，人工智能极易通过固定的程序，造成行政偏见问题，给行政相对人造成更大的伤害。

对人工智能技术的应用，无论是在商业领域，还是公共服务领域，都掀起了广泛的讨论热潮。全世界在政府和法律层面对人工智能技术的应用存在较大分歧，比如，旧金山就希望通过立法成为第一座禁止人脸识别的城市；而得克萨斯州有议员提出的《恢复、加强、保护和促进国家安全努力法》，则建议监控学生的社交媒体以防止校园暴力。在我国，入园强制"刷脸"、卫生间抽纸"刷脸"等，也成为公众关注的问题。浙江大学法学博士拒绝"刷脸"入园，起诉杭州野生动物园获立案；北京地铁计划使用"刷脸"分拣，也受到清华大学法学院教授劳东燕的质疑。因此，人工智能的舆论焦点成为"机器是否会全面统治我们的生活"②。

现有的行政伦理要求任何权力行使和决策都必须由人组成的组织来决定，因此，迄今为止的信息技术应用对行政流程的改造停留在辅助层面，最终决策都要由人来完成。但人工智能时代产生了相应的伦理问题。由人工智能给出的治理方案和行动计划，如果最终决定由人拍板，那么体现机器意志的可选择性的多元"科学方案"是否偏离了既有的行政伦理？

---

① 《如何应对人工智能给国家政治安全带来的挑战》，https://www.sohu.com/a/361222643_329822。

② 唐鹏：《政府数字化转型中的技术价值与权力边界》，http://digitalization.infosws.cn/20191111/28600.html。

法律的出台落后于技术的应用，个人信息共享孕育着公民隐私泄露风险与政府治理困境。人工智能通过技术化简了治理问题的复杂性，但公众没有参与这一化简的过程，公众的日常生活信息被化简为抽象的数字，公众被置于全面透明的数字场景中，被动地接受技术系统的安排，难以监督政府对技术的使用过程。公众无法参与其中，只是被动地接受技术，却难以有效地对政府运用这种技术进行监督，从而给国家治理带来了偏离数字民主的潜在风险。①此外，在推进智能政府建设过程中还遇到一些需要进一步深入讨论的问题。例如，在政策制定、执行和评估过程中，人们有知晓权、参与权、监督权、评价权等。如果出现人工智能技术风险，由谁来担当人工智能输出的负能量责任？电子件能否取代纸质件的法律地位？

## （五）推进人工智能创新政府治理的主要路径

2018 年 10 月，中共中央政治局就人工智能发展现状和趋势举行第九次集体学习，习近平总书记强调，我国经济已由高速增长阶段转向高质量发展阶段，正处在转变发展方式、优化经济结构、转换增长动力的攻关期，迫切需要新一代人工智能等重大创新添薪续力。②智能政务潜力极大，能够为政府治理赋能。在政府治理中学会用人工智能、善于用人工智能，是实现高质量发展、高品质生活的要求，更是实现治理体系和治理能力现代化的题中之义。

人类迎来了万物互联、万象更新的智能时代，云计算、人工智能、大数据分析、移动互联网等新一代信息技术，吹响了"人工智能 + 政务服务"号角，开启了"放管服"改革的智能时代。人工智能在一定程度上会给人们社会心

①　韩啸：《让信息流动起来：人工智能与政府治理变革》，《社会主义研究》2019 年第 4 期。

②　《习近平在中共中央政治局第九次集体学习时强调，加强领导做好规划明确任务夯实基础推动我国新一代人工智能健康发展》，http://www.gov.cn/xinwen/2018-10/31/content_5336251.htm?all-content。

理带来一些挑战,造成人类心理的焦虑和恐慌,人们担心被机器替代,出现"人工智能异化"现象。随着人工智能的深度发展,人们越来越担心人工智能是否会造成人力资源的过量失业?会不会造成新的贫富差距及社会分化?是否会影响人们的工资水平、社会福利或生活质量,等等。随着人工智能在我国政府治理层面初步运用,有效促进了政府治理模式的升级和变革,为提升公共治理和公共服务水平提供了技术支撑。在政府治理中的人工智能运用就是通过大数据、超算精算等计算理论,深度学习设计政府组织的各种服务系统。人工智能技术通过各种技术模拟人类的智慧,进入政府公共服务领域,可以让政府治理更加科学、便捷、精细、透明、公平、高效。[①]与传统信息技术相比,人工智能技术运算速度更快、处理数据规模更大、计算精确率更高。因此人们将对"更好的政府"的期望寄托在人工智能上,希望发挥人工智能在善治(good governance)中的推动作用。智能政务是大数据、人工智能应用的必然选择,是"放管服"改革的必然要求,是发展公共服务的必然趋势,是进一步优化营商环境的必由之路,是政府治理现代化的必要目标。人工智能将成为国家治理体系和治理能力现代化的核心推动力,助推把制度优势转变为治理效能。习近平总书记提出,要努力在人工智能发展方向和理论、方法、工具、系统等方面取得变革性、颠覆性突破,确保我国在人工智能这个重要领域的理论研究走在前面、关键核心技术占领制高点。确保人工智能关键核心技术牢牢掌握在自己手里。[②]

---

① 董立人:《人工智能发展与政府治理创新研究》,《天津行政学院学报》2018 年第 3 期。

② 《习近平在中共中央政治局第九次集体学习时强调,加强领导做好规划明确任务夯实基础推动我国新一代人工智能健康发展》,http://www.gov.cn/xinwen/2018-10/31/content_5336251.htm?all-content.

### 1.高度认识人工智能对政府治理带来的重大影响

人工智能的壮大为政府治理的智能化提供了契机。人工智能将促进政府治理理念更新、政府治理模式和政府治理结构发生重大的变革。随着人工智能在政府治理方面的应用不断增多,如何实现"智能治理"成为各级政府必须面对的紧迫问题。"智能治理"(Intelligent governance),是各级政府机构综合运用人工智能和现代信息技术,以提升政府服务绩效为根本点,对各类资源进行智能化整合和配置,以推进公共治理和服务,实现科学化、精细化的实践活动。①

理念是行动的先导。人工智能能否科学嵌入政府治理实践,并安全有效地发挥辅助效用,很大程度上取决于政府治理主体的态度和认知。人工智能将对传统政府体系产生极大冲击,而政府体系还远未做好思想上的准备并产生相应的意识。各级政府是实现政府治理和公共服务的根本性主体。在人工智能时代,政府要积极应对人工智能带来的各种挑战。新时代要建设人民满意的服务型政府,各级政府和政府各部门及政府工作人员要高度重视人工智能时代到来的重大影响,树立人工智能治理前瞻性理念,必须首先对人工智能时代的到来有所思想准备,并做好相应的战略预案②,要视人工智能发展为提升政府治理效能和提高治理精细化水平的推动力量,主动制定政策,鼓励在政府治理中发挥人工智能作用,推动人工智能在政务服务中的发展。通过政务数据的挖掘和运营,为政府建设一个开放、透明、服务型智能公共安全,通过技术、服务解决城市管理顽疾,连接数据与服务,让数据服务于民,实现从"能办事"到"办好事",从解决办事难问题到不断提升办事体验,从数据分析到辅助决策。

人工智能时代来临,为深化政府治理变革提供了全新环境,同时也为政

---

① 胡洪彬:《人工智能时代政府治理模式的变革与创新》,《学术界》2018 年第 4 期。

② 何哲:《人工智能时代的政府适应与转型》,《行政管理改革》2016 年第 8 期。

府治理模式的突破创新提出了新的诉求。一些人担心会产生人工智能异化。其实，人工智能本质上是属人的。人类离具备自我意识的超强人工智能还有很长一段路要走，正如百度深度学习研究院副院长余凯指出的："担心人工智能的威胁，就好像担心火星上人满为患一样，是不切实际的。"李开复指出，今天人工智能在许多垂直领域内的局部进展，都比很多人之前预料的更早来到，但是人工智能整体的发展，尤其是最重大技术的突破，几乎每一步都比多数人的预测来得晚。例如，直到今天，人们也不敢说，人工智能到底何时才能真正像成人一样自由对话。所以，即使以今天的标准看，人类离"超人工智能"的威胁还相当遥远。①政府要以积极的心态迎接挑战，优化政务数据流程，快速实现有效转型。网络时代侧重于连接问题，中国各级政府早已实现了各级政府的相互连接；大数据时代，强调的是信息的整合和随处获取，当前正在努力构建打通政务内部上下层级和不同专业部门的完整的数据体系。进一步努力，就是在政务数据整合的基础上实现政务流程的优化，将政务流程尽可能地精简、优化，在此基础上，引入人工智能系统，有效地实现向人工智能时代的适应。②要通过政策引导，增强各级政府机构的智能治理意识，打破对人工智能的偏见和恐惧，实现治理过程由数字化向智能化的跃进，形成以人工智能为支撑的公共政策导向。

**2.加快人工智能的智能政务规制和行政伦理建设**

人工智能在为提升政府治理带来机遇的同时，也可能出现算法失误、失控，可能会给既有法律、伦理与秩序等带来挑战。制度规定了人与人之间的行为范式，是社会的游戏规则。为了确保人工智能的健康可持续发展，使其发展成果造福于民，需要系统全面地研究人工智能对人类社会的影响，制定完善的人工智能法律法规，规避可能的风险。要以法律法规推动政府引入智

---

① 《专访李开复：关于人工智能的五大核心问题》，https://www.sohu.com/a/134607173_703270。

② 何哲：《人工智能时代的政府适应与转型》，《行政管理改革》2016年第8期。

能信息技术，为政府运用智能信息技术提供法律法规支撑，提升政府治理水平。①国外政府已在数据开放共享的政策、法规建设等方面积累了不少经验与教训，在一定程度上能为我国政府信息共享法制化建设提供丰富参考。通过立法，对政府信息的开放与共享进行规范，能有效促进公民、法人等更方便地获取、使用政府数据，享受更高质量的公共服务，并有效参与公共决策。②

公权力的运行离不开正当程序。由于人工智能系统是由市场主体加以开发设计，政府机关虽然利用人工智能系统，但不理解人工智能系统中的算法与数据，甚至不知道有些决策是怎样发生的。③因算法不透明，可能会使某些互联网平台企业、互联网商业公司在集聚数据的同时也分享了公权力。因此，人工智能在政府治理中的应用，应被纳入法治的轨道。人工智能治理中不仅存在诸如歧视、安全和隐私等风险，甚至可能导致政府控制能力减弱。因此，必须对人工智能治理加以法律控制，施加正当程序约束，以实现其良性运作。④人工智能的设计者和实际运营者应该向行政主体说明人工智能系统的设计和运营要点。在全球范围内，欧盟委员会已经发布《人工智能道德准则》，美国国防创新委员会已发布《军用人工智能伦理原则》。而对于在人工智能领域处在领先位置的中国而言，形成对人工智能应用于政务服务、公共服务与商业领域的制度规则已经十分迫切。⑤2017年9月，联合国犯罪和司法研究所(UNICRI)决定在海牙成立第一个联合国人工智能和机器人中心，规范人工智能的发展。美国白宫多次组织人工智能领域法律法规问题的

---

①　户占良：《智能信息技术对政府治理的影响研究》，《电脑知识与技术：学术版》2021年第3期(17卷第31期)。

②　徐晓林、明承瀚、陈涛：《数字政府环境下政务服务数据共享研究》，《行政论坛》2018年第25期。

③　R. Brauneis & EP Goodman, *Algorithmic Transparency for the Smart City*, Social Science Electronic Publishing. 6(2017).

④　宋华琳、孟李冕：《人工智能在行政治理中的作用及其法律控制》，《湖南科技大学学报(社会科学版)》2018年第6期。

⑤　唐鹏：《政府数字化转型中的技术价值与权力边界》，http://digitalization.infosws.cn/20191111/28600.html。

研讨会、咨询会。①国务院于 2017 年 7 月下发了《国务院关于印发新一代人工智能发展规划的通知》，该通知不仅基于全国层面对我国人工智能发展的战略态势、战略目标等做出了明确，而且对政府治理层面上的部署和任务也做出了规划。上海、浙江、江苏和贵州等省市也纷纷出台本区域的人工智能发展的具体实施意见，这些政策的推出，推动了人工智能嵌入政府治理。2021 年 1 月国家发布的《法治中国建设规划（2020—2025 年）》提出："加强信息技术领域立法，及时跟进研究数字经济、互联网金融、人工智能、大数据、云计算等相关法律制度，抓紧补齐短板。""充分运用大数据、云计算、人工智能等现代科技手段，全面建设'智慧法治'，推进法治中国建设的数据化、网络化、智能化。优化整合法治领域各类信息、数据、网络平台，推进全国法治信息化工程建设。加快公共法律服务实体平台、热线平台、网络平台有机融合，建设覆盖全业务、全时空的公共法律服务网络。"②这从国家层面提出了制定智能信息技术法律法规的战略规划，确保技术创新不能突破法律底线。

技术本身具有中立性，但使用技术进行行政管理的机构、主体是需要遵循符合公共价值的规则体系。数字时代的政府机构对某项技术的使用失当或误判，损害或冲击的将不是传统管理规则下的某一个特定对象或个体，而是会"批量化"地导致某一"被标签"的社会群体失却社会公平参与机会或被数据歧视。因此，建立健全运用互联网、大数据、人工智能等技术手段进行行政管理的制度规则，本质上关乎数字时代的执政能力与政府信任，是国家治理体系与治理能力现代化的关键内容，是重塑一种数字时代的权力运行秩序。③在人工智能时代，社会信息的整合获取具有随机性、多样性，政府在人工智能使用方面负有特殊的责任。政府对自己的行为必须公开透明，遵守法

---

① 谭铁牛：《人工智能的历史、现状和未来》，《求是》2019 年第 4 期。

② 《法治中国建设规划（2020–2025 年）》，http://www.gov.cn/xinwen/2021–01/10/content_5578659. htm。

③ 唐鹏：《政府数字化转型中的技术价值与权力边界》，http://digitalization.infosws.cn/20191111/28600.html。

律上的正当程序,切实担负起对广大人民群众的责任,以最大限度地促使政府及有关部门数据及流程与新时代人工智能技术发展相匹配。

人工智能只是一种治理工具,在政府治理中,人工智能无法取代政府主体而单独活动,当人工智能面对和处理公众诉求时,需要作为治理主体的人进行决策与补正,因此必须推进人工智能环境下的行政伦理机制建设。正确处理人工智能应用中法律和监管问题是人工智能时代行政伦理的重大课题。对利用人工智能技术破坏国家安全的行为依据法律从严处置,同时发动广泛的社会监督,充分发挥公民参与人工智能发展的主动性和智慧,使利用人工智能为恶者无所遁形。[①]要严格人工智能的标准制定和行业监管,确保人工智能良性发展。随着技术的发展变化,在《人工智能标准化白皮书》(2018版)的基础上,进一步修订完善相关技术标准。制定完善人工智能相关法律法规和伦理道德框架,对相关的民事与刑事责任确认、隐私和产权保护、机器伦理等问题予以明确,理顺设计者、使用者、监管者之间的权责关系。建立健全人工智能监管体系,形成设计问责和应用监督并重的双层监管结构,实现对算法设计、产品开发、成果应用的全过程监管,积极促进行业自律,加大对数据滥用、算法陷阱、侵犯隐私、违背道德伦理、越过权力边界等不良行为的惩戒力度。[②]

在政策制定、执行和评估过程中,人们有知晓权、参与权、监督权、评价权等。对于人工智能如何在政府流程运转中扮演角色,在对外服务时能否代表政府权威,在行使行政权力时,能否具有自主判断能力,在什么程度上,人工智能可以有效地嵌入政府流程,行使权力?这需要政府必须做好未来时代的行政伦理和规则体系,并从立法层面进行顶层设计,为构建完备的法治体系做好架构[③],提供根本保障。因此,在人工智能时代,政府部门必须制定相

---

①　李巍:《新时代国家安全治理应对人工智能挑战的策略》,《科技视界》2019年第33期。

②　《如何应对人工智能给国家政治安全带来的挑战》,https://www.sohu.com/a/361222643_329822。

③　何哲:《人工智能时代的政府适应与转型》,《行政管理改革》2016年第8期。

应的规则体系。要定期公开相关数据和信息,保障公民了解人工智能系统的真实运作。虽然因可能危及国家安全而不建议完全公开代码和数据[①],但应公开算法流程,公开验证算法时所生成的适当记录,向公众披露如何开发算法,开发算法时有哪些考量[②];说明算法体现了怎样的政策判断,并可以评估算法的效用和公平性[③];在使用人工智能前,应该对决策程序加以解释[④]。同时,通过测试平台对人工智能系统测试,看其是否违背法律法规及伦理规范,是否具有偏差、偏见和任意性。行政机关有必要向相对人,就通过人工智能系统做出的行政治理决定说明理由,就人工智能系统的结果或行为加以解释。特别是当人工智能行政治理决定有可能给行政相对人带来不利影响,涉及行政相对人实体权利、程序权利及救济权利,以及涉及"最低限度的公正"时,应就人工智能系统的运营过程、运营结果、做出行为的推理,给出理由说明。[⑤]解释决定时考虑的主要因素有哪些,以及各因素的不同权重;当某个因素改变时,是否会改变行政决定,哪些因素才是决定性的;为什么相似的情况可能有不同的决定,为什么不同的情况可能有相似的决定。[⑥]

此外,在行政活动中引入人工智能系统,可能使行政执法人员将在复杂现实的空间中遭遇到的案件案情,归约为输入计算机的若干指标或参数,而忽视了问题的复杂性。[⑦]因此,当行政机关做出裁量决定时,需要综合权衡案

① Paul B. de Laat, *Big Data and Algorithmic Decision-Making*, 47 Acm Sigcas Computers & Society, 39(2017).

② R. Brauneis, EP Goodman, *Algorithmic Transparency for the Smart City*, Social Science Electronic Publishing. 6 (2017).

③ R. Brauneis, EP Goodman, *Algorithmic Transparency for the Smart City*, Social Science Electronic Publishing. 2 (2017).

④ AI in the UK:ready, willing and able, https://publications.parliament.uk/pa/ld201719/ldselect/ldai/100/100.pdf, p.38.

⑤ 宋华琳:《英国行政决定说明理由研究》,《行政法学研究》2010 年第 2 期。

⑥ Doshi-Velez F, Kortz M, Budish R, et al., *Accountability of AI under the Law:The Role of Explanation*, Social Science Electronic Publishing, 3(2017).

⑦ Danielle Keats Citron, *Technological Due Process*, 85 Wash. U. L. Rev. 1297(2008).

件的不同因素,应根据不同的具体行政领域,来决定人工智能系统在行政过程中适用的阶段和范围。在需要个案裁量的行政领域,人工智能系统只能发挥辅助性的作用,应更多被用于行政决定的准备过程,而非实质性地决定制作过程。①行政执法人员还要在人工智能所不能为、不适为的领域,依法开展行政治理。②

### 3.加强数据安全体系建设

人工智能时代的到来将带来剧烈的变革,必将给政府的信息安全带来更大挑战和考验。数据安全是生命线,是智能政务建设的底线。习近平强调,要切实保障国家数据安全。要加强关键信息基础设施安全保护,强化国家关键数据资源保护能力,增强数据安全预警和溯源能力。要加强政策、监管、法律的统筹协调,加快法规制度建设。要制定数据资源确权、开放、流通、交易相关制度,完善数据产权保护制度。要加大对技术专利、数字版权、数字内容产品及个人隐私等的保护力度,维护广大人民群众利益、社会稳定、国家安全。要加强国际数据治理政策储备和治理规则研究,提出中国方案。③政府加强对人工智能技术的监管是其应该发挥的国家安全治理主体责任,尤其是要加强司法监督和社会监督。要强化风险意识,成立人工智能安全咨询专家组,密切跟踪技术和应用的发展,运用系统思维,定期研判人工智能可能带来的政治风险,提高风险识别、防范和处置能力。要创新技术治理模式,积极适应"权力去中心化"趋势,构建由政府主导,企业、研究机构、技术专家、公众等多方参与的人工智能治理体系。通过多方互动,既可以使政府掌握技术

---

① 〔德〕汉斯·J.沃尔夫、奥托·巴霍夫、罗尔夫·施托贝尔:《行政法》(第 1 卷),高家伟译,商务印书馆,2002 年,第 43 页。

② 宋华琳、孟李冕:《人工智能在行政治理中的作用及其法律控制》,《湖南科技大学学报(社会科学版)》2018 年第 6 期。

③ 《习近平在中共中央政治局第二次集体学习时强调,审时度势精心谋划超前布局力争主动,实施国家大数据战略加快建设数字中国》,http://www.gov.cn/xinwen/2017-12/09/content_5245520.htm。

和应用的前沿动态和发展趋势,又有助于企业、研究机构、专家、民众更好地了解政府关切,共商制定风险管控机制,推进治理工作的科学化民主化。[①]

提升防范意识是国家安全治理应对人工智能颠覆性技术的起点。在数据安全方面,政府、企业、社会组织、个人共同参与为人工智能的发展套上安全的"军规"和"紧箍咒"。政府采集各类数据时要加强防御保护措施,提升安全技术水平和管理能力,守住数据安全底线,避免数据泄露与篡改。人工智能作为一项颠覆性技术,对当前及可预见的未来的各个层级的治理提出了巨大的挑战,使世界各国国家安全治理面临的各项风险无比严峻。人工智能呈爆发式发展,应用广泛,相关技术叠加突破,极大地影响了国家安全,人工智能将会是国家安全的领域的颠覆性力量。[②]人工智能技术发展带来的经济安全、政治安全、军事安全和社会安全等方面的威胁和挑战都需具有足够的准备进行预防和解决。网络安全是指,"通过采取必要措施,防范对网络的攻击、侵入、干扰、破坏和非法使用以及意外事故,使网络处于稳定可靠运行的状态,以及保障网络数据的完整性、保密性、可用性的能力"[③]。算法、数据、平台借助新技术的推动逐步成为重要的权力来源,而这些资源的形态与旧有的有形资源差异巨大,而且维持其存在的基础设施则主要是由非国家行为体——大型技术公司、科学家、算法拥有者等——所提供,这就意味着新的权力来源可能在现代世界政治体系中萌芽。成长中的新主体未必具有冲击现有政治结构的主观意愿,但权力边界与内容的重新磨合本身就意味着对现有的政治架构的挑战,也将意味着难以估量的政治安全风险。[④]习近平总书记指出,要充分利用大数据平台,综合分析风险因素,提高对风险因素的

---

① 《如何应对人工智能给国家政治安全带来的挑战》,https://www.sohu.com/a/361222643_329822。

② 李巍:《新时代国家安全治理应对人工智能挑战的策略》,《科技视界》2019年第33期。

③ 《中华人民共和国网络安全法》,http://www.gov.cn/xinwen/2016-11/07/content_5129723.htm。

④ 封帅:《人工智能技术与全球政治安全挑战》,《信息安全与通信保密》2021年第5期。

感知、预测、防范能力。①"强人工智能"或"超级人工智能"的应用需要人们具有警醒意识、忧患意识及风险意识。因此，我国应保障人工智能系统的安全性，算法不被黑客控制，系统和算法不能被黑客攻击或改变。②必须自主研发适用于政务平台的人工智能体系，完善政务服务数据安全体系。要高度重视和重新优化设计整个政府体系的数据安全架构，进一步完善逐级分布的安全体系，并做好应急和数据备份体系。

大数据、云计算、机器学习等可以将数以亿计的政治行为体抽象成社会的"节点"，人工智能通过分析信息中节点的度数、介数和接近度，来揭示权力集聚规律、赢得政治威望的秘诀，这也为执政安全提供了新的技术支撑和智慧渠道。③例如，人工智能可以为城市安防赋能。联合国人工智能和机器人中心主任伊莱克利·伯利兹在2018年9月18日于上海举行的世界人工智能大会安全高端对话上表示，"通过促进身份识别、预测犯罪趋势、追踪资金流向和标记等，人工智能可以有效地帮助执法者维护公共安全"。中国科学院院士何积丰指出，人工智能技术在功能安全方面正变得更加智能化。随着人工智能的发展，功能安全和信息安全将会融合得更加紧密。此次对话上还发布了《人工智能助力网络空间安全：模式与实践》报告。报告提出，计算机可视化、生物特征识别、人体动线自动检测等人工智能技术已被引入城市安防监控领域，可实现对"闯入家中的不法分子实时预警并第一时间报警"，"对校园周边的潜在暴力事件进行识别和防范"等功能，为家庭、校园和大型公共场合的安全提供了重要保障。如，"QQ全城助力"公益项目利用自研的跨年龄人脸识别技术，已协助警方和公益组织寻回300多位被拐和走失的儿童。人工智能技术还被运用于打击诈骗信息和欺诈行为。蚂蚁金服与有关

---

① 《习近平在中共中央政治局第二次集体学习时强调，审时度势精心谋划超前布局力争主动，实施国家大数据战略加快建设数字中国》，http://www.gov.cn/xinwen/2017-12/09/content_5245520.htm。

② ［英］玛格丽特·博登：《AI：人工智能的本质和未来》，孙诗惠译，中国人民大学出版社，2017年，第190页。

③ 《如何应对人工智能给国家政治安全带来的挑战》，https://www.sohu.com/a/361222643_329822。

部门合作开发了伪基站实时监控平台,基于大数据支持和生物识别技术,能做到精确到 50 米的定位。在试行的 4 个月里,该平台已协助警方打击伪基站涉案团伙 14 个。[①]

云计算平台成为智慧城市发展的基础,大数据服务成为智慧城市应用的核心。由政府引导、企业投资、市场化运营,政府购买服务的模式有望成为智慧城市发展的主要方向。对于资金、人员和技术条件不足的政府网站,可通过购买专业的安全服务来保障网站安全,用云的方式订阅各种安全服务,把安全交由更加专业的厂商和机构来解决。[②]目前,政府与人工智能企业合作还缺乏成熟的模式。政府与人工智能企业的合作多采用服务外包或合作建设方式进行,或者是政府将人工智能业务外包给相关企业通整体负责,或者是相关企业派人到政府部门支持人工智能建设。但这两种模式都存在稳定性和安全性的风险。因此,政府如何展开进行信息和数据资源的保护已成当务之急。

信息安全与个人隐私问题是人们关注的问题。隐私权是指自然人享有的私人生活安宁与私人信息秘密依法受到保护,不被他人非法侵扰、知悉、收集、利用和公开的一种基本人格权利。人工智能与大数据治理可能会危及个人的隐私权。人工智能时代无处不在的智能终端也无疑加大了信息泄露的危机,公民个体将面临更大的隐私泄露危机。《民法总则》第 110 条规定,自然人享有隐私权;《中华人民共和国网络安全法》第 45 条规定:"依法负有网络安全监督管理职责的部门及其工作人员,必须对在履行职责中知悉的个人信息、隐私和商业秘密严格保密,不得泄露、出售或者非法向他人提供。"[③]因此,在政府人工智能治理过程中,一定要明确政府数据开放的范围

---

① 兰天鸣:《人工智能如何让城市更有安全感》,http://www.xinhuanet.com/politics/2018-09/19/c_1123455473.htm。

② 许翔燕:《我国"互联网+政务"系统安全体系研究》,《电脑知识与技术》2015 年第 2 期。

③ 《中华人民共和国网络安全法》,http://www.gov.cn/xinwen/2016-11/07/content_5129723.htm。

与标准,并探索数据匿名化等新型数据保护工具,以更好保护相对人隐私。

要充分评估和分析人工智能技术对国家安全治理预期带来的潜在风险。人工智能技术具有高度专业性和复杂性,企业、科研机构常常处于技术创新前沿,而国家政府则往往远离技术前沿,对技术的感知相对滞后,对技术的安全风险准备不足。①随着人工智能的壮大及其在政府治理层面的不断嵌入,开展对政府人工智能应用状况的评估已成当务之急。行政机关应创新评估,加强对人工智能产品进行评估,以风险控制为核心,评估人工智能系统蕴涵的安全、歧视和隐私等风险。评估是评估主体运用科学的标准、方法和程序,对评估对象的发展动态、业绩水平等进行论证和考量,以分析和判定是否需要加以完善、创新或废止的过程。以人工智能嵌入应用的可能性风险为核心,对政府治理层面的数据存储系统、云计算平台及人工智能的神经网络架构、注意力模型、语言和图像识别系统、自然语言处理系统及机器学习中的目标函数、损失函数等作出全面评估,并以此作为完善技术和改进相关机制的重要参考,尽可能堵塞人工智能应用中可能出现的现实漏洞,确保政府应用过程的安全、畅通与和谐。为确保上述评估过程的有效展开,在坚持政府作为人工智能应用主体内部评估的同时, 适当引入社会层面的评估主体,包括科技主体的技术评估,治理对象的体验状况评估等,以尽可能地提升评估过程的科学性和全面性。②通过委托第三方专业机构的模式,对人工智能的数据存储系统、机器学习系统、自然语言处理系统和损失函数等方面做出全面评估,并以此作为修复并完善相关机制的重要参考,尽可能地将人工智能的系统漏洞尽早解决,从而确保人工智能政务系统的安全和稳定。评估既要注重技术的价值,又要注重人的自治能力和控制能力提升,尽可能地构建起以人为本的、可持续改进的人工智能政务系统。

---

① 《如何应对人工智能给国家政治安全带来的挑战》,https://www.sohu.com/a/361222643_329822。

② 张霄:《"互联网+政务服务":让生活更容易》,《今日中国》2018 年第 8 期。

### 4.建构形成多元主体间的信息共享机制

美国学者肯特（Allen Kent）认为，"共享"实际是一种互惠关系，每个成员都拥有一些可以贡献给其他成员的有用事物，并且每个成员都愿意和能够在其他成员需要时提供这些事物；共享资源、共享意愿及共享计划是其必不可少的条件。习近平总书记指出，要加强政企合作、多方参与，加快公共服务领域数据集中和共享，推进同企业积累的社会数据进行平台对接，形成社会治理强大合力。[①]人工智能对数据和信息的依赖性，决定了其科学嵌入政府治理的过程必定是政府在数据和信息上实现有效连通和安全共享的过程，对此要通过相关机制的完善提供支撑。要积极利用电子政务系统形成统一的数据共享平台，对各部门的信息流通做出协调，并基于党务和政务公开的相关法规切实推进信息公开，以在打破科层制壁垒的前提下为提升智能治理水平提供数据支撑。[②]人工智能使"决策向智慧化转型""数据集中协同服务"。人工智能作为技术手段，对政务流程的优化需要信息与数据整合的同步推进，从而实现对有效智能服务的后台结构支持。突破数据和体制壁垒，实现数据资源的有效整合与共享是当务之急。

政府治理对信息高度依赖。信息是政府行动的前提，是政府管控的基础，是政府行动的目标，也是贯穿治理体系的神经系统。政府必须要掌握大量重要的信息，才能开展有效的治理活动。政府信息资源是指政府在公共管理活动中所产生数据的统称。政务服务数据是指政府相关职能部门在政务服务过程中收集、产生并记录、存储的文本、图片、影像等形式的数据。[③]政务服务数据共享是指，各政府职能部门以提高政务服务效率和质量为目的，充

---

① 《习近平在中共中央政治局第二次集体学习时强调，审时度势精心谋划超前布局力争主动，实施国家大数据战略加快建设数字中国》，http://www.gov.cn/xinwen/2017-12/09/content_5245520.htm。

② 胡洪彬：《人工智能时代政府治理模式的变革与创新》，《学术界》2018 年第 4 期。

③ 徐晓林、明承瀚、陈涛：《数字政府环境下政务服务数据共享研究》，《行政论坛》2018 年第 25 期。

分利用现代化数据处理技术,将其在服务过程中收集、生成的业务数据按照规定可复用的方式进行记录、存储,通过一定的共享机制,实现部门间业务数据的按需共享,为进一步围绕公民实际需求,针对"某个完整业务"开展政府信息系统后台数据整合与业务协同打下基础。①但"信息不对称"现象普遍存在于政府治理的过程中。传统官僚制结构很难主动促进算法和数据的开放性。为应对人工智能政治化中的风险,政府应围绕数据共享与算法优化建立健全开放的治理体系和治理机制。②人工智能可以"提升信息收集的全面性和准确性""实现信息传送的及时性",打破部门壁垒,减少"信息孤岛",推动各级政府信息系统的整合共享,从而实现数据协同。中国政府已经将数据开放提升到"国家战略"地位,提出要建立各级政府数据开放平台,应当加快研究数据开放的规则,制定更为详细具有操作性的方案,开放更多政府数据,推动社会和企业更多使用政府数据开发更多应用。自20世纪90年代起,我国各级政府投入大量资源进行电子政务建设,各政府部门拥有的信息被封闭在组织内部,海量信息无法被共享。从2010年起,我国监控摄像头的数量以每年20%的速度增加,我国已拥有世界上最大的视频监控网,全国约600个城市建设"平安城市",视频镜头超过2000万,投资超过3200亿元。但如此庞大的视频监控网络并没有形成一张"治理网",而是一个个独立且封闭的"孤岛"。绝大部分视频监控摄像头是由不同政府部门、企事业单位和社会团体等自行建设的,信息系统不统一,视频监控记录的信息无法实现整合和共享。而人工智能技术应用可以打破政府部门间横向信息隔离。政府要运用人工智能精准的图像识别技术,建设涵盖技防系统、物防系统、人防系统和管理系统于一体的综合信息平台,构建城市综合预警系统和应急指挥体系。"智慧办"将政府视频监控器记录的信息向公众开放,市民在申请通过后

① 徐晓林、明承瀚、陈涛:《数字政府环境下政务服务数据共享研究》,《行政论坛》2018年第25期。

② 王小芳、王磊:《"技术利维坦":人工智能嵌入社会治理的潜在风险与政府应对》,《电子政务》2019年第5期。

可以使用政府编写的视频检索程序，调取政府开放数据库中的视频信息，通过人工智能技术，查找自己需要的视频记录信息，从而打通了部门之间信息的区隔，促进了信息共享与业务协同；也让公众享受到了人工智能带来的服务便利，减轻了政府基层部门的工作负荷。[①]

**5.创新治理模式，建构以人工智能为核心载体的政府善治机制**

政府从人工智能受益，人工智能可以成为善治的一个工具。人要着力推进智能技术不断走入政府治理实践，提升政府治理的智能化水平。人工智能时代的政府善治实现必须以智能处理流程的创新为保障。钱学森先生曾经提出，要将专家群体、数据和各种信息与计算机仿真有机地结合起来，把有关学科的科学理论与人的经验、知识结合起来，发挥综合系统的整体优势，建立应用于科学决策的从定性到定量的综合集成系统，用于研究复杂巨系统问题。智能化系统建构的根本取向在于应用，如通过人工智能对政府治理数据的优化处理，将传统办公自动化系统改造为智能办公系统，实现对政府监管对象和服务对象的自动感知、智能识别和跟踪，并针对性地提出解决方案等，由此在实现智能化的办公、监管、服务和决策的过程中，促进政府治理能力不断提升。

创新协作模式，建构政、企间在人工智能领域的深度合作机制。随着国家对科技创新领域的逾加重视，国内相关企业的科技水平也得到不断提升，阿里巴巴、百度、腾讯、华为等企业在人工智能多个技术领域达到全球领先水平，为政府治理的智能化发展提供了现实支撑。因此，要借助科技企业的技术优势，形成政、企间深度协作机制。政府要将相关的人工智能技术交给专业化的科技企业完成，通过定向研发打造契合政府治理需求的人工智能软、硬件，以确保人工智能同政府治理形成内在的兼容性。[②]重点选取环保、

---

① 韩啸：《让信息流动起来：人工智能与政府治理变革》，《社会主义研究》2019 年第 4 期。
② 胡洪彬：《人工智能时代政府治理模式的变革与创新》，《学术界》2018 年第 4 期。

医疗和交通等大数据资源较为完善的治理领域进行积极探索，在实践应用中推进相关技术不断发展和完善。同时，只有实现政府同社会的合作善治，才能有效化解人工智能环境下可能引发的政府信息安全问题。从技术、产业、政策、法律等多个层面构建人工智能国家安全治理体系，政府应与其他安全治理主体紧密合作，建立风险管控互动机制，加深公、私部门的治理合作，真正实现国家安全治理体系良性运转。①

在人工智能时代，以提升治理效能为核心的智慧治理模式创新要在技术上下功夫。一方面，政府可以从人工智能在社会治理应用中的关键要素入手，找准人工智能应用的"痛点""难点"和"堵点"，并通过智能办公系统的技术改造，实现对政府监管对象和服务对象的自动感知、智能识别，并有针对性地提出技术性解决方案。另一方面，人工智能时代的社会治理要有社会治理的智能化集成系统，也即政府机构要实现由现代通讯、计算机网络、融媒体和智能控制技术汇集而成的职能应用集合，通过强化对社会治理的数据挖掘系统和数据存储系统的建设力度，以此推动政府对各类非数值型、非结构化数据的有效整合与动态管理，并通过有选择性地引入语音识别技术、自然语言处理技术等，在人机交换过程中形成治理模式的知识库、推理机和解释器，为创新治理模式提供数据和技术支撑。②当前，我国在人工智能技术领域面临的最重大的安全威胁，是关键核心技术受制于人。因此，要加强政策引导和资金支持，打造一批国家级人工智能研发平台。加强基础性、原创性、前瞻性技术研发，从基础算法、关键部件、高精度传感器入手，加快核心技术突破。

---

① 李巍：《新时代国家安全治理应对人工智能挑战的策略》，《科技视界》2019 年第 33 期。

② 薛泽林：《中央政治局集体学习人工智能，其中谈到的这个"结合"事关治理现代化》，https://www.jfdaily.com/news/detail?id=113675。

### 6.加大人工智能人才培养和人工智能技术应用培训力度

方向确定之后,人才是关键因素。技术创新的关键在人才。人工智能时代政府治理变革迫切需要以政府为主导的相关配套机制的创新。领导是组织的核心,要建立专业性的领导机制。将人工智能科学嵌入政府治理的关键在于领导,提升政府治理的智能化水平,需要通过完善干部选拔机制,铸就一支兼具智能治理理念和实践经验的新型领导队伍,可以借鉴国外经验成立相关的管理委员会,或设置专门的首席人工智能官(CAIO)等,使其成为智能政府建设的中坚力量,确保政府在人工智能应用中始终把握主动。[①]习近平总书记指出,善于获取数据、分析数据、运用数据,是领导干部做好工作的基本功。各级领导干部要加强学习,懂得大数据,用好大数据,增强利用数据推进各项工作的本领,不断提高对大数据发展规律的把握能力,使大数据在各项工作中发挥更大作用。[②]智能自动化有可能为政府服务创造难以置信的价值。智能自动化不仅仅是一个技术问题,整个机构的领导者都应该参与到规划中。[③]

在智能信息技术已经成为政府治理的重要抓手的情况下,加强对智能信息技术相关人才的培养是提升政府治理能力的基本保障,是政府理掌握、运用智能信息技术的基础和前提。我国在人工智能基础理论、原创算法、高端芯片和生态系统等方面与发达国家仍有较大差距,学科交叉融合亟待深化,人才培养导向性亟待加强。为此,教育部、国家发展改革委、财政部联合印发了《〈关于"双一流"建设高校促进学科融合加快人工智能领域研究生培养的若干意见〉的通知》(教研〔2020〕4 号),提出深化人工智能内涵,构建基

---

① 胡洪彬:《人工智能时代政府治理模式的变革与创新》,《学术界》2018 年第 4 期。

② 《习近平在中共中央政治局第二次集体学习时强调,审时度势精心谋划超前布局力争主动,实施国家大数据战略加快建设数字中国》,http://www.gov.cn/xinwen/2017-12/09/content_5245520.htm。

③ 清华大学:《2018 中国人工智能 AI 发展报告》,https://blog.csdn.net/tkkzc3E6s4Ou4/article/details/81784725。

础理论人才与"人工智能 +X"复合型人才并重的培养体系,探索深度融合的学科建设和人才培养新模式,着力提升人工智能领域的研究生培养水平,为我国抢占世界科技前沿,实现引领性原创成果的重大突破,提供更加充分的人才支撑。①同时,应以开放的姿态,加强与企业、国内外知名高校、研究所和行业协会的合作,培养急需紧缺的智能信息技术的复合型人才。另外,还要在加强国内人才培养的同时,拿出具有吸引力的政策措施,在全球范围内招贤纳士,聚天下英才而用之。②

智能政务对人才素质提出了新的更高的要求,政府在人才培养上要进行相应创新。习近平总书记指出,要坚持数据开放、市场主导,以数据为纽带促进产学研深度融合,形成数据驱动型创新体系和发展模式,培育造就一批大数据领军企业,打造多层次、多类型的大数据人才队伍。③要形成政府人工智能人才的培育机制。要提升政府智能信息技术人才质量,壮大政府智能信息技术复合型人才队伍,为政府治理提供人才储备。④政府工作人员要加强自身学习,熟练掌握各类智能信息技术,特别是行政执法人员,必须学习人工智能系统的相关知识,使得人工智能系统在行政治理中得到更好的使用。同时,要通过人工智能科学知识教育,促进人们在数据意识、智能技术应用能力等方面综合提升。政府要重新思考公共教育系统和职工培训计划,及时增添新的培训内容,创新培训方式,确保职工所拥有的技能与机器相互补充。人工智能人才培训要分级分层,实现系统化、专业化、特殊化、普遍化至关重要,如加大力度培训探索尖端技术的政府分析师。对政府治理中相关数

---

① 《教育部国家发展改革委财政部印发〈关于"双一流"建设高校促进学科融合加快人工智能领域研究生培养的若干意见〉的通知》(教研〔2020〕4 号),http://www.gov.cn/zhengce/zhengceku/2020-03/03/content_5486326.htm。

② 《如何应对人工智能给国家政治安全带来的挑战》,https://www.sohu.com/a/361222643_329822。

③ 《习近平在中共中央政治局第二次集体学习时强调,审时度势精心谋划超前布局力争主动,实施国家大数据战略加快建设数字中国》,http://www.gov.cn/xinwen/2017-12/09/content_5245520.htm。

④ 吴新辉:《新技术革命时代人才评价的范式转变与方法》,《中国人事科学》2018 年第 3 期。

据的挖掘,离不开社会力量的参与和支持,以多元主体良好的数据素养和技术素养为基本要件。着力提升多元参与主体的数据素养和技术素养水平,要充分发挥政府财政投入、政策支持的引导作用和市场配置资源的决定性作用,鼓励企业、社会加大投入,形成财政资金、金融资本、社会资本合力支持人工智能相关学科发展和高层次人才培养的新格局。[①]可通过政企协作模式,如聘任企业研发人员担任政府智能治理的技术顾问,或邀请企业研发团队给予技术培训、开展知识讲座等,帮助政府提升人工智能的应用能力和水平,培养一批既具备过硬政治作风,又熟谙人工智能技术的复合型人才,使其在政府智能治理中发挥积极作用。

需要注意的是,不能将政治考量、政策决断和个案处理交给机器。一些工作完全自动化,一些由人工和机器共同完成,还有一些由人工执行,但由机器来加强。

## (六)区块链助力智能政务服务

人工智能是一场生产力革命,而区块链则是一次生产关系革命。人工智能是解放了生产力,而区块链则是解决了生产关系。尽管区块链与人工智能没有直接关系,但二者却是相辅相成的。人工智能解决的是一个智能机器人专注于某项任务的能力,但是多个机器人在相互交换和共享数据时也会出现机器人与机器人之间的不信任。而区块链的去中心化技术能够解决机器人与机器人之间的信任问题。可以让一群不相关的机器人团队相互合作。区块链会对人工智能发展后产生的隐私、安全及公平等难题提供重要的解决方案。人工智能能够做出决策、评估和理解某些模式和数据集;区块链则可

---

① 《教育部国家发展改革委财政部印发〈关于"双一流"建设高校促进学科融合加快人工智能领域研究生培养的若干意见〉的通知》(教研〔2020〕4 号),http://www.gov.cn/zhengce/zhengceku/2020-03/03/content_5486326.htm。

以保持准确的记录、认证和执行,人工智能和区块链共同拥有三个特点,可以确保它们之间的无缝互动:一是信任是必要条件。对于任何被广泛接受的技术的进步,信任是至关重要的,这也不排除人工智能和区块链。为了使机器间的通信更加方便,需要有一个预期的信任级别。想要在区块链网络上执行某些交易,信任是一个必要条件。二是安全。处理区块链网络上进行高价值交易时,这对网络的安全性有很大的要求,可通过现有协议实施。对于人工智能来说,机器的自主性也需要很高的安全性,以降低发生灾难性事件的可能性。三是人工智能和区块链需要数据共享。分布式数据库强调了在特定网络上的多个客户端之间共享数据的重要性。同样,人工智能依靠大数据,特别是数据共享。可供分析的开放数据越多,机器的预测和评估则会更加正确,生成的算法也更加可靠。如果真正将二者结合起来,将是一项更为便捷、确保人类生存安全的伟大发明。人工智能与区块链技术结合最大的意义在于,区块链技术能够为人工智能提供核心技能——贡献区块链技术的"链"功能,让人工智能的每一步"自主"运行和发展都得到记录和公开,从而促进人工智能功能的健全和安全、稳定性。

互联网使得全球之间的互动越来越紧密,通过使用区块链技术,整个社会有望在进入智能互联网时,形成一个可编程的社会。从整体上来看,区块链是能推动社会进步的,尤其是在现代,区块链的应用更加广泛,可以应用到金融、医疗、能源、版权、物联网等各个领域,逐渐形成了"区块链+"模式。

**1.区块链的界定、特点及在政府治理中应用**

区块链是一种新兴信息技术,即使用时间戳和数字密码技术,把交易记录记载在按时间序列组成的数据区块中,并使用共识机制把数据存储到分布式数据库中。①狭义来讲,区块链是一种按照时间顺序将数据区块以顺序

---

① 井底望天等主编:《区块链与大数据:打造智能经济》,人民邮电出版社,2019年,第43页。

相连的方式组合成的一种链式数据结构，并以密码学方式保证的不可篡改和不可伪造的分布式账本。广义来讲，区块链技术是利用块链式数据结构来验证与存储数据、利用分布式节点共识算法来生成和更新数据、利用密码学的方式保证数据传输和访问的安全、利用由自动化脚本代码组成的智能合约来编程和操作数据的一种全新的分布式基础架构与计算方式。[①]

区块链是一个去中心化的分布式账本数据库，也是一串使用密码学原理的数据块，每一个数据块中都包含了有效的网络交易的信息。区块链的特点是去中心化、开放性、自治性、信息不可篡改和匿名性。一是去中心化，是指区块链并没有中心化的硬件或者管理机构，在区块链中，每一个节点都是均等的，整个系统中的数据区块也都是由具有维护功能的节点来维护的。区块链的信息源并不是事先指定好的，而是通过竞争选择出来的，这个系统就是去中心化的。通常区块链可以分为三种类型，公有链、联盟链、私有链。在某些场景中是需要去中心化的。例如银行等金融系统，或者第三方中介，像滴滴出行、微信、支付宝等。二是开放性，是指区块链技术基础是开源的，数据对所有人开放，任何人都可以通过公开的接口查询区块链数据和开发相关应用，因此整个系统信息高度透明。三是自治性，是指区块链采用基于协商一致的规范和协议，使系统中的所有节点都能在去信任的环境中自由、安全地交换数据，由对人的信任改成对机器的信任，任何人为的干预都无法发挥作用，能够实现信息的共享和公开。区块链的自治性节省了消费者和卖家之间交易信息发布的时间，提高了交易效率。由于每个节点之间的信息都是加密的，数据是不能被篡改的，避免了在传统平台中干预信息安全的问题。区块链的自治性这一点在各个领域体现得日益明显，国内的很多企业都在探索并且加强对这个特征的运用。目前，跨境支付是在区块链概念中发展得很好的一个领域。四是信息不可篡改，是指一旦信息经过验证并添加到区块

---

① 工信部：《中国区块链技术和应用发展白皮书（2016）》，http://www.360doc.com/content/16/1108/11/28124008_604835523.shtml。

链,就会被永久地存储起来,因此区块链数据的稳定性和可靠性非常高,从根本上改变了中心化的信用创建方式,通过数学原理而非中心化信用机构来低成本地建立信用,出生证、房产证、婚姻证等都可以在区块链上进行公证,变成全球都信任的东西。目前,区块链在跨境汇款等金融领域、人工智能领域都得到了广泛应用。五是匿名性,是指节点之间的交换遵循固定算法,其数据交互是无须信任的,交易对手不用再通过公开身份的方式让对方信任自己,有利于信用的累计。通过在全网节点运行共识算法,建立网络中城市节点对全网状态的共识,间接地建立了节点间的信任。六是可追溯性,是指便于数据查询。①

随着区块链技术的不断发展和各类社会化运用的出现,国外学者积极探索区块链在政府管理中的应用,着重研究了"如何做到政府数据的开放""如何通过科技手段提高公民和社会组织在社会公共事务中的参与度""如何通过区块链打造个性化政府服务"等一系列问题。在实践方面,各国开始探索对区块链技术的行业及社会化运用。政府区块链技术实践开展最早的领域是金融,其中尤以数字货币最受政府关注。管理者需持续地监视金融业中的欺诈投资行为、管理交易行为,打击投机行为。英国央行在 2017 年初就开始对中央银行数字货币(CBDC)的概念验证技术进行研究,荷兰的 ING 银行已于 2017 年 2 月完成了对 27 个区块链电子模型的验证,丹麦央行计划发行基于区块链的电子克朗作为储备货币。爱沙尼亚政府在税收系统以及商业注册系统中使用了区块链技术,并将区块链技术运用到公民电子健康记录系统中。瑞典政府正在将区块链技术用于土地所有权的监管。乌克兰政府则与 Bitfury 开展合作,将政府数据放在区块链上,希望解决公众对政府透明度和问责制的关注问题。美国特拉华州开展了"特拉华州区块链倡议行动",其中一个措施就是与特拉华州律师协会合作,探索将区块链技术与该

---

① 参见任明月、张议云、李想:《区块链+:打造信用与智能社会》,清华大学出版社,2018 年。

州的法律体系结合起来。由于数字货币在整个区块链中居中心地位,数字货币成为区块链政府治理的重点。由于区块链技术会带来去中心化的数据分布和组织,法律难以定位到相应的责任个体,以往借助法律直接禁止特定网络活动进行管理的方式可能会受到限制。因此,要创新能平衡区块链技术和管理的法律范式。2017 年 12 月,澳大利亚两议院正式通过了《反洗钱和反恐怖主义融资法案 2017 年修正案》,该修正案在原有的基础上增加了对数字货币的监管内容,提出打击加密货币的非法使用。加拿大联邦政府发布的报告"Digital Curency:You Can't Flip This Coin",对数字货币实施监管和管理。①有关区块链的政府治理的讨论主要包括:一是允许监管者在现存的政府运作中实践新的管理方式,以期改善政府运作模式和效率;二是使监管者近距离地观察区块链技术使用案例的运作方式,获得一手资料;三是有助于形成政府部门和相关产业之间的对话,从而实现在促进创新的同时,确保公共政策目标的维护区块链被应用于护照办理、土地交易信息公开等与公民个人相关的公共服务领域。英国政府早已发布区块链重要报告,评估了区块链所具有的巨大潜力,及此种潜力对于政府管理方式再造的重大意义。

在我国,区块链开始助力智慧政府建设。从"互联网＋政府服务"的概念提出至今,各地政府一直在积极寻求管理模式上的变革和突破。在理论层面,立足于"智慧政府"建设而探索政府管理方式的变革具有可行性;在实践层面,近年来围绕"智慧政府""智慧城市"等主题,各方作了很多有价值的探索,但屡次遭遇瓶颈。梳理和研究国内外"智慧政府""电子政府"的发展脉络,可大致总结为四个阶段:信息可获取性阶段、信息有价值性阶段、主动性服务阶段、智慧政务阶段。其中,智慧政务阶段是以公民为导向、基于个人信息的全方位政府服务体系,而区块链将助力"智慧政府"的建设和政府管理方式的重塑,以推进智慧政务的建设。不动产区块链电子凭证的发放,便是

---

① 巢乃鹏:《国内外区块链技术的政府实践》,《学术前沿》2018 年第 6 期。

一个以区块链为大众提供便捷服务的生动案例。它既是政府在服务百姓、改善民生方式上的重要突破,也对目前的供给侧结构性改革有所助益。

综合国内外的区块链政务建设经验,不难发现建设智慧政府的重要基础便是建设数字政府,而运用以区块链为代表的前沿科技提升政府的工作效率是建设数字政府的应有之义。以此为切入点,应用区块链可形成跨行业、跨地区、跨系统、跨部门的协同管理与服务机制。其具体包括:第一,提升数据安全保护能力。利用区块链技术,政府可有效把控数据使用,并对个人隐私数据进行高效脱敏,从而实现数据共享、增值和数据完整、安全间的价值平衡。此外,在访问数据的权限上,区块链可设置准入机制,只有经过授权的机构或个人才能查询、使用和管理数据,可有效防止数据的泄露。第二,以智能合约技术创新共享机制。智能合约能够取代传统的数据的协议,打破传统各自为政的数据统计标准和方法。通过在基于区块链的智能合约中写入设定的统一代码,系统能够自动根据该代码比照相关数据的类型、标准、范围、数量等内容和电子签名进行核验,有利于提高数据统计的效率,并方便共享。当某些部门数据缺失或未及时上报时,智能合约能够自动在全网发送实时警告,并在区块链上登记相关警告记录和被警告部门的答复记录,有利于责任倒追。第三,通过分布式自治促进简政放权。区块链是弱中心的、放权的、本地化决策的技术。它不能完全取代原有的中心化机构,而是促进各领域的中心化机构间达成联盟,将传统电子政务集中化的管理方式转变为社会各主体的分布式自治,实现法治、德治、自治和科技治理的四维突破。每个公民都将拥有存储在加密账本中的个人基本信息和相关数据,可以通过公钥选择性地与代理机构分享信息,或者向政府授权使用公钥或私钥以阅读和更改其个人账户内容。社区居民不再是被服务人,而是一个更加积极主动的参与者。第四,建设可溯源的廉洁高效政府。区块链记录具有可追溯性和不可篡改性,数据信息的录入、更改都能够溯及具体的步骤与操作人员,以方便政务的落实、核查与追责,督促政府部门及相关工作人员切实履行职责,建设廉洁高效、人民满意的服务型政府。第五,实现精准治理。在政府内部,通过区块链系统的点对点传输,上下级政府部门之间能够实现信息的有效传递。一方面,上级政府部门的指令能够直接下达到基层政府部门,从而避免因政策的层层下达而引发的失真和滞后现象;另一方面,基层政府部门的信息可以真实反馈到上级政府部门,上级政府部门亦可主动收集。第六,区块链服务实体经济发展。区块链回归到本源是服务于实体经济,服务于地方政府。提升政府的服务能力对于发展实体经济十分关键。

实践中,娄底建立了国内第一个区块链智慧政务网络。2018 年 11 月,湖南省娄底市正式上线启用不动产区块链信息共享平台,并发行了全国乃至全球首张不动产区块链电子凭证。该平台采用区块链,可确保不动产信息的真实、准确、完整和一致性,同时确保多个政府部门之间数据的准确、实时共享,并发挥技术保障系统中数据的强一致性作用。共享平台的数据一经"上链",不可篡改,对数据的修改过程和结果都会被准确记录。相较传统共享方式,这种包含过程变化的共享数据,具有更高的可信度。2018 年,深圳成为中国发票领域首个区块链应用成功落地的城市,开展了智慧政务实践。8 月 9日,在国家税务总局的指导下,深圳市税务局、腾讯与金蝶软件三方合作,发布了中国首个"区块链 + 发票"生态体系应用研究成果,发布了《国家税务总局深圳市税务局关于推行通过区块链系统开具的电子普通发票有关问题的公告》,搭建了"微信支付—发票开具—报销报账"的发票全流程管理应用场景,统一规定了区块链电子普通发票票样。深圳成为全国区块链电子发票试点城市。纸质发票的优势在于不存在重复报销问题;电子发票的优势在于处理方便,但存在重复报销的问题,且需打印成纸质发票才能完成报销、入账和存档。而区块链发票可以从根本上杜绝这些现象。在整个发票的系统设计中,区块链起到了确保数据安全与共享的作用,发票数据的生成、发票开票申请、发票报销、拿到报销款等各个流程,都以时间戳形式记录下来并实时同步到系统中的各节点,避免了电子发票数据的不一致,防止数据的篡改,提高了数据的准确性和解决效率问题，解决了发票流转过程中存在的一票多报、虚报虚抵、真伪难辨等顽疾。

### 2.区块链强化政府监管能力

习近平总书记在党的十九大报告中指出，"转变政府职能，深化简政放权，创新监管方式，增强政府公信力和执行力，建设人民满意的服务型政府"。要真正实现简政放权、创新监管方式，就需要借助科技的手段。运用区块链及其他科技手段，能够高效提升政府的监管能力。业界提出了"法链"（RegChain）概念，即通过区块链进行监管，使数据从触达、分析、安全、收集、共享到指令发送全过程完美实现，这也是政府自我变革的方式，并且在金融数据服务、新一代招投标应用、食品药品安全保障、医疗卫生服务等领域应用。其中至关重要的一个环节就是 EID（个人数据身份证）的实现，通过其的实现所取得的将不仅是政府监管能力的增强，还是个人信用体系的健全，进而建立一个系统的工程，一个助力实现数字政府、数字中国的工程，让老百姓感受到数据的魅力与价值。[①]

鉴于近年来新兴科技高速和引人瞩目的发展，关于把现代技术应用于监管，尤其是金融行业的监管，目前一般被称作监管科技（RegTech）。这一概念引起了很多关注，目前监管科技被认为是解决金融行业风险和挑战的极少数答案之一。在这一数字经济时代，依靠技术驱动的监管模式被认定会起至关重要的作用。目前，世界各国不同专家对于"监管科技"的定义都不同，从宏观视角看有广义与狭义之分。狭义的监管科技概念基本上可以被归纳为，通过运用新兴科技辅助手段，使金融机构内部合规程序的准确性与效率提高。广义的监管科技概念则是指，通过监管机构利用已经出现的技术创新，提取与分析监管机构所要求数据库中的数据并自动提出基于数据分析

---

① 参见杨东:《区块链+监管=法链（Regchain）》,人民出版社,2018年。

的解决方案，从而自动监控金融行为或金融新产品是否符合安全性与法规要求，给予监管机构实时监控与实时整改权能。银行根据《巴塞尔协议》对资本之间的流动性覆盖率和净稳定资本比率的统计，需要大规模长期进行。传统模式中监测金融资金是否存在流动性风险的报告需要具有频繁性与精确性，通过针对流动性风险设置的比率估值来判断合规目的达成情况。然而，很多金融机构难以在集团层面提供全部高质量结构化数据，这主要是由于数据的不匹配与监管数据要求不明确。但是监管科技可能是该问题的解决方案之一，至少技术控制与法律控制结合的监管治理模式，可能是数字经济时代防范风险的可行性治理机制。

区块链技术与金融科技监管具有一定的契合性，区块链技术自身有助于提高监管的有效性。如果区块链技术被用于监管科技，那么对于解决政府与市场长期存在的双重失灵问题就有重要帮助。通过该技术，监管者能够建立一个实时透明的共享账簿，一旦通过分析数据得出结果，可能会发生恶化，则监管者可以基于分析结果及时予以回应。区块链技术也可以依靠智能合约的构造，将法律法规所要求的合法规范或合规要求在无形中散入区块链系统之内。在技术驱动型监管模式中，区块链技术具有广泛的应用场景。监管机构应借助既有监管经验与区块链等数字经济时代的新技术，有针对性地评估不同金融机构或不同金融服务存在的隐藏风险。一旦特定金融行为触发金融风险预警线，或者根据大数据，虽然金融机构尚未触及风险预警线，但根据其他可靠信息判断存在风险的，监管机构就可以采取相应措施，及时介入监管。

为了适应由区块链引起的生产关系变革，清除行业乱象，业界提出"共票"理论。"共票"即凝聚共识、共享权益的票证；"共"作为前缀，具有"共同、相互、联合"的意思，非常契合众筹理念，有利于引导区块链经济业态的正确发展方向。"共票"本质上是区块链经济业态下产生的一种新型权益分配机制，是吸引区块链系统外资源投入后回馈的权益凭证。"共票"不仅能为数据的确权、定价与交易赋能,实现价值发现的目标,而且能为区块链治理赋能,推动数据共享。目前监管区块链经济业态的痛点在于数据。政府对新科技业态的管理决策建立在与之相关的特定数据的基础之上,而区块链经济业态日新月异的创新实践往往导致相关数据尚未积累或监管者选取了错误的数据作为依据和指标,从而陷入缺乏充足、有效数据盲目规制或消极规制的困境。"共票"机制结合内嵌的智能合约与区块链,具有不可篡改的记录功能,可以一比一智能匹配一段数据串,实现数据聚合、匹配与追踪,自动化分析海量数据。同时结合大数据、云计算、人工智能等其他前沿技术,构建数据聚合、大数据处理和解释、建模分析与预测的有效机制,其可以辅助监管者实现技术驱动型治理。基于"共票"的区块链治理要有一定的配套机制,例如构建区块链上的大数据分析和风险预警机制、制定区块链技术标准等。[1]

### 3.规避区块链风险的对策建议

区块链作为一项新型技术,具有非常广阔的应用前景,会对原有的社会秩序和格局产生重大影响;但同时也需注意到,这种革新也会产生新的问题,对原有社会秩序和区块链本身都提出了新的要求。区块链技术本身还存在不少问题,需要更多时间来探索和完善。[2]一是技术不成熟。区块链技术本质上是以牺牲效率来获取公平的,其分布式架构和共识机制决定了它的交易效率瓶颈,它不能很好地支持高频交易;现有区块链技术在用户账户的网络安全防护和隐私保护方面是很脆弱的;现有区块链技术是针对数字货币应用进行设计的,对更广泛的商业应用存在很多局限性;区块链技术不是孤立的技术,需要与大数据、物联网、人工智能等其他技术配套应用,仍有大量工作要做。二是数字资产炒作。区块链技术是数字货币和数字资产的底层技

---

① 姚前主编:《中国区块链发展报告(2019)》,社会科学文献出版社,2019年,第56页。

② 赵成刚:《区块链技术的本质与未来应用趋势》,《学术前沿》2018年第6期。

术,但不幸也成为数字资产炒作的工具,尽管国家明令禁止,但很多区块链项目仍绕过国家监管,在海外从事 ICO,仅仅为了上交易所快速融资套现,被称为"空气币",对区块链技术应用产生了很多不好的影响。三是政策风险。区块链技术的主要领域在金融行业,金融行业是政府监管的重点行业,因此,很多区块链技术应用必须应对监管政策的要求,在监管政策框架下进行发展。

规避区块链风险,政府应该做到:

第一,政府要加快建立鼓励创新与风险防范相结合的监管政策。一方面,要大力支持金融机构、科研院所、创业公司进行区块链技术创新和商业化应用,采取沙盒机制,建立试验区、行业示范应用、试点企业,通过小范围试点获得成功经验,并逐步推广应用。另一方面,要尽快研究出台区块链技术应用监管政策,严厉打击违法行为,明确允许企业在监管框架内进行业务创新,不搞"一刀切",推进创业企业主动适应监管政策。

第二,各个行业要加快建立行业内联盟与行业间跨界融合相结合的合作机制。区块链技术是一个行业协作的信任机制,将极大地解放行业内组织间和行业间协作的生产力。各个行业要主动作为,积极拥抱区块链,通过共识机制建立行业内和行业间的信任机制,大幅提升协作效率,降低协作成本,促进行业大发展。

第三,区块链企业要加快建立技术创新与应用价值挖掘相结合的发展模式。在每一次技术革命中,只有那些坚持技术创新和应用价值实现的企业才能真正胜出。一方面,企业要加强技术创新,突破一些自主可控的关键技术。另一方面,要着力解决经济社会发展的痛点和难点,开发出真正有市场有需求的区块链应用,这才是行业发展的根本。[1]

---

[1] 赵成刚:《区块链技术的本质与未来应用趋势》,《学术前沿》2018 年第 6 期。

# 四　互联网＋养老服务

我国已经进入老龄化社会。人口老龄化通常被认为是老年人口数量占总人口数量的比例超过一定界限。国际上通常把 60 岁以上人口占总人口的比例达 10%，或 65 岁以上人口占总人口的比例达 7%，作为一个国家或地区进入老龄化社会的标准。2020 年第七次人口普查结果显示，全国人口中，60 岁及以上人口为 2.64 亿人，占 18.70%，其中 65 岁及以上人口为 1.91 亿人，占 13.50%。[1]习近平总书记指出："我们党历来高度重视老龄工作。党的十八大和十八届三中、四中、五中全会以及'十三五'规划纲要都对应对人口老龄化、加快建设社会养老服务体系、发展养老服务产业等提出明确要求。"[2]随着互联网技术迅速

---

① 国家统计局：《国务院第七次全国人口普查领导小组办公室.第七次全国人口普查公报（第五号）——人口年龄构成情况》，http://www.stats.gov.cn/tjsj/zxfb/202105/t20210510_1817181.html。

② 《习近平在中共中央政治局第三十二次集体学习时强调 党委领导政府主导社会参与全民行动 推动老龄事业全面协调可持续发展》，http://news.12371.cn/2016/05/28/ARTI1464426800294593.shtml。

进入各个产业，并推动各个产业改革创新，互联网＋养老服务也应运而生。2021年底，国务院印发了《"十四五"国家老龄事业发展和养老服务体系规划》，提出推动"互联网＋养老服务"发展。①

## （一）"互联网＋养老服务"概念、特点及必要性

"互联网＋养老服务"在实践中常常被称为"智慧养老"。"智慧养老"的本质是互联网和智慧技术向产业及社会渗透引发的裂变和重构，其根本驱动力是技术革命的变革和养老理念的转变。

### 1."互联网＋养老服务"概念探讨

"智慧养老"概念最早由英国生命信托基金提出。英国生命信托基金提出老年人可以享受到不受时间和空间束缚的高质量的生活和养老服务。②"智慧养老"是指利用先进的互联网、云计算、可穿戴等新一代信息技术手段，构建面向家庭养老、社区居家养老和机构养老的物联网系统与信息平台，整合政府、社会及社区家庭的资源，为养老提供更便捷、高效、灵活的公共管理创新服务模式。③国外的"智慧养老"概念，主要与在地养老、数字养老、远距离照护等概念密切关联。其中，"在地养老"概念最早提出是在美国和加拿大提出的，强调的是老年人在家中或社区内养老，而不是在专门的机构养老；而数字养老、远距离照护、移动医疗则相对宽泛，主要强调了信息技术在老年人养老中的应用。

---

① 《国务院关于印发"十四五"国家老龄事业发展和养老服务体系规划的通知》(国发〔2021〕35号)，http://www.gov.cn/zhengce/content/2022-02/21/content_5674844.htm。
② 甄圣如：《智慧养老在应用中存在的问题及对策——以合肥逍遥津院为例》，《法制与社会》2019年第14期。
③ 杨盛菁、李清镇：《国内外智慧养老文献述评》，《南宁职业技术学院学报》2018年第23期。

我国学界对"互联网＋养老服务"进行了探讨。有的学者认为,"互联网＋养老服务"是以互联网、物联网等为依托,综合运用计算机网络技术、通信技术、智能控制技术等,为老年人提供安全便捷、健康舒适的服务,同时满足老年人个性化需求的养老模式。①还有学者认为,"互联网＋养老服务"是指利用信息化手段、互联网和物联网等网络信息技术,研发面向居家老人、社区、养老机构的传感网络系统及信息服务平台,在此基础上提供实时、快捷、高效、低成本的智慧化养老服务。②

按照工业和信息化部、民政部、国家卫生计生委联合印发的《智慧健康养老产业发展行动计划(2017—2020 年)》文件,智慧健康养老是指"利用物联网、云计算、大数据、智能硬件等新一代信息技术产品,能够实现个人、家庭、社区、机构与健康养老资源的有效对接和优化配置,推动健康养老服务智慧化升级,提升健康养老服务质量效率水平。"③智慧养老服务是指,面向居家老人、社区、养老机构的一种传感网络系统和信息平台,并在此基础上,能够提供实时、高效、快捷、低成本的,互联化、物联化、智能化的一种养老服务。在"互联网＋"飞速发展时代背景下,智慧养老将养老服务与云计算、物联网、大数据、移动互联网等现代科技手段深度融合,将养老机构、医疗机构间信息实施共享,借助移动终端,开发养老 App,与老年人及其家人建立有效的沟通和联系,通过在 App 上发布照片、视频等,公布养老机构日常活动信息,使老年人的家人及时了解老人在养老机构情况,能够提升养老服务水平。智慧养老实际上是围绕老年人的生活起居、保健康复、医疗卫生、安全保障、娱乐休闲、学习分享等,利用互联网、社交网、物联网、移动计算、云计算、大数

---

① 谢虔:《国外智慧养老的经验与启示》,《北京经济管理职业学院学报》2018 年第 3 期。

② 潘琳:《基于智慧社区的居家养老服务模式探索》,《阜阳师范学院学报（社会科学版）》2018 年第 1 期。

③ 《三部委关于印发智慧健康养老产业发展行动计划（2017–2020 年）》的通知,http://www.gov.cn/xinwen/2017–02/20/content_5169385.htm#1。

据技术等现代科学技术,支持老年人的生活服务和管理,对涉老的相关信息进行自动监测、预警,甚至主动处置。智慧养老服务领域主要包括:居家健康养老、慢性病管理、个性化健康管理、生活照护、互联网健康咨询、信息化的养老服务。特别是 5G 时代的到来,能够为老年人提供精准化、智能化和人性化的产品和服务。2021 年,民政部信息中心官网对"互联网＋养老"的界定是:"互联网＋养老"是秉承互联网开放、便捷、分享的理念,将信息技术、人工智能、互联网思维与居家养老服务机制建设相融合,通过"互联网＋养老"达到以下目标:一是扩大养老服务产品有效供给。通过建设养老服务平台,整合线上、线下资源,"互联网＋养老"将实现养老服务供给资源的集约化管理和供需有序衔接。互联网不仅成为线下"交易"的前台,增加供给、对接需求、平衡供需,还将充分拉近供需双方距离。老年人可通过平台直接预约,足不出户享受便捷服务,有力解决养老服务。一些地方还将养老服务信息集成到手机端,一键集成多种服务,老年人可方便享受到子女亲情呼叫、120 急救呼叫、社区医生医疗咨询、健康管家、医院预约挂号、家政等服务。二是方便老年人得到便捷服务。面对当前养老服务产品总量不足、质量不高、个性化产品短缺,普遍存在"社区能提供什么,老人就享受什么"等问题。当前,部分养老服务平台借鉴电商模式,补贴服务提供商,将一些高消费、边缘性老年服务产品以较低价格引入养老服务平台,增加了服务供给,提高了服务质量。同时,随着平台应用增多,老年服务生产商基于大数据开发更加多元、精准的养老服务,发展养老服务的"私人订制",扩大养老服务产品供给。三是提升老年人安全保障能力。老年人口的疾病预防对控制和延缓老人进入失能、半失能状态至关重要。随着可穿戴设备、物联网、移动互联、无线传感等技术的成熟,一些老年服务终端平台已经可以实现对老人地理位置、生理指标、活动能力等数据的实时采集和监控,自动提供相应的安全看护、健康监测、精神关爱和生活服务等。这不仅能降低监护成本,更重要的是,将老年人安全管控服务前置,变疾病治疗为疾病预防,最大程度防范老年人疾病突发性和治疗滞后性的问题。①

为实施积极应对人口老龄化国家战略，推动老龄事业和产业协同发展，构建和完善兜底性、普惠型、多样化的养老服务体系，不断满足老年人日益增长的多层次、高品质健康养老需求，《"十四五"国家老龄事业发展和养老服务体系规划》提出：推动"互联网＋养老服务"发展，推动互联网平台企业精准对接为老服务需求，支持社区养老服务机构平台化展示，提供"菜单式"就近便捷为老服务，鼓励"子女网上下单、老人体验服务"。培育城市级综合信息平台和行业垂直信息平台。引导有条件的养老服务机构线上线下融合发展，利用互联网、大数据、人工智能等技术创新服务模式。②

尽管关于"互联网＋养老服务"，国内学界和实业届的界定各有侧重，但有共通之处。一是"互联网＋养老服务"并不是"互联网"和"养老"两者之间的简单相加，而是两者之间的深度融合，推动养老服务技术进步、效率提升和组织变革，提升养老服务机构服务能力、服务质量和水平，形成以互联网为基础设施和创新要素的养老服务发展新形态。二是"互联网＋"养老服务是互联网机构主动参与养老服务、养老服务，业界主动运用互联网技术手段升级改造传统养老服务业而出现的新事物，因而要发挥互联网机构和养老服务业界"两个积极性"。三是"互联网＋养老"作为养老服务发展的一种升级业态，既可以是通过对传统养老服务业的升级改造而形成的新的"互联网＋养老服务"升级版，也可以是养老机构、社区、居家养老服务中心运用"互联网＋"技术手段开展养老服务，还可以是互联网运营机构运用自己的网络信息平台开展养老服务。因而，互联网运用于养老服务社会化的具体路径是多种多样的。四是"互联网＋养老服务"在居家养老、社区养老、机构养老中的运用是有差异的。居家养老服务方面，一方面是开发和运用智能硬

---

① 《深度解析互联网+养老模式》，https://xxzx.mca.gov.cn/article/dzzw/202109/20210900036903.shtml。

② 《国务院关于印发"十四五"国家老龄事业发展和养老服务体系规划的通知》(国发〔2021〕35号)，http://www.gov.cn/zhengce/content/2022-02/21/content_5674844.htm。

件,包括移动互联网、云计算、物联网、大数据等,重点推进老年人健康管理、紧急救援、精神慰藉、服务预约、物品代购等服务,开发更加多元、精准的私人订制服务;另一方面则是推进适合老年人的智能化产品、健康监测可穿戴设备、健康养老移动应用软件(App)等方面的设计和开发,以满足老年人日益多样化、多层次、个性化的居家养老服务需求。在社区养老服务方面,重点是搭建养老信息服务网络平台,提供护理看护、健康管理、康复照料等社区居家养老服务。在机构养老服务方面,主要是鼓励养老服务机构应用基于移动互联网的便携式体检、紧急呼叫监控等设备,提高养老机构服务水平。五是从国家层面看,推进"互联网＋养老"服务,要"打通养老服务信息共享渠道,推进社区综合服务信息平台与户籍、医疗、社会保障等信息资源对接,促进养老服务公共信息资源向各类养老服务机构开放","加快建设国家养老服务管理信息系统,推进与户籍、医疗、社会保险、社会救助等信息资源对接"。

### 2."互联网＋养老服务"的特点

第一,养老服务供给主体多元化。在"互联网＋养老服务"发展背景下,政府是养老基础设施建设的主体,但不是唯一主体。一些机构和单位,也会出资建设一些养老服务设施,如,按摩椅等保健设施、老年活动室、医疗检测点等。过去这些设施往往局限于机构内的人员利用,在"互联网＋"模式中,养老设施不再单一地局限在某一个社区或单位的内部,而是通过信息平台,将这些设施集中到平台之上,对其进行分类,分成可以免费共享的和需要承担一些设施费用的或以服务收费的,一些养老机构和单位的养老设施和资源将能够得到更好的优化使用,提高养老服务的精准化和多元化。此外,在老人都拥有手机的前提下,进行有针对性的推送,老人在平常搜索时也能找到需要的相关设施,在增加老人选择机会的同时,也给相关企业带来了回报,增加了企业和社会组织参与到养老服务设施建设中的积极性,更有动力开发老人智能设备,给老人创造更多的便利服务。①另外,养老产业一直被认为是未来产业发展的新蓝海,但由于投资大、见效慢,社会资本进入的步伐始终"雷声大、雨点小"。在"互联网＋"的推动下,养老产业发展路径愈发明晰,目前已经形成了以养老服务电商平台、终端设备集群和线下服务集群等为主要板块的产业体系,产业链条逐步形成,利润空间慢慢清晰。这直接提升了社会资本进入养老产业的积极性。在一些地方,企业主动投资养老服务平台,并提供免费服务,其看重的是"互联网＋养老"产业的市场前景和增值空间。

第二,养老服务供给方式多样化。"互联网＋"助力养老服务多样化,满足老年人情感精神方面的需求。传统养老服务都是针对老年人生理需要的身体照料服务,主要集中在简单的洗衣、理发、搀扶、体检等身体健康养老服务,鲜有涉及情感关怀、精神慰藉等精神养老服务。在"互联网＋"的模式中,政府可通过出台相关政策或培养社会组织,助力社区采取市场化方式引进先进的网络信息技术,借助大数据所特有的信息沟通便捷的优势,提升社区健康养老服务质量。②例如,通过网购或者网上订餐、网上社区养老服务请求,扩展社区生活照料养老服务的范围;借用社区养老服务信息平台和老年互动平台,促进老年人精神文化交流③;通过互联网开辟老年人精神生活栏目和老年情感专线,促进老人间的情感交流;对鳏寡孤独和子女长期不在身边的老人提供在线精神慰藉等。

第三,养老服务供需匹配更高。传统养老服务链的供给、输送和利用三个阶段都存在信息交流不通畅问题。一方面,老年人养老服务需求与养老服务供给信息之间存在错位、供需之间不匹配、供需之间适应性差等问题;另

---

① 张博:《"互联网＋"视域下智慧社区养老服务模式》,《当代经济管理》2019 年第 6 期。

② 睢党臣、彭庆超:《"互联网＋居家养老":智慧居家养老服务模式》,《新疆师范大学学报》(哲学社会科学版)2016 年第 5 期。

③ 许伟文:《"智慧养老"的理想与实践》,《中国社会报》2015 年第 5 期。

一方面,"信息孤岛"导致养老服务设施重复建设和养老设施共享信息不透明,养老设施资源闲置甚至浪费。在"互联网＋"背景下,社区可以非常便利地利用互联网所具有的包括信息接收、信息储存、信息交换、信息输送等方面的功能,为每一位社区老年人办"社区养老信息卡";从养老服务的供需匹配方面来讲,社区可以利用互联网大数据根据老年人养老服务的供需为其提供调配各项养老服务,甚至可以跨社区进行养老资源的配置,实现养老服务供给精准化和专业化。政府部门也可以在"互联网＋"环境下,提高对养老机构和单位的社会化管理和监督。①

第四,养老服务智能化更凸显。随着互联网在养老服务中的广泛使用,智能化与高科技的养老服务方式为老年人提供了更多全方位的服务。依托互联网平台,在线咨询、预约挂号、家政、关怀陪伴等养老互助服务层出不穷;为老年人设计的健康手环、健康腕表等可穿戴监护设备也日渐流行。智能化养老方式将互联网技术、无线传输技术、远程监控技术等应用到日常养老服务中,使老年人的日常生活全天候处于远程监控状态,当老人在家或外出发生意外时,家庭成员和养老服务机构可以立刻得到通知。当冰箱里牛奶翻倒洒出抑或锅在热灶上无人看管时,冰箱和厨房的传感器会自动发出报警,自动化"药剂师"尽心尽责地提醒老人准时吃药,老人在家即可享受紧急救助、商品购买、健康管理、就医等服务。引入"互联网＋",可以利用大数据挖掘老年人的生活习惯,从而为老年人提供更加智能化、个性化、专业化的线上线下养老服务。②

此外,"互联网＋养老服务"在一些地方实践中,依托老年服务平台,以社区为单位建设老年人基本信息、养老服务信息、电子健康档案、电子病历等数据库,为开展医养结合服务提供了重要的信息和技术支撑。

---

① 参见朱勇:《智能养老》,社会科学文献出版社,2014年。
② 张博,韩俊江:《人口老龄化背景下发展智慧养老产业研究》,《云南民族大学学报(哲学社会科学版)》2018年第35期。

### 3."互联网 + 养老服务"的必要性

第一,通过互联网技术手段,尤其是养老服务信息平台整合养老服务资源,可以弥补单一的居家养老、社区养老、机构养老资源存在的不足,为老年人提供更多更充分的选择,以更好地满足老年人多层次化、多元化、个性化的养老服务需求。

第二,通过"互联网 + 养老服务",可以实现服务供需的精准化对接。通过"互联网 +",将社区医疗服务保健站、托老所、养老院、护理院、照料中心、文化活动中心等服务资源的使用、闲置情况的数据进行联网,实现资源的最大化利用;同时,通过信息传播的即时性,将服务的供给和需求能够进行有效对接。养老服务中心在接收到老人的预约后,与系统中服务人员的信息进行对比和配对,在最短的时间内分配最合适的人员上门为老人服务,通过系统化的形式减少了信息传递所花的时间,保障老年人的需求及时得到实现。针对临时性,而且个性化、专业化较强的服务需求,社区养老服务中心可以联系入驻养老服务系统的企业进行养老服务的供给,以保障养老服务供给的效率。

第三,"互联网 +"运用于养老服务,有助于建立和完善养老服务反馈和监督机制。互联网作为一个开放社会,借助于养老服务信息平台和其他技术手段,可以实现养老服务供给方、养老服务直接提供方、老人及家属的无缝对接,养老服务机构和企业可以及时了解到老人及家属对服务的评价和反馈,从而补短板、强弱项,改进服务,提高服务质量和水平,使老人获得的服务更加低价、高效、优质。

第四,"互联网 + 养老服务"可以通过改变信息交流方式,有效整合各项资源,最大限度地解决空巢老人的养老问题,丰富老人的精神文化生活,从而提升老人的生活质量。

第五,"互联网 +"运用于养老服务,有利于提高服务效率。一方面,通过建立养老服务信息平台，真正实现养老服务供需信息的有效对接和相互匹配，养老机构和企业、社区、社会服务组织可以准确地定向服务老人，老人也可以准确地定向寻找自己所需要的养老服务，从而大大地减少了中间环节，及时满足老年人多层次、多元化和个性化的养老服务需求。另一方面，借助"互联网＋"，可以有效地提高养老服务机构和企业的管理效率。借助于互联网等信息化手段，可以大幅度节省信息处理的时间，减少过多的管理环节，从而有效提高管理的效率。

## （二）国内"互联网＋养老服务"政策与实践探索

据预测，2025 年"十四五"规划完成时，我国 65 岁及以上的老年人将超过 2.1 亿，占总人口数的约 15%；到 2035 年和 2050 年，中国 65 岁及以上的老年人将分别达到 3.1 亿和接近 3.8 亿，占总人口比例则分别达到 22.3% 和 27.9%。如果以 60 岁及以上作为划定老年人口的标准，中国的老年人口数量将会更多，到 2050 年时将有接近 5 亿老年人。[1]据 2022 年 8 月 31 日中国互联网络信息中心（CNNIC）发布的《第 50 次中国互联网络发展状况统计报告》显示，截至 2022 年 6 月，我国网民规模为 10.51 亿，其中，50 岁及以上网民群体占比为 25.8%，规模接近 3 亿。在 2008 年，50 岁以上网民占比还只有 5.7%；如今，60 岁及以上网民群体占比达到 11.3%，总数近 1.2 亿。[2]因此，推进养老服务高质量发展是中国积极应对人口老龄化的战略需求。中国已进入老龄化社会，互联网重塑了老年人的交往方式和生活方式，成为优化养老服务发展和创新养老服务模式的重要引擎。

---

① 陈琳、吴婷婷：《人口老龄化加剧呼唤养老模式创新，居家养老成热词》，《新京报》2022-03-12。

② 《"银发网红"屡屡出圈，退休也能"逐风踏浪"》，《中国经济周刊》2022 年第 18 期。

### 1.国内"互联网＋养老服务"相关政策

"互联网＋"催生了众多新产业新模式,成为创新养老服务体系和模式的动力引擎。自 2011 年起,中共中央、国务院及相关部委相继出台了一系列"互联网＋""互联网＋医疗健康""互联网＋护理服务""互联网＋民政服务"等相关的政策文件。

2013 年 9 月,民政部联合发改委、工信部等若干部门在《关于推进社区公共服务综合信息平台建设的指导意见》中明确指出,要大力发展居家养老服务网络。发展居家养老便捷服务。地方政府要支持建立以企业和机构为主体、社区为纽带满足老年人各种服务需求的居家养老服务网络。地方政府要支持企业和机构运用互联网、物联网等技术手段创新居家养老服务模式,发展老年电子商务,建设居家服务网络平台,提供紧急呼叫、家政预约、健康咨询、物品代购、服务缴费等适合老年人的服务项目。①

2015 年,国务院印发《关于积极推进"互联网＋"行动的指导意见》,将"互联网＋"上升至国家战略层面,提出"要完善网络化、智能化、服务化、协同化的'互联网＋'产业生态体系,推动互联网与各行业的融合发展"②。自此,"互联网＋政务"等行业异军突起,互联网赋予了各行各业新的能量,"互联网＋"成为经济社会创新发展的重要驱动力量。同一年,《国务院关于加快发展养老服务业的若干意见》,提出要在居家养老领域开展"互联网＋"行动,大力发展居家养老服务网络,明确提出了要发展居家网络信息服务,将居家养老服务业和互联网整合起来,利用互联网技术手段创新养老模式。③2017 年,

---

① 《关于推进社区公共服务综合信息平台建设的指导意见》(民发〔2013〕170 号),http://www.scio.gov.cn/m/ztk/xwfb/2013/gxbjhshggcxcjmzsyfzdqkfb/zcfg29743/Document/1353028/1353028.htm。

② 《国务院关于积极推进"互联网＋"行动的指导意见》(国发〔2015〕40 号),http://www.gov.cn/zhengce/content/2015-07/04/content_10002.htm。

③ 《国务院关于加快发展养老服务业的若干意见》,http://www.gov.cn/zhengce/content/2013-09/13/content_7213.htm。

为加快智慧健康养老产业发展，工信部、民政部等部门联合印发关于《智慧健康养老产业发展行动计划（2017—2020 年）》的通知，提出要培育智慧健康的新产业和新模式，计划在 5 年内建设 500 个智慧健康养老示范社区，这意味着智慧养老驶入发展快车道。①2019 年，《国务院办公厅关于推进养老服务发展的意见》（国办发〔2019〕5 号）中明确提出"实施'互联网＋养老'行动"，强调互联网要与养老服务有机融合，依托人工智能、物联网、云计算、大数据等新一代信息技术和智能硬件等产品，助推养老事业的发展，"互联网＋养老"成为创新养老模式的重要抓手。②

政府以政策为主要载体，探索和推进"互联网＋养老"发展，营造产业发展的良好环境，将"互联网＋养老"纳入发展规划中，鼓励各地开展"互联网＋养老"的实践创新。借助 Rothwell 和 Zegveld 的政策工具模型，从环境型、供给型和需求型三个维度，梳理中共中央、国务院及其各部委颁发的相关政策文件如下（见表 4.1）。③

表 4-1　我国"互联网＋养老"政策分析

| 政策类型 | 文件名称 | 时间 | 发文单位 | 主要内容 |
|---|---|---|---|---|
| 环境型 | 社会养老服务体系建设规划（2011—2015 年） | 2011.12 | 国务院 | 建设规划<br>发展环境<br>标准规范<br>法规管制<br>机制构建<br>体系保障 |
| | 国务院关于加快发展养老服务业的若干意见 | 2013.09 | 国务院 | |
| | 关于推进社区公共服务综合信息平台建设的指导意见 | 2013.09 | 民政部等 | |
| | 关于积极推进"互联网＋"行动的指导意见 | 2015.07 | 国务院 | |

① 三部委关于印发《智慧健康养老产业发展行动计划（2017–2020 年）》的通知，http://www.gov.cn/xinwen/2017-02/20/content_5169385.htm#1。

② 张丽、严晓萍：《智慧养老服务供给与实现路径》，《河北大学学报（哲学社会科学版）》2019年第 4 期。

③ 刘庆：《智慧赋能："互联网＋养老"的现实经验和未来向度》，《决策与信息》2022 年第 4 期。

| 政策类型 | 文件名称 | 时间 | 发文单位 | 主要内容 |
|---|---|---|---|---|
| | 关于推进医疗卫生与养老服务相结合的指导意见 | 2015.11 | 国家卫计委等 | |
| | 国务院关于印发"十三五"国家信息化规划的通知 | 2016.12 | 国务院 | |
| | 智慧健康养老产业发展行动计划（2017—2020 年） | 2017.02 | 工信部等 | |
| | 国务院关于印发"十三五"国家老龄事业发展和养老体系建设规划 | 2017.02 | 国务院 | |
| | "互联网＋民政服务"行动计划 | 2018.05 | 民政部 | |
| | 国务院办公厅关于推进养老服务发展的意见 | 2019.04 | 国务院办公厅 | |
| | 国家积极应对人口老龄化中长期规划 | 2019.11 | 中共中央等 | |
| 供给型 | 关于鼓励民间资本参与养老服务业发展的实施意见 | 2015.02 | 民政部等 | 组织领导培育产业资金投入人才培养<br>基础措施<br>网络建设 |
| | 关于金融支持养老服务业加快发展的指导意见 | 2016.03 | 中国人民银行等 | |
| | 关于支持整合改造闲置社会资源发展养老服务的通知 | 2016.10 | 民政部等 | |
| | 国务院办公厅关于进一步扩大旅游文化体育健康养老教育培训等领域消费的意见 | 2016.11 | 国务院办公厅 | |
| | 关于全面放开养老服务市场提升养老服务质量的若干意见 | 2016.12 | 国务院 | |
| | 关于印发康复医疗中心、护理中心基本标准和管理规范（试行）的通知 | 2017.11 | 国家卫计委等 | |
| | 关于进一步扩大养老服务供给促进养老服务消费的实施意见 | 2019.09 | 民政部 | |
| | 智慧健康养老产品及服务推广目录（2020 版） | 2020.06 | 工信部等 | |

续表

| 政策类型 | 文件名称 | 时间 | 发文单位 | 主要内容 |
|---|---|---|---|---|
| 需求型 | 关于做好政府购买养老服务工作的通知 | 2014.09 | 财政部 | 示范推广政府采购国际交流 |
| | 关于开展"互联网＋护理服务"试点工作的通知 | 2019.02 | 国家卫健委 | |
| | 关于开展第四批智慧健康养老应用试点示范的通知 | 2020.07 | 工信部等 | |
| | 关于加快实施老年人居家适老化改造工程的指导意见 | 2020.07 | 民政部等 | |
| | 国务院办公厅印发关于切实解决老年人运用智能技术困难实施方案的通知 | 2020.11 | 国务院办公厅 | |

资料来源：刘庆：《智慧赋能："互联网＋养老"的现实经验和未来向度》，《决策与信息》2022 年第 4 期。

在环境型政策上，政策文件以顶层设计为主要内容，主要集中在布局建设规划、营造发展环境、制定标准规范、构建运行机制和完善保障体系等方面，例如《社会养老服务体系建设规划（2011—2015 年）》《关于积极推进"互联网＋"行动的指导意见》《国家积极应对人口老龄化中长期规划》等；在供给型政策上，政策文件以引导闲置社会资源、民间资本、金融市场参与养老服务业发展为主要内容，达到扩大养老服务供给总量和提高养老服务供给质量的目的，主要集中在组织领导、培育产业、资金投入、人才培养、基础措施、网络建设等方面。[①]例如《关于鼓励民间资本参与养老服务业发展的实施意见》《关于全面放开养老服务市场提升养老服务质量的若干意见》《关于进一步扩大养老服务供给促进养老服务消费的实施意见》等；在需求型政策上，瞄准老年群体的养老需求，鼓励各地开展"互联网＋护理服务""智慧健康养老"的试点工作，主要集中在示范推广、政府采购、国际交流方面，例如《关于

① 黄剑锋、章晓懿：《中国智慧养老产业政策研究——基于政策工具与技术路线图模型》，《中国科技论坛》2020 年第 1 期。

开展"互联网＋护理服务"试点工作的通知》《国务院办公厅印发关于切实解决老年人运用智能技术困难实施方案的通知》等。总体而言,政府偏向于从环境型政策工具入手,为"互联网＋养老"发展提供良好的建设规划和市场环境。

2022年印发的《"十四五"国家老龄事业发展和养老服务体系规划》明确指出,要拓宽金融支持养老服务渠道。鼓励金融机构按照市场化、法治化原则,提供差异化信贷支持,满足养老服务机构合理融资需求。鼓励探索以应收账款、动产、知识产权、股权等抵质押贷款方式满足养老服务机构多样化融资需求。在依法合规、风险可控的前提下,审慎有序探索养老服务领域资产证券化,支持保险资金加大对养老服务业的投资力度,支持保险机构开发相关责任险及机构运营相关保险。该规划还提出,培育老年人生活服务新业态。"十四五"时期,扩大老年人慢性病用药的报销范围,将更多慢性病用药纳入集中带量采购,降低老年人用药负担。发挥中医药在老年病、慢性病防治等方面的优势和作用。提供的医疗服务、药品和医用耗材适用本医疗机构执行的医药价格政策,上门服务费可由公立医疗机构自主确定。①

综上,"互联网＋养老服务"为实施积极应对人口老龄化国家战略,推动老龄事业和产业协同发展,构建和完善兜底性、普惠型、多样化的养老服务体系,不断满足老年人日益增长的多层次、高品质健康养老需求,提供了政策保障和新的养老思路。

### 2.国内"互联网＋养老服务"实践探索

自全国老龄办于2012年首先提出"智能化养老"理念后,我国的智能养老一直在摸索中前行。目前,我国智能养老已在全国推广和应用。互联网运

---

① 《国务院关于印发"十四五"国家老龄事业发展和养老服务体系规划的通知》(国发〔2021〕35号),http://www.gov.cn/zhengce/content/2022-02/21/content_5674844.htm。

用和数字化转型是养老服务发展明确的方向。随着 5G 时代的临近,为万物互联智能生活提供了基础网络保障,智能终端的产品也更加丰富。特别是 AI 技术的发展,使人机交互方式发生了巨大的转变,语音交互技术飞速发展,新型的交互终端、后端数据的支持,都将助力养老服务精准化、智能化、人性化。通过技术赋能,智慧养老成为未来养老的重要方向。通过大力推进智慧养老,使老年人照护过程更加具有可持续性、使养老护理人员能够更加有效地提供个性化、有温度的照护服务,从而提高老年人的生活质量。

在国家战略层面的推动下,"互联网 + 养老"从理想走向现实,各地积极探索互联网与养老服务的融合发展。互联网运用于养老服务社会化的具体路径多种多样。"互联网 +"养老服务并不能取代传统的养老服务机构、居家养老服务中心和社区养老,主要是运用互联网技术手段对其整合、改造升级。从这个角度来讲,"互联网 +"对传统养老服务业改造升级的主要模式有以下四种:

**(1)互联网 + 居家养老**

"互联网 + 居家养老"是将互联网嵌入居家养老领域中,利用人工智能、大数据、物联网等技术提供全方位、灵活性、高效的居家养老服务。[①]是运用互联网、物联网、云数据,以及智能化产品、健康监测可穿戴设备、健康养老移动应用软件等技术手段,把居家老人的健康数据及地理位置等信息实时上传养老服务信息平台,与政府、医院及其他社会养老机构的数据融合,实现 24 小时远程全方位监控。老人也可以通过养老服务信息平台选择日常购物、预约看病、家政上门等服务。

实现智能穿戴和智能监护,依靠智能设备创新养老服务方式,提供健康检测、安全报警、紧急救助等服务,如智能手表可以实时监测老年人的心率、血压和脉搏,并提供一键报警和定位功能。一方面,通过智能硬件,重点推进

---

① 叶福怡,成伟:《居家养老服务 + 互联网的路径探索——以虎门 X 社区为例》,《社会科学前沿》2022 年第 1 期。

老年人健康管理、紧急救援、精神慰藉、服务预约、物品代购等服务，开发更加多元且精准的私人订制服务。另一方面，加强智能软硬件设计和开发，以满足老年人日益多样化、多层次、个性化的居家养老服务需求。厦门国太亚医互联网科技有限公司打造的上门康复云养老服务平台，以及银川打造的"互联网＋"养老生态链等，就属于这种"互联网＋"居家养老服务模式。2015年12月，浙江乌镇打造智慧养老综合服务平台，推进线上和线下相结合，线上基于老年服务交互服务系统，通过安装"SOS呼叫跌倒与报警定位装置""智能居家照护设备""远程健康照护设备"完成对老年人实时监控和管理，线下利用居家养老服务中心为每位老人提供定制服务。[①]2020年4月，上海市推出"智能相伴"服务，推进虚拟和实体相结合，利用智能化、信息化设备向老年人提供养老咨询、视频相伴、学养结合等服务。[②]

**（2）互联网＋社区养老**

"互联网＋社区养老"将互联网融入社区养老服务，整合社区内的养老资源，充分运用互联网技术提升社区养老的运行效率和服务质量。[③]是运用互联网技术手段，整合社区内各种养老服务资源，为社区内老年人提供全天候的养老服务。许多城市进行的智慧养老社区或智慧健康养老示范社区建设试点属于这一类型。"互联网＋社区养老"服务的重点，是搭建养老信息服务网络平台，提供护理看护、健康管理、康复照料等社区居家养老服务。目前，很多城市推行的智慧养老社区和云养老社区是"互联网＋社区养老"的示范区，搭建社区智慧养老服务平台，汇总老年人基本信息，了解老年人养老服务需求，共享社区养老服务资源，提供照料看护、健康管理、文体娱乐等

---

① 《乌镇创新智慧养老模式 造就幸福晚年生活》，https://town.zjol.com.cn/ czjsb/202011/ t20201112_21662616.shtml。

② 《上海市民政局关于推广老年人"智能相伴"服务场景有关事项的通知》，https://www.shang-hai.gov.cn /nw12344/20200813/0001−12344_65288.html。

③ 青连斌：《"互联网+"养老服务：主要模式、核心优势与发展思路》，《社会保障评论》2021年第5期。

多维度服务。①2019 年,广东省中山市印发《关于开展社区智慧养老综合服务管理平台试点工作的通知》,在中山市西区积极推进社区智慧养老综合服务管理平台建设,集中管理养老机构、老年人信息档案、义工社工服务等,根据老年人服务需求统一调度养老资源,联合家政公司、送餐公司、医疗机构等第三方机构为老年人提供精准化、个性化、智能化的一站式服务。②相似模式的还有,2020 年上海市虹桥街道探索"一网统管＋嵌入式养老"的社区养老模式,基于区民政局智慧养老平台融入对接三个端口(PC 端、手机端和大屏端界面),实现一网统管社区养老应用,重点提供养老设施嵌入、老年送餐监管处置、独居长者关心关爱、失能长者居家医养、失智长者管理服务、机构长者智能监测等六大服务。

2021 年 12 月 30 日,天津市民政局发布《天津市民政局关于推进社区嵌入式养老服务机构发展的指导意见》,明确提出在"十四五"期间,以大力发展社区嵌入式养老服务机构为新动能。其中,八种"嵌入"服务中包括"嵌智"服务,即依托或建设智能养老服务平台,引入智能穿戴设备,能够对老年人日常行动状态进行监测、预警和远程照护,为老年人提供线上线下相结合的"点菜式"智能养老服务等,以专业化实现精细化,进一步强化人文关怀、提升津城温度,满足"原居养老"需求,切实增强全市老年人的获得感、幸福感和安全感。③

### (3)互联网＋机构养老

运用互联网技术手段,对传统的养老机构进行改造,实现机构养老的转型升级。目前,一些规模稍大的养老机构都在开展智能化养老服务。"互联网＋机构养老"服务,主要是养老服务机构应用基于移动互联网的便携式体

---

① 潘峰,宋峰:《互联网+社区养老:智能养老新思维》,《学习与实践》,2015 年第 9 期。

② 《中山市推广试点社区智慧养老综合服务管理平台 探索"互联网+养老服务"新模式》,http://smzt. gd.gov.cn/gkmlpt/content/2/2571/post_2571386.html#1753。

③ 《天津市民政局关于推进社区嵌入式养老服务机构发展的指导意见》(津民发〔2021〕29 号),https://mz.tj.gov.cn/ZWGK5878/ZCFG9602/zcwj/202112/t20211230_5766473.html。

检、紧急呼叫监控等设备,以提高养老机构服务水平。为养老机构赋能增效,根据不同的场景匹配 PC 端、手机端、TV 端设备,实现养老机构的信息化运作、养老设备的适老化改造和养老服务的智能化供给,最终实现老年人智慧化养老。

2017 年,合肥市积极推进互联网 + 机构养老服务落地,以瑶海区静安养亲苑为试点单位,建成全国首个社区嵌入式智慧养老机构,打造了"1+3+5+N"服务体系,即以"颐养超脑"为中心,搭建评估、服务、设备三大智能管理系统,向老年人提供生活照料、健康管理、营养膳食、文化娱乐、心理咨询五大服务。入住前,养老机构根据医生、护工、营养师的综合动态评估为每位老人建立信息档案,精准掌握老人身体的基本状况。养老机构为入住老年人制定专属服务计划,通过智能手环检测老年人睡眠质量,通过健康监测一体机获取心率、血压等 20 多项健康指标,通过护理 App 提供精准化护理服务,有效提高养老机构服务水平和质量。计划到 2023 年,合肥市将建成"医、养、护"一体化的养老服务体系,重点推进大数据养老和医养结合,借助智能产品、服务和平台为老年人提供优质的生活场所、设备和服务,逐步实现"老有所依""老有所养"和"老有所学"的美好愿景。[1]

### (4)互联网养老院

互联网养老院也被称为智慧养老院、虚拟养老院、没有围墙的养老院。这一模式是通过构建互联网养老服务信息平台,实现居家老人的养老服务需求与社区、医疗、养老服务机构和企业、志愿服务组织等养老服务供给的无缝衔接,促进社区养老、居家养老、机构养老的深度融合发展。设计和开发养老硬件和软件,将社区、机构养老服务植入居家养老服务,为居家老年人提供生活照料、医疗护理、学习娱乐、精神慰藉等个性化服务。[2]通过互联网,

---

[1] 刘庆:《智慧赋能:"互联网+养老"的现实经验和未来向度》,《决策与信息》2022 年第 4 期。

[2] 睢党臣、彭庆超:《"互联网+居家养老":智慧居家养老服务模式》,《新疆师范大学学报(哲学社会科学版)》2016 年第 5 期。

可以把千千万万养老服务机构和企业、医院、社区、社会组织,以及政府的养老服务供给,同广大老年人多样化、多层次的养老服务需求有效地对接起来,为老年人提供个性化的养老服务。2018 年 1 月开始,武汉市部署实施社区嵌入、中心辐射、统分结合"三位一体"的"互联网 + 居家养老"模式,形成以"三助一护"(即助餐、助洁、助医、远程照护)为主体的养老服务网络。2019年 9 月开始,杭州市江干区正式启动"互联网 + 养老"试点工作,服务下单方式由电话"单线"下单转为电话、手机 App"双线"下单,居家养老服务补贴以"重阳分"的形式充入市民卡养老专户,老年人使用市民卡刷"重阳分"完成服务的支付和结算。2019 年国务院办公厅发布的《关于推进养老服务发展的意见》提出,要"在全国建设一批'智慧养老院',推广物联网和远程智能安防监控技术,实现 24 小时安全自动值守,降低老年人意外风险,改善服务体验"[①]。

## (三)国外"互联网 + 养老"发展模式及启示

### 1.国外"互联网 + 养老"发展模式

#### (1)美国:智慧养老产品市场化供应模式

美国养老产业有 40 多年的发展历史。具有完善的政府保障制度、活跃的民间团体和发达的商业体系。1984 年,美国联合科技公司在康涅狄格州哈特佛市建造了首栋智能型建筑,为老年人的居家服务提供便利。从 1999 年开始,美国各州陆续建立了老年人移动医联网(老年人医疗服务车队)。目前,该医联网已经覆盖美国 50 个州、1000 多个城市,包括 12500 多个分支机构。医疗服务车队运用包括 RBIF 技术和传感网等在内的大量物联网技术,

---

① 《国务院办公厅关于推进养老服务发展的意见》(国办发〔2019〕5 号),http://www.gov.cn/zhengce/content/2019-04/16/content_5383270.htm。

提供送医送药、上门看病、医疗护理、日常身体检查、健康状况检测、家政服务等多种业务。另外，美国也积极地探索老年人健康技术，2006年，由卡内基梅隆大学牵头，联合匹兹堡大学等其他大学，建立了美国生活质量技术研究中心，主要开展针对老年人和残疾人的辅助技术研究，包括体域网、体感网技术、无意识测量技术、穿戴式技术、服务机器人技术等。①

为了提高养老服务质量、降低政府管理成本，美国的养老服务行业引入市场竞争机制，采取市场化的运作模式。同样，美国的智慧养老发展也延续了市场化模式。凭借互联网普及率高、科技企业数量众多的优势，美国智慧养老发展迅速。美国鼓励企业开发智慧养老产品，三星、苹果、飞利浦等大型高科技企业积极进行智慧养老产品研发，以满足老年人的养老需求。微软公司与政府及社区服务机构合作，采用PPP模式，创建网络虚拟老年中心，利用互联网技术丰富老年人的日常生活，提高老年人生活质量。针对老年人的需求，各类电子设备和应用程序不断被生产和开发出来。针对老年人医疗照护，微软的智能体感交互设备及网络应用程序，可以通过电脑远程分析老年人的锻炼动作，帮助老年人做康复训练，医生也可以利用该系统对老人进行远程医疗指导，提高医疗资源利用效率。针对老年人社会发展需求，部分企业开设专门针对老年人的工作、教育的网站，为老年人提供工作信息、在线课程等。针对部分老年人的日常生活辅助需求，一些企业供应商开发出为老年人提供远程慢性病监控的系统，并对老年人的住所进行智能化改造。

在美国，互联网的普及与科技企业的发展为智慧养老的推广提供了便利和条件，当智能家居、生活辅助设备及应用程序等智慧养老产品逐渐涌现时，美国养老产品和服务市场实现重塑和完善，智慧养老市场化进程不断加快，促使美国智慧养老产业快速成长。

---

① 谢虔：《国外智慧养老的经验与启示》，《经济管理研究》2018年第3期。

### (2)英国:拓展养老医疗手段的智慧养老模式

英国是世界上第一个实现工业化的国家,也是第一个进入老龄化社会的发达国家。根据英国国家统计局 2017 年 7 月发布的数据,英国 65 岁以上的老年人所占总人口所占比例为 18%,85 岁以上的老人占 2.4%;据预计到 2035 年,英国 65 岁及以上人口所占比例将达到 23%,到 2046 年,英国 65 岁以上的老人占比将达到 24.7%。同时,英国人的预期寿命也在不断增加。预计到 2036 年,女性的预期寿命将达 86.6 岁,男性达 83.7 岁。英国人口老龄化与人口高龄化的趋势严峻。[①]

作为最早提出"智慧养老"概念的国家,英国主要依托社区建立智慧养老服务中心,为老年人提供丰富、快捷的养老服务。为了更好地观测老年人的健康状况,提供优质医疗服务,英国利用互联网信息技术发展完善包括数字医疗、远程医疗和移动医疗在内的养老医疗方式。通过应用互联网、可穿戴监测设备等智能化手段,英国不断提高老年人医疗服务水平和效率,以提高老年人保持独立生活的能力。数字医疗、远程医疗和移动医疗是运用在智慧养老中的主要医疗手段,其中,通过数字医疗,可以利用计算机为老年人建立全面详细的健康电子档案,档案内容加密,可以允许医护人员、老年人及其家属申请在线访问;远程医疗,利用老年人穿戴智能化设备,连接医疗终端,评估老年人日常身体情况,从而监测老年人的健康状态,避免突发疾病无法呼应造成的二次伤害;移动医疗,则是通过使用手机、电脑等可移动移动通信设施,为老年人提供医疗健康信息和医疗咨询服务,以网络互动方式,建立医生与老年人之间的沟通桥梁,从而为老年人提供必要的医疗信息和医疗救助。例如,英国政府推出的一项"虚拟伴侣"研究项目,"虚拟伴侣"是可以与老人进行互动交流的智能电脑,不仅可以检测老人的血压、心率等健康数据并在出现意外时及时通知医疗机构,而且它可以分析老人的语言、

---

① 《国外养老新趋势:"在家养老"或"如同在家养老"》,《人民日报》2018-10-25。

面部表情和行为等,从而判断老人的情绪,并做出相应的反应。因此,利用现代信息技术,丰富和拓展面向老年人的医疗手段和方式,适应了老年人健康发展的需求,使英国智慧养老发展更加具体化和人性化。

**(3)日本:制度建设与科技支撑并重的智慧养老模式**

健全的制度设计和先进的技术是日本发展智慧养老的优势,在完善的制度和健全的法律体系下,日本的各项技术标准和规范更容易制定和实施,智慧养老能够更加健康地发展。作为全球老龄化程度最高的国家,日本重视发挥智慧养老的作用以应对人口老龄化问题。除了注重高科技对养老的支持,相关政策体系的不断完善也为日本智慧养老发展提供了强劲助力。

在高龄化和少子化的双重压力下,日本的养老科技发展较早,许多辅助养老的高科技产品与技术已经比较成熟,能够为日本发展智慧养老发挥重要的支撑作用。与发展养老科技相比,建立完善的养老及智慧养老制度体系,是日本发展智慧养老的又一亮点。早在 1963 年,《老人福利法》在日本颁布实施,社会化养老开始实行。针对老年人使用智能家居的需求,日本政府通过并实行《高龄者居住住宅设计指导方针》《高龄者居住安定保护法》,对养老智能家居设计和建造的标准进行规范和统一,在智能家居的设计和建造中充分考虑老年人生活习惯和身体状况,注重细节化和人性化,保障老年人居住环境的健康安全。2013 年日本总务省组织召开信息通信技术(InformationCommunicationsTechnology)辅助超高龄社会构想会议;2014 年日本总务省继续推动"ICT 超高龄社会建设推进事业",经济产业省、厚生省共同制定实施"照护机器人开发导入体制";2016 年,日本内阁会议在"第五期科技技术基本规划"中正式提出"Society5.0",推动 ICT 辅助技术最大限度应用。①

**(4)德国:面向智慧养老的智能技术平台建设模式**

为了应对严重的老龄化问题,德国通过打造可扩展的智能技术平台,将

① 《"社会 5.0":日本超智能社会规划及对中国的启示》,《中国社会科学网》2020-03-16。

各种智能服务一起连接到这个平台上，实现了老人居家、机构养老的智慧化服务。

2007年，德国制定并开始实施环境辅助生活系统计划，即AAL，该系统就是专为老年人设计的智能家居系统，它包括智能技术平台和智能仪器，通过现代化的感应传输装置，将智能仪器共同连通在一个具有扩展性的智能技术平台上，能够对老年人的身体状态和生活环境做出即时反映。[①]环境辅助生活系统适合养老院、社区和家庭等环境，打破了养老空间限制。利用环境辅助生活系统，老年人可以遥控操作房间内的大部分设施，如床自动升降、防跌传感器等，该系统还可以创建老人日常健康日志，家属和护理人员可以通过网络软件查询老人的身体情况。环境辅助生活系统旨在打造整体化的智能家居环境，提高老年人生活舒适度，通过打造功能齐备的智能技术平台，使各种智能设备的使用效率大幅提高。[②]

通过打造强大的智能技术平台，完善环境辅助生活系统，加强智能设备的使用率，德国智慧养老不仅减轻了机构养老的成本，而且更加方便了机构养老和居家养老的老年人的生活。

### 2.国外"互联网＋养老服务"的启示

#### (1)提升科技设备的适老化程度

国外部分国家的一些涉老智能产品适合老年人的实际需求，如健康监测芯片、智能宠物等，各种智能养老设备十分人性化且种类丰富。数据显示，2020年，日本养老用品市场规模为5099.43亿美元，美国养老用品市场规模也达到3261.13亿美元。相比之下，我国的养老产品种类相对匮乏，有效供给

---

① 《老龄化问题逐渐凸显，智慧养老能解决老人独居的种种问题吗？》，https://new.qq.com/rain/a/20210604A01X3U00。

② 《智能辅助生活系统帮助德国老人独立生活》，https://news.cri.cn/20170329/9a2058a9-3791-bce3-6232-7a3da23f92be.html。

明显不足。例如,据中国老龄协会发布的《需求侧视角下老年人消费及需求意愿研究报告》,目前全球老年用品(康复辅助器具)有6万多种,但我国仅有2000多种,邻国日本有4万多种。①相比而言,我国智慧养老产品和设备数量和品种都较少。虽然近几年在政策鼓励下我国现代信息技术的发展势头良好,互联网、大数据等产业发展迅速,但国内智能家居、机器人、可穿戴设备的受众群体仍然是中青年群体,涉老智能产品极少,因此必须抓紧设计开发专门针对老年群体养老需求的智能产品和设备,对现有智能设备进行适老化改造,提升养老产品与设备的"智慧化"程度。一方面,加强智慧养老产品的研发设计,通过建设、优化智慧养老平台,充分运用大数据信息技术,实现智慧养老信息的互联互通,促使养老产品智慧性、适老性不断提升。另一方面,通过鼓励竞争和产权保护,鼓励企业研发适合老年人使用需求和特点的软件程序、智能设备等智慧养老产品,激发创新型企业研发积极性。

**(2)加强多元主体协同合作**

为了应对社会资源的分散性和养老压力的持续增加, 必然需要加强多元主体间合作,特别是注重利用市场机制的作用,发挥社会资本的力量,促进智慧养老发展。一方面,充分发挥政府部门的职能作用,民政部门应加强养老数据采集、处理、保密等方面的工作,为"互联网＋养老服务"事业发展提供科学、可靠、安全的数据支持,通过丰富、准确的数据资源,为社会资本进入智慧养老领域提供有价值的信息。政府部门应协调统一,针对生产和提供涉老智能产品、服务的企业,给予一定的政策倾斜、税收优惠和财政补贴,激发企业从事智慧养老产品生产和服务提供的积极性。另一方面,运用市场运作机制,引导、吸引更多社会资本开发出适合老年人操作的智能设备,快速将智慧养老产业发展壮大,特别是鼓励龙头企业进入智慧养老市场,加大对中小企业进入智慧养老市场的扶持力度, 不断完善各类企业共存的智慧

---

① 《这届老年人打开消费新面貌》,《中国经济周刊》2022年第18期。

养老产业体系。

**（3）建立健全相关制度体系**

国外部分国家智慧养老发展具有相对完善的制度体系。一方面,既要注重顶层设计,对"互联网＋养老服务"未来的发展做出科学的规划,同时也要立足地方实际,制定切实可行的政策措施和行业规范,指导智慧养老行业发展。另一方面,建立健全"互联网＋养老服务"发展监督和保障机制,在服务监督、评估、法律保障等方面,尽快构建配套制度和法律体系,改变智慧养老发展中各类企业和产品无序发展、恶性竞争的不良局面,保证"互联网＋养老服务"规范发展。

**（4）吸引培养专业型人才**

从事养老服务的人员必须进行从业资质、服务内容、服务要求等方面的系统化培训,专业的智慧养老服务人才是高质量智慧养老服务的重要保证。一方面,加强"互联网＋养老服务"行业人才职业教育与培训,针对老年人的需求和智慧化操作要求,不断拓展养老服务人才培养渠道,使人才队伍建设适合智慧养老发展;另一方面,通过市场化手段吸引高层次人才投身"互联网＋养老服务"行业,逐步提高智慧养老从业人员的福利待遇,依托高等教育资源,鼓励电子信息技术人才跨界投身养老服务行业,加强养老服务护理人员的现代信息技术培训,促使"互联网＋养老服务"事业顺利发展。

## （四）"互联网＋养老服务"存在的问题

### 1."互联网＋养老服务"政策落实不到位

2015 年,国务院颁布的《关于积极推进"互联网＋"行动的指导意见》(国发〔2015〕40 号)提出,促进智慧健康养老产业发展,推广全面量化健康生活新方式[①]；2016年，国务院出台的《关于全面放开养老服务市场，提升养老服务质量的若干意见》（国办发〔2016〕91号）提出发展智慧养老服务新业态，推动"互联网＋"与养老服务业结合[②]；2021年底，国务院发布《关于印发"十四五"国家老龄事业发展和养老服务体系规划的通知》（国发〔2021〕35号）中也提出，要推动"互联网＋养老服务"发展。[③]从国家层面，我国政府不断出台相关政策文件，大力推动"互联网＋养老服务"发展。但是当前我国"互联网＋养老服务"还属于探索阶段，具体到一些地方政府，尤其是区、县级政府，对"互联网＋养老服务"的政策理解还不充分，相关政策不匹配，使得政策贯彻落实不到位。例如，部分地区的"互联网＋养老服务"产业在政策上操作的空间有限，相关项目在国土、消防等部门审批无法通过，从事居家养老服务的企业难以享受养老服务产业税收优惠政策等，都阻碍了"互联网＋养老服务"政策的贯彻落实。

### 2."互联网＋养老服务"平台有待健全

一是平台整合资源的能力参差不齐。目前全国有上千个养老服务平台，分布于省区、市、县、街道、社区各个层级，但多数以社区为单位，投入小、服务范围窄，没有足够能力整合线上线下资源，有的只能从事简单的信息发布，优势不明显。而且多数小平台募集资金能力弱，又缺乏必要的"造血"功能，运营难以为继。

二是平台之间相对封闭，形成新的信息孤岛。目前民政部建有国家养老服务信息系统，收入了近200万入住养老机构的老年人基本数据；地方民政

---

① 《国务院关于积极推进"互联网+"行动的指导意见》（国发〔2015〕40号），http://www.scio.gov.cn/32344/32345/33969/34729/xgzc34735/Document/1481612/1481612.htm。

② 《国务院办公厅关于全面放开养老服务市场，提升养老服务质量的若干意见》（国办发〔2016〕91号），http://www.gov.cn/zhengce/content/2016-12/23/content_5151747.htm。

③ 《关于印发"十四五"国家老龄事业发展和养老服务体系规划的通知》（国发〔2021〕35号），http://www.gov.cn/zhengce/content/2022-02/21/content_5674844.htm。

部门牵头建设的社区居家养老信息平台，也已形成了千万量级的老年人群体数据。虽然数据总量巨大，但缺乏统一规范和标准，平台间既无法互联互通、信息共享，也不能与已有的户籍、医疗、养老服务等信息资源对接，形成了新的信息孤岛。平台应用存在诸多制约。各部门之间存在信息壁垒，数据更新滞后，数据总量有限，缺乏数据立法、数据标准，如对于哪些是个人隐私信息、哪些允许社会共享等问题的界定并不清晰。

三是平台运营普遍存在资金压力，且线下服务不足，部分平台无米下炊。建成一个 2 万用户的养老服务平台，费用在 300 万元左右，若配备呼叫中心、联网报警等系统，则需近千万元，每年的运行费用需 100 万元以上。在补贴标准、服务定价等制度尚未完善、盈利模式尚不清晰的情况下，养老服务平台普遍面临较大的生存压力。[①]同时，当前新开发的智慧养老产品多专注于技术层面，以硬件设备为主，能真正下沉到服务端的少，在老年人最需要的生活照顾、家政服务、慢病防治、健康管理、心理咨询、精神慰藉等方面创新不足、供给有限。

### 3.“互联网＋养老服务”发展不足，难以满足不同老年群体的个性化需求

能够真正支持 97% 的老年人在社区和居家实现养老的是科学技术。建立于大数据基础之上的“养老平台＋”，其最大的特点是准确性、灵活性，大到区域内养老物资的调控，小到某个服务区域的老人的需要，“互联网＋养老服务”都能实现。但智慧养老在我国尚处于起步阶段，发展明显不足。一些养老机构与社区的养老基础设施难以与互联网技术相匹配。尽管智慧养老服务开始出现，在一些社区已经开始借助互联网技术与手段为老年人提供服务，一些养老机构提供的智慧养老服务也有不少终端，例如呼叫救助服务等能够提供主动关怀的服务，但目前各地智慧养老刚刚开始，能够提供的服务

---

① 《专家深度解析互联网＋养老模式》，https://ishare.ifeng.com/c/s/v002b76qmcFYWvBbo-_r0II3U7blXQmUQqpcfpY9p4xPjDyk__。

相对单一,大部分 App 功能相似度高,如一键呼叫亲人、电子围栏、实时定位、心率监测、用药提醒等,终端下载量也不高。建立的信息化平台未能与现有的养老服务基础设施有效对接,不能为多数老年人提供服务,远不能满足老年人丰富多样的需求。有的信息化服务的提供由于缺乏对老年人需求的了解,仅仅关注手段本身。而信息化是一个手段,因此智慧养老要以服务为导向。对于多数老年人而言,互联网门槛极高。许多老年人根深蒂固地认为,与互联网相关的,安全性都很差,圈套也太多。因此,大多数老人对此类产品心生畏惧。

《智慧健康养老产业发展行动计划(2017—2020 年)》所提出的丰富智能健康养老服务产品供给,特别是针对家庭、社区、机构等不同应用环境,发展健康管理类可穿戴设备、便携式健康监测设备、自助式健康检测设备、智能养老监护设备、家庭服务机器人等,满足多样化、个性化的健康养老需求[1],遗憾的是,目前在智慧养老方面尚未完全实现上述要求,仍存在较大不足,特别是在资金与互联网技术方面的研发,仍有很大空间。当前,我国进入老龄化快速发展阶段,老年人口具有数量大、发展快、高龄化、空巢化、城乡差别大等特点,网络惠民红利未能充分发挥。人口老龄化带来的不仅仅是简单的人口问题,还有养老问题,对养老金、福利补贴、公共卫生服务和生活照料等方面的需求日益增长,盲目建设养老服务平台也无法解决资源短缺的问题。在居家养老模式中,这样的服务仍然不能满足日益增长的需求。尤其是在一些三四线城市,养老资源严重不足。如何利用"互联网＋养老服务",充分发挥网络惠民红利,采取怎样的方式使居家养老的老年人能够得到最好的服务,享受到良好的资源,是亟待解决的问题。

---

① 　工业和信息化部、民政部、国家卫生计生委:《智慧健康养老产业发展行动计划(2017-2020年)》(工信部联电子〔2017〕25 号),http://www.gov.cn/gongbao/content/2017/content_5222955.htm。

### 4."互联网＋养老服务"信息数据挖掘不足，平台不健全

一是老年人学习能力较差，难以适应"互联网＋养老服务"智能化产品。养老需求难以真正表达。目前市场上推出与智慧养老相关的高科技产品在设计上没有充分考虑老年人的养老需求，面对日益复杂的高科技产品，老年人"心有余而力不足"。随着记忆力的减退，很多老人记不住操作步骤、看不清手机屏幕、不知如何网上付费等，这成为他们融入"互联网＋养老服务"的绊脚石。

二是"互联网＋养老服务"平台不健全，功能不能充分发挥。养老服务资源缺乏有效的协调与统筹，养老服务供需信息不对称和信息传递的滞后性，与老年人真正的服务需求存在脱节现象。养老服务供给不精准，不仅造成资源利用效率低下，同时也忽视了老年人真正的需求，使他们难以享受到真正需要的服务。养老服务机构仅根据老年人前来登记的服务需求来提供服务，不能详细地了解并记录老年人的基础信息，无法形成系统的信息资源库，无法跟踪老年人服务需求，更无法对比分析不同老年人的个性化养老需求，以至于无法主动精准识别老年人养老需求，导致服务效率低下。

三是信息数据挖掘不足，管理不规范。智慧养老可以通过信息服务平台对老年人的身体生活状况进行远程监测。这些数据的信息量大且获取容易，获取后还要对其进行有效的整合、分析，有针对性地提供养老服务需要强大的数据运用整合能力和数据管理方法。目前智慧养老仍面临着数据处理能力不足、管理不规范的问题，这些问题不仅阻碍智慧养老服务平台的搭建和发展，也对老年人的基本信息安全产生了威胁。此外，因缺乏科学的信息化标准及规范的管理机制，特别是由于数据系统与平台建设的水平参差不齐，还存在资源难以共享、数据安全难以保障等问题。

### 5."互联网＋养老服务"专业人才短缺

"互联网＋养老服务"的发展涉及现代信息技术、保健、医疗等多个行业,因此,专业型、复合型的人才在智慧养老发展中就显得尤为重要。但从实际来看,相关复合型专业人才匮乏,也是我国"互联网＋养老服务"发展中的一个痛点。

一是国内缺乏针对智慧养老开展理论探索和基础设计的高端人才,涉及智慧养老的智能产品设计研发、行业操作规范等方面的工作很难高质量、高效率地开展,这就必然导致我国智慧养老发展水平很难提升。

二是智慧养老的发展涉及多个行业,实际工作中需要既精通计算机技术又具有医疗护理知识的人才,这样才能够通过对老年人身体、需求的认知而产生专业性的智能设计和方案。但实际上,国内开发智慧养老产品的技术人员基本上仅拥有相关计算机、互联网技术,对老年人的实际需求知之甚少,而从事养老服务的人员中大多也只具备一定的医疗护理知识,对计算机等现代信息技术认识有限, 这就导致智慧养老产品与老年人实际需求之间的错位与断裂,从而限制了智慧养老的发展。

### 6."互联网＋养老服务"存在安全漏洞和监管不到位

在智慧养老服务中,各种智能养老设备在提供相关服务时,实际上也是监测老年人,能够获取大量关于老年人日常生活、身体状况、心理状态等方面的信息数据,从某种意义上,这也是收集老年人的隐私。而后台工作人员与家庭成员在通过各种传感器、智能设备了解、掌握老年人日常情况的过程中,存在老年人信息泄露的风险。此外,一些智能设备还存在安全风险隐患,易被不法分子侵入,导致老年人隐私被泄露。特别是许多不法分子通过互联网缺陷,在网络上进行诈骗,甚至出售老人的个人信息。将"互联网＋"运用到智慧养老服务中时,服务供给者应充分考虑到老人的个人信息安全问题,加强对老人个人信息的保护。政府也应出台相关政策保护老人的个人信息安全。

"互联网＋养老服务"存在监管不到位问题。一是在养老服务项目中，不同项目分属于不同的行政职能部门，如民政部门负责生活照料、养老机构、社会工作等，卫生部门负责医疗服务、日常餐饮等，工商部门负责家政服务等，这种分类管理模式，导致政府在养老引导、行业监管上难以统一协调，无法实现服务资源的共享与合作。二是当前信息技术发展的制约。国内个人信息管理不规范，统计数据标准不统一，数据采集不全、个人信息数据泄露等问题十分普遍。日间照料中心等工作人员对服务对象识别困难、登记困难、管理困难，运营中手工台账无法做到实时记录、分拣必补，效率低下。[①]

## （五）深入开展"互联网＋养老服务"的路径

作为整体模式的变革，"互联网＋养老服务"带来的不仅是技术创新、理念创新，也是政府管理和公共服务方式的创新。

### 1.落实"互联网＋养老服务"政策，制定养老服务平台标准

要破除"软制约"，鼓励试点、允许试错，营造进入便利、透明开放、公平公正的市场环境。加强制度建设，在养老服务平台设计、质量管理、风险预防、评估评价、隐私保护、纠纷处理等方面，尽早着手研究、制定规范。落实鼓励社会资本参与养老服务的政策措施。加大政府扶持力度，明确补贴标准、购买服务目录及价格，在富裕地区普及智慧养老终端设备，兜底保障困难老年群体享受"互联网＋养老"服务，有助于推动社会力量成为"互联网＋养老"的发展主体。支持互联网平台对接非营利养老服务资源，有助于利用平台优势创新养老服务内容，推动社区自助、互助养老，实现"为老服务"与"用

---

① 《智慧社区养老：服务精准化存在的四个主要问题》，https://www.sohu.com/a/287328986_100008246。

老服务"的融合。对于社会力量建设智慧养老服务发展平台的可采取以奖代补、先建后补、PPP合作、税收减免、信贷优惠等形式给予补贴支持。逐步探索政府、家庭、企业共担的付费机制,促进智慧养老产业可持续发展。

尽快制定养老服务平台标准。整合资源、扩大供给、落实监管等,都需以完善的标准为首位。尽早制定统一的规范和标准,推动平台互联互通和信息开放及应用,为数据向生产力转化奠定基础,也为未来可能出现的平台整合预留空间。同时,抓住政府信息平台整合契机,推动养老服务信息系统与政府信息系统、公共数据互联共享,助力养老服务资源整合和供需衔接。

### 2.加快智慧养老发展步伐,满足老年人个性化养老需求

信息技术与养老服务结合发展空间巨大。要积极开展"互联网＋养老"平台建设,更好地帮助社区为家庭服务提供支撑。2014年,民政部、国家发展改革委、工业和信息化部等六部门下达《关于开展养老服务和社区服务信息惠民工程试点工作的通知》,提出明确的目标是推进互联网、物联网等信息技术在养老服务和社区服务领域的广泛应用, 更好地满足养老服务和社区服务需求,释放信息消费潜力。[1]《民政事业发展第十三个五年规划》也提出支持企业和机构运用移动互联网、云计算、大数据、物联网等技术手段与养老服务深度融合,创新居家智慧养老服务提供方式。推广居家养老服务网络平台,提供紧急呼叫、家政预约、健康管理、物品代购、餐饮递送、服务缴费、康复辅具等适合老年人的服务项目。各地要积极借势国家政策,力推互联网+养老服务,为推动养老服务提供信息和技术支撑。[2]首先,打造全方位的智能化养老服务平台,开展养老大数据的深度挖掘与应用。其次,要强化信息支

---

[1] 《关于开展养老服务和社区服务信息惠民工程试点工作的通知》(民函〔2014〕325号),https://zyzxmca.gov.cn/article/zyzx/ylfw/202001/20200100023602.shtml。

[2] 《民政事业发展第十三个五年规划》(民发〔2016〕107号),http://www.gov.cn/xinwen/2016-07/06/content_5088745.htm。

撑，将智慧养老的互联网思维与传统养老模式相结合，推进社区服务信息化建设，老人养老中的各项需求，可通过"互联网＋"平台快速得到解决。第三，组织医疗机构开展面向养老机构的远程医疗服务。积极探索基于互联网的医养结合服务新模式，提高医养服务的便捷性和针对性。第四，积极借鉴国外有益经验，真正使互联网与养老服务深度融合。欧美国家移动互联网行业迅猛发展，很多App应用解决了老年人生活的痛点。一些专门为老年人设计互联网产品的公司，产品和服务都是为了解决老年群体生活的痛点，使老年人的生活更有质量更有尊严。如Honor家庭护理公司通过类似优步等打车App等网络技术，对接了"闲置护理资源"和有需要的老龄家庭，可实时连线护理者和老人子女，寻找护理者为居家养老人员提供做饭喂饭、洗衣穿衣、洗澡等服务。[①]

### 3.完善"互联网＋养老服务"资源共建共享机制，实现资源共享

完善"互联网＋养老服务"资源共建共享机制，卫生、人社、民政等部门要积极协调沟通，实现信息共享，打破传统数据相互矛盾、标准不统一的局面，促进统一的信息共享服务平台的建设。基于政府要求，搭建"互联网＋智慧养老"数据平台，确保老年人数据信息能够上传至平台，方便医疗机构、保险机构及时获取，"互联网＋智慧养老"数据平台务必要保障信息真实、准确，切实对医疗机构、保险机构形成导向，更好地促进"互联网＋智慧养老"发展。充分利用现有老人健康信息，利用老年人基本信息档案、电子健康档案等，依托互联网、大数据、云计算，将老年人的健康保健信息与医疗卫生服务资源相结合，把社区养老服务与社区医疗卫生服务有效衔接，为开展医养结合服务提供信息和技术支撑。

以政府为主导，引入与企业开发相关的智能软件，通过走访入户、信息

---

① 《老年护理界的Uber，Honor如何运用"互联网＋"改造居家护理？》，http://www.360doc.com/content/20/1226/18/73088472_953613328.shtml。

采集等方式,在智慧社区养老服务平台中构建服务对象的基础数据库,以此作为社区养老服务机构设置服务项目、瞄准服务对象的需求精准化识别载体。具体来说,可以通过互联网形成四大数据库:一是服务对象基本信息库,包括服务对象的年龄、性别、教育程度、生活自理能力、经济状况等;二是养老服务信息数据库,记录服务对象历年的服务需求,并统计服务需求的频次,与老人的基础信息进行对比和分析,分析出各类老人的养老服务需求特征,从数据上保障养老服务需求精准化识别的实现;三是根据老年人健康状况形成个人健康档案,包括以往病史、治疗经历等,为老人提供精准化的特殊照护需求提供数据支持;四是社会养老服务资源数据库,在对老人服务需求进行精准化识别后,为分配给合适的供给主体而建立的系统。

**4.加强"互联网＋养老服务"人才培训,提高服务人才素质**

一是加强"互联网＋养老服务"人才培养,为智慧养老提供人力资源支撑。设立养老服务应用知识方面的培训课目,如心理学、生理学、运动学、心理健康、交流技巧等,实施技能培训。服务人员须经培训并考核合格后,执证上岗实施服务,同时还要推进不定期的人员考核制度,加强智慧养老人才的培养,制定留住现有人才的福利政策。

二是要加大宣传力度,切实提高养老服务行业工作人员的社会认可度,以吸引更多高素质的专业人才积极投身智慧养老服务行业。加强智慧养老服务行业人才的素质培养,加大智慧养老服务层面的培训力度,提高工作人员服务水平,促进整个行业健康发展。

三是积极招募志愿者,充分发挥公益组织的作用。积极招募志愿者,为智慧养老产业发展储备人才。充分发挥公益组织的作用,将辖区内的公益组织与智慧养老进行融合,由公益组织负责开展书法、绘画、棋艺等娱乐活动,提升老年群体的幸福感。

四是社区要着力打造适合老年人学习的平台,比如采取集体开班的形式,积极开展面向老年群体的信息技术教育。社区应根据老年人的认知特点灵活设计相应的教学模式。通过强化训练给老年人普及互联网知识,让老年人掌握互联网技术,熟练操作智能设备,为智慧养老模式的发展奠定良好的基础。[①]

### 5.创新智慧养老产品,推进智慧养老产品多样化

一是做好基层调研,对接养老需求。"互联网＋养老服务"的主要群体是老年人,因此做好老年人的需求调研工作至关重要。要充分了解老年人的需求特点。老年人既有一般需求,也有特殊需求。只有围绕老年人的需求进行政策探索与研究,促进服务商进行线上线下的服务,才能避免资源的浪费和闲置。要对老年人的需求进行精确的分类研究,运用高科技的智能产品提供多样化的服务。同时,也要加大宣传的力度,让老年人深切感受到智慧产品带来的高效和便捷,刺激老年人的消费需求。

二是坚持以人民为中心发展理念,创新符合老年人需求的智慧养老产品。融合创新推动传统养老的互联网络化和智慧化,对移动互联网应用的产品进行创新设计,开发数字化、智能化、一体化的新型智慧养老产品;加强创新型产品的标准化建设,提高产品的安全可靠和方便实用性,引领可穿戴设备的市场化发展,让广大老年人群体可以便捷地体验可穿戴设备带来的智慧化生活。

### 6.以提升治理能力为导向,加强"互联网＋养老服务"的监管

采取有效措施防范和应对可能存在的风险,引导"互联网＋养老服务"规范开展。

一是加大对养老机构内部精细化管理。通过智能在线小程序等,及时掌

---

① 《专家解读:提升特殊群体数字素养 弥合使用性数字鸿沟》,https://m.thepaper.cn/baijiahao_19480526。

据养老机构床位数、在院老人数、出入院管理、收费管理、护理服务等日常相关数据，将数据实时自动汇聚到智慧养老监管中心，为决策提供数据支撑，最终达到资源配置合理化，业务改进持续化，形成"服务评价、反馈—服务改进"的良性循环。

二是加大对第三方服务公司的动态化监管。通过居家养老大数据平台，实现对第三方服务公司上门服务实时动态监管，服务人员定位与老人位置系统可以进行实时比对，有效减少服务造假，切实保障老年人权益。智慧监管平台见证居家养老上门服务记录，每一条服务都有迹可循，不仅为老年人健康添上了一把"安全锁"，更是为养老服务加了一把"暖心锁"。

三是推动社区养老行业建设，通过行业协会试行专业管理和政府监督相互作用。

## （六）大力推进智慧养老产业，提高养老服务质量

作为养老服务业的一种升级业态，"互联网 + 养老服务"既可以是通过对传统养老服务业的升级改造而形成新的"互联网 +"养老服务业，也可以是养老机构、社区、居家养老服务中心运用"互联网 +"技术手段开展养老服务，还可以是互联网运营机构运用自己的网络信息平台开展养老服务。中国的养老服务模式主要为家庭、机构和社区三个方面。但随着老龄化程度加深，这些传统的养老模式无法完全适应当前的养老需求，因此寻求新型的多元复合手段满足老年人多层次的需求成为发展的趋势。目前，在全球范围内，依托互联网新技术的智慧养老已成为一个新兴的产业增长点。

### 1.智慧养老产业的政策支持

我国政府高度重视养老信息化建设，国务院及相关政府部门先后出台了一系列鼓励、支持的相关法律法规和政策文件。国务院于 2015 年印发了

《关于积极推进"互联网＋"行动的指导》(国发〔2015〕40号)。该意见明确提出应"促进智慧健康养老产业发展",即支持智能健康产品创新和应用,推广全面量化健康生活新方式。鼓励健康服务机构利用云计算、大数据等技术搭建公共信息平台,提供长期跟踪、预测预警的个性化健康管理服务。发展第三方在线健康市场调查、咨询评价、预防管理等应用服务,提升规范化和专业化运营水平。依托现有互联网资源和社会力量,以社区为基础,搭建养老信息服务网络平台,提供护理看护、健康管理、康复照料等居家养老服务。鼓励养老服务机构应用基于移动互联网的便携式体检、紧急呼叫监控等设备,提高养老服务水平。[①]2017年2月,工业和信息化部、民政部、国家卫生计生委联合发布《智慧健康养老产业发展行动计划(2017—2020年)》,标志着第一个国家级智能养老产业规划出台。该行动计划提出,培育智慧健康养老服务新业态。推动企业和健康养老机构充分运用智慧健康养老产品,创新发展慢性病管理、居家健康养老、个性化健康管理、互联网健康咨询、生活照护、养老机构信息化服务等健康养老服务模式。建设信息共享服务平台。充分利用现有健康信息、养老信息等信息平台,基于区域人口健康信息平台,建设统一规范、互联互通的健康养老信息共享系统,积极推动各类健康养老机构和服务商之间的信息共享、深度开发和合理利用,开展健康养老大数据的深度挖掘与应用。制定智慧健康养老设备产品标准,建立统一的设备接口、数据格式、传输协议、检测计量等标准,实现不同设备间的数据信息开放共享。优先制定适用于个人、家庭和社区的血压、血糖、血氧、心律和心电五大类常用生理健康指标智能检测设备产品及数据服务标准。完善智慧健康养老服务流程规范和评价指标体系,推动智慧健康养老服务的规范化和标准化。制定智慧健康养老信息安全标准以及隐私数据管理和使用规范。到2020年,实现城市家庭宽带接入能力达到100Mbps,打造覆盖家庭、社区和机构的智

---

① 《国务院关于积极推进"互联网+"行动的指导意见》(国发〔2015〕40号),http://www.gov.cn/zhengce/content/2015–07/04/content_10002.htm。

慧健康养老服务网络。[1]智慧养老可以先重点发展健康管理类的智能可穿戴设备,健康智能腕表、智能手环等智能可穿戴的监护设备;重点发展便携式的健康监测设备,发展用于个人、家庭以及社区医疗机构的智能健康监测设备,并能够借助在线管理系统,可以实现远程健康管理等功能;重点发展自助式的健康检测设备,发展用于公共场所、社区机构中自助式的智能健康检测设备;重点发展智能养老监护设备,发展可用于家庭养老、社区和机构养老的智能监护床、轮椅等方面的智能康复、监测、看护设备,特别是开发预防老年阿尔茨海默病患者走失的高精度的室内外定位终端;重点发展家庭智能服务机器人,发展能够满足个人与家庭的家居服务、情感陪护、残障辅助、娱乐休闲、安防监控等方面需求的智能服务型机器人,以提高老年人生活质量。

2019 年,国务院提出实施"互联网＋养老"行动,提出:"持续推动智慧健康养老产业发展,拓展信息技术在养老领域的应用,制定智慧健康养老产品及服务推广目录,开展智慧健康养老应用试点示范。促进人工智能、物联网、云计算、大数据等新一代信息技术和智能硬件等产品在养老服务领域深度应用。在全国建设一批'智慧养老院',推广物联网和远程智能安防监控技术,实现24 小时安全自动值守,降低老年人意外风险,改善服务体验。运用互联网和生物识别技术,探索建立老年人补贴远程申报审核机制。加快建设国家养老服务管理信息系统,推进与户籍、医疗、社会保险、社会救助等信息资源对接。加强老年人身份、生物识别等信息安全保护。"[2]

2021 年底,《"十四五"国家老龄事业发展和养老服务体系规划》出台,提出加快推进互联网、大数据、人工智能、第五代移动通信(5G)等信息技术和

---

[1] 《三部委关于印发智慧健康养老产业发展行动计划(2017–2020 年)的通知》,http://www.gov.cn/xinwen/2017–02/20/content_5169385.htm#1。

[2] 《国务院办公厅关于推进养老服务发展的意见》(国办发〔2019〕5 号),http://www.gov.cn/zhengce/content/2019–04/16/content_5383270.htm。

智能硬件在老年用品领域的深度应用。支持智能交互、智能操作、多机协作等关键技术研发，提升康复辅助器具、健康监测产品、养老监护装置、家庭服务机器人、日用辅助用品等适老产品的智能水平、实用性和安全性，开展家庭、社区、机构等多场景的试点试用。[①]

实践层面，各地围绕智慧养老进行了积极探索。如，2015 年，北京第一家智慧养老创新示范基地——"中关村街道智慧养老创新示范基地"成功落户"中国硅谷"。中关村因众多高校和高新技术企业聚集被称为"中国硅谷"。通过构建智能化、物联化、社会化的养老服务体系，为辖区内社区老人提供医养结合、种类丰富的服务。机器人小 U 具有远程视频、定时提醒功能，能 360° 无死角全天候自动巡航，可以实时查看家中情况，能够实时看护老人，也包括智能体检机、智能药盒等。智能体检一体机能够给老人测血压和血糖，智能药盒定时提醒老人吃药，家人也可通过手机 App 实施远程监控提醒。2016 年 9 月，朝阳区八里庄街道在八里庄西里、八里庄东里、十里堡等 3 个社区开始了"智慧养老·医养结合"试点。主要是面向社区内的老人发放 350 块智能腕表，以随时监测佩戴人的血氧、血压、心率等基础健康数据。智能腕表设有亲情拨号、一键呼救等简易操作功能，能够为老年人提供安全保障。智能腕表还能够通过移动互联网，实现监测数据同老人的亲属、社区卫生服务中心进行"云同步"。可见，运用互联网和大数据建设智慧社区，通过智能化管理手段，能够打造老年健康生活新方式。目前我国已有小区在大门口设置电子围栏功能，老人一旦走出小区范围，系统能够自动给子女发出提示，保障老年人的安全。

**2.推进智慧养老产业发展的重要性**

随着信息技术发展，智慧化养老成为解决日益严重的老龄化问题的重

---

① 《国务院关于印发"十四五"国家老龄事业发展和养老服务体系规划的通知》（国发〔2021〕35号），http://www.gov.cn/zhengce/content/2022-02/21/content_5674844.htm。

要途径。按照国家健康老龄化规划,推进信息技术支撑健康养老发展,发展智慧健康养老新业态。充分运用互联网、物联网、大数据等信息技术手段,创新健康养老服务模式,开展面向家庭、社区的智慧养老应用示范,提升健康养老服务覆盖率和质量效率。物联网、大数据、5G、人工智能等技术发展,推动了养老行业的数字化转型。而养老的数字化转型改变了传统的老年照护,特别是为弥补护理人员的缺口提供了可行性解决方案。

第一,通过互联网技术,能够维持和提升老年人独立生活能力。通过建立智能化社区服务驿站,可以通过线上线下相结合的方式推动互联网养老向深度发展。通过互联网、物联网相结合,能够有效解决养老院床位匮乏问题,减少人工成本,实现远程监护。如,基于云计算设计的老年健康管理设备,可以定期辅助老人进行自我体检和自测,并根据检测结果,为老年人提供个性化的健康干预方案。同时,相关数据还可同步上传云端的个人健康档案,可以供签约家庭医生参考,能够大大降低老人的失能风险。再如,针对身体功能障碍老人设计的智能辅具产品(如移动辅助机器人、康复机器人等),仅需少量人力就能帮助老人完成日常生活活动,并有效减缓老年人身体机能的衰退,使老年人能够持续独立地在家庭、社区等熟悉环境中生活。

第二,通过互联网技术,能够减少护理压力,实现护理效率提升。智慧养老能够改变传统意义上的老年照护,尤其是可以弥补护理人员的缺口,减少老人对护理人员的需求。一些养老机构已引入了污物智能处理系统、防走失、智能床垫、检测跌倒智慧安防系统等,能够降低养老护理工作脏、苦、累程度,从而保持养老护理员队伍稳定性。智能技术产品及服务的使用,可以实现单位时间内护理老人数量提升和护理质量的提升,是缓解养老护理员离职率上升的有效补充。

第三,通过数据平台建设,能够提高包括护理人员在内的各种老年照护资源管理效能。智能终端可以发挥基础作用。老人及家人能够在平台上搜索和自己相适配的养老信息;对政府和社会机构而言,既能够通过数据平台提升护理人员派单效率，以及实现质量控制，还能够通过详细追踪老人大数据，使养老补贴资金及相关扶持政策制定能够更加有的放矢。[①]

### 3.智慧养老产业发展存在的主要问题

当前，国内的智慧养老产业还处于起步阶段，智慧养老产业发展存在诸多挑战，主要体现在以下几点。

第一，养老产品"智慧化"水平低，普及程度不高。受到物联网、大数据等技术水平的制约，目前的智慧养老产品功能集中在信息收集和安全监测，产品类型单一，且信息化、智能化程度较低，在信息技术应用、整合和处理方面，落后的信息处理能力难以充分筛选、利用有效信息，无法提供个性化、多样化的养老服务，不能真正做到与需求对接。目前，在我国智慧养老产品中，运用信息通信技术、互联网等科技手段开展的电话养老、"一键通"养老、手机养老等养老服务活动涌现，但智慧养老服务产品的智能化水平还不高。

第二，智慧养老产品并没有体现老年人的需求，没有针对老年人群的智能终端。我国现代信息技术、智能设备的开发制造都还处于初级阶段，再加之国内养老产业发展不足，涉老信息产品和智能设备与养老服务发展不匹配，智能养老设备一般是便捷式手环或智能手机，智慧化养老产品单一，无法满足老年人的需求。目前智能手机操作过程相对复杂且烦琐，并没有真正针对老年人使用能力和生活习惯的智能操作设备。

第三，智慧养老产业缺乏统一的行业标准，智慧养老服务质量参差不齐。目前，智慧养老产业仍处于萌芽阶段，没有形成集约化的商业模式。因此服务成本高、养老资源的利用效率不高，碎片化严重。国内涉及养老服务产业的政策文件多为建设性、指导性意见，缺乏明确的操作方法和执行标准，智慧养老发展缺乏统一的行业规范和有力的行业监管，导致智慧养老服务

---

① 杨帆：《光明时评：养老护理员紧缺难题如何破？》，https://m.gmw.cn/baijia/2021-06/25/34951232.html。

质量参差不齐。智慧养老作为新兴产业尚未形成完整的产业链，无法形成规模效应，可持续发展能力弱。

第四，老年人面临"银色鸿沟"，养老产品使用困难。老年人对信息技术了解较少，未能跟上互联网时代的步伐，很有可能无法获知正确使用智能设备的方法，将极大地妨碍对智慧养老产品的使用。护理人员也同样面临"数字鸿沟"，需要通过降低智能设备操作的难度及加强培训等提升护理人员的能力和素养。

第五，智慧养老的专业人才匮乏。目前我国智慧养老产业的产品设计人才、行业顶层设计人才及行业操作标准制定人才等均处于稀缺状态，这使得智慧养老服务水平较低，相关工作无法高质量高效率展开。当前，数字技术在解决养老护理人员紧缺难题中也面临不少挑战。不少技术在养老应用场景中由于难以做到精准和智能，在一定程度上反而加重了护理人员的工作负担。

**4.推进智慧养老产业发展的基本对策**

面对日益增加的老龄化趋势，必须通过推动智慧养老发展，为老年人提供优质服务，从而提高老年生活质量，积极应对人口老龄化。

第一，加大智慧养老产业政策的支持力度。对与智慧养老产业相关联的健康、医疗、养老、保险等产业发展做出详尽部署。制定相关政策，引导大数据、物联网、互联网＋等智慧养老关键技术，对接各级医疗机构和养老服务机构，为老年人提供精准高效的医养护服务。建设创新孵化平台，支持和鼓励智慧健康养老领域的众创、众扶、众包、众筹等创业支撑平台建设。建立智慧健康养老产业发展省部级联席会议制度，统筹推进智慧健康养老产业发展各项工作。在产业规划中尤其要重视科技手段和智慧养老，积极、优先、主动让科技应用服务老年人。完善各类资金投入，培育规范市场。设立智慧养老产业发展引导专项基金，通过政策扶持，为智能化养老产品的研发和智慧养老平台的搭建助力。向提供智慧养老的企业提供税收优惠、资金补贴，对于有条件的街区，为选择智慧养老的老年人提供一定的养老补贴，以推动智慧养老产业的发展。

第二，建立互联网养老综合服务平台，搭建大数据共享平台。一是加快互联网 + 养老产业公共信息平台建设。由政府主管部门牵头，搭建省、市一级的互联网 + 护理服务平台，打通政府、医院、养老机构或社区之间的信息通道。二是建设技术服务平台，鼓励行业领军企业、社会组织建立各种智慧健康养老产业研发创新中心、技术服务平台。三是筹建养老行业大数据库，梳理充实养老行业大数据，向养老企业分享数据资源。四是整合现有的健康信息、养老信息等不同区域分散的信息平台，建设统一的健康养老信息共享服务平台。利用大数据产业优势和机遇，加强政府、金融机构、养老机构、互联网企业、社区管理部门、医疗机构等与养老相关的机构之间的信息共享。将老年人的信息、健康状况、金融需求、生活服务需求等情况纳入信息共享平台，为政府、金融监管机构、医疗机构、养老机构等对全市老年群体的各项需求和管理提供数据和管理参考。同时，养老产业关注者可通过平台更多了解行业相关政策法规、行业动态、同业数据、技术支持等。五是积极设计适合老年人简单、易操作的应用程序及智能电子设备，推动远程服务能够及时准确同步到互联网 + 护理服务平台。

第三，积极培育智慧健康养老服务的新业态。支持企业突破智能健康养老终端的核心关键技术，积极开展医疗健康电子产品及系统的研发，推动企业针对个人、家庭、机构等不同环境，提供健康养老服务产品供给，促进居家养老、健康保健等智能终端与系统完善。加强企业与社区、养老机构对接。打通养老服务进入家庭和进入社区"最后一公里"。加强服务与需求的对接，针对老年人多元化养老服务需求，大力支持企业开发适合居家养老产品以及服务模式。强化政策与市场对接，大力支持开展智慧健康养老服务方面的应用示范，吸引养老企业进驻各类养老服务设施。推进智慧健康养老的商业模式创新。探索民办公助等多种的运营模式,推广智能居家养老服务模式。

第四,建设完善的行业标准和监管体制。智慧养老需要完善的制度体系、科学统一的行业标准和行之有效的行业监管保障。要抓紧建立与智慧养老相配套的服务监督和评估机制,完善相关法律法规,并推动全面落实,保证制度体系和标准规范运行的系统、有效、可持续。

第五,探索以互联网为依托的养老金融产品及服务体系,开展养老金融产品和服务创新。一是通过政府引导,加大金融对养老消费市场和企业的支持力度。引导和推动金融机构开展养老金融信息数据库建设,将养老金融信息纳入养老金融信息基础数据库,提高金融机构和养老企业投融资的核心竞争力。给予金融机构、社会资本一定的激励和扶持政策,包括财政贴息、税收减免、信用担保、风险补偿等鼓励政策,探索建立养老发展基金的专业化担保机制。二是依托大数据产业优势,推进"大数据＋养老产业＋金融"的深度融合发展,加强政府养老部门、金融监管部门风险识别系统、银行风险管控系统、保险机构等养老相关机构间的信息共享,实现金融与养老相关部门和企业的风险监管全覆盖。2022年7月发布的《数字中国发展报告(2021年)》显示,我国养老保险联网监测数据上报量达10.86亿人次。[1]三是建立养老金融政法联动机制,增强养老金融监管合力。完善养老金融突发公共事件应急预案,健全养老金融风险预警体系和处置体系。四是建立健全养老金融风险补偿机制,如成立养老金融政策性担保公司,设立养老金融补偿基金,帮助养老企业增信融资,通过多种方式为养老企业提供融资和分担风险。五是鼓励社会资本参与智慧养老相关产业发展,通过多种融资渠道建立智能化社区服务驿站。积极引入康乐年华、福寿康、金牌护士等专业互联网企业,开展护理站和社区驿站建设,为社区嵌入式的养老机构补齐护理服务短板。六是加强对老年群体防范金融风险的宣传力度,加强老年人对金融风险的

---

① 国家互联网信息办公室:《数字中国发展报告(2021年)》,http://www.cac.gov.cn/2022-08/02/c_1661066515613920.htm?spm=C73544894212.P59511941341.0.0。

识别能力。

第六，加强智慧养老服务宣传，帮助老年人了解互联网。通过智慧养老服务宣传，推动老年人融入互联网社会，号召基层机构和志愿者组织帮助老年人了解智能设备的操作，提高老年人对智慧养老产品的认同感、接受感，促使老年人深入体验智能养老模式，提高智慧养老的普及程度。

第七，培育专业人才队伍。智慧养老产业的服务人员、智慧养老产品设计者及相关政策制定者的素质，关系着智慧养老的服务水平、智慧养老产品是否符合老年人的实际需要、关系着养老政策和行业标准的科学性与可操作性。因此，政府应推进对智慧养老专业人员培养的相关工作，积极拓宽专业人才培养渠道，同时通过加大对智慧养老产业的扶持力度，增强智慧养老市场对人才的吸引力。重视对互联网护理服务人才的培训与考核，建立完善持证上岗制度，开展定期专业服务技能考评，确保"互联网＋护理服务"能力和质量。密切关注"互联网＋护理服务"发展状况，采取有效措施防范和应对可能存在的风险，引导"互联网＋护理服务"规范开展。

第八，加强智慧健康养老产品的网络建设与网络安全保障。加强宽带网络基础设施的建设，打造覆盖家庭、社区及机构的智慧健康养老服务的网络。特别是，严格规范信息管理，加强智慧健康养老服务平台的数据管理，进行严格的安全管控。加快推进养老金融信息管理系统的建设，建立养老金融风险管理数据库，建立健全互联网养老领域的金融风险防范体系。严格规范信息管理行为，保护老年人的信息安全。

# 五 互联网＋医疗健康

习近平总书记指出，要运用大数据促进保障和改善民生。要坚持以人民为中心的发展思想，推进"互联网＋教育""互联网＋医疗""互联网＋文化"等，让百姓少跑腿、数据多跑路，不断提升公共服务均等化、普惠化、便捷化水平。要坚持问题导向，抓住民生领域的突出矛盾和问题，强化民生服务，弥补民生短板，推进教育、就业、社保、医药卫生、住房、交通等领域大数据普及应用，深度开发各类便民应用。①中国互联网络信息中心（CNNIC）发布第50次《中国互联网络发展状况统计报告》显示，截至2022年6月，在线医疗用户规模达3.00亿，较2021年12月增长196万，占网民整体的28.5%。在数字防疫方面，数字政府展现出巨大潜能。一方面，新技术助力高效防疫工作。相关部门积极应用大数据、人工智能等手

---

① 《习近平在中共中央政治局第二次集体学习时强调，审时度势精心谋划超前布局力争主动，实施国家大数据战略加快建设数字中国》，http://www.gov.cn/xinwen/2017-12/09/content_5245520.htm。

段,助力疫情趋势研判、人流实时分析、风险人员识别、抗疫物资调配、病毒基因检测等,快速切断传染链条,有效控制疫情扩散,有力支撑复工复产。另一方面,互联网政务服务在统筹疫情防控和经济社会发展中发挥了重要作用。国家政务服务平台打通卫生健康委、移民局、民航、铁路等部门数据,方便各地区各部门按需调用,实现全国绝大部分地区"健康码"的互通互认,为推动全国"一码通行"奠定基础 。同时上线"防疫健康信息码"服务,截至2021 年 12 月,全国健康码累计使用人数超 9 亿,累计访问量超 600 亿次,政务服务数据的互通共享在抗疫防疫中发挥重要作用。①可见,"互联网 +"在医疗健康领域的应用也取得了成效。

## (一)"互联网 + 医疗健康"的概念与特点

"互联网 + 医疗健康"是一个新概念,与远程医疗不能简单画等号。在中国,"互联网 + 医疗健康"是一个比较宽泛的概念。"互联网 + 医疗健康"指以互联网为基础、以现代化信息技术为依托, 与传统医疗健康管理模式相结合,形成的一种具有现代化特征的新型医疗健康管理模式。②从专业技术角度,"互联网 + 医疗"是通过互联网等信息化技术与传统医疗体系的结合,在此基础上进行智能化决策,包括以互联网为载体和技术手段的健康管理、医疗信息查询、电子健康档案、疾病风险评估、在线疾病咨询、电子处方、医药电商、远程会诊、远程医疗及康复等多种形式的医疗健康服务。"互联网 + 医疗健康"运用大数据、云计算、物联网、移动互联网等技术,融合医疗管理部门、医疗机构、服务机构、家庭的医疗资源及设施,创新全社会健康管理和服

---

① CNNIC:《第 50 次〈中国互联网络发展状况统计报告〉》,http://www.cnnic.net.cn/n4/2022/0916/c38-10594.html。

② 严炜等:《"互联网+医疗健康管理"模式的运行机制、存在问题及改进建议》,《现代医院》2022 年第 5 期。

务模式,建立全民医疗健康动态管理与服务体系。"互联网 + 医疗健康"并不只是互联网诊疗,还包括公共卫生、家庭医生签约和药品医保、教育、科普、人工智能等多方面领域的深度融合。互联网 + 家庭医生签约、互联网 + 药品等,都是广义的"互联网 + 医疗健康"①。

发展"互联网 + 医疗健康"战略,能够赋能我国打破地域、空域、时域与资源的限制,极大提升我国大健康战略的效能、效率和效益,提高人民群众的获得感、幸福感、安全感。政府在"互联网 + 医疗健康"推进过程中,通过健全"互联网 + 医疗健康"服务体系,完善"互联网 + 医疗健康"支撑体系,加强"互联网 + 医疗健康"行业监管和安全保障,为"互联网 + 医疗健康"发展过程中构建良好的运行环境,更加精准对接和满足群众多层次、多样化、个性化的健康需求,可以让老百姓真真切切地享受到"互联网 + 医疗健康"建设带来的健康红利。因此,未来互联网的健康医疗将更多和物联网、人工智能深度融合。"互联网 + 医疗健康"具有以下特点:

第一,智慧解决"看病难"问题,便民惠民。"互联网 + 医卫服务"供给坚持线上线下一体融合,聚焦线上服务便捷化、智能化、人性化,能够拓展服务空间,如说网上预约、诊间结算等。推进互联网诊疗服务,能够有序促进分级诊疗。特别是针对老年人、儿童、残障人士等群体运用智能技术的实际困难,能够简化网上服务流程,完善电话、网络、现场等多种预约挂号方式,畅通家人、亲友、家庭医生等代为预约挂号的渠道,有效提高医疗资源的使用效率,可以节约成本。

第二,跨时空均衡配置医疗资源,便于监管。"互联网 + 医疗健康"管理模式的根本在于实现信息共享,通过信息共享,促使医院内部以及医联范围内的信息实现较高程度的共享,如患者基础信息、诊疗信息、内部协同能力及管理效率切实得到提升。在此基础上,国家、省市、县区等医疗平台的信息

---

① 《互联网医疗现"僵尸线上医院" 社科院专家支招:C 位给患者》,https://view.inews.qq.com/a/20211119A05NUE00。

数据可以实行统一管理,促使医疗方面跨区域业务得以实现。通过搭建互联网信息平台,开展远程会诊、远程心电、远程影像诊断等服务,促进检查检验结果实时查阅、互认共享,促进优质医疗资源纵向流动,大幅提升基层医疗服务能力和效率。在保障信息安全的前提下,加强与医保、商保、银联、第三方支付机构合作,为患者提供多种在线支付方式。能够加快有关信息系统对接和数据联通共享,拓展在线支付功能,推进"一站式"及时结算,为参保人员提供更加便利的服务。特别是对农村缺乏医疗资源的偏远地区,通过远程医疗、互联网医疗等,能够提高医疗服务的普及性。此外,互联网等新技术的崛起,可以对医疗领域的监督管理起到很大作用。如今医保的监控、医疗处方、医院管理的监管等,很多已经得到了人工智能的协助。

第三,重塑大健康管理模式,提升全民健康。在"互联网＋"的助力下,健康管理正逐步迈向个性化、精确化。通过建立健康管理平台,依托网站、手机客户端等载体,家庭医生可随时与签约患者进行交流,为签约居民提供在线健康咨询、预约转诊、慢性病随访、延伸处方等服务,真正发挥家庭医生的健康"守门人"的作用。通过加强区域信息共享互认,提升区域内数据联通质量,实现电子健康档案与电子病历、公共卫生服务信息的对接联动,在保障数据安全和个人隐私的基础上,推进电子健康档案在线查询和规范使用。

## (二)"互联网＋医疗健康"的政策与实践探索

### 1."互联网＋医疗健康"的政策

"没有全民健康,就没有全面小康。"2016 年 8 月 21 日,习近平总书记在全国卫生与健康大会上发表重要讲话,强调要把人民健康放在优先发展的战略地位,以普及健康生活、优化健康服务、完善健康保障、建设健康环境、发展健康产业为重点,加快推进健康中国建设,努力全方位、全周期保障人民健康，为实现"两个一百年"奋斗目标、实现中华民族伟大复兴的中国梦打下坚实健康基础。推进健康中国建设，必须深化医药卫生体制改革。[①]在"十二五"期间，我国医疗健康管理在基础保障、信息安全等方面已经取得了良好的成果；"十三五"期间，我国卫生与健康规划贯彻落实，形成了三医联动、分级诊疗等健康管理模式；"十四五"期间，"互联网＋医疗健康"模式的创新，为我国医疗健康事业的发展提供了技术保障。"互联网＋医疗健康"相关政策不断出台，助推我国互联网＋医疗健康的发展。

**（1）政策萌芽期**

2014 年至 2016 年，互联网医疗提升至国家战略。早在 2014 年 8 月 29 日，我国卫健委（原卫计委）出台《关于推进医疗机构远程医疗服务的意见》，对医疗机构和医疗机构之间（包括医生和医生之间）进行的远程医疗服务做出了具体的规范。[②]2015 年 3 月，国务院印发的《全国医疗卫生服务体系规划纲要（2015—2020 年）》提出，"开展健康中国云服务，积极应用移动互联网、物联网、云计算、可穿戴设备等新技术，推动惠及全民的健康信息服务和智慧医疗服务，推动健康大数据的应用，逐步转变服务模式，提高服务能力和水平"[③]。2015 年 7 月 5 日，国务院发布《国务院关于积极推进"互联网＋"行动的指导意见》，围绕重点行业融合创新发展需求，提出了 11 项具体行动。[④]2016 年 10 月 15 日，国务院发布《"健康中国 2030"规划纲要》[⑤]，标志着互联

① 《习近平：把人民健康放在优先发展战略地位》，http://www.xinhuanet.com//politics/2016-08/20/c_1119425802.htm。
② 《卫生计生委关于推进医疗机构远程医疗服务的意见》（国卫医发〔2014〕51 号），http://www.gov.cn/gongbao/content/2014/content_2792664.htm。
③ 国务院办公厅印发《全国医疗卫生服务体系规划纲要（2015-2020 年）》（国办发〔2015〕14 号），http://www.gov.cn/zhengce/content/2015-03/30/content_9560.htm。
④ 《国务院关于积极推进"互联网+"行动的指导意见》（国发〔2015〕40 号），http://www.moe.gov.cn/jyb_xxgk/moe_1777/moe_1778/201507/t20150706_192586.html。
⑤ 中共中央国务院印发《"健康中国 2030" 规划纲要》，http://www.gov.cn/xinwen/2016-10/25/content_5124174.htm。

网医疗首次被提到国家战略层面(见表5-1)。

表 5-1　互联网+医疗健康"政策萌芽期"政策内容汇总

| 时间 | 发布机构 | 文件名称 | 政策内容 |
|---|---|---|---|
| 2016 年 11 月 7 日 | 工业和信息化部、国家发展改革委、科技部、商务部、国家卫生计生委和国家食品药品监管总局 | 《医药工业发展规划指南》 | 提出大力推动"互联网＋医疗",发展智慧医疗产品 |
| 2016 年 10 月 15 日 | 国务院 | 《"健康中国2030"规划纲要》 | 互联网医疗首次被提到国家战略层面 |
| 2016 年 4 月 26 日 | 国务院办公厅 | 《深化医药卫生体制改革 2016 年重点工作任务》 | 整合健康管理及医疗信息资源,推动预约诊疗、线上支付、在线随访以及检查检验结果在线查询等服务,积极发展远程医疗、疾病管理、药事服务等业务应用 |
| 2015 年 9 月 8 日 | 国务院办公厅 | 《国务院办公厅关于推进分级诊疗制度建设的指导意见》 | 鼓励二、三级医院向基层医疗卫生机构提供远程会诊、远程病理诊断、远程影像诊断、远程心电图诊断、远程培训等服务 |

资料来源:根据国家政策文件整理。

**(2)政策发展期**

2017 年至 2020 年,国家卫健委、国家医保局、国务院办公厅等相关机构先后从监管、技术应用等多个层面出台了数条政策及政府规划,注重应用层支持和引导。2018 年 4 月 12 日,国务院总理李克强主持召开国务院常务会议,确定发展"互联网＋医疗健康"措施。2018 年 4 月 25 日,《国务院办公厅关于促进"互联网＋医疗健康"发展的意见》(国办发〔2018〕26 号)提出,要深入贯彻落实习近平新时代中国特色社会主义思想和党的十九大精神,推进实施健康中国战略,提升医疗卫生现代化管理水平,优化资源配置,创新服务模式,提高服务效率,降低服务成本,满足人民群众日益增长的医疗卫生健康需求。①2018 年 9 月，国家卫生健康委员会出台《互联网诊疗管理办法（试行）》《互联网医院管理办法（试行）》和《远程医疗服务管理规范（试行）》。这三大重磅文件为中国快速发展的"互联网＋医疗"指明了方向（见表 5-2）。②

表 5-2　互联网＋医疗健康"政策发展期"政策内容汇总

| 时间 | 发布机构 | 文件名称 | 政策内容 |
|---|---|---|---|
| 2019 年 8 月 30 日 | 国家医疗保障局 | 《国家医疗保障局关于完善"互联网＋"医疗服务价格和医保支付政策的指导意见》 | 积极适应"互联网＋"等新业态发展，提升医疗服务价格监督监管信息化、智能化水平，引导重构医疗市场竞争关系，探索新技术条件下开放多元的医疗服务价格新机制 |
| 2019 年 6 月 21 日 | 国家医疗保障局 | 《国家医保局财政部关于切实做好 2019 年跨省异地就医住院费用直接结算工作的通知》 | 随着统一的国家医疗保障信息平台建设，2020 年底前，基本实现符合条件的跨省异地就医患者在所有定点医院住院能直接结算 |
| 2019 年 5 月 28 日 | 国家卫生健康委、国家中医药局 | 《关于推进紧密型县域医疗卫生共同体建设的通知》 | 明确要在县域组建医疗共同体，逐步实现区域内医疗资源共享，进一步提升基层服务能力，推动形成基层首诊、双向转诊、急慢分治、上下联动的分级诊疗模式 |
| 2019 年 4 月 28 日 | 国家卫生健康委、国家中医药管理局 | 《关于印发全国基层医疗卫生机构信息化建设标准与规范（试行）的通知》 | 针对目前基层医疗卫生信息化建设现状，着眼未来 5 年～10 年基层医疗卫生机构信息化应用发展建设需求，对社区卫生服务中心（站）、乡镇卫生院（村卫生室）提出了细分建设要求 |

① 《国务院办公厅关于促进"互联网＋医疗健康"发展的意见》（国办发〔2018〕26 号），http://www.gov.cn/zhengce/content/2018-04/28/content_5286645.htm。

② 卫健委举行《互联网诊疗管理办法（试行）》等四个文件发布会，http://www.scio.gov.cn/xwfbh/gbwxwfbh/xwfbh/wsb/Document/1637727/1637727.htm。

续表

| 时间 | 发布机构 | 文件名称 | 政策内容 |
|---|---|---|---|
| 2018 年 11 月 8 日 | 国家中医药管理局 | 《中医药发展战略规划纲要（2016—2030 年）实施监测方案》 | 推动"互联网＋"中医医疗 |
| 2018 年 7 月 12 日 | 国家卫健委、中医药管理局 | 《关于深入开展"互联网＋医疗健康"便民惠民活动的通知》 | 明确加快推进智慧医院建设，运用互联网信息技术，改造优化诊疗流程，贯通诊前、诊中、诊后各环节，改善患者就医体验 |
| 2017 年 5 月 8 日 | 卫计委 | 《互联网诊疗管理办法（试行）》（征求意见稿）和《关于推进互联网医疗服务发展的意见》（征求意见稿） | 对互联网诊疗进行了规范和限制 |
| 2017 年 1 月 9 日 | 国务院 | 《"十三五"深化医药卫生体制改革规划》 | 要求大力推进面向基层、偏远和欠发达地区的远程医疗服务体系建设，鼓励二、三级医院向基层医疗卫生机构提供远程服务，提升远程医疗服务能力 |

资料来源：根据国家政策文件整理

**（3）政策密集期**

2020 年以后，互联网医疗政策主要集中在互联网医保支付规范方面，互联网医疗全面推进落地应用。2020 年 12 月 15 日，国家卫健委印发了《关于深入推进"互联网＋医疗健康""五个一"服务行动的通知》（国卫规划发〔2020〕22 号），主要内容包括：一是推动"一体化"共享服务，提升便捷化、智能化、人性化的服务水平，主要包括坚持线上线下一体融合，优化医疗服务流程，推动区域信息共享互认，方便老年人就医等内容；二是推动"一码通"融合服务，破除多码并存互不通用信息壁垒，包括强化行业内的"一码通行"等内容；三是推进"一站式"的结算服务，完善互联网＋医疗在线支付工作，包括推行"一站式"的及时结算、落实"互联网＋"支付政策等内容;四是推进"一网办"政务服务,化解办事难、办事慢、办事烦问题,包括扩大政务共享服务,便捷信息查询服务,推进基层减负服务等内容;五是推进"一盘棋"抗疫服务,加强常态化疫情防控信息技术支撑,包括强化早期监测预警,加强疫情防控支撑,深化防疫服务等内容。①

"互联网＋医疗健康"在很多医疗机构逐步从"可选项"变成了"必选项",从"锦上添花"变成了"雪中送炭",互联网医疗已经成为医疗服务的重要组成部分,应该说公众在看病就医过程中也得到了更好、更便捷的体验。

随着"互联网＋健康医疗"发展,互联网医疗纳入医保成为重点政策内容。2019 年 8 月国家医疗保障局发布《国家医疗保障局关于完善"互联网＋"医疗服务价格和医保支付政策的指导意见》,明确了医保定点管理的范围,完善了"互联网＋"医保服务的医保支付政策,优化了"互联网＋"医疗服务的医保经办管理和"互联网＋"医疗服务的监管措施②;2020 年 3 月 2 日,《关于推进新冠肺炎疫情防控期间开展"互联网＋"医保服务的指导意见》标志着"互联网＋"在医保领域的重要应用③;2020 年 7 月国务院办公厅出台《关于进一步优化营商环境 更好服务市场主体的实施意见》,2020 年 10 月国家发改委、工信部等十四部委联合印发《近期扩内需促消费的工作方案》,均提出将符合条件的互联网复诊服务纳入医保报销范围。从文件主要内容来看,医保"上线"正在逐渐从框架规划加速走向落地④。2021 年以来,互联网医疗医保支付更是被写入多项重量级政策。2021 年 9 月 29 日,《关于"十四五"全民

---

① 《关于深入推进"互联网+医疗健康""五个一"服务行动的通知》(国卫规划发〔2020〕22 号),http://www.gov.cn/zhengce/zhengceku/2020-12/10/content_5568777.htm。

② 《国家医疗保障局关于完善"互联网+"医疗服务价格和医保支付政策的指导意见》(医保发〔2019〕47 号),http://www.nhsa.gov.cn/art/2019/8/30/art_37_1707.html。

③ 国家医保局 国家卫生健康委《关于推进新冠肺炎疫情防控期间开展"互联网+"医保服务的指导意见》,http://www.cac.gov.cn/2020-03/03/c_1584794069917025.htm。

④ 《十四部委联合发文,出台近期扩内需促消费 19 条具体措施》,https://baijiahao.baidu.com/s?id=1681978179060375159&wfr=spider&for=pc。

医疗保障规划的通知》(国办发〔2021〕36 号)为形成完善的"互联网＋医疗健康"医保政策体系、服务体系和评价体系提供了明确指向(见表 5-3)。[①]

表 5-3　互联网+医疗健康"政策密集期"政策内容汇总

| 时间 | 发布机构 | 文件名称 | 政策内容 |
|---|---|---|---|
| 2021 年 9 月 29 日 | 国务院办公厅 | 《关于"十四五"全民医疗保障规划的通知》 | 加快医保信息化建设。全面建成全国统一的医疗保障信息平台。持续优化运行维护体系和安全管理体系,完善平台功能。完善"互联网＋医疗健康"医保管理服务。完善"互联网＋医疗健康"医保服务定点协议管理，健全"互联网＋"医疗服务价格和医保支付政策,将医保管理服务延伸到"互联网＋医疗健康"医疗行为,形成比较完善的"互联网＋医疗健康"医保政策体系、服务体系和评价体系 |
| 2021 年 8 月 10 日 | 国家卫生健康委、国家医保局 | 《长期处方管理规范(试行)》 | 互联网医院提供长期处方服务,应当结合其依托的实体医疗机构具备的条件,符合医疗机构药事管理、互联网诊疗管理相关规定和本规范,加强医疗质量和安全监管 |
| 2021 年 7 月 16 日 | 国家医疗保障局 | 《国家医疗保障局关于优化医保领域便民服务的意见》 | 各统筹地区医保部门要加快完善本地区"互联网＋医疗服务"医保支付协议管理 |
| 2021 年 6 月 17 日 | 国家发展改革委 国家卫生健康委、国家中医药管理局国家疾病预防控制局 | 《"十四五"优质高效医疗卫生服务体系建设实施方案》 | 支持开展"互联网＋医疗健康"服务,提高中医特色医疗资源可及性和整体效率 |

---

① 《关于"十四五"全民医疗保障规划的通知》(国办发〔2021〕36 号),http://www.gov.cn/zhengce/content/2021-09/29/content_5639967.htm。

续表

| 时间 | 发布机构 | 文件名称 | 政策内容 |
|---|---|---|---|
| 2021 年 3 月 1 日 | 国家中医药管理局 | 《国家中医药管理局办公室关于加强信息化支撑新型冠状病毒肺炎疫情中医药防控工作的通知》 | 加强中医医疗机构互联网诊疗服务，积极推进基层中医药互联网防控工作，广泛开展网上中医药咨询服务，深化"互联网＋"政务服务 |
| 2021 年 1 月 22 日 | 国务院办公厅 | 《关于加快中医药特色发展的若干政策措施》 | 发展"互联网＋中医药贸易"，为来华接受中医药服务人员提供签证便利。协调制定国际传统医药标准和监管规则，支持国际传统医药科技合作 |
| 2020 年 12 月 30 日 | 国家医保局 | 《医疗机构医疗保障定点管理暂行办法》和《零售药店医疗保障定点管理暂行办法》 | 互联网医院可依托其实体医疗机构申请签订补充协议；费用由统筹地区经办机构与实体医疗机构结算 |
| 2020 年 12 月 15 日 | 国家卫建委 | 《关于进一步推进"互联网＋护理服务"试点工作的通知》 | 各省(区、市)结合实际均可开展"互联网＋护理服务"试点工作，进一步扩大试点范围并规范开展试点工作 |
| 2020 年 12 月 10 日 | 国家中医药管理局 | 关于深入推进"互联网＋医疗健康""五个一"服务行动的通知 | 推进"一体化"共享服务;推进"一码通"融合服务;推进"一站式"结算服务;推进"一网办"政务服务;推进"一盘棋"抗疫服务 |
| 2020 年 11 月 15 日 | 国家药监局 | 《药品网络销售监督管理办法》(征求意见稿) | 药品零售企业通过网络销售处方药的，应当确保电子处方来源真实、可靠，并按照有关要求进行处方调剂审核，对已使用的处方进行电子标记 |
| 2020 年 11 月 2 日 | 国家医保局 | 《关于积极推进"互联网＋"医疗服务医保支付工作的指导意见》 | 明确"互联网＋"医疗服务协议管理范围、协议申请条件，解决了怎样才能纳入医保支付的问题;明确医保支付范围、结算对象，解决了如何支付的问题;强化"互联网＋"医疗服务监管措施，对基金监管提出了具体要求 |

续表

| 时间 | 发布机构 | 文件名称 | 政策内容 |
|---|---|---|---|
| 2020年7月21日 | 国务院办公厅 | 《关于进一步优化营商环境更好服务市场主体的实施意见》 | 在保证医疗安全和质量前提下，进一步放宽互联网诊疗范围，将符合条件的互联网医疗服务纳入医保报销范围，制定公布全国统一的互联网医疗审批标准，加快创新型医疗器械审评审批并推进临床应用 |
| 2020年7月15日 | 国家发改委等13部门 | 《关于支持新业态模式发展激活消费市场扩大就业的意见》 | 积极发展互联网医疗，以互联网优化就医体验，打造健康消费新生态，进一步加强智慧医院建设，推进线上预约检查检验，探索检查结果、线上处方信息等互认制度探索建立健全患者主导的医疗数据共享方式和制度 |
| 2020年5月21日 | 国家卫建委 | 《关于进一步完善预约诊疗制度加强智慧医院建设的通知》 | 大力推动互联网诊疗与互联网医院发展，总结新冠肺炎疫情期间开展互联网诊疗、建设互联网医院、运用远程医疗服务的有益经验，进一步推动互联网技术与医疗服务融合发展 |
| 2020年5月8日 | 国家卫建委 | 《关于进一步推动互联网医疗服务发展和规范管理的通知》 | 进一步推动互联网技术与医疗服务融合发展，发挥互联网医疗服务的积极作用。各地要坚守医疗质量和患者安全底线，不断规范互联网诊疗和互联网医院的准入和执行管理，加强监管 |
| 2020年4月7日 | 国家发改委、国家医保局 | 《关于推进"上云用数赋智"行动培育新经济发展实施方案》 | 将符合条件的"互联网＋"医疗服务费用纳入医保支付范围，鼓励定点医疗机构提供"不见面"购药服务，不断提升信息化水平，使用医保电子凭证实现互联网医保服务无卡办理 |
| 2020年3月2日 | 国家卫健委 | 《进一步落实科学防治精准施策分区分级要求做好医疗服务管理工作的通知》 | 再次强调"加强互联网诊疗咨询服务工作"，要求各地区充分利用"互联网＋医疗"的优势作用，在防控中积极做好互联网诊疗咨询服务 |

| 时间 | 发布机构 | 文件名称 | 政策内容 |
| --- | --- | --- | --- |
| 2020年2月17日 | 国家卫健委 | 《关于加强疫情期间医疗服务管理满足群众基本就医需求的通知》 | 要求指导医疗机构加强精细化管理，依据"互联网＋医疗"优势作用，加强线上就医指导，加强门诊患者就诊预检分诊，减少交叉感染 |
| 2020年2月7日 | 国家卫健委 | 《关于在疫情防控中做好互联网诊疗咨询服务工作的通知》 | 明确各级部门要充分发挥互联网诊疗咨询服务在疫情防控中的作用，缓解医院救治压力，减少人员聚集，降低交叉感染风险。同时，加强对互联网诊疗服务的监管，有效保障医疗质量和患者安全 |
| 2020年2月5日 | 国家卫健委 | 《关于加强信息化支撑新型冠状病毒感染的肺炎疫情防控工作的通知》 | 要求各地积极运用互联网＋、大数据等信息技术，减少线下诊疗压力和交叉感染风险 |

资料来源：根据国家政策文件整理。

　　此外，在中医药健康服务方面，国家中医药管理局印发实施了《中医药信息化发展"十三五"规划》，印发了《关于推进中医药健康服务与互联网融合发展的指导意见》，也大力推进中医药信息标准研究与制定，中医药信息化基础条件得到了明显改善；老中医经验传承系统、中医辅助诊疗系统等中医药特色系统得到发展和初步的应用，多地也大力发展了"智慧中药房"；中医馆健康信息平台建设取得显著成效。[①]"十三五"期间共投入5.3亿开展了中医馆健康信息平台建设，截至2021年3月，我国累计接入基层中医馆的有1.4万多家，平台注册的医生近4万人；以贫困县中医院为重点，大力推进远程医疗服务平台建设，安排专项资金支持贫困县中医医院与三级中医医院建立了远程医疗平台，开展远程会诊、远程诊断等医疗活动。[②]

---

[①]　《中医药发展"十三五"规划》，http://www.gov.cn/xinwen/2016-08/11/content_5098925.htm。

[②]　《国家卫生健康委员会就"互联网＋医疗健康""五个一"服务行动有关情况举行发布会》，https://www.cn-healthcare.com/articlewm/20210324/content-1202616.html。

此外，由于各地区因经济发展水平、医疗资源分布以及实际需求不同，互联网医疗相关政策发布的数量及侧重点均有不同。从地区政策看，利用互联网技术推进"互联网＋医疗健康"便民惠民、进行医院端与居民端科学管理、加快平台建设、促进服务方式创新等方面是近年来的重点。

### 2."互联网＋医疗健康"实践探索

在政策的推动下，"互联网＋医疗健康"服务不断深化，服务模式不断创新。目前，全国统一的医保信息业务编码标准全面落地应用。医保电子凭证全面推广应用，全渠道激活超过 10 亿用户，可在全国 31 个省（区、市）和新疆生产建设兵团使用，接入定点医疗机构超 34 万家、定点零售药店超 37.2 万家，累计结算超 6.7 亿笔。[①]原来的医疗机构只是在线上做一些复诊开药，现在则越来越多地做一些延伸的服务，模式不断创新，比如诊疗、健康维护等；各个平台、医院都希望通过打通医疗健康信息平台，从供应链整合的角度，做成医疗、医药、保险闭环的模式。特别是新冠肺炎疫情发生以后，一些专科平台发展特别快，像皮肤科、检验科、精神科等具有着标准化特点、依赖可视的科室，都得到了明显的发展。同时，除公立医院正在加速推进互联网医疗健康建设，腾讯、阿里、百度等大平台也在关注互联网医疗健康，投入力度明显增加，京东健康在疫情后甚至还成功上市。

新冠肺炎疫情发生以来，互联网医疗得到快速发展。据国家卫健委统计，截至 2021 年 6 月，我国互联网医院超 1600 家，初步形成了线上线下一体化医疗服务模式。截至 2020 年底，我国三级医院预约诊疗率超过 52%，分时段预约率达 82%；提供在线支付服务的三级医院有 2337 家，提供在线支付、智慧导医分诊等服务的二级医院达 5000 多家。国家卫健委所属 44 家医院互联网诊疗人次比 2019 年同期增长了 17 倍，第三方平台互联网诊疗咨

---

① 国家互联网信息办公室：《数字中国发展报告（2021 年）》，http://www.cac.gov.cn/2022-08/02/c_1661066515613920.htm?spm=C73544894212.P59511941341.0.0。

询量增长了 20 多倍。①2022 年 7 月发布的《数字中国发展报告（2021 年）》显示：国家全民健康信息平台基本建成，100% 的省份、84% 的地级市、69% 的县建立区域全民健康信息平台。在线挂号、预约就诊广泛普及，远程医疗县区覆盖率超过 90%。全国统一的医保信息平台建成，实现跨省异地就医自助备案和住院直接结算，全国门诊费用跨省直接结算 949.60 万人次。②各地的实践探索代表性的如下：

**（1）上海市坚持医院端管理和居民端服务并重**

一是在医院管理方面，印发《关于全面推进本市医疗机构间医学影像检查资料和医学检验结果互联互通互认工作的实施意见》，指导所有公立医疗机构对规定的 35 项医学检验和 9 项医学影像检查项目全面实现互联互通互认，提高卫生资源利用效率，简化患者就医环节，降低医疗费用。

二是在患者服务方面，针对居民"看病难"问题中候诊和缴费时间的主要症结，推进"分时预约＋医疗后付费"的居民社区就医服务模式，利用云端技术进行就诊环节的再造；针对居民自我健康管理渠道难获取的问题，通过智能物联终端设备，将健康管理下沉到社区服务站点，开展针对慢性病高危人群和确诊患者的体征指标数据的监测跟踪和管理，结合家庭医生签约服务，实现居民对健康的自我管理和预防。

三是在疫情防控方面，建设公共卫生突发事件应急处置系统，集成有热成像的红外人脸测温、身份证核验和健康码核验，推行"卡码合一、一键通行"智能核验服务，实现智能识别、精准拦截，推动防控工作更精准、高效、有力地开展；加快推进各级各类互联网医院建设和全市所有公立医疗机构医疗付费"一件事"工作，依托"线上问诊"和"无感支付"，实现"无接触"就医。

---

① 《中国互联网医院已达 1600 多家》，https://baijiahao.baidu.com/s?id=1708925415461716880&wfr=spider&for=pc。

② 国家互联网信息办公室：《数字中国发展报告（2021 年）》，http://www.cac.gov.cn/2022-08/02/c_1661066515613920.htm?spm=C73544894212.P59511941341.0.0。

### (2)江苏省提升"互联网 + 医疗健康"应用发展水平

一是基于全民健康信息平台,统一服务平台、统一身份认证、统一预约诊疗。全省互联网医疗健康服务统一门户"江苏健康通",链接了各级医疗机构的互联网服务项目,普遍实现了网上诊疗、线下挂号、就医导航、排队叫号、检验检查报告查询、献血服务等功能,真正做到"下载一次,服务全包"的一站式健康服务。

二是疫情防控期间,全省互联网医院均开设在线发热门诊,提供义务发热咨询服务,累计提供了 6 万余人次的免费咨询服务。新增 28 所医院实现医保脱卡支付,确保不因支付问题影响互联网医院参与疫情防控。

三是在全省开展居民健康档案"随身带"行动。实现电子健康档案向居民本人开放,通过个人电子终端随时调用自己的健康档案,满足开展自我健康管理、接受诊疗和公共卫生服务中对健康档案跨域调用需求。全省共有 74 个县(区)基于全民健康信息平台对居民开放健康档案调阅查询服务,辖区内居民可通过门户网站、手机 App、微信公众号、有线电视、自助查询终端等方式查询健康档案。"江苏健康通"App 和公众号可提供全省 100 多家三级医院检验检查报告的实时查询。

### (3)浙江省围绕便民惠民推进数字化转型

一是实现"两卡融合、一网通办",上线集监管与服务功能于一体的省互联网医院平台,打造省级统一的健康服务门户,让群众基于"一个码",就能获取院前预约挂号、在线取号,院中排队叫号、扫码就医、费用结算,院后报告处方查询、互联网诊疗等医疗医保服务,以及疫苗接种、体检报告和电子健康档案查询、母子健康手册等健康管理服务,打造全人全程"掌上"医疗健康服务生态圈。

二是推广"出生一件事",提供"一表申请、一站受理"的集成服务,实现出生医学证明、预防接种证、公安户口登记、医保参保、社保卡申领等多证联办。通过"数据先行、限时审核办结"的流转模式,所有事项联办时间平均压缩至 3 日内。

三是建成统一部署、分级应用的全省精密智控疫情调度指挥平台，汇聚各级各类医疗卫生机构的疫情防控数据，对接海关、药监等部门的疫情预警信息，全面掌握区域的物资保障、核酸采检、医疗救治及急救转运能力，建立多点触发监测预警机制，实现多部门、多层级的协同联动响应。

**（4）福建省注重"强基础、惠民生、防疫情、促发展"**

一是推广电子健康码"多码协同"应用，实现"电子健康码""医保结算码""金融支付码"的"多码协同"创新应用。目前，福建省电子健康码"多码协同"应用项目已经完成 14 个省属医院的应用建设，覆盖全省 3680 多万人群。通过"多码协同"实现一部手机全省实名制就医，实现跨域通行通用和健康医疗信息共享的索引载体，减少实体卡的成本和不便，为群众提供各式各样的便民惠民服务，率先实现省内异地医保在线结算、互联网医院医保在线结算功能。

二是建立全省远程医疗服务体系。按照"平战结合"原则，构建全省远程医疗服务体系。建立全省统一远程会诊指导平台，遇到突发公共卫生事件可用于应急指挥调度与决策使用。疫情防控期间，福建仅用 4 天时间就接入全省 91 家定点救治医院，提供超过 2200 例远程诊疗指导。目前还在陆续接入疾控、妇幼、血液、监督等公共卫生机构，以提升突发公共卫生事件应急指挥能力。

三是省统筹实施县域分级诊疗支撑信息系统建设，将远程医疗服务延伸至全省 78 个县 1068 家基层医疗卫生机构，进一步提升远程医疗服务能力和覆盖面。截至 2020 年，全省三级公立医院已实现远程医疗服务全覆盖，全省县域普遍开展以远程影像和远程心电诊断为主的远程医疗服务，覆盖 905 家基层医疗卫生机构，覆盖率达到 84.7%。[①]

---

① 《"强基础、惠民生、防疫情、促发展" 福建积极推进"互联网+医疗健康"便民惠民服务》，《新华网》https://www.sohu.com/a/438608732_120207622。

### （5）天津依托"云影像"推出线上申请、线下服务新模式

"云影像"是天津市依托互联网推进"互联网＋医疗健康"服务的一个缩影。近年来，天津市医疗机构接续推出线上诊疗、入户护理、基层医疗机构数字化等，越来越多患者享受到了"屏对屏"方便快捷的服务。采取"线上申请、线下服务"的方式，天津在全市部分医疗机构逐步试点"互联网＋护理服务"模式。从需求量大、医疗风险低、易操作实施的护理技术中，确定了首批 35项"互联网＋护理服务"技术项目，重点为高龄或失能老年人、康复期患者和终末期患者等行动不便人群，以及其他有居家护理服务需求的特殊人群提供入户护理服务。目前，天津开展"互联网＋护理"入户服务医疗机构已达 18家。

2020 年，天津市基层数字健共体建设全面启动，由天津微医互联网医院牵头，协同全市 267 家基层医疗卫生机构，组建紧密型互联网医联体。此后，以"云管理""云服务""云药房""云检查"四大云平台为核心的数字化应用，陆续在天津市 267 家基层卫生医疗机构上线，成为赋能基层医疗的核心"引擎"。"云药房"的建立则有力提升了基层药品供应保障能力，缓解了基层用药难题。①2021 年，天津市卫生健康委深入推进"互联网＋医疗健康"服务，应用移动互联网、大数据分析等技术，优化诊疗流程，推进精细化智慧门诊、智慧住院服务；启动开展医学影像应用项目建设，实现全市三级医疗机构影像数据跨机构共享。另外，继续推进全市三级医疗机构及有条件的二级医疗机构开展互联网线上咨询、互联网诊疗服务和互联网医院建设，加强线上线下业务协同，完善互联网诊疗咨询、复诊、处方、处方流转、药品配送、护理服务等功能。

截至 2021 年底，天津市 230 多家基层医疗卫生机构数字化升级已经初步完成，基层数字健共体累计服务患者超过 21 万人，开出"云药方"近 50 万

---

① 《天津市基层数字健共体"云药房"助力津门抗疫》，http://www.tj.xinhuanet.com/jz/2022–01/22/c_1128289515.htm。

张,免费送药到家 3 万人次,提升了基层医疗卫生机构的服务能力和效率,吸引常见病、慢性病患者回流基层。天津不断健全"互联网＋医疗健康"体系,通过智慧化就医服务优化群众就医流程,实现了诊疗效率、医疗服务、患者感受同步提升。①

## (三)国外"互联网＋医疗健康"模式及借鉴

### 1.国外"互联网＋医疗健康"主要模式

西方国家的互联网医疗行业发展起始于 21 世纪初期,在过去的近 20 年时间里行业稳步发展,并且构建了互联网协调体系,制定了配套的法律措施,为互联网＋医疗模式的发展奠定了基础。

### (1)美国"互联网＋医疗健康"模式

美国是互联网的发源地,其医疗产业自然也是最早融入于互联网的,但美国并不存在所谓"互联网＋医疗"的概念。因为,美国的医疗基础牢固,因此互联网仅仅只是作为补充形式出现。②具体来说,美国的互联网医疗行业主要由互联网医疗企业平台、医保公司互联网医疗平台、医院/医疗集团互联网医疗平台三方组成,但是医保公司和医院/医疗集团的互联网医疗平台大都由互联网医疗企业提供技术支持,由此呈现出互联网医疗企业一支独大的市场格局。如互联网医疗企业巨头 Amwell,拥有 1.5 亿个医保参保用户,服务超过 55 个医保计划,超过240 个医疗集团,共计 2000 多家医院。从技术方式来看,除了少数医保公司参保人主要利用电话和视频通话(如

---

① 《"解码"天津市基层数字健共体:数字化健康管护体系成型》,https://view.inews.qq.com/a/20211226A085R700。

② 《为何中美"互联网+医疗"公司如此不同》,https://www.cn-healthcare.com/articlewm/20170704/content-1015714.html。

Facetime、Skype）等方式接受服务以外，大多数医保公司参保人主要通过专业的互联网医疗网站或者 App 来接受服务，而互联网医疗企业则在该领域拥有绝对的技术优势。自从 2020 年 3 月新冠肺炎疫情暴发 1 个多月以来，美国互联网医疗企业业务井喷式增长，如 MDLIVE 每天通过医保、医院／医疗集团和雇主入口登入的新增注册用户大约 2 万，日就诊量每周稳定增长超过 50%，超过 40% 的就诊量增长来自于回头客。

此外，美国出台了很多政策，为互联网医疗行业发展奠定了法律基础。例如，美国很早就创建了区域卫生信息交换组织（RHIO），发布了医学研究院（IOM）患者安全数据标准，成立了国家卫生信息技术协调员办公室（ONC）、卫生信息共同体（AHIC）、卫生信息技术标准委员会（HITSP）。美国 1996 年通过的健康保险流通与责任法案（Health Insurance Portability and Accountability Act，HIPPA）引领美国走在了世界健康数据安全和隐私保护的前列。[①]该法案对多种医疗健康产业都具有规范作用，包括交易规则、医疗服务机构的识别、从业人员的识别、医疗信息安全、医疗隐私、健康计划识别、第一伤病报告、病人识别等。在病人隐私保护上，HIPPA 要求医疗服务提供者和机构制定保障政策和安全措施来保护患者医疗信息，无论这些信息存储在纸上、计算机上还是云中。患者有权查看自己的医疗记录和决定谁可以使用自己的医疗数据。在医疗数据安全上，HIPAA 会对数据泄露的医疗机构进行高额罚款，同时协同专业 IT 机构给出医疗机构数据保护措施的建议：数据加密、控制存取、用户认证（密码和生物信息识别）、使用虚拟专用网或 VPN 提供安全的远程访问和基于角色的访问规则等。此外，联邦法令《瑞恩海特线上药房消费者保护法》2009 年 4 月 13 日生效，司法部下属药品管理局（Drug Enforce-ment Agency，DEA）发布了同日生效的法规，对线上药房出售管制药品进行专门立法规制。近年来，美国互联网医疗协会等组织正在积极推动 DEA 开

---

① Jordan Harrod.Health Data Privacy: Updating HIPAA to match today's technology challenges [EB/OL]. (2019-05-15)[2019-09-10]. http://sitn.hms.harvard.edu/flash/2019/ health-data-privacy/.

放互联网医疗管制药品的特别注册程序，使医疗从业人员无须进行线下医学检查评估，就可以通过互联网医疗平台开出管制药品的处方。新冠肺炎疫情的暴发推动了管制药品线上处方的进展，根据 DEA 的新指令，在美国卫生部宣布新冠肺炎公共卫生紧急状态期间，DEA 注册的医疗从业人员无须进行线下医学检查评估，就可以使用互联网医疗平台为病人开具管制药品处方。①

美国是多元医疗支付体系，每个医保计划对互联网医疗的报销政策并不相同。在新冠肺炎疫情暴发之前，已经有部分医疗保险公司为参保人提供互联网医疗服务，并将互联网医疗纳入医保支付范围，实施和线下诊疗一样的报销政策，但是参保人普遍积极性不高，很多参保人甚至不知道互联网医疗的存在。新冠肺炎疫情暴发后，Medicare 和大部分商业医保公司向参保人提供了互联网医疗服务。Medicare 还放宽了参保人使用互联网医疗的地理限制条件，拓宽了参保人使用互联网医疗的技术条件。与此同时，大多数医保公司取消了参保人互联网医疗的自付部分（挂号费、免赔额和共付比例）；部分医保公司取消了挂号费；部分公司实施线上诊疗与线下诊疗一样的医保报销政策。从费用豁免时长来看，医保公司提供的互联网医疗费用豁免时长一到三个月不等，大部分医保公司在疫情期间给予参保人三个月的费用豁免。从费用豁免服务范围来看，大部分医保公司对网络内服务提供方的全部互联网医疗服务进行费用豁免，少部分公司对新冠肺炎相关的检测和诊断服务或者必需医疗服务进行豁免。疫情期间，医保费用豁免政策的推出给美国互联网医疗的发展注入了一支强心针。

**(2)英国"互联网 + 医疗健康"模式**

英国作为一个高度发达的资本主义国家，其国民拥有良好的生活水平和社会保障制度。英国互联网医疗服务系统主要分为以下三类：

---

① 《中美互联网医疗发展模式的全面解析》，https://www.cn-healthcare.com/articlewm/20200530/content-1117615.html。

一是基于国家层面来促进整个国家互联网医疗服务生态系统的中央服务系统 NHC,无论患者处于何地接受何种医疗服务,该系统都可以通过特定的身份识别来获得患者的就医记录,同时监控医疗服务质量以及根据患者的需求调整医疗服务计划。

二是基于地区的互联网医疗初级医疗保健服务的地方服务系统 Albasoft,英国各地区系统之间相互连接并且借助临床决策支持系统和医疗服务规划来提供更高效便捷的互联网医疗服务。

三是基于日益增长的自我健康管理和护理需求的互联网个人护理解决方案服务系统 NHC Choices、Grey Matters、Cellnovo、Handle my Health 等。通过远程移动监测、症状识别自查和危险值警示等来提高病人自我监控、诊断和治疗的能力。此外,英国于 2018 年 5 月推出的《国家数据选择退出》(National data opt-out)使患者能够根据《国家数据选择退出》的建议和指导,自主选择决定自己的医疗数据是否用于研究或其他目的,病人能够查看自己医疗数据的用途并且随时可以更改自己的选择。[①]

### (3)丹麦"互联网 + 医疗健康"模式

在欧盟国家中,丹麦的公众对医疗体系的满意度最高。对于"互联网 +"医疗服务的推进方面,丹麦也被视为一个比较成功的案例。丹麦"互联网 + 医疗服务"的成功可以归功于精湛的计算机信息技术、政府对医疗健康服务的重视和民众对政府部门的信任,从而创建了两个比较成熟和便捷的中央医疗保健数据网络系统 Sundhed.dk 和 MedCom。丹麦人可以使用数字签名登录 Sundhed.dk 来预约医生、订购药物和更新处方、查看药物记录和健康数据,并与医疗卫生当局进行沟通,卫生人员须利用安全证书才能登录该门户网站访问医院的记录摘要和其他医疗信息,用于患者治疗目的之外的其他任何患者医疗健康数据使用均需征得患者同意。MedCom 通过开发、测试、分散

---

① NHS Digital.National data opt-out [EB/ OL].(2019-07-12)[2019-09-10].https://digital. nhs. uk/services/national-data-opt-out.

风险来确保卫生部门电子通信和信息的质量安全,实现了丹麦 5000 多所医疗机构和 50 个不同的技术供应商都使用同一个电子表格系统来为患者提供初级保健服务。医疗责任方面,丹麦政府协助澄清病人积极参与的跨部门合作的互联网医疗服务的过错方,并且努力杜绝互联医疗服务的"灰色地带"。①

### (4)加拿大"互联网＋医疗健康"发展模式

与其他拥有全民健康保障体系的国家相比,加拿大的"互联网＋医疗健康"服务体系建设稍显逊色。加拿大互联网医疗服务体系比较具有代表性的是安大略电子健康系统(e-Health Ontario)。e-Health Ontario 的药物档案审查系统可以显示 250 万安大略省药物福利计划和 Trillium 药物计划参与者的处方药物信息。e-Health Ontario 的电子处方试点项目让医疗机构的医生通过电子方式将处方发送到相应的当地药店从而节约资源提高效率,目前仍在使用。②由于加拿大的医疗信息系统是以省为单位创建的,全国没有统一的运行系统和标准,加拿大民众所体验到的"互联网＋医疗服务"参差不齐,尤其在线上预约、检测结果查询和线上咨询问诊等方面。出于隐私安全考虑,加拿大的医疗健康数据被分散保存在不同的地方,只对特定的医疗服务提供者开放,全国没有联通的医疗数据共享系统,患者的医疗数据常常需要重复输入。另外,加拿大也没有全国统一的官方医学信息网站,人们获取医疗知识的途径是通过互联网,而互联网缺乏监管,医学信息的科学性和准确性无法得到保障。

### 2.国外"互联网＋医疗健康"经验的启示

国外互联网＋医疗发展先进的理念和技术以及经验教训,可以为我国"互联网＋医疗健康"战略发展规避风险、解决互联网医疗中的实际问题提

---

① Larsen SB,S rensen NS,Petersen MG, et al.Towards a shared service centre for telemedicine: Telemedicine in Denmark, and a possible way forward[J].Health Informatics J,2016,22(4):815-827

② O"Gorman LD,Hogenbirk JC, Warry W. Clinical Telemedicine Utilization in Ontario over the Ontario Telemedicine Network[J]. Telemedicine and e-Health,2016,22(6):473-479.

供启示。例如,我们可以借鉴美国健全的政策法规和规范指南来规范和监督互联网医疗服务、保护数据安全和患者隐私;可以借鉴英国畅通的国家级、地方级服务平台的构建来打通数据共享通路;借鉴丹麦政府对人才的重视、群众对政府的信任来吸纳专业人才,提高医疗政府部门的公信力和民众对互联网医疗的参与度。①至于医疗责任追责问题,发达国家医生大多以个人名义开展互联网医疗服务,责任方与医疗机构无关。可以借鉴丹麦政府部门参与积极澄清病人与医疗机构的过错方,由过错方承担医疗责任并且减少互联网医疗服务"灰色地带"的做法。

**(1)明确"互联网＋医疗健康"的监管主体**

"互联网＋医疗健康"的监管主体一般由卫生部门牵头负责对医疗机构和从业人员进行管理,由食品药品监督管理部门协助对药品、设备等进行管制。通过细致合理的分工、条理清晰的合作实行全方位的监管,改善管理职能分散和交叉状况,避免监管漏洞,同时提高效率。完善医疗机构、资本企业、从业人员的市场准入机制,对"互联网＋医疗健康"实施过程中的远程医疗服务资格做出严格的限制。

**(2)健全"互联网＋医疗健康"服务标准和行为规范**

加大"互联网＋医疗健康"法律法规的完善,规范"互联网＋医疗健康"服务标准和行为。例如,在远程医疗中提供服务的全过程安全监管,对患者进行面对面检查、诊断和治疗、电子病历记录、电子处方等形成规范化的操作流程,对实施远程医疗的基础设施和物理环境制定详细的标准,以提高信息传播的真实性,避免因为硬件原因导致患者安全事故的发生。

**(3)加强信息安全建设,正视隐私保护问题**

信息技术的漏洞或商业利益的驱使,可能导致患者的个人医疗信息遭到泄露,这对患者的隐私权是极大的威胁。应健全"互联网＋医疗健康"信息

---

① Mary KP. How to auoid the legal risks of telemedicine[EB/OL]. (2019-06-28)[2019-09-10]. https://www. medicale news/how-avoid-legal-risks-telemedicine/.

安全系统的建设,运用技术手段对医疗信息进行加密处理,防止信息被恶意窃取。信息数据库应由专人进行管理,严格控制除当事人以外的个人或机构的访问资格。除了技术和设备上的改进,还应加强对医疗机构和从业人员的教育,尽最大努力降低人为因素造成的患者隐私泄露风险。

### (4)发挥行业协会在政策制定中的积极作用

从各国或地区的安全监管经验来看,除了单一的政府监管外,行业协会在"互联网＋医疗健康"监管中也发挥了不容忽视的作用。我国目前已经正式成立了一些远程医疗中心,如国家远程医疗与互联网医学中心、国家远程医疗协会等,但其更倾向于开展实际的远程医疗临床服务,对政策的建立和推行所起到的作用有限。由于远程医疗具有医学上的专业性,相对于没有医学背景的政府部门,行业协会更贴近实际,更具有专业权威性,对于实际操作中存在的漏洞也能更加敏锐地进行捕捉。此外,政府部门更关注于宏观把控,而行业协会可以监测到医疗行为的动态过程,使安全监管更加与时俱进,同时也能节省政府的管理成本。因此,政府部门要转变单打独斗的方式,鼓励行业协会积极参与政策制定,使其变成远程医疗事业发展的助力剂。

### (5)建立有效的安全评估体系

美国卫生部门在 21 世纪初期就已经意识到了对远程医疗开展评估的重要性,而我国在已推出的政策文件中暂未体现出对建立评估体系的重视。虽然有学者对远程医疗开展了效果评价,但多关注于其经济效益,到目前为止还没有开发出有效的评估工具,尤其是对于其安全性方面。要想对远程医疗的现状进行了解,就需要建立系统和完善的评估体系,运用量化的工具来找出管理环节的薄弱点,从而进行有针对性的改进。国家应意识到建立安全评估体系的重要性,鼓励学者开展研究,将政府对远程医疗的要求具体化,全面提升管理精细化水平,为远程医疗服务质量的持续改善指明道路。①

---

①　《国外远程医疗安全监管经验对我国的启示》,https://ishare.ifeng.com/c/s/7t89TClH79q,2012–01–10。

## （四）"互联网＋医疗健康"面临的主要问题

"互联网＋医疗"在疫情防控期间的爆发式增长，除了缘于疫情直接带来线上服务的大量需求外，也得益于近几年国家政策指引和多方持续推动。特别是随着我国医疗卫生体制改革的不断深化，各地都明显加快了医疗卫生信息化建设的步伐，越来越多的医疗卫生信息系统正在被开发和投入使用，医疗卫生机构的信息化程度也越来越高，医疗信息化面临新的挑战和问题。此外，我国"互联网＋健康医疗"还存在政策法规不健全、标准规范不统一、数据共享困难、数据安全隐患等一系列问题。

### 1."互联网＋"模式给分级诊疗制度带来一定冲击

依托实体医院的"互联网＋医疗"服务可能在一定程度上冲击我国医药卫生体制改革（以下简称为医改）政策中分级诊疗制度的实施。我国医改政策将人民健康作为重大民生问题，分级诊疗制度的实施是有效促进医疗资源合理分配、最大限度满足不同患者医疗需求、保障患者就医可及性的有效措施。分级诊疗制度按照疾病的轻重缓急及治疗的难易程度进行分级，不同级别的医疗机构承担不同级别疾病的治疗，逐步实现从全科到专业化的医疗过程。然而，目前来看，国家对省级医院全面开展"互联网＋医疗"服务后，各互联网医院平台线上服务越来越多样化。患者通过省市级医院的线上平台进行预约挂号、在线问诊等更为方便的医疗活动，跨越了基层医疗机构的首诊机制，忽视双向转诊的医疗政策，使得"大医院吃不了，基层医院吃不饱"的现象愈发严重。

### 2.线上线下衔接不畅，线上服务存在局限

大部分"互联网＋医疗"业务大多只停留在传统医疗周边业务，多以医

疗咨询、健康管理、配药服务等为主。目前的互联网医院主要包括图文问诊、视频问诊和图文视频相结合的问诊，较少实现诊断治疗一体化的电子就医全过程；对于一些无法通过在线判断的疾病，如创伤性脑或脊髓损伤、胸痛和麻木、撕裂伤等，未清晰列出来。并且，省市级医院的电子健康档案未能与基层医疗机构的医疗服务信息进行互通互享，线上与线下信息技术还未实现良好对接。我国大多数大型三甲医院的电子病历、健康档案等患者医疗数据对外不公开，不向其他区市医院或基层医疗机构开放，无法实现随后复诊、健康管理在基层的无缝衔接。[①]

### 3.行业标准制定不充分,行业监管有待完善

"互联网 + 医疗服务"在平台监管、保险支付及信息安全方面没有明确的统一规范。平台监管主要包括接诊医生的资格认定、行为监管(诊治疾病的范围、需要遵循流程及规范)及收费标准等。在资格认证方面，国家开展医师多点执业政策之后,医生的流动性有所提高,也增加了监管的难度,比如医生、医院、患者分别来自不同的区域,那么具体由哪个区域进行监管,尚未明确规定；诊疗范围方面,目前国家对诊疗范围的规定集中在线下,即实体医院中,而线上尚未对诊疗范围进行规定；保险支付方面,"互联网 + 医疗服务"项目不确定,服务暂无统一定价、医保部门难以核算实际成本、总体医保费用控制等角度考虑仍无法纳入医保报销范围；在管理体系方面,当前国内对"互联网 + 医疗健康"管理主要有区域管理、实体医院管理这几个模式,尚未制定线上相应的规范标准,电子处方、病例及收费等都缺乏监管。

### 4."互联网 +"技术缺陷给行业发展带来安全风险

在"互联网 + 医疗健康"管理模式兴起之后,国内的医疗服务体系不断

---

① 周忠良:《"互联网+医疗"的现状、问题与发展路径》,《人民论坛》2021 年第 22 期。

深化、延伸,就社会与技术的发展现状来看,该模式符合医疗发展的规律与需求。但是我国目前在隐私信息方面的法律存在空白,难以确定哪类信息属于隐私,哪类信息可以公开。在传统的医疗服务中,医生与患者需要进行面对面诊疗,患者信息公开的程度比较低,因此患者的隐私信息保护水平也比较高。而在互联网 + 的模式中,第三方技术公司介入诊疗,诊疗信息的公开程度有所提高,而我国目前尚未出台统一的保护隐私信息的法律法规,同时对于侵犯隐私的惩罚机制没有具体规定。此外,在信息标准建设方面,信息是该模式发展的基础,市场中已经出现了诸多智能医疗设备,但是信息标准并未进行更新,传统的信息技术标准在当前的智能医疗设备中并不适用;技术质量方面,"互联网 + 医疗健康"管理模式的应用需要使用智能设备,比如智能手机 App 等,硬件设备是指智能医疗设备,设备与手机通过互联网实现连接,从而实现线上诊疗的功能。技术水平会直接影响大医疗服务的质量,甚至增加医疗风险概率。在此情况下,电子化的健康医疗数据安全面临重大的挑战。

### 5.信息化系统重复建设和信息难以共享带来资源浪费

随着医院信息化建设的推进,医院的信息化系统也越来越多。由于各个系统之间相互孤立,对其进行维护的难度也越来越大。各个系统都是独立建立。在这种模式下建立的系统都是随着软件需求而购置相应的硬件资源,医院一旦为了实现某个业务而购置新的软件系统时,还要购置对应的软硬件设施,投入大量的人力物力对新系统进行运行和维护,新系统和已有的系统又不能很好地兼容,导致形成了很多信息孤岛,造成了大量的硬件资源和软件资源的浪费。信息共享方面,国内三甲医院信息公开的程度比较低,患者在不同的医疗机构中,目前还不能实现就诊信息、电子病例等共享,各个医疗机构之间的对接仍然存在较大缝隙,医疗机构之间也没有很好地实现数据资源的整合,如何实现医疗资源和数据资源的协同共享也成了一个很大的问题。

### 6.网络问诊、开药过程中存在的制度漏洞亟待关注

受新冠肺炎疫情影响,很多患者把问诊需求转移到网上。互联网医院、第三方互联网医疗平台推出便民门诊、远程会诊等服务,医保支付、药品配送快速上线,国家也相继出台政策文件,提出发挥互联网诊疗高效、便捷等优势,打通线上线下服务,不断丰富线上服务内涵,缓解线下诊疗压力,为疫情防控和改善人民群众就医体验创造条件。但网络问诊、开药等互联网医疗是一把双刃剑,在给人们带来前所未有的便利的同时也蕴藏一定的风险。

#### (1)相关法律法规和政策留有空白或存在矛盾

一是关于网络问诊、开药等诊疗行为相应的法规亟须完善。为规范互联网诊疗行为,2018 年,国家卫健委发布了《互联网诊疗管理办法(试行)》(以下简称《诊疗办法》)、《互联网医院管理办法(试行)》(以下简称《管理办法》)、《远程医疗服务管理规范(试行)》(以下简称《远程规范》),这是根据《执业医师法》《医疗机构管理条例》等法律法规制定的部门规章,而上述三个文件的上位法已有变化,《医师法》自 2022 年 3 月 1 日起施行,《执业医师法》同时废止;而且《医疗机构管理条例》2016 年修订,实践中网络问诊、开药等面临更多问题。特别是已出台的文件多为"试行",未能根据实践发展及时进行调整。[①]二是国家层面并未出台相应的互联网医院诊疗质量和行为的监管法规。国家卫健委组织起草了《互联网诊疗监管细则(征求意见稿)》(以下简称《征求意见稿》),2021 年 10 月向社会公开征求意见,但至今未出台。缺乏统一的运营管理规范标准,会导致在网络诊疗服务中出现混乱。三是顶层设计不完善,总体规定较为简单,制度之间存在冲突或留白。如,关于网络诊疗仅在《医师法》第 30 条规定:"执业医师按照国家有关规定,经所在医疗卫生机

---

① 《"最严"互联网诊疗监管细则发布》,https://baijiahao.baidu.com/s?id=1735777438723187167&wfr=spider&for=pc。

构同意,可以通过互联网等信息技术提供部分常见病、慢性病复诊等适宜的医疗卫生服务。"截至 2021 年 7 月,全国已出台 150 条左右关于互联网医院国家级和省级相关政策,在实践层面,网络诊疗需要规制的内容众多,但从方向性到操作性还有距离,关于质控、监管、医保等相关制度尚待健全。《2021 中国互联网医院发展报告》(以下简称《报告》)指出,各省的指导、监管、支付主要参考国家卫健委或国家医保局的相关规定执行,有部分省份未出台细致的监管或支付政策。根据《诊疗办法》要求,互联网诊疗仅限"部分常见病、慢性病",但对于常见病和慢性病具体范围并未加以规定,实践中,存在平台打擦边球的现象。①

**(2)线上医疗平台监管不力**

对网络诊疗质量和行为缺乏专业、权威的监管机构进行有效监管,实践中一些互联网医疗平台基于趋利性动机,提供的诊疗服务超出规定范围,网上问诊存在诊前机构散乱、信息繁杂、真实性有待确定等问题;存在诊后线上医保报销、线上支付安全。用药人不用实名认证、无处方销售处方药、在线问诊不到一分钟生成处方、网络问诊和线下就医诊断结果不一、过度用药等诸多问题。这暴露了平台线上审核监管机制不健全。网络诊疗面临全流程监管、诊疗范围、权责认定等多个层面的监管难题。

一是监管滞后,亟待顶层设计完善。全国 30 个省市已建立了省一级互联网医疗监管平台②,监管各有特点,有的是事前事中事后都在平台监管,有的则要求每一张处方都要上传到互联网监管平台监管用药处方行为,但国家层面尚未出台专门的互联网医院诊疗质量和行为的监管法规,缺乏明确的国家级远程医疗系统的相关政策和程序。互联网医院有医院主导的,也有

---

① 《2021 中国互联网医院发展报告》,https://www.cn-healthcare.com/article/20210522/content-554983.html。

② 《卫健委:全国 30 个省份已经建立互联网医疗服务监管平台》,https://baijiahao.baidu.com/s?id=1681785319895460034&wfr=spider&for=pc。

企业主导的，在医院内部管理规范、制度建设方面存在差异性，由此造成了监管的难度较大。由于缺乏明确的网络诊疗的监管标准和规范，各地监管程度、流程不一。

二是监管主体依据有矛盾。《诊疗办法》第 26 条规定，"医疗机构开展互联网诊疗活动按照属地化管理的原则，由县级及以上地方卫生健康行政部门进行监督管理"。《管理办法》第 6 条要求省级卫生健康行政部门建立监管平台，实现实时监管。《远程规范》第 5 项第 1 款规定，对辖区内医疗机构提供远程医疗服务的监督管理由地方各级卫生健康行政部门负责。对于监管部门层级的确定，文件中不同的监管对象将其规定为省级、县级以上或地方各级的卫生健康行政部门。如果在制度层面未能予以统一，实践中监管难度就会加大，会出现监管缝隙。

三是对网络诊疗过程监管不力。有调查显示，网络诊疗有 95% 以上在线咨询、复诊开方，70% 以上在线购药，40% 左右远程会诊，35% 左右疾病自测，20% 远程监测。调查发现，互联网医院医生多为利用空闲时间兼职，患者通过互联网医院选择医生就诊。同一病例问诊多名医生，诊断结果五花八门。很多互联网医疗平台，以"咨询"之名行"诊疗"之实，极易误诊错诊漏诊、吃药误服。一些平台缺少线上处方审核监管环节，缺乏针对过度用药的管理。由于监督约束不力，部分互联网医疗平台的工作常态是，患者想开什么药，医生就给什么方，开具处方药无须走严格审批程序。购买同一处方药，有的平台认为不符合要求；换个平台却能轻易购买。多家平台流程是先选购药品，后根据药品配处方，且审核走过场。患者甚至以 11 岁的身份也能轻松买到麻醉类药品。如果这个环节监管不严，很容易造成药品滥购，更不利于疫情防控。一些有药品销售业务的商业互联网医院，鼓励医生多开药，甚至和药企合谋推动过度用药。如果缺乏对线上医生资质的有效监管，可能会出现"劣币驱逐良币"现象，严重影响患者对互联网医院的信任感。此外，有的网络诊疗所依托的实体医院监管也不到位。

四是医患纠纷的责任是网络诊疗实践中的急需解决的问题。网络诊疗提升了患者就医、购药的便捷性,但容易放大原本可能就存在的医疗风险。一方面,患者网络问诊纠纷维权难。按照网络的诊疗结果买药,出了问题谁负责不明确。另一方面,如果出现诊断失误造成医疗纠纷甚至医疗事故,该由医生、平台还是医院负责也很难明确。

**(3)网络问诊质量难保证,平台执业医生身份难分辨,医生资质良莠不齐**

一是在线问诊平台数量多,网络问诊面广,可能会遇到全国各地医生,但医生水平参差不齐,患者难以考证判断医生是否具有执业资格。据调查,不少网络问诊平台是否具有执业资格难以考证,患者无法判断网络坐诊"医师"的执业资质和真实身份。在"有问必答网""求医网""好大夫在线"等网络排名靠前网站中,均未找到明确备案信息。转借、冒用执业医师资格,甚至无照非法行医情况时有发生。二是《诊疗办法》规定,网络诊疗范围限于复诊。但在实操中,医生在平台上问诊需要以看到病人的首诊资料为前提,要判断该病例的真实性和首诊是否准确等问题,才能确定是否可以开展互联网诊疗(复诊活动)。复诊时医生是认可原来的检查结果还是诊断结果,是认可诊断的真实性还是正确性?如果初诊之后患者病情出现变化,是否可以选择互联网复诊?诸如此类问题加重了医生的判断成本和患者就医成本,增加了问诊时间,这与互联网诊疗便捷高效的优势相违背。特别是公众不了解网络问诊、开药是复诊,增加了沟通时间成本和难度。三是网络问诊服务资源的可靠性和服务质量受到质疑。不是每一种病都适合网络问诊,而在网络问诊平台中几乎包含所有病症,隔空看诊,诊断准确率大打折扣。网络问诊仅凭患者文字描述病情开药,患者提供的信息有限,表述模棱两可,不能做相关医学检查,医生看诊开方往往"夸大其词"。不少患者因身体不适在网上问诊,买了医生推荐的很多药服用后身体不适甚至病情加重。有两岁孩子感冒症状求助,医生直接开出头孢克肟颗粒、氨酚麻美干混悬剂等处方药。而我国对开具处方有明确要求:医生在掌握患者病历资料后,才能为部分常见病、慢性病患者在线开具处方,并通过药师审核。

**(4)高水平的医疗机构和医生参与网络诊疗意愿不足,网络问诊的初衷难以实现**

一是部分医院一些领导对网上问诊、开药持怀疑态度,不相信远程医疗,对相关工作不支持。数据显示,目前三分之一的三甲医院有互联网医院。二是公立医院有严格的时间限制制约了线上供给。线下场景中,病人在候诊区等待医生服务,线下看一个病人有时 3~5 分钟,效率高。但在网上,经常出现医生等待患者的情况;服务最少需要 10 分钟,有时患者不能及时响应医生的回复,效率较低,造成医疗资源的浪费。二是上下级医院间网络服务需多部门协调,包括医生、护士、信息服务人员。医护人员日常工作繁忙,协调不同人员难度大,增加了日常工作量。申请会诊流程过于烦琐,一次会诊需将会诊申请递交上级医院,得到回复后安排科室会诊,会诊人员需每次专门腾出时间,花费的时间比线下服务更多。三是缺乏激励机制,影响高水平医生参与。患者对大医院专家需求很大,尤其是外地患者,希望能通过互联网诊疗得到权威医师的诊治。而恰恰这些医生因患者多、时间和精力有限,不愿再去开展互联网诊疗。特别是互联网诊疗收费较低,即使是线下的专家、主任医师也不能超普通门诊,一般是 30~50 元,部分高职称医师更倾向于线下看病。而且大部分名医年纪较大,参与新鲜事物的热情低,不适应新技术。四是一些医生认为网络问诊失去近距离观察病人的途径,缺乏一些必要的检测,由此导致医生更愿意使用线下问诊。

**(5)信息安全保证不足,网络问诊、远程医疗等存在隐私泄露等信息安全问题**

医疗数据的高价值性将会增加患者个人信息泄露的风险。目前互联网医院对信息安全建设的重视度和投入明显不足,流程设计忽略安全隐私保护,平台上信息安全存在漏洞。网络诊疗的信息便于存储、流通的同时,也加大了患者隐私泄露的可能性。传统患者的医疗信息仅在实体医院和医生处留存,而互联网医疗中的患者信息还会在第三方平台、网络服务供应商等不同线上主体之间流转,因此患者信息更易传播和泄露。据腾讯智慧安全预见威胁情报中心分析,国内多家三甲医院接入的第三方医疗服务平台存在严重逻辑漏洞,这或将导致平台就诊患者信息和医疗诊断数据被泄露。加之缺乏对数据安全的有效监管和保护,数据控制者可能肆意操纵和使用各项医疗数据,从而导致患者就诊隐私无法得到安全保障,隐私泄露也可能成为医疗诈骗和精准营销类黑产业的目标,会对互联网医疗的发展留下巨大隐患。患者担忧网络诊疗注册要填很多个人隐私信息内容,愿意和医生当面交流。

**(6)网络诊疗落实到各地医保政策上尚需制度准备**

线上诊疗与医保衔接一直是互联网医疗行业发展所面临的一个重要难题。研究表明,医院型互联网医院中,已有53%可实现医保支付,企业型仅有23%;商保方面,企业型互联网医院中有11%可实现报销,高于医院型互联网医院[①]。

我国医疗保险实行县级或市级统筹的制度,医保具有属地化性质,保险政策在各地不尽相同,报销比例和诊疗范围有一定区别。互联网医院就诊大部分是异地就医,不同地方医保支付政策存在差异,医保支付条件和标准尚不统一。线下异地门诊还处于试点、探索阶段,线下医保欺诈、骗保行为频现,现有的医保监管力量、手段和执法能力很难应对线下药店与线上平台"勾连"开药。互联网医疗和医保全面对接后的线上实时交易,如何确保医保资金的交易安全和真实性,防范线上医保报销欺诈等,都是亟待解决的问题。如果监管不到位,则容易导致医保资源滥用,产生基金管理风险。

---

① 《2021互联网医院报告》,https://www.cn-healthcare.com/article/20210522/content-554995.html。

## （五）深入开展"互联网＋医疗健康"的路径

### 1.提高信息化水平,构建线上线下一体化基层社区医疗服务

提高信息化水平,加快推进互联网＋养老＋健康医疗发展。一是加强信息化平台建设,创新医养护一体化服务载体。打通平台,将不同领域、部门有关老年人的基本信息、健康保健信息与医疗卫生服务资源及需求数据,整合在一个信息平台上,实现信息互通互联共享共用,为老年人提供日常健康管理、保健教育和紧急救援服务。二是依托互联网、大数据、云计算,对老年人的数据进行深度挖掘,实现线上与线下相融合,将社区养老服务与社区医疗卫生服务有效衔接,解决居家养老的老年人健康与医疗服务,提高医养护服务效率。三是鼓励各类高科技企业与养老机构、社区养老服务密切合作,推广智能设备的使用,提高医养结合服务的效率与水平。如在社区卫生中心(院)设立呼叫平台,并与老年人健康档案互通,让社区卫生中心(院)为居家老人提供更全面、快速、准确的医疗服务,降低居家养老的风险。

建立分级诊疗制度,构建有序的就医格局,是破解"看病难、看病贵"的有效路径。我国分级诊疗自 2015 年推广至今效果并不显著,存在基层机构首诊率低、转诊不畅、医生转诊意识不足等问题。归根结底是基层服务能力不够、诊疗水平不高的原因。为了更好推行分级诊疗,构建线上线下一体化基层社区医疗服务将会是一个趋势及方向。"互联网＋医疗"可作为一种推手,凭借互联网技术支持及医疗信息支撑,有效促进优质医疗资源纵向流动,提高基层医疗机构的医疗服务能力和诊疗水平,提升基层的承接能力,实现"基层首诊、双向转诊、上下联动、急慢分治"的分级诊疗就医新格局。此外,依托"互联网＋"家庭医生服务,可在社区卫生信息平台中嵌入慢性病管理的线上复诊和电子处方系统,方便家庭医生对签约患者进行网上复诊,从

而减轻省市医院对慢性病患者的就诊压力。

### 2.发展互联网医院,构建融看病、急救、疫情防控于一体的便捷通道

第五代移动通信技术(5th generation mobile networks,5G)的逐渐覆盖,使得"互联网＋医疗"提质升级、高速发展。在疫情期间,5G技术在远程线上问诊、检查报告查看、在线复诊等方面给患者带来了诸多的便捷。5G技术不仅提高了数据传输速度和高效连接,也极大改善且升级了信息传递的容量与效率,使医生能够同时研究和分析大量病人的医疗数据,消除与患者的时间损耗与距离障碍。

要进一步加强"互联网＋"与医疗健康管理之间的融合。当前云计算、大数据、区块链、人工智能等技术的应用,能够提高医疗数据的管理水平,因此,应该基于国内医疗卫生管理标准,深化对信息技术的应用,以此促使医疗与互联网的深度结合。以医疗健康为重心,基于患者需求开展相关研究,沉下心积累,改善我国医疗资源不均衡、医疗机构之间信息不共享等问题,使"互联网＋医疗健康"模式创造出更多的价值。"互联网＋医疗"应立足于患者的根本需求,以实体医院及线下医疗资源为核心,通过互联网技术,使患者的就诊过程及体验更加便捷,进而达到"普惠医疗"的效果。目前5G技术的应用偏向于远程会诊等基础性应用,今后5G技术会加强对传感技术、人工智能等的交互发展,比如,可实现远程急救,对患者病情及生理体征进行实时监测并及时回传至医院,方便急救车内医护与院内医护及时沟通并采取救护措施。面对重大公共卫生事件时,也可以在传染病病房等实现远程医护,控制医疗辅助机器人提供视频问询、远程护理等服务。

### 3.规范"互联网＋医疗"服务管理标准,提高监管力度

建立适应"互联网＋医疗健康"发展标准的规范体系,实现对行业内各个主体的统一管理,促进行业规范发展,互联网与医疗事业才能够实现共

赢。互联网平台要遵循医疗发展的规律，推动互联网医疗服务产品的标准化、规范化，符合医改的方向，防止线下存在的问题线上化；而医疗机构要遵循互联网的发展规律，互联网医院不是简单地把医疗服务从线下搬到线上，而是运营体系的重塑，互联网医院的运营也需要投入人力、物力、财力，同时还要充分认识平台经济的机制。

建立服务管理体系。进一步完善《推进和规范"互联网＋医疗"管理办法》《电子处方应用管理办法》等"互联网＋医疗"相关专项政策法规。同时适时修改完善《执业医师注册管理办法（修订稿）》《医疗机构管理条例实施细则》等，探索建立一套完整有效、可操作的"互联网＋医疗"服务管理规范体系，包括建立准入机制、网络执业医师注册和执业机制、互联网医院平台管理机制、技术产品分级分类监管机制、医疗事故处理办法等。①

在全国范围内搭建"医疗机构、医师、护士执业注册电子管理信息系统"，以及"执业医师、执业护士电子证照管理信息系统"，通过为医疗机构、医师和护士执业办理数字化的执业注册和电子证照的方式，强化针对"互联网＋医疗"服务，尤其是线上诊疗服务的事前事中事后监管，实现对现有医疗卫生资源全过程、动态化和高效能的管理。

在慢性疾病远程监控、轻微急性病处理、院后医患沟通等国外应用较为成熟的专项领域开展在线诊疗尝试，并在服务质量管理、线上服务流程、收费标准、数据采集、存储、共享标准等方面制定"互联网＋医疗"的标准规范体系。

### 4.健全"互联网＋医疗健康"配套政策，促进行业健康发展

在信息安全建设方面，国家以及地方医院应该制定专项的政策与法律，明确医疗方面的隐私信息范围，加强对数据采集方、数据持有方等管理，对

---

① 《国家卫生健康委：进一步推动互联网医疗服务发展和规范管理》，https://www.cn-healthcare.com/article/20200508/content-535988.html。

信息泄露事件予以处罚，以此对不法分子加以约束。明确健康信息的隐私范围及使用条件，明晰数据所有方、数据采集方、数据持有方等相关主体的责任与义务，并制定信息泄露事件的处罚与整改办法，以保证健康医疗大数据未来的规范化发展。在技术方面也需要不断优化，当今社会信息技术发展可谓日新月异，在"互联网＋健康医疗"发展过程中，应不断对技术进行优化，采用最新的安全防护技术，以此保障患者的信息安全。

建立健全的服务管理体系，根据互联网技术、信息化技术等特点，制定"互联网＋医疗健康"管理制度，规范线上医疗健康管理的相关服务规范，严格打击虚假宣传等行为。

开展互联网医疗教育体系，培养"互联网＋医疗健康"相关的专业人才，提高未来的医护以及医疗相关人员的信息素养。对执业注册以及电子证照进行统一的管理，在国内搭建资质统一管理平台，对医师、药师、护士等进行系统认证，提高医护人员流动过程中的管理水平。

### 5.发展"互联网＋医疗"与商业保险紧密结合

实体医院中有时会出现医务工作人员接诊、检查、护理等服务中未采取到应有的措施或措施不当、治疗态度消极、误诊漏诊等不良行为，引起医疗事故的发生。医疗事故不仅会给患者及家属带来不可预见的伤害，也会引起医闹、医暴等不良事件，给患者及医院带来巨大的人身伤害、经济损失。"互联网＋医疗服务"作为一种虚拟网络下发生的电子化医疗服务，更易出现发生医疗事故的风险。因此，加强医院或企业与商业保险的紧密结合，为"互联网＋医疗服务"购买保险。一旦有医疗事故发生，保险公司能够给予患者及时的经济补偿，最大限度减少医疗事故对"互联网＋医疗服务"的负面影响，保障"互联网＋医疗"良性发展。此外，加强医院或企业与商业保险的紧密结合，购买相关的信息安全保险。"互联网＋医疗服务"中一旦发生信息泄露，保险公司可以赔偿患者、医院或企业相应的险金用于患者维权、医院或企业维修信息通道等,进一步增强"互联网 + 医疗服务"的保障水平。

**6.完善制度,有效避免网络问诊、开药风险**

**(1)健全和完善相关法规和政策,健全网络问诊、开药等诊疗行为法规**

一是广泛征求相关机构、平台、医师、患者意见,总结"试行"经验和不足,完善《诊疗办法》《管理办法》《远程规范》,根据网络诊疗的发展要求及时做出调整。如《诊疗办法》规定网络诊疗范围仅限于复诊,而实操中,看病人首诊资料后,医生认可原来检查结果还是自己诊断结果? 初诊后患者病情有变化是否可选择复诊? 二是顶层设计构建线上与线下医疗双轨并行的服务体系,搭建综合服务平台,打破网络诊疗过程中的医疗、医药、医保之间联动不足的壁垒,出台国家层面处方流转平台建设的指导意见和标准规范,实现医疗机构、人员、业务、质量安全监管全过程覆盖。

**(2)建立全流程监管机制,细化互联网医疗服务监管标准规范**

资质和质量出问题,安全就会出问题。网上问诊的关键是要强监管。

一是加强顶层设计,明确监管责任。根据实践中出现的问题,尽快完善《互联网诊疗监管细则》,在制度层面统一监管主体,扩大网络诊疗规制的内容,明确网络诊疗范围、权责认定,细化网络诊疗质控、监管、医保等相关标准,对网络诊疗的病历书写,与线下 HIS 系统、门诊病历系统协同等问题进行规范,使在全国层面形成统一管理规范标准,规范各地网络诊疗秩序,实现数据、标准、规范统一,杜绝打擦边球现象。设计网络平台时充分考虑对从业人员、医疗机构、患者医疗全流程等监管。

二是加强对网络诊疗准入把关到问诊过程、结果全流程监管,实现监管无缝对接。调查显示,网络诊疗 95% 以上为在线咨询、复诊开方;70% 以上为在线购药;35%~40% 为远程会诊、疾病自测;20% 为远程监测。化解网络问诊随意开药、药不对症、过度用药等违规风险,关键在于处方是否真实、可靠,处方信息、电子病历信息以及结算信息是否可以全程可追溯。而这需要强化事前事中事后全过程监管。事前强化制度约束，严把审核关；事中保障网络诊疗安全、行为合规、配送可溯，对网络问诊内容、过程、医嘱处方、药物配送等全过程监管；事后加强电子病历、诊疗质量、费用控制、患者满意度等监控。处方流转平台的药品与医院开具的药品"同品、同规、同价"，实现药品"一物一码"，全程可追溯，使监管过程更加有效。

三是突破技术限制，打通数据壁垒，依托大数据对网络诊疗服务实施风险预警、过程追溯、及时处置。在网络问诊系统里嵌入前置处方审核系统，在医生开具处方时，由审方药师对处方进行在线审核合格后方可开具。

四是网络诊疗是监管主体需要多个政府部门，除卫健委以外，药监局、市场监督管理局等多个部门要肩负起相关职责，因此有必要建立协调机制。医疗机构、互联网企业要担负起社会责任，主动与政府部门对接，共同搭建范围广、监管细的监管平台。

此外，必须依法向监管部门开放数据接口，方便监管部门随时监控互联网诊疗平台。

**(3)通过医生资质有效监管、智能判断复诊、加强问诊过程"质控"等措施，提升网络问诊质量**

一是对线上医生资质有效监管，避免出现"劣币驱逐良币"现象。以技术手段强化电子认证便捷性。互联网诊疗机构监管在很大程度上依赖相关从业者是否主动登记。机构主动登记，能够实现对诊疗行为实时监管。严格审核医生的准入资格，通过优化技术，使患者便捷查询电子注册数据库中的机构和人员的资质。推进医疗机构和医师使用电子证照，推行人脸识别资质认证。

二是加强智能判断复诊。平台上患者的信息与医院信息系统对接，患者在线问诊应该选择其曾经在线下就诊过的，且被医院允许开展的病种，可以100%实现按相同病种、诊断开展复诊工作的要求。系统里可设置药师与患者面对面沟通渠道，药师直接参与患者的用药指导。

三是加强问诊过程的"质控",建立完善的评价机制,当患者有充分的依据认为网络问诊不合规,出现错诊、误诊等,给予医生"差评",同时向平台申请退款。有条件的,增加视频看诊。随着科学技术进步,通过互联网平台观察患者的个人体征,运用图像、视频、音频等媒介也能做出正确诊断。如,美国有数据表明,无论是梅奥还是克利夫兰,每年完成百万次线上诊疗,接近50%的患者是初诊。强化可追溯,网络诊疗服务全程留痕。

**(4)健全医院激励机制,增强高水平医疗机构和医生参与网络诊疗意愿,增加具有核心资源的公立医院线上医疗供给**

网络诊疗本质仍是医疗行为,互联网平台是在更大虚拟时空范围重新匹配患者医疗需求和医生有效时间,依托的是实体医疗机构。一是无论是医院主导还是企业主导的互联网医院,实体医院必须肩负起网络诊疗管理、诊疗责任,确保医生线上诊疗质量,实现管理规范和制度整体流程一致性、服务一体化、线上线下同质同效。调研显示,医院主导型互联网医院中,49%成立了单独的部门负责互联网医院工作。实体医院负责互联网医院运营部门切实发挥作用。二是形成线上诊疗与线下实体医院相结合的诊疗闭环。按照线下医院的标准和流程,打通线上复诊、处方流转、物流配送等环节,将医院相关的合理用药监测系统、电子病历系统、智能医疗安全监控平台、互联网药物配送等有效对接平台,辅助医生诊疗。三是建立合理补偿机制,鼓励专家、名医积极参与网络诊疗,促进线上线下流量相互转化,提高医疗资源效率。将医师在互联网上的执业行为与绩效、评先评优、职称晋升等挂钩。对诊疗过程和诊疗结果进行奖优罚劣。四是实体医院与平台签订协议,明确各自义务,约定责任分担。诊疗问题由实体医院和医生负责。平台公司对数据安全负责。借助大数据,使医患权益都能得到保障。加强网络诊疗活动的行业监督和自律。患者及其亲属也应增强风险防范意识。提升广大患者对网络诊疗辨别能力,"让群众了解什么样的病能在网上看,什么样的医生能给自己开药,什么样的互联网医院才能信任,群众的理性选择和参与可以让监管更完善"。

### (5)加强信息安全保证,探索网络诊疗医保政策落地

网络诊疗提升了患者就医、购药的便捷性,但易放大原本可能就存在的医疗风险。而患者担忧网络诊疗注册要填很多个人隐私信息内容,因此更愿意和医生当面交流。一是目前在法制保障尚不充足条件下,提升准入门槛,在便利与安全之间寻找平衡点,降低相关风险。二是健全诊疗信息保障制度,从其网站、App 等环节入手,采取一人一号实名制诊疗,发生信息泄露事件时能第一时间找出泄露人员并采取补救措施。建立泄露信息人员问责机制。完善相关法律法规,加强诊疗行为监管,在根源上防止信息泄露;医疗机构与医师应加强患者网上信息隐私保护意识;加强宣传,使患者在医疗网站、App 问诊时,谨慎选择正规平台,避免造成信息泄露。加快实现国家医保信息平台链接各省级中心步伐,实现所有省份全覆盖。三是目前跨省异地住院费用直接结算已覆盖全国,但门诊报销跨省直接结算尚在探索试点阶段,且仅限高血压、糖尿病等慢特病。随着社会流动加大以及三孩政策出台,针对目前医保属地化致报销比例不同,应加速扩大医保支付范围,在总结经验基础上,使覆盖面实现最大化。可通过用代码方式写入线上程序等方式,确保市民合规使用医保,保障医保基金使用安全。

此外,老年人群对于医疗服务有更高的要求。互联网医疗服务主要是常见病和慢性病的复诊,面对的主要是老年患者。智能化预约和在线诊疗服务对于大多数老年人来说存在操作困难。老年人难以适应网络诊疗,改变传统就医习惯。因此,需要设计对应措施在线上线下针对特殊人群进行合理诊疗。

## 六 推进媒体融合发展，加强政府舆情引导

　　随着信息技术快速发展，媒体融合发展步伐日益加快。媒体融合发展推动形成全媒体传播体系。利用全媒体传播体系，不仅可以更好地宣传党和政府加强和创新治理的思路和举措，还可更好地把握社会发展情况、畅通沟通渠道，不断提升政府治理的针对性和实效性。习近平总书记指出，党的十八大以来，我们坚持以导向为魂、移动为先、内容为王、创新为要，在体制机制、政策措施、流程管理、人才技术等方面加快融合步伐，建立融合传播矩阵，打造融合产品，取得了积极成效。[1]随着媒体融合的不断推进，媒体融合发展形成的全媒体传播体系已经发展成为包括各种性质媒体在内的多元体系，成为大众传播、群体传播、组织传播、人际传播交叉叠加的复杂网络，已经深深嵌入整个社会结构之中，对经济社会发展

---

　　① 习近平：《加快推动媒体融合发展　构建全媒体传播格局》，《求是》2019 年第 6 期（习近平在中共中央政治局第十二次集体学习时讲话）。

和社会治理的影响越来越突出。[①]全媒体传播体系在政府治理中扮演着"信息桥梁"角色,推动政府治理模式创新。在传媒生态和舆论格局发生重大变革的当下,融合传播不仅仅体现在宣传的新媒体呈现上,更要构建融合的服务格局。融媒体除信息发布外,各专业媒体还提供政务服务,能以融合传播平台为基础,打造政务服务矩阵。

## (一)媒体融合概念的提出及其内涵

信息将无处不在、无所不及。信息技术在媒体发展的过程中起的作用越来越大。在媒介融合时代,传统媒体和新媒体融合已成为不可阻挡的发展趋势。传统媒体和网络媒体已经从手段、技术、渠道等方面走向更加深层面的融合,媒体融合从单一的技术改变融合开始,已经形成了机制、内容、形式等多方面的全面融合与发展,引领了时代的发展。[②]伴随 AI、5G 等新技术不断涌现,媒体智能化趋势日益突出,媒体融合发展已成为政务新媒体发展的紧迫命题。

### 1.媒体融合概念的提出

随着互联网社交媒体的普及和发展,一个融传统媒体与新媒体、融传媒与受众互动于一体的"融媒体"时代迅速到来。互联网的出现,使得任何一个事件在任何时空都可能接触到媒体的影响,打破了传统媒体只发布、无反馈的瓶颈,将服务理念融入传播过程。新技术带来融媒体驱动创新。媒体已经成为从信息发布、传播转载、评论互动到售后服务的一条龙传播体系。无论是中央级媒体,还是县市级媒体,都已经踏上了"融媒体"这列时代快车,在新技术的推动下、在新媒体的运作中进行着自我变革。媒体融合概念的提出

---

① 高晓虹、崔林、付海钲:《以媒体融合发展助力社会治理》,《人民日报》2019-12-25。

② 刘铭:《融媒体时代媒体融合的发展策略》,《时代人物》2020 年第 25 期。

经历了以下三个阶段：

**（1）酝酿出台阶段**

2013年8月，习近平总书记在全国宣传思想工作会议上强调，要适应社会信息化持续推进的新情况，加快传统媒体和新兴媒体融合发展，充分运用新技术新应用创新媒体传播方式，占领信息传播制高点。[①]2013年11月，党的十八届三中全会提出，要整合新闻媒体资源，推动传统媒体和新兴媒体融合发展。[②]

2014年4月，中央宣传部推动媒体融合发展座谈会在北京召开，强调要着眼巩固宣传思想文化阵地、壮大主流思想舆论，积极推动媒体融合发展。[③]2014年8月18日，十八届中央全面深化改革领导小组第四次会议审议通过《关于推动传统媒体和新兴媒体融合发展的指导意见》，为媒体融合发展出台顶层设计，标志着媒体融合发展被提至国家战略层面。习近平总书记强调，要着力打造一批形态多样、手段先进、具有竞争力的新型主流媒体，建成几家拥有强大实力和传播力、公信力、影响力的新型媒体集团，形成立体多样、融合发展的现代传播体系。[④]

2015年12月25日，在视察解放军报社时，习近平总书记强调，要研究把握现代新闻传播规律和新兴媒体的发展规律，强化互联网思维和一体化发展理念，推动各种媒介资源、生产要素有效整合，推动信息内容、技术应

①　《习近平在全国宣传思想工作会议上强调 胸怀大局把握大势着眼大事 努力把宣传思想工作做得更好》，https://news.12371.cn/2013/08/21/ARTI1377027196674576.shtml。

②　习近平：《中共中央关于全面深化改革若干重大问题的决定》，http://www.gov.cn/jrzg/2013-11/15/content_2528179.htm。

③　《推动媒体融合发展座谈会召开 刘奇葆强调在媒体融合发展之路上走稳走快走好》，http://www.wenming.cn/ziliao/xwb/dsj/201405/t20140520_1952559.shtml。

④　《〈关于推动传统媒体和新兴媒体融合发展的指导意见〉审议通过》，http://finance.china.com.cn/roll/20140821/2625866.shtml。

用、平台终端、人才队伍共享融通。[①]

### (2)全面推进阶段

2016年2月19日,在党的新闻舆论工作座谈会上,习近平总书记指出,要适应分众化、差异化传播趋势,加快构建舆论引导新格局。要推动融合发展,主动借助新媒体传播优势。[②]2014年8月,人民日报社启动了"中央厨房"建设,并于2016年2月19日正式上线,被习近平总书记"点赞"。"中央厨房"改变了传统的新闻生产组织的形式,实现了新闻业务流程的扁平化、分众化、垂直化和差异化,促使新闻采编机构转变为服务平台。"中央厨房"是推进媒体融合发展的全媒体大平台,生产丰富多彩的新闻大餐。全媒派走进神秘后厨,为读者解密人民日报社生产力基地。[③]2016年3月,在第十二届全国人民代表大会第四次会议的政府工作报告中,李克强总理提出促进传统媒体与新兴媒体融合发展。[④]2016年7月,国家新闻出版广电总局印发《关于进一步加快广播电视媒体与新兴媒体融合发展的意见》,旨在通过持续创新加快推动广播电视媒体与新兴媒体深度融合,不断巩固壮大主流宣传思想文化阵地,为协调推进"四个全面"战略布局、落实五大发展理念、决胜全面建成小康社会、实现中华民族伟大复兴的中国梦提供坚实的思想舆论支撑。2016年8月,在2016媒体融合发展论坛开幕式上,人民日报媒体技术股份有限公司联合腾讯云共同发布我国首个媒体融合云服务平台——中国媒体融合云,意在为媒体融合发展消除技术瓶颈。

2017年1月,中共中央办公厅、国务院办公厅印发的《关于促进移动互

---

① 《习近平视察解放军报社并发表重要讲话》,http://www.xinhuanet.com/zgjx/2015-12/26/c_135932625.htm。

② 《习近平在党的新闻舆论工作座谈会上强调 坚持正确方向创新方法手段 提高新闻舆论传播力引导力》,https://news.12371.cn/2016/02/19/ARTI1455884864721881.shtml。

③ 《人民日报中央厨房正式上线!如何烹制新闻大餐?》,http://media.people.com.cn/GB/n1/2016/0301/c192370-28161771.html。

④ 李克强:《政府工作报告——2016年3月5日在第十二届全国人民代表大会第四次会议上》,http://www.gov.cn/guowuyuan/2016-03/17/content_5054901.htm。

联网健康有序发展的意见》强调，要大力推动传统媒体与移动新媒体深度融合发展，加快布局移动互联网阵地建设，建成一批具有强大实力和传播力、公信力、影响力的新型媒体集团。①2017年4月，新华社和阿里巴巴合资成立新华智云，共同打造"媒体大脑"。2017年5月，中共中央办公厅、国务院办公厅印发《国家"十三五"时期文化发展改革规划纲要》，在提高舆论引导水平方面要求推动媒体融合发展，推动融合发展尽快从相"加"迈向相"融"，形成新型传播模式。支持党报党刊、通讯社、电台电视台建设统一指挥调度的融媒体中心、全媒体采编平台等"中央厨房"，重构新闻采编生产流程，生产全媒体产品。明确不同类型、不同层级媒体定位，统筹推进媒体结构调整和融合发展，打造一批新型主流媒体和媒体集团。②

县级融媒体是参与基层社会治理的重要载体。2018年8月21日，习近平总书记在全国宣传思想工作会议上强调，要加强传播手段和话语方式创新，让党的创新理论"飞入寻常百姓家"。要扎实抓好县级融媒体中心建设，更好引导群众、服务群众。要扎实抓好县级融媒体中心建设，要求2020年底基本实现全覆盖。③强调要完成新形势下宣传思想工作举旗帜、聚民心、育新人、兴文化、展形象的使命任务，必须科学认识网络传播规律，提高用网治网水平，使互联网这个最大变量变成事业发展的最大增量。④11月，习近平总书记主持召开中央全面深化改革委员会第五次会议并发表重要讲话，会议审

---

①　中共中央办公厅 国务院办公厅印发《关于促进移动互联网健康有序发展的意见》，http://www.gov.cn/zhengce/2017-01/15/content_5160060.htm。

②　《国家"十三五"时期文化发展改革规划纲要》，http://www.scio.gov.cn/xwfbh/xwbfbh/wqfbh/39595/40355/xgzc40361/Document/1653915/1653915.htm。

③　《习近平：举旗帜聚民心育新人兴文化展形象 更好完成新形势下宣传思想工作使命任务》，https://www.12371.cn/2018/08/22/ARTI1534941552922268.shtml。

④　习近平：《加快推动媒体融合发展　构建全媒体传播格局》，《求是》2019年第6期（习近平在中共中央政治局第十二次集体学习时讲话）。

议通过了《关于加强县级融媒体中心建设的意见》，[①]为县级融媒体中心建设指明了方向和基本思路，是深化县级传媒体制改革的根本遵循。县级融媒体中心将县广播电视台、县党报、县属网站等媒体单位全部纳入，负责全县所有信息发布服务，包括政务新闻、天气预报、医疗交通、社区服务等信息，以实现资源集中、统一管理、信息优质、服务规范，更好地传递政务信息，为当地群众服务。

2018 年 12 月，中央广播电视总台与三大电信运营商、华为公司合作建设了我国首个国家级"5G 新媒体平台"，设立了 5G 媒体应用实验室，总台下属中国国际电视总公司与阿里巴巴集团签订技术合作协议，并在春晚、两会和"一带一路"高峰论坛及北京世园会报道中实现了 5G+4K、5G+VR 的全流程、全要素制播，产生了广泛影响。同时，人民网打造的"人民优选"服务平台上线，联合地方党委政府、各类公益机构与品牌企业，为贫困地区提供精准扶贫支持，为产业扶贫供需合作牵线搭桥。

### (3)纵深推进阶段

2019 年 1 月 1 日，中央宣传部主管主办的"学习强国"学习平台正式上线，这是融媒体平台建设的重要标志性举措。党的新闻舆论工作是治国理政、定国安邦的大事。作为打通媒体融合的"最后一公里"，县级融媒体既能沟通省、市等上级媒体平台，又能连通同级政务服务平台，搭建链接媒体与群众、政务与群众的沟通桥梁。1 月 15 日，中宣部和国家广电总局联合发布了《县级融媒体中心建设规范》《县级融媒体中心省级技术平台规范要求》[②]，为县级融媒体中心省级技术平台提供了操作指南和建设规范。

---

① 《中央审议通过〈关于加强县级融媒体中心建设的意见〉》，https://www.thepaper.cn/newsDetail_forward_2645533，2018-11-17。

② 《县级融媒体中心建设规范》，http://media.people.com.cn/NMediaFile/2019/0115/MAIN201901 1514460000892554919 69.pdf;《县级融媒体中心省级技术平台规范要求》，http://media.people.com.cn/NMediaFile/2019/0115/MAIN201901151445000249584150784.pdf。

1月25日,中共中央政治局就全媒体时代和媒体融合发展举行第十二次集体学习,并把"课堂"设在了人民日报社媒体融合发展的第一线,以调研、讲解、讨论相结合的形式进行。习近平总书记在主持学习时发表重要讲话指出,这几年媒体融合发展成效很大。人民日报社已经有十多种载体,是影响力最广泛的时期了,从中可以看到科技发展的力量,也可以看出主流媒体回应时代挑战的努力。习近平总书记指出,伴随着信息社会不断发展,新兴媒体影响越来越大……新闻客户端和各类社交媒体成为很多干部群众特别是年轻人的第一信息源,而且每个人都可能成为信息源。有人说,以前是"人找信息",现在是"信息找人"。因此,推动媒体融合发展、建设全媒体就成为我们面临的一项紧迫课题。习近平总书记强调,党报、党刊、党台、党网等主流媒体必须紧跟时代,大胆运用新技术、新机制、新模式,加快融合发展步伐,实现宣传效果的最大化和最优化。要加快推动媒体融合发展,使主流媒体具有强大的传播力、引导力、影响力、公信力,形成网上网下同心圆,使全体人民在理想信念、价值理念、道德观念上紧紧团结在一起,让正能量更强劲、主旋律更高昂。[1]2月,中央宣传部在京召开媒体深度融合工作推进会,强调要深入贯彻落实习近平总书记关于推动媒体融合发展、做大做强主流舆论工作的重要论述,推进媒体融合向纵深发展。6月,"人民日报文创"客户端上线,结合本身所具有的独特优势资源,接轨市场需求的同时,提升了文化传播效果,丰富了"媒体+"模式的融合实践。8月,新华社智能化编辑部也正式投入运行。9月,中办国办印发《关于加快推进媒体深度融合发展的意见》[2],对媒体融合进行顶层战略部署推进媒体融合,从重要意义、目标任务、工作原则三个方面明确了媒体深度融合发展的总体要求,提出了基本原则、目

---

① 习近平:《加快推动媒体融合发展 构建全媒体传播格局》,《求是》2019年第6期(习近平在中共中央政治局第十二次集体学习时讲话)。

② 《中共中央办公厅 国务院办公厅印发〈关于加快推进媒体深度融合发展的意见〉》,http://www.gov.cn/xinwen/2020-09/26/content_5547310.htm。

标、任务和架构,为各级新闻单位进一步推进媒体深度融合指明了方向、提供了遵循。该意见要求深刻认识全媒体时代推进这项工作的重要性、紧迫性,坚持正能量是总要求、管得住是硬道理、用得好是真本事,坚持正确方向,坚持一体发展,坚持移动优先,坚持科学布局,坚持改革创新,推动传统媒体和新兴媒体在体制机制、政策措施、流程管理、人才技术等方面加快融合步伐。可以说,这是建设新型主流媒体的纲领性文献。2019 年 10 月,党的十九届四中全会通过的《中共中央关于坚持和完善中国特色社会主义制度、推进国家治理体系和治理能力现代化若干重大问题的决定》提出,建立以内容建设为根本、先进技术为支撑、创新管理为保障的全媒体传播体系。①

2020 年 6 月,习近平总书记主持召开中央全面深化改革委员会第十四次会议,审议通过《关于加快推进媒体深度融合发展的指导意见》,从重要意义、目标任务、工作原则三个方面明确了媒体深度融合发展的总体要求。②9月,中办、国办印发《关于加快推进媒体深度融合发展的意见》,提出推动媒体融合向纵深发展,打造一批具有强大影响力和竞争力的新型主流媒体,构建全媒体传播体系。③为贯彻落实中央《关于加快推进媒体深度融合发展的意见》,国家广播电视总局印发《关于加快推进广播电视媒体深度融合发展的意见》,围绕加快推进广播电视、打造具有强大影响力和竞争力的新型主流媒体、满足人民群众美好生活新需要;全面加强内容建设与供给、强化先进技术创新引领、加快深化体制机制改革、推动全媒体人才队伍建设、大力推进管理创新、加强组织保障和政策支持等提出要求。④10 月,党的十九届五

---

① 薛泽林:《预判公众需求 提供精准服务》,《解放日报思想周刊》2018–11–06。

② 《习近平主持召开中央全面深化改革委员会第十四次会议》,https://www.ccps.gov.cn/xtt/202006/t20200630_141995.shtml。

③ 《中共中央办公厅 国务院办公厅印发〈关于加快推进媒体深度融合发展的意见〉》,http://www.gov.cn/xinwen/2020–09/26/content_5547310.htm。

④ 《中共中央、国务院发文,加快推进媒体深度融合发展(附部分相关政策梳理)》,https://www.bjmtrh.com/index/list2/id/204394,2020–09–26。

中全会通过的《中共中央关于制定国民经济和社会发展第十四个五年规划和二〇三五年远景目标的建议》提出,"十四五"时期要推进媒体深度融合,实施全媒体传播工程,做强新型主流媒体,建强用好县级融媒体中心。[①]2021年,加强互联网内容建设首次写入政府工作报告。[②]

**2.媒体融合概念的内涵**

媒体指人们传递信息的手段和媒介。传统媒体指的是电视、广播、报刊、户外广告等媒介形式。传统主流媒体有自己的组织架构和各自的发布平台,传递的方式、手法和发布渠道也各有特点,但宣传的要求和要素基本相同。伴随着网络科技的迅猛发展,传统媒体的开机率和被关注度逐步下滑,给了新媒体机遇。信息技术的全面发展,从各个方面促进了传统媒体传播形式的变化,同时也有力地改变了网络媒体的内容形式。

新媒体这一概念最早是1967年由美国哥伦比亚广播电视网(CBS)技术研究所长戈尔德马克提出的。在其发表的一份关于开发电子录像(EVR)的报告中,把电子录像称为"新媒体"。1969年,美国传播政策总统特别委员会主席罗斯托在向尼克松总统提交的报告书中多次使用"新媒体"一词,只不过当时所说的新媒体还只停留在商业计划里。由此,"新媒体"一词开始在美国社会流行并逐渐扩展到全世界。在中国,最早关于新媒体的文献可追溯到1986年发表在《外语电化教学》上的一篇译作《视听教育在新媒体时代的地位》(冈村二郎著,方晓虹译),但只是电化教学上的新媒介、新技术。真正的新媒体是基于互联网的,因此关于新媒体的研究应该在我国1994年接入国际互联网之后。1996年9月,闵大洪在《新闻记者》上发表了《电子报刊——

---

① 《中共中央关于制定国民经济和社会发展第十四个五年规划和二〇三五年远景目标的建议》,http://www.gov.cn/zhengce/2020-11/03/content_5556991.htm。

② 李克强:《政府工作报告——2021年3月5日在第十三届全国人民代表大会第四次会议上》,http://www.gov.cn/guowuyuan/2021zfgzbg.htm。

报刊业一道新的风景线》，介绍和分析了电子报刊（数字报纸）的发展，这大概是我国新媒体研究最早的文章。1996 年，北京大学胡泳教授翻译出版了尼葛洛庞帝的《数字化生存》（此书被评为改革开放 20 年来最有影响力的 20 本书之一），介绍了大量国外新媒体的发展和研究。人们可以通过新媒体获得更多信息和知识，直接参与新媒体的创作发布，进行人与人之间跨地域、跨时间的交流互动，可以随心所欲地浏览各种信息，同时可以复制、粘贴、转发、评论、下载等。

新媒体将技术条件作为重要依托，是在继承传统媒体基础上的创新。新媒体是媒体的一种新的表现形式，比如微信公众号，网易、新浪、搜狐等各大门户网站，今日头条、天天日报、一点资讯等手机客户端，优酷土豆、爱奇异等视频网站，是相对于传统媒体之外的宣传媒体，具有时效性高、方式多样、内容丰富等特点。新媒体的多重功能赋予了每一个用户发布和传播的权利。任何人在任何时间和地点都可以通过各种媒介实现信息的生产和发布，任何人也可以在任何时间和地点通过各种新媒体实现信息的接收和传播。因为有了新媒体的媒介形态，自媒体才有发展。自媒体是指用自己创办的媒体进行传播，区别于官办（官方批准）的媒体。

与此同时，传统媒体对新媒体的主动接纳和构建，开始了融媒体的时代。融媒体使传统媒体的优势借力于新媒体得以更好地发扬，又将新媒体的传播特长作用于传统媒体进行优化。这种传统媒体与新媒体的组合聚力，使各自的竞争力变为共同的向心力，将彼此的功效都得以全面发挥，从而更好地提升和延展了传统媒体的宣传度，同时也增强了新媒体的认可度。[①]

融媒体和媒体融合事实上是两个概念，既有区别也有联系。媒体融合说的是一个过程，一种行为；而融媒体则是指一种媒体，也指相应的运作模式，但两者都强调融合的理念。

---

① 郭雯、方毅华、李蔚杭：《从"融媒体"谈"媒体融合"》，《新闻爱好者》2020 年第 9 期。

媒体融合发展是一次以技术创新为引领的媒体转型和变革。狭义的媒体融合概念是指将不同的媒介形态"融合"在一起，随之会产生"质变"，形成一种新的媒介形态，如电子杂志、博客新闻等等；而广义的"媒体融合"则范围广阔，包括一切媒介及其有关要素的结合、汇聚甚至融合，不仅包括媒介形态的融合，还包括媒介功能、传播手段、所有权、组织结构等要素的融合。媒体融合是借助新媒体连接网络各个传播节点、为用户提供各种各门类服务的大型综合服务平台。媒体融合是将广播、电视、微信平台等媒体整合为一起发展，将单一媒体的竞争力转变为多媒体的共同竞争力。媒体融合需要媒体加快运用信息科技革命成果，运用 5G、AI（人工智能）、VR（虚拟现实技术）、AR（增强现实技术）等新型传播技术，破除传统体制，实现媒体深度融合，推动传播事业高质量发展。

媒体融合不是简单的"加减乘除"，全媒体时代的媒体融合是一套各个传播路径组合共融的传播体系，它将整合各方面的优势，拉动各个不同媒体之间进行互动、互补和互通，以达到共享、共情的效果，是将各种效果达成共融一体的传播服务循环体系[①]，是现有体制机制、内容、渠道、平台、人才和市场的化学融合。媒体融合的最高理想，就是要构建全媒体的大循环体系，将每个已自成一脉的全媒体平台再次融会贯通，达到最广泛的空间延展，最全面的媒介传输，最全能的技术支持，最有效的用户体验。这样的循环体系，必将打破传统媒体的全媒体平台间各自运转的藩篱，实现各个全媒体平台的合纵连横，充分汇总大数据，成为连接各个平台的枢纽，将各个平台的小循环系统通过统一协调建立起全媒体大循环体系，大大提升各平台的传播效果，使得各个媒体的功效取得最大化和全面化。[②]

从媒体融合发展趋势看，未来全媒体传播体系不仅是内容生产者、信息传播者，更可能成为新时代社会治理的综合专业信息化平台，形成一个平

---

① 郭雯、方毅华、李蔚杭：《从"融媒体"谈"媒体融合"》，《新闻爱好者》2020 年第 9 期。

② 胡正荣、张英培：《我国媒体融合发展的反思与展望》，《中国编辑》2019 年第 6 期。

台、多方汇集、共同推进的社会治理模式，从而不断提高社会治理信息化水平。智能化是媒体融合发展的重要趋向，通过媒体融合发展构建智慧全媒体传播体系，使其不仅能满足"智慧社会""智慧城市"的信息传播需求，还能助力解决"智慧社会""智慧城市"治理中的各种现实问题。①在国家战略的强力推动下，媒体融合从中央到地方都加快步伐、积极探索。②

融媒体不是单一媒体，而是一个综合类媒介，其存在方式具有矩阵化、跨媒介、多圈层的基本特性，融媒体通过中央指挥系统，对各种媒介进行调度。③融媒体同时也是一种信息共享，是依据媒介属性进行信息传播的新型媒体，打破了新旧媒体的壁垒和"界限"，实现信息的社会效益和经济效益的最大化。融媒体是充分利用媒介载体，把广播、电视、报纸等既有共同点又存在互补性的不同媒体，在人力、内容、宣传等方面进行全面整合，实现"资源通融、内容兼容、宣传互融、利益共融"的新型媒体。通过全面的融合与发展，融媒体的平台更加强大，传统媒体的经验与新兴媒体的传播优势得以相互促进。

"融媒体"不是一个独立的实体媒体，首先是个理念，是不同媒体在人力、内容、宣传等方面进行全面整合，实现"资源通融、内容兼容、宣传互融、利益共融"的新型媒体宣传理念。融媒体是传播的一种概念，区别于过去单一或者少量媒体的传播，实现多种媒体形态，如视频、音频、文字、图形在报纸、广播、App、知乎、微信公众号等不同媒介的传播。融媒体充分地吸收了新媒体和传统媒体的优势和精华，实现了创新性的发展。④融媒体已经成为一个媒体单位利益上的"共同体"。融媒体对外是一个单位，一个声音。从整体看，融媒体更加有效、快速和精准，平台分发是在传统媒体基础上搭建出的，

---

① 高晓虹、崔林、付海钲：《以媒体融合发展助力社会治理》，《人民日报》2019-12-25。

② 唐胜宏、燕帅、宋心蕊、高春梅：《让党的声音传得更开、更广、更深入！——媒体融合发展这5年》，http://m.people.cn/n4/2019/0818/c3786-13086326.html。

③ 刘铭：《融媒体时代媒体融合的发展策略》，《时代人物》2020年第25期。

④ 翟晨好：《时代的媒体融合和发展》，《传媒论坛》2020年第11期。

以多渠道、全覆盖、全方位为基本组成，建立起了综合实力强势的宣传矩阵，以网络化、移动化为主，使用户能够利用碎片时间进行资讯的接收。融媒体能够在最大范围内保证资讯内容得到有效传播，提升了传播效率和效果。①

具体而言，融媒体内涵主要包括：①资源容纳。融媒体可以合理整合新旧媒体的人力和物力，将其服务转变为共同的服务。例如，如果广播电台和网站合并在一起，则将双方的原始编辑人员和编辑人员联系起来，并将建立一个"金融媒体编辑中心"。中央记者外出采访时，他／她可随身携带录音笔和数码相机，为广播和网络同时做出贡献，这不仅确保了双方的新闻稿来源，减少了人力成本，但也提高了网站新闻发布的权威性和原创能力。②优势互补。媒体整合的目的是建立一种新型的和谐、互补和互信的媒体关系。充分分析新旧媒体的利弊，相辅相成，扬长避短，从而达到 1+1>2 的效果。例如，广播的速度和便利性，直觉性电视的三维和互联网的"四个无限"（无限的空间，无限的时间，无限的作者和无限的观众）。所有这些都不能被排除或拒绝。它们已经成为金融媒体的一部分，拥抱一切并实现"存储桶率"。③利益共享。发展"金融媒体"的最终目标应该是有益的。但是利益主要体现在两个方面，即社会利益和经济利益。

融媒体的特点主要为：一是融媒体是技术媒体。即支撑融媒体的技术接入，包括基于云计算的基础平台和连接各种应用平台；融媒体基于用户需求的内容生产和分布，如数字技术、推荐算法等；融媒体满足垂直领域和个性化需求的服务提供，如电商、支付等。这里面既要硬件建设，也要软件开发。二是融媒体是融合创新。融媒体的"融"需要将不同所有制、不同媒介组织和不同的社会资源通过整合、转换配置在一起，这意味着创新和挑战。而其中，制度创新、体制改革、机制创新和顶层设计至关重要。三是融媒体也是智媒体。智媒体的智主要在于人工智能。人工智能对于融媒体，不只是解决效率

---

① 刘铭：《融媒体时代媒体融合的发展策略》，《时代人物》2020 年第 25 期。

问题,还要解决效益问题,比如说通过大数据了解用户喜好、满足用户需求,进而取得融媒体商业利益。对于媒体来说,不仅要解决效率和效益问题,还要解决价值问题,如智能把关和优化算法体现文化价值,实现融媒体社会效益最大化。

　　融媒体是多种媒体形式的融合,而全媒体是媒体全方位融合,是人类现在掌握的信息流手段的最大化的集成者。习近平总书记强调,我多次说过,没有网络安全就没有国家安全;过不了互联网这一关,就过不了长期执政这一关。全媒体不断发展,出现了全程媒体、全息媒体、全员媒体、全效媒体,信息无处不在、无所不及、无人不用,导致舆论生态、媒体格局、传播方式发生深刻变化,新闻舆论工作面临新的挑战。[1]这是对全媒体时代特征的高度概括,也是对媒体融合发展态势的深刻洞察。[2]“全媒体”是指媒介信息传播采用文字、声音、影像、动画、网页等多种媒体表现手段,利用广播、电视、音像、电影、出版、报纸、杂志、网站等不同媒介形态,通过融合的广电网络、电信网络及互联网络进行传播,最终实现用户以电视、电脑、手机等多种终端均可完成信息的融合接收,实现任何人、任何时间、任何地点、以任何终端获得任何想要的信息。全媒体是网络媒体与传统媒体乃至通讯的全面互动、网络媒体之间的全面互补、网络媒体的自身的全面互融,覆盖面最全、技术手段最全、媒介载体最全、受众传播面最全。全媒体时代的传播打破了时空的禁锢,将发生在不同时间、地点的信息第一时间发布,而不必受到传统媒体发布时间和覆盖范围的限制,做到信息发布实时全程化。一个事件从发生到结束,全时空每一个节点都可以被发布,所有的信息在瞬间就可以基本做到零时差传播,不会因为时空的阻隔而耽误分秒,世界上任何一个角落发生的事件都会被瞬间接收和整合。

---

　　[1]　习近平:《加快推动媒体融合发展　构建全媒体传播格局》,《求是》2019年第6期(习近平在中共中央政治局第十二次集体学习时讲话)。

　　[2]　盛玉雷:《做好媒体融合大文章》,《人民日报》2019-10-30。

　　随着媒体融合进程加快，全程、全息、全员、全效媒体出现。全程媒体"融"的是时空，"合"的是信息。在"全"融媒体的概念里，人人都可以参与信息的采编播，物物都可以成为媒介平台，因此也有人称"全"融媒体为"全媒体"，它的传播过程跨越了不同地域，沟通了不同媒介，交流了不同人群，经过了不同渠道，使各种信息、内容、场景实现了互联互通，传播的手段日渐快捷和多元。全息媒体，"融"的是形式，"合"的是内容。全媒体时代的媒体融合在互联网新技术的推动下，使传统媒体原有的单一固化的传播手段也发生了改变和升级，信息发布的方式和样态愈加活泼。一个事件可以被编辑成新闻、图片、音频、游戏等多种呈现路径，事件的内容也可以从不同角度进行编辑、改造、再创作，使得事件的呈现更加鲜活动感，给用户的参与感受也更加丰富有趣。特别是虚拟现实技术 VR 的使用，更是增加了情感度，采集到的各种信息也变得鲜活生动，不再冷漠，模拟的三维空间给人们带来视觉感官的动感体验，使传播变得立体有情感。全员媒体的融合将人类的行为以及围绕行为相关的资源和传播实现的所有环节、过程、节点的连接数据最大化地进行彼此间的互动、贡献和分享，实现了资源通融、利益共享。"万物皆媒、人人自媒体"的全员媒体给人们的生活方式与交往模式带来了不可忽视的影响，同时也对传统媒体的新媒体架构起到了借鉴和创新的作用。很多传统媒体也正是基于全员媒体的数据和流量，开始搭建自己的网络平台，实现与互联网的合作共融，从而成就了传播样态的新突破。①

　　目前，从中央到地方，各主要新闻单位都在努力探索适合自身的媒体融合发展路径，新闻客户端、微博账号、微信公众号、手机报、移动电视、网络电台等不断涌现，传统媒体与新兴媒体优势互补、此长彼长的态势日益凸显，多媒体传播矩阵初具雏形。在媒体融合发展中，国家需要一大批新型主流媒体在实践中大胆探索，担负起新闻舆论工作的职责和使命。新型主流媒体一

　　① 郭雯、方毅华、李蔚杭：《从"融媒体"谈"媒体融合"》，《新闻爱好者》2020 年第 9 期。

方面是以传播党中央声音、凝聚社会共识为目标的事业型媒体,另一方面也是以市场方式配置资源的产业型媒体。①2017 年起,人民日报社融媒体产品实现井喷,平均每月产生 1 至 2 个浏览量过亿的"网红"产品。2018 年 3 月,人民日报新媒体推出原创音乐 MV《中国很赞》,并正式启动"中国很赞"全民互动活动。线上首先发起手指舞挑战,同时征集网友留言和视频;线下开展主题地铁列车、音乐快闪等宣传活动,同时推出主题共享单车、瓶装水、火车票等系列产品,实现了立体传播。# 中国很赞 # 微博话题获得 1121 万讨论和11.7 亿阅读量。有网友评价称"人民日报有点潮,为创意叫好,为中国点赞!"新华社推出《心中的牵挂》《答卷》《誓言》《那年,我们 21》等 50 多个浏览量过亿的重磅融媒体产品。央视的系列微视频《初心》、人民日报微视频《最牵挂的人》《快看呐!这是我的军装照》等融媒体产品浏览量均超过 10 亿。②《2019全国党报融合传播指数报告》报告显示,党报在各个渠道的覆盖率均较去年同期有所增长。党报网站开通率依旧最高,为 93.4%;其次为聚合新闻客户端和微信平台,入驻率均超过 80%。党报网络传播力显著增强。网站原创内容(含纸报和网站原创)占比为 35%;微博在党报第三方传播平台中用户量最大,党报微博账号平均粉丝数接近 145 万,远高于党报在微信、聚合新闻客户端及抖音平台的用户量;@ 人民日报的粉丝量最高,超过 8885 万。党报自有客户端,下载量持续增长。党报在聚合新闻客户端上的订阅量上升,今日头条入驻数量最多。220 家党报入驻今日头条,党报头条号平均订阅量为17.7 万。党报抖音号快速崛起,地市级党报表现突出。190 家党报入驻抖音平台并发布短视频,粉丝量均值为 19.7 万。人民日报抖音号粉丝量最多,为2327.8 万。③《2021 全国党报融合传播指数报告》数据显示,2021 年在非传统

---

① 张传香:《媒体融合发展要加强体制机制创新》,《人民日报》2020-04-13。

② 人民网副总裁、人民网研究院院长唐维红发布《2019 全国党报融合传播指数报告》,http://media.people.com.cn/BIG5/n1/2019/0818/c120837-31301456.html。

③ 《党报融合传播指数报告发布》,《人民日报》2019-08-01。

渠道中,党报网站的开通率依旧最高,为 95.9%;78.7% 的党报建设了自有新闻客户端。党报在微博、微信、聚合新闻客户端、聚合视频客户端的入驻率均接近 90%。各级党报在各个渠道的覆盖率更趋接近。报纸发行量均值比上年略有上升,党报网站原创率明显提高。地市级党报网站新闻原创率为 43%,高于省级党报网站的 37%。百万级以上党报客户端增长至 70 个,中央、省、地市级党报共自建了 325 个安卓客户端,294 个苹果客户端。在下载量排名前五的省级和地市级党报自建客户端中,有 4 个是广东省的党报客户端。综合各级党报客户端,百万级以上党报客户端总计达到 70 个,占比 22%。党报微博分化明显,省级和地市级党报微博平均粉丝量中位数上升。34 家省级党报及 293 家地市级党报共计开通了 485 个微博账号。34 家省级党报及 288 家地市级党报开通了 474 个微信公众号。监测期内,平均每个党报微信公众号日均发文 6.9 篇,平均阅读量为 4228 次,文章平均阅读量的中位数为 1840 次。近 45% 的党报开通了人民号,党报头条号平均阅读量增长 5 倍。328 家党报在今日头条、腾讯新闻客户端及人民日报客户端共计开通了 457 个头条号、233 个腾讯新闻账号及 196 个人民号。有 160 家党报开通了人民号,占 366 家党报的近 45%。2021 年,党报在聚合新闻客户端的发文量及阅读量有明显提升。以头条号为例,党报头条号发布的单条内容(含图文、视频及微头条)平均阅读量 / 展现量为 7.5 万次,是 2020 年的 6 倍。党报抖音号粉丝量、发布视频量增长明显,快手号互动情况较好。截至 2021 年 7 月 31 日,考察的三级党报抖音号平均粉丝量为 98.7 万。其中省级党报抖音号粉丝量均值为 152.6 万,比 2020 年增长 86.5%;地市级党报抖音号粉丝量均值为 41.1 万,比 2020 年增长 32.6%。平均每个省级和地市级党报抖音号日均发布短视频 3.6 条,是 2020 年的 3 倍。[①]

主流媒体紧跟前沿技术,积极探索全媒体科技创新体制机制,通过技术

---

① 《2021 全国党报融合传播指数报告》发布,http://media.people.com.cn/n1/2021/1229/c14677-32319846.html。

赋能全媒体传播体系建设，推出了大量融合传播精品。例如，在新中国成立70周年宣传报道中，新华社智能化编辑部推出《这些"大国重器"，让你在桌面上亲手操控》，运用 AR（增强现实）技术，让人们提前感受到大阅兵的震撼冲击。以人民日报中央厨房融媒体工作室为代表的新媒体机构，注重前沿技术与应用场景的结合，形成编采部门和专业技术人员深度融合的技术研发机制，不断推动大数据、云计算、人工智能、区块链等新技术研发应用，全面提升了新闻采集能力、加工编辑能力、解读分析能力和多元传播能力。[①] 2020年初的一场疫情就充分体现了媒体融合的优势，从各类报道中凸显了跨媒介、多媒体的特点，使人们更加清晰地了解了事件的发展全过程。通过在不同版块组成的报道平台中，展现报道的内容，声音视频数据等全方位地体现了报道内容，实时报道国内外疫情数据。而传统媒体则无法第一时间展现疫情现场，报纸也不能如期出版，广播、电视采访需要后期制作，传统媒体主要是以大型综合类的新闻报道为主，向广大受众进行传播，让人们更加相信党和政府的主张。从疫情、会议等重大报道题材中，也已经形成了多种体现形式，融媒体制作 H5、短视频、VR、直播秀及图文报道，是多样化技术的充分体现。通过立体化的报道，全方位的传导，给受众带来立体视听体验，有效突破了传统技术限制。[②] 2022 年上半年，CTR 基于对 8 家主要央媒的监测与评估，形成了央媒网络传播力榜单。其中，中央广播电视总台、人民日报和新华社位列前三。CTR 监测数据显示，2022 年上半年，8 家主要央媒机构共有 48 款累计下载量过百万的自有 App 产品，超 440 个粉丝量（或季度累计阅读量超百万）百万级以上的头肩部活跃账号，与年初持平。2022 年上半年，8 家主要央媒机构累计生产 1.5 万篇爆款短视频内容和 2.8 万篇爆款公众号文章。2022 年上半年，主流媒体在内容力和技术力的双重加持下，实现传播形态升级。各大主流媒体自有平台 App 产品下载量不断提升，截至 2022 年 6 月底，

---

① 崔士鑫、王志锋：《为媒体融合发展提供有力保障》，《人民日报》2020-01-17。

② 刘铭：《融媒体时代媒体融合的发展策略》，《时代人物》2020 年第 25 期。

8家主要央媒自有App产品中，共有8款自有App产品累计下载量过亿，整体累计下载量较年初增长3.17亿。截至2021年底，中国视频网络用户规模达到9.75亿，网络新闻用户规模7.71亿，网络音频用户规模达到7.29亿。回顾2022年上半年，主流媒体传播从"艺术＋思想＋技术"出发，打造重民情、晓民意、得民心的高质量内容，赋能渠道运营、内容营销、产品经营。主流媒体的"内容大厂"，在不断提升网络传播力。主流媒体在坚持内容制胜的同时，以多元的传播形态为载体，发力自有渠道建设，创新体制机制。①

## （二）媒体融合发展对于推进"互联网＋政务"的必要性

### 1.媒体融合为构建"融媒体＋政务"提供了可能

随着云计算、大数据、物联网等新兴技术的日趋成熟和在全媒体传播体系中的广泛应用，全媒体传播体系不断进阶升级，形成强大的信息采集、分析、应用能力，在提高社会公共服务信息化水平方面发挥了重要作用，特别是为"融媒体＋政务"提供了可能。"融媒体＋政务"的发展已经成为大势所趋。移动互联网革命使得舆论环境、传播方式和受众的接受方式发生了颠覆性改变，国家新闻网站和地方新闻网站对移动客户端阅读资源的需求日渐刚性。在媒体融合发展的背景下，社会公众与政府的沟通互动方式也逐渐由领导信箱、留言板等单向方式向以政府门户网站为核心，即时通信软件、网络新媒体等协同发展的网络化、社会化双向交流互动转变。借助社会化的交流互动平台，政务融媒体让社会公众平等地参与政府决策、行政执行、行政协调、行政监督的全流程，实现了政府与各社会主体全天候、多渠道、全过程

---

① 《8款央媒APP下载量过亿！2022年上半年主流媒体网络传播力如何？》，https://lmtw.com/mzw/content/detail/id/216492，2022-07-14。

的沟通交流。融媒体是一种多功能的媒体，不只是新闻媒体，还可以提供政务和生活服务。既是当地的新闻信息总汇，也提供政府传播和百姓生活的综合信息服务。融媒体中心是一个巨大繁杂的系统工程，可涵盖县市级基层媒体。

媒体融合所提供的平台能以不同形态来对政务资讯进行传播，从而使信息传播渠道增多，政务活动覆盖范围更广，有助于增强政务服务的影响力。国家网信办首次开展的数字中国发展情况网络问卷调查显示，从新媒体平台政务信息方面看，几乎所有参与调查的网民都通过新媒体平台关注了解过政策信息。参与调查的网民中，90%以上的网民使用过微信和"学习强国"两个平台。网民认为，新媒体平台的政务信息服务总体使用效果较好，城乡之间、各年龄组之间以及不同受教育程度之间的感知评价差异较小。其中，参与调查的网民对"学习强国"平台的政策宣传效果评价最高，近90%参与调查的网民认为"有效果"。①

打造新型传播平台，建成新型融媒体，成为紧迫的"时代课题"。政府网站是信息公开、网上办事、政民互动的重要平台，为了将政府信息及时、准确地告知人民群众，实现更快捷、更方便的网上办事和政民互动，政府网站必须与新媒体相互融合。②近年来，我国政务新媒体发展迅速，有力推动了服务型政府建设。③特别是随着信息技术迅猛发展，政务媒体如何利用自身特点，发挥传播优势，更好地成为政府与公众之间的纽带，成为新时代政务媒体转型发展的使命。④国家主席习近平利用新媒体平台发送语音信息，向全国人

---

① 国家互联网信息办公室：《数字中国发展报告（2021年）》，http://www.cac.gov.cn/2022-08/02/c_1661066515613920.htm?spm=C73544894212.P59511941341.0.0。

② 蔡传彪：《"互联网+"时代政务新媒体与政府网站协同发展的几点思考》，《电子技术与软件工程》2017年第9期。

③ 高晓虹、崔林、付海钲：《以媒体融合发展助力社会治理》，《人民日报》2019-12-25。

④ 《业界热议：互联网时代如何做好政务新媒体传播、应用》，https://m.gmw.cn/baijia/2022-07/18/35890713.html。

民致以元宵节问候和祝福。人民网也开通抖音号时刻向"豆油"们传递着社会正能量①，各地党委政府也通过建设政务服务类等媒体平台实现了政务一体化。随着"两微一端"等新媒体的发展，政务公开的渠道也逐渐由传统媒体拓展到政务微博、微信公众号、头条号、政务 App 等新媒体平台。借助网络化、数字化的方式实现了政策文本、行政法规与行政规章等硬性文字内容与音频、视频相结合的软性化表达，政务信息的发布与传播呈现出多媒体化态势。②

　　随着媒体融合的推进，政务传播不仅是制度性优势，更是主流媒体独特的资源，这种资源正是媒体融合进程中非常重要的制度性资源保障。③政务新媒体的功能首先是提供政务服务，其次是作为媒体进行传播，并以互动形式参与社会治理。随着网络技术的快速发展与普及，"互联网＋政务服务"的出现，极大地提高了政府公共管理能力和服务效率。利用媒体融合契机，加快政务新媒体的融合与发展，能够促进信息传播与社会公共管理能力的提升。④在传统政府回应方式中，是典型的"垂直型"回应模式，以新闻发言人为主体，通过电视直播、记者招待会、网络直播等方式完成政府回应。"垂直型"的政府回应模式不具备即时沟通的特点，难以符合微博语境下政府回应的要求。⑤政务新媒体在较短的时间内成为汇聚民意、反映民情的重要通道和政府宣讲政策、改进公共治理的新平台。一批政府机构和官员开始涉足政务

---

① "豆油"指豆瓣网站或 APP 上的"私聊、发私信一对一聊天"。来源于"豆邮"，即豆瓣站内的邮件。早期豆瓣的网页版和手机版都有一个叫作"豆邮"的用户私发邮件功能，后来手机版把"豆邮"改成了直接版的"私信"，网页版还保留了这一功能。因为豆油和"豆邮"谐音，所以豆瓣的用户习惯把"私信我"说成"豆油我"。

② 姚梅：《"互联网+政务"背景下我国政府形象塑造研究》，《安徽商贸职业技术学院学报（社会科学版）》2017 年第 3 期。

③ 《业界热议：互联网时代如何做好政务新媒体传播、应用》，https://m.gmw.cn/baijia/2022-07/18/35890713.html。

④ 金元宝：《政务新媒体与"互联网+政务服务"的融合发展探究》，《卷宗》2017 年第 28 期。

⑤ 田冰：《巧用政务微博，回应民众关切》，《人民论坛》2016 年第 27 期。

新媒体。从中央到地方再到基层，"政务大 V"不断涌现，"阅读量 10 万 +"的文章层出不穷，以开放交互、高效快捷为特征的"两微一端"正与传统行政管理模式碰撞出火花、释放出利好。目前，国内不少专业媒体集团尤其是党媒集团已组建了专门的政务服务部门（事业中心）负责政务服务的产品规划、迭代优化、系统运维、内容运营和宣传推广等。一站式的对接、专门的客户管理能提供更专业、优质的服务，通过和职能部门之间的联络沟通，策划前移，把政务服务、宣传的效果发挥到最大化。新媒体环境中的舆论和意见的空间变成开放空间，自媒体把关就成了个人对整个信息环境的判断，个体面对海量的信息时变得力不从心，应该说什么，如何说，对这种合理性的追求变得困难，给网络舆论引导工作带来一系列现实的和潜在的问题。为适应这种变化，近年来，我国从中央部委到地方政府，强化了对互联网的建设、利用和管理，开通了网站、微博、微信、客户端等政务新平台，呈现出多样性和多元化组合的发展格局，政务新媒体影响力和号召力稳步提升。[①]

作为"媒体融合"国家战略的重要组成部分，融媒体中心建设在全国范围内如火如荼地展开。其中微博凭借平台下沉的广度和深度以及信息获取与分发的双向链路及裂变传播特性，在融媒体矩阵中充当着桥节点的作用。"@ 新疆检察"联动全疆近 120 个检察机关官方微博，形成以区、地、县三级联动机制，线上接单派送，线下分单处理，限时办结及时反馈，为网友诉求的表达最大限度地畅通窗口和渠道。线上线下联动，使政务服务得到全面升级的模式，也是融媒体发展的重要方向之一。基于现实需要，越来越多的政府部门将政务服务由 PC 端增移至移动端，"掌上办"成为"互联网 + 政务服务"的普遍要求，政务新媒体由信息传播为主向信息传播与政务服务并重的方向扩展。在功能建设方面，微信平台在政务服务合作开发中表现尤为突出。从广东的"粤省事"到浙江的"浙里办"、重庆的"渝快办"，从上海的"随申办"

---

① 殷俊、姜胜洪：《政务新媒体发展现状及对策探析》，《新闻界》2015 年第 5 期。

到天津的"津心办"，越来越多的省、市将政务服务延伸到微信小程序，政务微信公众号在发布信息的同时，还兼任提供核酸检测定点医院查询、健康码等疫情防控相关服务。湖南省高速公路交警部门注重社会协同共治力量，在微博账号和微信公众号上线"随手拍"功能，发动群众持续举报交通违法行为，较好地优化了高速公路通行秩序。深圳卫健委公众号"深小卫"通过留言区"要电话"的形式，协调相关部门帮助疫情期间无法快速入院的孕妇和经营困难的早餐店主解决难题，间接满足了网友的政务服务诉求，让大众直观感受到深圳政府"以人为本"的责任与担当。

**2.媒体融合的资源收集优势为"融媒体＋政务"提高服务质量提供了支撑**

谁能够向公众提供有效的、充分的、不可替代的信息服务，谁能够占据满足社会需求的空间，谁就能赢得信息传播的深度影响力。[①]综合运用传播技术、呈现技术、制作技术和评估技术，能够打造政府、专家、媒体、市民与企业五方联动的服务矩阵。依托"中央厨房"，进一步打造政务信息发布新媒体平台。全媒体传播体系的信息传播功能越来越强大，但并没有仅仅停留在信息传播功能上，许多融媒体已经具有政务服务、群众诉求表达、电子商务、在线教育、在线医疗、在线娱乐等功能。这些功能都与人民群众的生产生活紧密相关，与社会治理紧密相关。[②]

随着互联网技术的成熟，基础设施、移动终端和应用服务也逐渐丰富。各级政府把运用互联网技术作为提高政府公共效能的手段。政务新媒体的发展特征是从传递政务信息到为公众提供满足其需求的公共服务；从重传播到重服务的转变，体现了重心从政府到公众的转变。越来越多的政务新媒体向着构建"网上服务型平台"转变。政务新媒体的运营主体决定了政务新媒体应用必须以人民为导向，将政务新媒体的核心职能定位于服务百姓。

---

① 高钢:《互联网时代公共信息传播的理念转型》,《当代传播》2014 年第 2 期。

② 高晓虹、崔林、付海钲:《以媒体融合发展助力社会治理》,《人民日报》2019-12-25。

"互联网 + 政务服务"从顶层设计上为政务新媒体的发展提供了发展机遇。[①] "有平台"+"有运营"是媒体传播发展的捷径。通过对多种信息传播形态进行整合、重组、处理,进一步提高了政务资讯在实际中的可读性,并通过丰富政务资讯内容的方式来增强其传播能力,扩大信息传播的覆盖范围,增强政务影响力,从而推动"互联网 + 政务服务"发展。面对公众日益增长的海量知情需求,由于信息资源整合不够,一些政务新媒体因为信息内容匮乏、服务功能有限,盲目填充网络平台内容,导致信息公开数量少,更新频率慢,内容空洞,有的查询服务、在线办事等功能缺失,难以满足公众的知情需求。[②]而媒体融合能够发挥融媒体所具备的信息资源收集优势,实现对资源全面整合。政务活动为公众提供了在线服务的功能,并且在政务中与新媒体进行深度融合来实现云服务、网络支付等,从而在政务中提供更为便捷、高效、可控的社会服务。

政务新媒体需要把所有的新媒体平台集中起来,由一个部门或者一个机构、一个团队来统一运营。[③]打通体制壁垒,构建适应新形势下的体制机制,促进媒体运营融合发展。为深入贯彻数字政府建设的决策部署,按照国务院办公厅秘书局《关于印发政府网站与政务新媒体检查指标、监管工作年度考核指标的通知》要求,2020 年 7 月 –10 月,国务院办公厅政府信息与政务公开办公室对各地区、各部门政府网站和政务新媒体及相关监管工作进行了检查。共检查了 328 个政府网站(含 153 个门户网站),占总数的 2.3%,总体合格率为 91.8%。共检查政务新媒体 728 个,其中地方政府及其部门开设的政务新媒体 417 个、国务院部门及其内设机构开设的政务新媒体 311 个,总体合格率为 91.9%。北京、天津等 16 个地区和外交部、教育部等 39 个国务

---

① 田羽:《"互联网+政务服务"促进政务新媒体融合发展》,《魅力中国》2017 年第 19 期。

② 贾金利:《"政务新媒体+"全功能应用拓展路径探析》,《新闻爱好者》2017 年第 3 期。

③ 唐润华:《融合发展是政务新媒体的方向》,http://news.xinhuanet.com/live/2014–12/14/c_12730 1461.htm。

院部门的政务新媒体合格率达 100%。总体上，政府网站和政务新媒体积极围绕中心工作听民意、惠民生、解民忧，不断深化政务公开、优化政务服务，在抗击新冠肺炎疫情、深化"放管服"改革、提升政府治理能力中发挥更大作用。特别是面对突如其来的疫情，各级政府网站和政务新媒体快速响应、协同联动，及时准确传递党和政府权威声音，解疑释惑、回应关切、提振信心，为打赢疫情防控阻击战、服务经济社会发展提供了有力支持。加强内容建设，"掌上看""指尖办"成为常态，内容鲜活、接地气。加快集约共享，推进数据汇聚融通、平台安全运行。据初步统计，已有 39.5% 的地方政府网站迁入省（自治区、直辖市）集约化平台运行，基层网站"散小孤弱"、重复建设等问题得到初步解决，技术及安全运维压力得到缓解。11 个集约化试点地区通过建设统一信息资源库，深化数据融通、服务融通、应用融通，构建"24 小时不打烊网上政府"的数据底座，大力推进政策信息"一网通查"、互动交流"一网通答"、办事服务"一网通办"、数据资源"一网通管"。完善功能渠道，更好保障群众知情权、参与权、监督权。不少地方和部门把政府网站和政务新媒体作为联系群众、服务群众、接受群众监督的重要渠道。一些政府门户网站提供在线智能问答服务，常见问题"秒回"。①

　　推动政务新媒体建设，必须形成覆盖全面、功能完备的政务新媒体服务体系，以适应当今时代的新形势、新需求。政务与新媒体的融合发展主要目的就是为了提升政府实际的服务能力，主动了解公众需求，使政务向着智能化的方向发展。②通过新媒体技术对信息内容进行筛选、分析、处理，深入挖掘信息资源的关联性，通过新媒体技术来对政务咨询所具备的深度、广度进一步开发，可以在政务活动中有效提高信息传播速度和传播质量，提升政务

①　《2020 年政府网站和政务新媒体检查情况通报》，http://www.gov.cn/zhengce/content/2020-12/16/content_5569781.htm。

②　范洁萍：《"互联网+政务服务"促进政务新媒体融合发展》，《卫星电视与宽带多媒体》2021 年第 22 期。

活动的时效性。例如，"北京时间"突出泛新闻资讯定位，主打网络原创内容和头部内容，现已形成了具有鲜明特色的"新闻＋政务＋服务＋商务"的产品架构、业务体系。在政务方面，与政府部门开展了包括政协议事厅、北京市爱国主义教育基地融媒体传播平台、北京市总工会第二届大工匠、中国电影博物馆融媒体平台、文创大赛、迷你冬奥会等 15 个政务合作项目。在服务方面，打造了"12345 接诉即办"新媒体端服务平台，最大限度地降低市民热线12345 话务量，为北京市民和政府机关搭建沟通办事渠道。疫情期间，依托品牌节目构建的融媒传播矩阵，全网总访问量近 48 亿，《养生堂》《生命缘》网络播放量分别达 9.09 亿、4.16 亿。第十届北京国际电影节，突出云上特色，强化全媒宣推，相关信息内容网络总点击量超 100 亿，话题阅读量近 50 亿。[①]

借助媒体融合，政务新媒体除了政务信息发布外，还能共享后台技术服务，根据后台数据、算法进行推荐，对当天关注度最高、内容最优质的政务发布信息及时推送。同时，设立专有互动渠道，形成党委政府、各级部门以及网民之间互动互联的一体化平台。面对传播方式变革带来的新变化，政务新媒体要重点利用好微博、微信、抖音等平台，并与网民建立良性互动机制，用网友喜闻乐见的方式，做好政务服务和热点资讯的有效传播。

### 3.媒体融合为"融媒体＋政务"提高服务效能奠定了基础

媒体融合切实推进社会治理能力现代化，还需依托媒体融合的传播和服务功能。媒体融合发展推动形成全媒体传播体系，正在深刻影响社会治理。全媒体传播体系的发展使党委和政府可以更为快捷、全面地了解社情民意，集中人民群众的智慧，为加强和创新社会治理提供重要依据。不断提升社会治理现代化水平，需要充分发挥媒体融合发展的作用。媒体融合为主流媒体参与社会治理提供平台支撑。新媒体形式的出现打破了原有的新闻传

---

① 余俊生：《社长总编谈媒体融合——北京广播电视台：精准布局卡位 发力并道混跑》，https://mp.weixin.qq.com/s/fVtyDJ6aoOa1kMTC8eFt3w，2020 年 12 月 29 日。

播形态，呈现出舆论主体多元、传播渠道丰富、内容鲜活生动的新局面。社会治理要形成与之相匹配的信息传播能力、社会动员能力等，离不开媒体作用的发挥。媒体融合构建的全媒体传播体系覆盖了电视、广播、网络、手机等不同的媒介接触平台，将主流媒体的声音和服务延伸到社会的每一个角落，社会公众可以通过全媒体渠道获取主流媒体发布的信息、使用主流媒体提供的服务、反馈公众的意见和建议。建设人民满意的服务型政府，提升政务服务功能，在政务活动中融合应用新媒体，对政务工作模式、理念、方法等进行改革及创新，从而进一步强化政府职能。

政务新媒体作为政府对外进行时政信息与新闻发布的重要喉舌，从重视服务入手，以快速便捷的信息服务提高政府职能效率。随着多元化平台不断加入政务新媒体的传播链中，政务新媒体"连点成网"，有力地突破了传统的宣传壁垒，让信息和服务更高效地到达群众的"掌上""指尖"。不少地方的政务新媒体发展进入多元化的形式。从过去单一的政务信息公开发布、突发舆情应急，迈向了强化日常新闻舆论宣传和为民服务办实事的阶段。以政府网站、微博、微信、客户端为代表的政务新媒体培养了公众的使用习惯，有巨大的受众基础。政务新媒体以高效便捷、即时互动的技术优势充当起疏浚和沟通民意的桥梁。政府机构或部门通过网络政务平台回应民意关切、强化舆论引导、服务百姓民生，努力寻求政民对话与交流的"最大公约数"，建立和扩大"网上统一战线"，避免社会隔阂，树立和维护着党和政府的良好形象。①在媒体深度融合趋势下，政府和国有企业要着力成为第一信源，当好媒体的合作伙伴，掌握议题主导权，借助媒体平台提升传播力。通过建立政务新媒体矩阵，可以实现不同政务新媒体公信力的叠加效应；实现不同政务新媒体的优势互补、联合行动；提升对移动互联网的舆论引导力。②政务新媒体呈现出蓬勃发展的良好态势。既满足了移动互联时代社会大众对政务服务多层

---

①　贾金利：《"政务新媒体+"全功能应用拓展路径探析》，《新闻爱好者》2017 年第 3 期。

②　殷俊、姜胜洪：《政务新媒体发展现状及对策探析》，《新闻界》2015 年第 5 期。

次、全方位、便捷高效的需求,同时也提升了政务服务的水平与影响力,成为人民群众获取信息的主要渠道。

媒体和新兴媒体向新型主流媒体及全媒体转变,移动优先原则不断强化,由单纯信息服务向新闻＋政务服务商务的转变明显加快。媒体融合不仅是技术本身的融合,对于政务新媒体来说,还需要参与到推动社会融合的进程中。[①]以多元互动为传播特征的全媒体传播体系有助于扩大民意表达渠道,促进社会共识达成,打造网上网下同心圆,让人民群众心往一处想、劲往一处使,共同为加强和创新社会治理贡献力量。媒体融合发展对于促进社会治理实现共治具有直接作用,主流媒体应加快推进媒体融合向纵深发展。基于新媒体技术的扁平化、互动化特征,媒体融合发展使得人民群众参与社会治理的过程日益简化、成本日益降低,可以为各种社会主体参与社会治理开辟新的途径。[②]从 2010 年开始,党政机构纷纷开通微博、入驻微博舆论场。在"政务微博"迅猛发展的同时,党政部门陆续开通政务微信公众账号,使之成为推进政务公开、提升政府公信力的新平台。网民通过微信,可以方便实现与政务微信实时互动,使"指尖上的政民对话"成为可能。更多的政务微博选择用融媒体形式来进行内容传播,提高了网民互动的热情,也更加符合新媒体传播规律。外宣、司法、公安、共青团、组织部门的政务微博更加重视政务微博的运营质量,增强了政民互动。

政府民间"两个舆论场"逐渐打通,党和政府的公信力进一步提升。政务新媒体的运营主体和运营内容决定了其存在要基于公众日常生活中的切实需求。"互联网＋政务服务"的落地要以政务服务平台为基础。在应对新冠疫情期间,"国家队"机构号相继入驻知乎平台,与网友围绕国家大事、社会热点、政务服务等开展互动,截至 2022 上半年,知乎机构号入驻数量已超 4 万

① 《业界热议:互联网时代如何做好政务新媒体传播、应用》,https://m.gmw.cn/baijia/2022-07/18/35890713.html。

② 高晓虹、崔林、付海钲:《以媒体融合发展助力社会治理》,《人民日报》2019-12-25。

家。①在移动互联网时代，地方政务新媒体只有乘着"互联网＋政务服务"发展的东风，跟进新媒体形态的快速迭代，全面布局，统筹联动，发挥合力，才能真正提高政务新媒体的融合发展和传播实效。②

新媒体的迅猛发展使社会的传媒生态系统发生了巨变，也对人们的日常生活产生了广泛影响，并对社会舆论形成与发展起着重要的推动作用。许多人获取信息的渠道不再是传统媒体，而是依赖传播快捷与储存海量的互联网。互联网成为社会舆论的集散地。在新媒体时代，各种媒介形态不断涌现，传播渠道越来越多样化，从网络论坛、网络杂志、网络视频、电子邮件、搜索引擎到博客、QQ、微博、微信、抖音、快手等。新媒体缩短了从信息源发布到信息传播的路径和时间，甚至实现了信息传播"零时间""零距离"。在网络上，人人都可以成为信息的生产者、制造者和媒体的使用者，网络为用户传播自己的价值观提供了平台。网络社会中的受众比过去任何时候都具有主动性、参与性和更有个性，"人人都有话语权"，人人都是传者和受者。同时，网民也通过新媒体平台实现了"在任何时间、任何地点发表感想"。人们于低成本、高效率的网络渠道迅速获取各种信息，并在网络上发表意见，与他人交流。因新媒体自由空间大，容易造成传播泛化、内容混杂等问题，所以使得舆论引导变得复杂。因此，"要善于利用媒体融合发展促进社会治理专业化、信息化、智能化，提高社会治理现代化水平"③，必须加快传统主流媒体与新媒体的优势互补和深度融合，构建新的舆论引导格局，二者形成合力推动社会舆论环境良性发展。

---

① 胡俭宏：《后疫情时代政务新媒体的发展与变化》，http://www.cpd.com.cn/n15737398/n26490099/922/t_1049098.html，2022 年 9 月 5 日。

② 田羽：《"互联网+政务服务"促进政务新媒体融合发展》，《魅力中国》2017 年第 19 期。

③ 高晓虹、崔林、付海钲：《以媒体融合发展助力社会治理》，《人民日报》2019-12-25。

## （三）以媒体融合促政务媒体融合

习近平总书记指出，媒体融合发展不仅仅是新闻单位的事，要把我们掌握的社会思想文化公共资源、社会治理大数据、政策制定权的制度优势转化为巩固壮大主流思想舆论的综合优势。要抓紧做好顶层设计，打造新型传播平台，建成新型主流媒体，扩大主流价值影响力版图，让党的声音传得更开、传得更广、传得更深入。[①]我国已经进入一个全媒体融合传播的新时期。新媒体快速发展及媒体融合进程的推进，为政务活动开展提供了更多渠道。许多新媒体所具备的信息平台优势能进一步扩大政务资讯传播范围。随着媒体融合向纵深发展，全媒体传播体系的功能不断延展。特别是随着政务新媒体的发展，政府机构与主流媒体结合更加紧密，主流媒体将政务新媒体内容作为重要信源之一，政务信息依托主流媒体进行扩散，双方的互动联播机制不断加强。

### 1.媒体融合一定要融政务

媒体融合是打造适应现代传播体系的新型主流媒体的必由之路，新时代媒体融合的使命在于促进社会融合。媒体融合是一个完整、成体系的概念。一手抓新闻宣传提质增效，一手抓媒体从"相加"到"相融"，丰富拓展了"新闻＋政务""新闻＋服务"功能。政府机构也探索新媒体传播，如易信公众平台上的"政务易信"、来往公众平台上的"政务来往"、飞信公众平台上的"政务飞信"，新浪秒拍平台上的"政务秒拍"、腾讯微视平台上的"政务微视"，"喜马拉雅"等网络有声电台上的政务电台，华龙网与新华社联合运营的政务 App 集群"新华龙掌媒"等。

---

① 习近平：《加快推动媒体融合发展 构建全媒体传播格局》，《求是》2019 年第 6 期（习近平在中共中央政治局第十二次集体学习时讲话）。

随着移动互联网、智能便携终端和云计算服务技术日新月异发展,以微博、微信和手机客户端等形式为主流的信息技术平台日臻完善。以主流媒体为主导,以新闻信息嵌入、本地化信息服务、问政式平台服务为主要特征的政务客户端发展迅速。自微博出现之后,由于其具备快捷、简明、互动性强、话题多样的优势,迅速超越报刊、电视台、论坛,成了最受我国公众欢迎的信息传播和分享方式。特别是以政务微博、政务微信、移动客户端和具有综合管理服务功能的政务网站为主要形式的政务新媒体争相发声、遍地开花,成为政务部门社会管理创新的重要手段和平台。①政府通过建立微信公众号,可以与群众进行一对一、一对多的实时互动,交流信息,充分掌握民生、民意,并通过这些信息数据来分析社会问题。同时,政府网站、政府微信、政府微博等可以开通业务综合办理渠道,方便人民群众办理事务。政府还可以采用政府网站的在线访谈、网上信访、微信微访谈、微调查等不同的形式来征集人民群众的意见,关注人民群众的动态需求,及时帮助广大人民群众解决问题。②

政务是融媒体的一个非常重要的部分,为社会综合治理提供不可替代的网络媒介方案。在 2018 年全国网络安全和信息化工作会议上,习近平总书记提出:要运用信息化手段推进政务公开、党务公开,加快推进电子政务,构建全流程一体化在线服务平台,更好地解决企业和群众反映强烈的办事难、办事慢、办事繁问题,让人民群众在信息化发展中有更多获得感,安全感和幸福感。③政务新媒体既是社会治理的有效平台,又是社会矛盾的"减压阀""缓冲区"。通过在政务平台进行高效互动的沟通交流,及早发现问题、解

①　贾金利:《"政务新媒体+"全功能应用拓展路径探析》,《新闻爱好者》2017 年第 3 期。

②　蔡传彪:《"互联网+"时代政务新媒体与政府网站协同发展的几点思考》,《电子技术与软件工程》2017 年第 9 期。

③　《习近平在全国网络安全和信息化工作会议上强调,敏锐抓住信息化发展历史机遇,自主创新推进网络强国建设》,http://www.gov.cn/xinwen/2018-04/21/content_5284783.htm。

决问题,进而疏导民怨,无疑会减轻现实社会的压力,避免矛盾积累和扩大升级。①在传统媒体时代,媒介具有单向性,群众不上网,群众路线就是线下的实践,媒体可替政府说话,群众相信政府,政民是融洽互信的;而在新媒体融合时代,媒介变为双向开放,大量自媒体涌入,越来越多的群众上网,很多表面的假象和质疑随之而来。媒体说话失去了政府权威性和可信性,唯有政府自己说。这就需要政务新媒体的融入,也就是网上群众路线。随着新媒体的发展,微博、微信等各类社交应用凭借其在信息传播速度、广度和便捷性等方面的优势迅速占领了网络信息市场,各级政府部门在原有的政府门户网站发展的基础上,相继开通了手机版网站、政务微博、政务微信公众账号及电子杂志等。政务信息传播已经形成了政府网站、"两微一端"(政务微博、政务微信、政务客户端)等多元平台共同发展的新阶段。

政务新媒体在舆论宣传和引导工作中发挥着重要的作用。近年来,政务新媒体账号如雨后春笋般建设、增加。从政务 App、政务微博到政务微信,各类政务新媒体呈现出百家争鸣、百花齐放的局面。2014 年 6 月,融新闻和政务信息于一体的国家级政务移动客户端集群"新华社发布"上线。政务客户端推动了政务信息发布的变革,塑造着移动舆论场的新格局。通过政务客户端集群,网民可以直接向政府部门提问,实现了政府与群众点对点的沟通,提高了政府信息发布和舆论引导能力。新华社、华龙网处于不同的行政范畴和舆论格局中,扮演着不同的传播角色。2014 年 11 月 13 日,重庆华龙网集团与新华社新华新媒文化传播公司合资组建新华龙掌媒公司(简称"新华龙")共建掌中政务 App 集群,开创了互联网领域中央媒体与地方媒体融合发展的新思路,是央地政务新媒体合作的首次尝试,展现了媒体融合的全新业态。"新华龙"以党政客户端的建设、运营为主营业务,其重要目标是发布重庆市统一党政客户端集群,作为推动区域整合、服务西部、对外宣传的掌

---

① 贾金利:《"政务新媒体+"全功能应用拓展路径探析》,《新闻爱好者》2017 年第 3 期。

上门户,实现中央媒体—地方媒体—区县媒体三方内容资源共享。①

　　要充分发挥"政务新媒体"功能效应,必须立足"微观到底"与"宏观到顶"的全功能政务应用路径拓展,即建立本地化、垂直化信息资源库,健全信息共享联动机制,改进舆情引导技巧,丰富议程设置和内容,消除城乡数字化鸿沟。唯有如此,政务新媒体才能突破瓶颈,走出困境,真正发挥感知社会态势、畅通沟通渠道、辅助科学决策的作用。②根据不同新媒体平台及其功能、特征,分析是否能够统一整合,通过云计算技术提供强大的数据收集与分析处理技术支持,为电子政务的发展提供全面而精准的数据指导,如对于"两微一端"分析其所具备的新媒体优势进行云共享,使其适用于政府服务的功能得到开发,并通过云计算技术打造云平台,从而在政务服务中实现政府、用户、平台之间的信息交流互通,有助于"互联网＋政务服务"发展。如政务移动 App、政务微博和微信公众号平台,这些都在一定程度上帮助政府全面实现了"一站式"服务平台建设。

　　要重视将政务与新媒体融合推进"互联网＋政务服务",扩大政务工作的影响力、公信力。通过云计算技术、大数据技术建立一体化政务平台,完善政务平台的功能,合理利用"两微一端"来加强政务宣传。各级党政部门借力媒体专业优势,在新媒体领域不断加深合作,成为近年来政务新媒体运维的一大趋势。相当一部分地方政府和部门通过购买服务的方式,委托专业媒体代为运维政务新媒体,以弥补自身专业力量不强、人员编制受限等不足。专业力量的介入可以帮助政府部门更好地对政务公开信息进行个性化订制编辑和策划推广,及时监测、分析舆情,开展网民互动;媒体则通过与政府部门的深入合作,挖掘到更多权威、一手的政务信息,巩固传播领域主体地位,扩大市场份额,拓展业务范围。双方在新媒体领域的合作逐步形成了深度相融、渠道丰富、覆盖广泛、传播有效的政务传播矩阵。有资料表明,截至 2020

---

　　①　殷俊、姜胜洪:《政务新媒体发展现状及对策探析》,《新闻界》2015 年第 5 期。

　　②　贾金利:《"政务新媒体＋"全功能应用拓展路径探析》,《新闻爱好者》2017 年第 3 期。

年 12 月，我国 31 个省（区、市）均已开通政务机构微博、头条及抖音号。其中，经过新浪平台认证的政务机构微博为 140837 个，各级政府共开通政务头条号 82958 个，开通政务抖音号 26098 个。政务抖音号、头条号与老牌平台机构政务微博账号之间的数量差距在不断缩小。①2022 年上半年，"北京发布"平台坚持政务发布定位，以权威信息引导网络舆论；突出民生，注重信息服务的实用性、便利性；同时，创新表达形式和传播方式，定期组织线上活动，线上线下齐发力。平台累计发布稿件 11332 条，阅读量达 20.24 亿人次；累计直播新闻发布会及各类活动 178 场，在线直播观看量超 2 亿人次。②

**2.在媒体深度融合下推进政务融媒体进程**

在媒体深度融合趋势下，政府要着力成为第一信源，掌握议题主导权，借助媒体平台提升传播力。有统计表明，过去几年，移动互联网逐渐成为突发公共事件第一信源。在日常发布和突发舆情应对中，中央部委和地方党政机关通过政务新媒体回应热点的比例超过 40%，在地方上的回应比例并不低于传统媒体。③新媒体所提供的信息链能提升信息传播的时效性，从而优化政务服务质量。政务的开展需要充分利用现代化技术实现提升工作、服务质量及效率的目的。推进政务与新媒体融合，能以信息技术为基础，转变政务传统的工作形式，借助信息技术、网络技术等开展政务服务，以实现对政务核心的优化。政务新媒体为"互联网＋政务服务"的功能实现提供了现实基础。④目前，政府部门顺应移动互联网浪潮下，两微一端逐步成为政务新媒体重要媒介。政务新媒体作为党和政府践行网上群众路线、优化政务服务、

---

① 胡俭宏：《后疫情时代政务新媒体的发展与变化》，http://www.cpd.com.cn/n15737398/n2649000
99/922/t_1049098.html，2022 年 09 月 05 日。

② 《业界热议：互联网时代如何做好政务新媒体传播、应用》，https://m.gmw.cn/baijia/2022-07/
18/35890713.html。

③ 《政务新媒体需紧跟时代来发展》，http://www.zgxwzk.com/html/2022/03/291773.html。

④ 田羽：《"互联网+政务服务"促进政务新媒体融合发展》，《魅力中国》2017 年第 19 期。

凝聚社会共识、构建清朗网络空间的重要阵地，在传播平台、运维模式、表达形式和功能建设等方面，发挥着不可替代的作用。[1]

政务新媒体是实现"互联网＋政务服务"的载体。政务新媒体是指各级行政机关、承担行政职能的事业单位及其内设机构在微博、微信、抖音、人民号、百家号、今日头条等第三方平台上开设的政务账号或应用，以及自行开发建设的移动客户端等。地方政务新媒体是指地方政府利用网站、微博、微信、客户端等互联网应用，以宣传、沟通、便民、施政等为功用构建起的政务新媒体服务体系。[2]依托政务微博、微信公众号和政务客户端等政务新媒体，各地积极开展了在线政务方面的探索和完善，增强移动端服务以满足用户需求。政务新媒体经历了 Web1.0 政务网站、Web2.0 政务微博、Web3.0 微信及目前的政务融媒体等主要阶段。

**在 Web1.0 时代，**政务新媒体的主要体现形式是政府网站。互联网平台的极速发展促使政务活动逐渐向信息化、数字化、网络化的方向发展。中央为了降低行政成本、提高办事效率大力推行政务网站。在"互联网＋政务服务"推动下，许多政府服务逐渐由线下向线上线下并行方向转变。政务网站是政务新媒体的重要组成部分，各级政府在公开政府信息、提供与民众的互动交流及便民服务方面都有所提升。为适应移动互联快速发展的变化，近年来，党和政府积极推进政府信息公开。自 1999 年我国启动政府上网工程开始，我国政府网站有了显著发展和提升，各政府门户网站逐步成为电子政务的龙头，而政府网站的发展也促使电子政务建设成为推进国家信息化的领头羊。[3]政府门户网站是指县级及以上各级人民政府、国务院部门开设的政府门户网站。乡镇、街道原则上不开设政府门户网站，确有特殊需求的特殊

---

① 胡俭宏：《后疫情时代政务新媒体的发展与变化》，http://www.cpd.com.cn/n15737398/n26490099/922/t_1049098.html，2022 年 9 月 5 日。

② 田羽：《"互联网+政务服务"促进政务新媒体融合发展》，《魅力中国》2017 年第 19 期。

③ 蔡传彪：《"互联网+"时代政务新媒体与政府网站协同发展的几点思考》，《电子技术与软件工程》2017 年第 9 期。

处理。部门网站指省级、地市级政府部门，以及实行全系统垂直管理部门设在地方的县处级以上机构开设的本单位网站。县级政府部门原则上不开设政府网站，确有特殊需求的特殊处理。①由于政府网站是各级人民政府及其部门、派出机构和承担行政职能的事业单位在互联网上开办的，因此是具备信息发布、解读回应、办事服务、互动交流等功能的网站。

目前，政府网站已经是政府在信息领域的重要战略平台，承担了信息公开、办事指南、公共服务等覆盖公众用户全周期的一站式服务。政府网站基本上种类齐全、功能完善，很好地发挥了在线办事、政务宣传等功能。政务与"互联网＋"的深度融合实现了对政府服务实体与虚拟场景的交互效果，可以根据公众需求在不同的场景下提供对应的服务体验，如"在线办理""线上预约、线下办理"等形式。此种场景服务形式在优化政务服务流程的同时，能有效地节省公共资源，使政府服务更为高效、快捷。②在"互联网＋"的背景下，政务网络平台的建设逐渐完善，但网站建设与用户实际需求仍存在较大差距。

**在 Web2.0 时代**，政务微博成为新媒体主流平台。最早的政务微博是两会代表收集群众建议、征求关于提案社会意见的平台。继 2011 年"政务微博元年"之后，国内政务微博如雨后春笋般地出现。③之后伴随着网络舆情的发展、网络问政的出现，从中央到地方各级政府纷纷设立微博账号，抢占舆论高地。2013 年 8 月 20 日，北京市政务微博群"北京微博发布厅"实现在新浪网、人民网、腾讯网三网同步运行，形成了政务微博多平台集群式协作运营。国务院国资委"国资小新"的官方微博做法可圈可点，2014 年 6 月该官方微博图文并茂地发布了"我们都是小新""我们一起清新，一起创新吧"等造句微博，迅速走红网络。这个被网友昵称为"小新体"的官方微博被多家政务及

---

① CNNIC：《第 49 次中国互联网络发展状况统计报告》，http://www.cnnic.cn/hlwfzyj/hlwxzbg/hlwtjbg/202202/P020220318335949959545.pdf#page=75&zoom=100,116,194。

② 范洁萍：《"互联网＋政务服务"促进政务新媒体融合发展》，《卫星电视与宽带多媒体》2021 年第 22 期。

③ 田冰：《巧用政务微博，回应民众关切》，《人民论坛》2016 年第 27 期。

企业微博、网络名人及粉丝转发，成为微博热点，新加坡《联合早报》也评论这类微博热点为"中国政府以萌势力与民众互动"①。2021 年 1 月 22 日，人民网舆情数据中心发布《人民日报·2020 年政务微博影响力报告》。该报告由人民网舆情数据中心制作，由微博提供数据支持，评价对象包括全国所有通过微博认证的机构官方微博，评价体系包括四个维度：传播力、服务力、互动力和认同度。报告显示，截至 2020 年 12 月 31 日，经过微博平台认证的政务微博已达到 177437 个，其中政务机构官方微博 140837 个，公务人员微博36600 个。②

　　中国政务微博以政务机构官方微博为主。政务微博以其独特的特点，为我国政府回应机制建设提供了新的机遇。作为公共舆论平台，与传统信息传播媒介相比，微博减少了民意聚合的组织和制度成本，政府管理者只需要通过政务微博平台，就可以及时了解民意，进而做出有针对性的回应，并即时地与民众进行互动，便于政府与民众直接进行沟通和交流，化解了双方在社会治理过程中信息不对称的困境，有助于政府在回应民众诉求过程中做到决策的科学化与民主化。因此从这个维度来看，政务微博是互联网时代政府回应机制建设的新载体。③微博使得草根网民获得更便利的媒体近用权，公民自主意见表达成为可能。政府部门试图在危机事件发生后采用隐瞒、封锁信息的办法变得不可行。政务微博的快速发展是政府应对新媒体舆论场转移的积极措施。由于公众发布的信息主观性强，爆料、维权事件多，甚至可能会产生大量的流言或谣言。因此，面对微博上火热的围观和汹涌的舆论，大量的政务微博，如公安、司法、旅游、交通、气象、环保、医疗卫生、教育微博，在政务信息公开、民生资讯传播和应对突发事件及辟谣等公共治理领域起

　　①　俞燕君、俞冰：《政务新媒体语言及发布策略探究》，《出版广角》2016 年第 8 期。

　　②　《〈2020 年政务微博影响力报告〉发布》，https://baijiahao.baidu.com/s?id=16898610908200514
77&wfr=spider&for=pc，2021-01-25。

　　③　田冰：《巧用政务微博，回应民众关切》，《人民论坛》2016 年第 27 期。

了相当大的作用。①在微博的语境之下，公众参与社会治理的过程往往是没有时间限制的，打破了传统媒介下参与社会治理的时间有序性，这就要求政府必须及时迅速了解网络舆情，依托政务微博等平台，及时做好回应的准备，以应对各种由微博引发的舆论危机。与传统媒介相比，微博更为注重互动性。要充分发挥微博在政府回应中的作用，就必须将传统政府回应中以舆论控制为主的观念，切实转变为与民互动的理念。政务微博在面对公共危机事件和突发舆情时的积极回应，及时回应网民关切，使得官方信息体现其权威以辟谣，成为信源供传播，发挥了正面传播效能。

特别是面对疫情大考，政务官微联动协同扩散构建发布矩阵。根据《2020 年政务指数·微博影响力报告》，自新冠肺炎疫情暴发以来，各地各部门的政务微博借助微博平台开放、动态、多媒体的优势，联动协同，深入宣传党中央、国务院重大决策部署，及时发布疫情通报，报道各地区防控措施，解决受困群众诉求、推送抗疫正能量故事，为打赢疫情防控阻击战提供了重要助力。自 1 月 22 日—3 月 23 日，共有超 3.7 万个政府官方微博参与发声，发布了相关微博 379 万余条，获得了超 848 亿的微博阅读量和超 1.9 亿的微博互动量。超 120 个中央部委及下属司局官微实时发布中央各项防控举措，累计发布 3.5 万余条抗疫相关微博，共获得了超 147 亿的阅读量和近 4000 万互动量。在这段时间里，各地宣传官微同样 7*24 小时在线，及时通报疫情信息、发布防控措施、回应网民关切。全国有 4300 多个地方政府宣传、网信及基层政府组织官微，实时发布本地疫情通报、防控工作措施等，累计发布 105 万条相关微博，获得 224 亿阅读量和 4353 万互动量。②政务微博具有"倾听、对话、服务"的特征，因此，政府发挥微博开放、动态、协同传播的特性，是信息公开、舆论引导、治理创新、政群互动的重要桥梁和纽带作用。政务微博作

---

① 蔡雨坤：《浅谈政务微博信息传播的触点与发展方向》，《新闻世界》2017 年第 1 期。

② 《〈2020 年政务微博影响力报告〉发布》，https://baijiahao.baidu.com/s?id=1689861090820051477&wfr=spider&for=pc，2021-01-25。

为政务新媒体之一，已经成为政府与广大民众交流的重要窗口，也进入了更加追求质量的发展阶段。

**在 Web3.0 时代**，政务新媒体进入以服务为导向的政务微信和 App 平台。尽管政务微博采取了适时收集公众反馈、与相关业务部门快速沟通联动、限时公开事务办理进程等方法，但是仍然无法满足公众希望与政府部门进行一对一的实时交流并远程处理相关事务的需求。而微信的指向性和功能性更强，互动更具私密性，互动形式也更为丰富。适时交流的优点弥补了政务微博的不足。随着微信的异军突起，政务微信日益成为发布政务信息的新媒体、提供公共服务的新平台和实现政民互动的新渠道。全国各地的政府机关陆续成立政务微信、App 平台。政务微信从数量上呈现出激增态势。各种新颖的、高效的政务服务方式在微信平台上得以发展。中共成都市委宣传部于 2011 年 9 月开通我国第一个政务微信公众号"微成都"。2012 年 8 月，腾讯微信公众平台正式上线。2013 年 10 月，国务院公报和中国政府网两大国务院平台入驻微信。[①]2013 年是政务微信发展元年；2014 年是政务微信里程碑的一年，全国政务微信如雨后春笋般大量涌现。2014 年 1 月，北京微博微信发布厅上线。[②]从 2014 年开始，微信公众号的矩阵体系也开始发展。"共产党员"微信公众号于 2014 年 4 月 29 日上线，隶属于中央组织部，是全国党员教育的新媒体平台，由中央组织部党员教育中心主办、新华网承办。这是继远程教育平台、共产党员网、共产党员电视栏目、共产党员手机报后，中央组织部创办的两个党员教育新平台。2014 年 7 月，全国首个实现全省微信办事的政务微信公众平台"广东发布"上线，这是全国首个可以预约挂号、支付医疗费用的卫生微信；全国首个微信查询中考、高考分数的教育微信……实现省 21 项个人办事功能的发布微信。2014 年 8 月，国家互联网信息办公室

---

① 殷俊、姜胜洪：《政务新媒体发展现状及对策探析》，《新闻界》2015 年第 5 期。

② 殷俊、姜胜洪：《政务新媒体发展现状及对策探析》，《新闻界》2015 年第 5 期。

发布《即时通信工具公众信息服务发展管理暂行规定》，即"微信十条"，明文规定：即时通信工具是指基于互联网面向终端使用者提供即时信息交流服务的应用；新闻单位、新闻网站开设的公众账号可以发布、转载时政类新闻，取得互联网新闻信息服务资质的非新闻单位开设的公众账号可以转载时政类新闻。其他公众账号未经批准不得发布、转载时政类新闻；鼓励各级党政机关、企事业单位和各人民团体开设公众账号，服务经济社会，满足公众需求。[①]据中新智库资料，在当前全国经认证的政务微博超过 17 万家中，政务类微信则超过 50 万家，此外还有数以万计的政务类移动客户端。[②]

在矩阵中，相关政务微信公众号既从各自视角报道，又通过新媒体矩阵中各单位的联动发声、相互帮助、彼此呼应，促进政务新媒体高效运转，有效地提升了联动运营张力，大幅度提高了"网络问政"工作效率，增强了信息传播的效度和信度。政务微信的支付功能也可以为百姓提供公共事业交费或缴纳违章罚款等便民服务，因而具有更广阔的应用前景。例如，政务微信号重庆交巡警上网设备以智能手机为主，通过个人订阅对公众号进行关注，除了常规的信息推送外，还可以进入实时路况查询、驾驶人违法、机动车违法、罚款缴纳、违法记分等违法查询和移动支付，以及进入业务指南、安全课堂、办事网点、陋习随手拍和献策交管等警民互动环节。

**在政务融媒体发展阶段。**自 2009 年政务微博诞生以来，政务新媒体很长一段时间停留在"两微一端一网站（微博、微信公众号、移动客户端及政府网站）"的发展阶段。根据微博、微信的自身特点，许多党政机构将微博、微信打通运营，实现"双微合璧"，让政府部门信息发布与政务服务更好地结合起来。将政务与"两微一端"融合提升了资讯信息的可读性。政务微博的功能主要是信息发布、民生服务、网络问政等；政务微信也传承了这些功能，成为政

---

① 《即时通信工具公众信息服务发展管理暂行规定（全文）》，http://www.scio.gov.cn/m/ztk/xwfb/
2014/20141030hulilanwangdahui/xgzc31984/Document/1384933/1384933.htm。

② 《政务新媒体需紧跟时代来发展》，http://www.zgxwzk.com/html/2022/03/291773.html。

务信息公开、网络问政、民众办事的新渠道。但"两微"存在一定差异。政务微博作为舆论的公开广场，在网络问政上更具优势；而政务微信因其目标对象的精准性，作为行政服务平台更加便利。但随着媒体融合的发展，媒体融合是将广播、电视、微信平台等媒体整合为一起发展，将单一媒体的竞争力转变为多媒体的共同竞争力。全媒体时代的媒体融合是一套将各个传播路径进行组合共融的传播体系。

短视频、人工智能等新的传播载体出现，为政务媒体融合提供了技术基础。做好政务新媒体，内容和形式都很重要，借助短视频等传播形式，不仅可以弥补政务新媒体的先天不足，而且能够提升与网民的互动性。2020年以来，基于网上办事和获取疫情防控信息等实际需要，各类政务新媒体用户急速增加，原有平台已不足以支撑政务公开信息传播的需要。为更好地服务庞大的网络用户，以头条、澎湃等为代表的信息平台、以抖音、B站为代表的视频平台、以知乎为代表的社区问答平台等，逐步成为各级党政机关抢滩登陆的新阵地。[1]短视频是一种传播正能量的很好方式，用户也比较容易接受。通过短视频，可以更好传播新观念、新理念、新内容、新技术，从而构建新的舆论引导方式。特别是，在抗击新冠肺炎疫情中，短视频成为疫情信息公开的重要形式，疫情中发布的短视频内容占比近10%，仅2020年1月20日到2月15日，全国政务微博就已经累计发布短视频1.45万条。"@北京发布"为防控疫情开启了多场新闻发布会直播，通告疫情、回答网友疑问等，为疫情防控提供了很大助力。在复工复产的过程中，进行了高频次微博直播，或邀请公职人员代言带货，或展示城市复苏生活实景，均取得了良好的传播效果和社会反响。[2]

---

① 胡俭宏：《后疫情时代政务新媒体的发展与变化》，http://www.cpd.com.cn/n15737398/n26490099/922/t_1049098.html，2022年09月05日。

② 《〈2020年政务微博影响力报告〉发布》，https://baijiahao.baidu.com/s?id=1689861090820051477&wfr=spider&for=pc，2021-01-25。

目前，越来越多的政务机构把直播和本部门的工作职能做了更加紧密的结合，通过微博直播让政务机构的服务职能得以发挥更大边界的社会效应。"微博矩阵"的政务新媒体宣发方式被大量使用，采用司法、外宣、教育、共青团等多系统联动发声的政务新媒体发布方式成为趋势。抖音等新媒体平台与多个政府部门和媒体机构联合，推出"政务媒体号成长计划"，通过培训教学、内容制作等方式，提升了政务媒体内容的生产能力。不同合作运维模式的出现，推动政务新媒体更好地适应网络环境的变化。[①]"微直播"成为政务新媒体、新亮点，有着不受时间和空间限制，随时发布信息与接收反馈的优势。中央及许多地方的政府部门开始采取"微直播"方式。如最高人民法院使用其微信官方账号直播毒品犯罪案件审理及司法解释新闻发布会。"上海发布"官方微博不仅在线直播市政新闻发布会，还在其微信平台上以聊天方式接受记者采访，通过引发"全民围观"来增强其影响力。特别是，2020年6月以来，南方洪涝灾害频发，"@中国消防"和地方各级消防在微博上发起15场直击一线抗洪抢险的系列直播，累计直播观看量近千万，让微博用户"直达"防汛抢险一线；"@中国天气"开启微博直播，邀请广大网友一道云观赏最美的"金边日环食"。政务微博充分利用最新的技术优势，积极探索不断创新，丰富内容生产和表达的形式，使政务直播成为政府宣传新常态，进一步拓展了政务新媒体发展的空间。[②]

## （四）媒体融合发展的经验借鉴（天津经验）

新媒体的发展极大地改变了人们的生活方式，开启了交互、多向的信息

① 胡俭宏：《后疫情时代政务新媒体的发展与变化》，http://www.cpd.com.cn/n15737398/n26490099/922/t_1049098.html，2022年09月05日。

② 《〈2020年政务微博影响力报告〉发布》，https://baijiahao.baidu.com/s?id=1689861090820051477&wfr=spider&for=pc，2021-01-25。

模式，大大消解了电视、通信、广播、出版等传统媒体的边界。天津海河传媒中心自成立以来，率先进行了省级传统媒体的一体化整合。从优化战略布局入手，海河传媒中心聚拢五指攥成拳，一手做减法，一手做加法，大刀阔斧调整结构、压缩战线、集中优势，推动优质内容、专业人才向互联网主阵地汇聚，聚焦主题主线，扩大优质内容供给。天津媒体融合发展的经验启示主要体现在以下五个方面：

### 1.强化顶层设计，"瘦身健体，集中发力"

改革是一项复杂的系统工程，需要顶层设计。传统媒体的内容生产方式不改革，很难适应传播格局日新月异的深刻变化。2014年8月，中央深改组审议通过《关于推动传统媒体和新兴媒体融合发展的指导意见》，标志着媒体融合上升为国家战略。打造一批形态多样、手段先进、具有竞争力的新型主流媒体成为顶层设计。而2020年9月发布的《关于加快推进媒体深度融合发展的意见》，结合我国的媒体融合实践所取得局部性、阶段性成果，贯彻习近平总书记有关媒体融合论述的基本思想，深刻揭示了传媒行业发展的趋势和规律。天津市在推进媒体融合过程中提出对市级所有重要新闻舆论阵地实行集中领导管理。报纸、电视、广播、网络融合，不搞简单的物理相加，要一步到位、化学融合，合而为一。2018年4月，天津市委审议通过《天津海河传媒中心组建方案》，确立了"紧密型、两分开、融媒体、集约化"的12字改革原则和目标。媒体融合是一项全局性、系统性工程，既要发挥长项、快速突破，也要补齐短板、建链强链，不断筑牢推进一体化深度融合的四梁八柱。①

随着互联网特别是移动互联网的发展，传播格局发生深刻变化。天津市级媒体的相关内容生产原来主要分布在天津日报社、今晚报社、天津广播电

---

① 余俊生：《社长总编谈媒体融合——北京广播电视台：精准布局卡位 发力并道混跑》，https://mp.weixin.qq.com/s/fVtyDJ6aoOa1kMTC8eFt3w，2020-12-29。

视台、天津广电传媒集团、中国技术市场报社、天津报业印务中心6家单位。所属媒体包括子报子刊16家，广播电视频率频道20个，新闻网站、新闻客户端、手机报16个。媒体资源分散、管理粗放、低水平重复、内容影响力下降的问题不同程度存在，融合转型步伐整体缓慢、滞后，改革成本居高不下，内容影响力衰减问题十分严重。传统媒体的影响力由于传播介质的可被替代性，加上内容质量的短板被放大，传播力逐渐弱化，话语权受到新兴媒体巨大冲击。

改革后，天津所有主流媒体一体化，成立了海河传媒中心。为了深度融合，天津海河传媒中心首先完善布局，做好内容生产结构的优化调整。天津海河传媒中心将内容生产的主体优化调整，将原"两报一台"(《天津日报》《今晚报》、天津广播电视)3家主要新闻单位撤销，转变为中心下属去行政级别的3个事业部；后取消3个事业部，在天津中新生态城注册3家公司，独立法人建制。所属新媒体采编人员、平台、项目等资源整建制划入北方网，组建津云新媒体集团，成立平媒、广电两个编辑部和津云新媒体矩阵，形成新型主流媒体矩阵，实现了天津日报报业集团、今晚报报业集团和天津广播电视台融为一体。通过调整结构，打通内部，以互联网意识、用户意识，树立一体化多维媒体的内容生产和服务思维。传统媒体和新媒体相向进入：传统媒体编辑记者分步成建制进入新媒体，参与各自对应矩阵内容产品的全流程生产和运营；新媒体编辑记者融入各矩阵产品的生产运营，与传统媒体采集人员混编，提供产品制作、传播经验等方面的日常支持。同时，主动关闭《中国技术市场报》《渤海早报》《球迷》等10多份子报子刊，实现《每日新报》《城市快报》"合二为一"。关闭调整了国际频道、公共频道、区县广播联盟等近10个电视广播频道频率，停更合并天津网、"新闻117"等8个新闻网站、客户端。天津广播在2013年开发上线的手机客户端"劲听"也于2018年下架，其直播流和音频内容纳入"津云"新媒体广播频道播出。

占据风口，"造船""借船"并行。改革的最终目标是建立自主可控的新媒体平台，连接和积累用户，沉淀数据，提供增值服务，形成影响，引导舆论。同时探索建立"新闻＋政务服务商务"的运营模式。原来传统媒体的采编播人员通过"一体多维，双向进入"的实践，成为新平台的内容生产者、运营者。这个过程就是"造船"。"借船"，一方面是汇入和借助央媒新媒体的力量放大传播声量，讲好中国故事和天津故事；另一方面就是借运作腾讯、头条等商业平台账号，在扩大影响的实践中完成观念、产品、流程、运营等方面的借鉴、创新和能力提升。占据风口，瞄准平台化、视频化、社交化、智能化发展方向，重点打造"津云"客户端、"津抖云"短视频客户端等自有平台，连接和积累用户，沉淀数据，探索建立"新闻＋政务服务商务"运营模式。组建了海河 MCN，借力商业平台，促进全员转型。

### 2.创新机制，推进内容生产供给侧结构性改革

天津海河传媒中心整合采编力量，进行大力度内容供给侧结构性改革：打破传统的"块块制"业务架构，本着先易后难原则，对原来散落在不同媒体不同部门的采编资源进行逐步整合，统筹采编业务，打通传统媒体和互联网，将原"两报一台"所属新媒体采编人员、平台、项目等资源整建制划入北方网，组建津云新媒体集团。海河传媒中心提出"一体多维、双向进入，围绕主线、突破头部，抓实增量、带动存量，再造流程、创新机制"最为关键，这也是我们海河传媒中心加大内部融合的方针。"一体"是指，新型主流媒体全媒体体系的一体化运作；"多维"是指，具体而不同的媒体呈现。"双向进入"是指，各编辑部领导及全体内容生产人员逐步实现"一岗双责"，在保证自身媒体高质量良性发展的前提下，传统媒体和新媒体相向进入。"围绕主线、突破头部"是指，要生产出传递主流价值，在互联网主阵地传得开、叫得响的有影响力新媒体头部内容，以用户思维和互联网话语传播中央和市委的声音，回应群众关切，引导舆论。"抓实增量"是指，重点抓好各方面条件具备、最能成功实现媒体融合的部分。"存量"指，传统媒体未和新媒体发生直接关系的部

分人和内容生产。抓传统媒体的增量生产，本质上是抓存量人才及其生产内容和生产能力的转化、改进、提升。新的机制和流程是内容生产供给侧改革的固化，制度成果是把津云矩阵做大做强，由"轻前端、大后台、富生态"架构向"轻前端、分众化、富生态、智能型"迭代。其中，分众化布局不只是移动端按照用户需求的细分，还对接传统媒体内容生产的有序转型。例如，内容矩阵为广播采编播人员赋能，给有多媒体内容生产能力者以宽阔的跨界传播渠道，大大提高了广播的影响力。2022年新冠疫情下，天津广播的近百篇新媒体报道阅读量暴增，传播规模、互动程度、传播力影响力获得广泛承认，成为天津最具影响力的移动端新媒体平台。传统新闻广播的收听率也同比获得20%以上的增长。

新机制、新流程是提升内容生产供给质量的保障。推进内容生产供给侧结构性改革，要实现传统媒体和新兴媒体柔性运营的统一。在内容生产方面，探索、建立并完善采访、编辑、技术"全媒体联动、全天候响应"机制，实现一次采集、多次生成、网络优先、多元传播，实现内容生产效率和媒体影响力的双重提升。海河传媒中心通过创新流程，将广播新闻中心一档"市委办局长年终系列访谈——向群众汇报"节目，改造成为声屏报网联动的融媒体大型系列新闻活动，形成社会关注热点，相关内容冲上热搜，被自媒体广为转发，产生重大影响。过去传统广播节目传播链很短，嘉宾进入直播间做完节目也就完成了传播。改造后的流程变为，委办局长们首先郑重在《天津日报》《今晚报》书面汇报一年工作中的成绩和存在的问题，接受群众监督。报纸和互联网随后刊发直播预告。第二步是在电视中进行系列新闻发布，在广播、津云直播访谈中接受包括人大代表、政协委员在内的人民群众询问、建议和监督，带有舆论监督内容的暗访报道也随直播播发。第三步是直播前后接受群众对委办局工作的无记名投票打分。第四步是主流媒体和网络媒体进一步报道结果。整个活动成为城市政治生活中的一件大事，为人民群众广泛关注和热议，成为"走好全媒体时代群众路线，坚持以人民为中心的工作导向，坚持贴近群众服务群众，创新实践党的群众路线"的一次成功探索，充分体现了媒体融合形成的巨大传播力、引导力、影响力、公信力。

积极推进内容生产供给侧结构性改革，形成优势互补的传播格局，形成了一体化融合指挥体系。天津海河传媒中心以中心内容生产例会统筹协调中心各媒体内容生产。内容生产例会通常为周例会，统筹做好事前策划重大主题报道和采编资源分配，事中协调落实并进行应急处置，事后对内容产品做出综合评价。《天津日报》《今晚报》、广播、电视、津云新媒体等编辑部强化、固化各自内容生产例会制度，畅通与中心内容生产例会的对接机制，强化一体化运作。目前，海河传媒中心初步形成了一体化运作的机制和流程：策划环节由中心分管内容生产领导决策指挥，津云新媒体提供快速全面的新闻热点监测报告，提高策划科学性精准度；采访环节由各编辑部主要领导具体负责、协调编辑部协助、各编辑部记者落实；编辑环节由协调部支援、各编辑部生产；刊发环节津云客户端不晚于各微信公众号刊发；传播环节津云利用央媒、商业平台和学习强国等 App 做好内容推广；评价环节新媒体协调编辑部对接津云收集数据，于稿件刊发 7 日后形成传播效果报告，并根据稿件情况进行激励。各自内容生产例会制度形成机制，与中心内容生产例会一体化运作。通过津云融媒体工作室、海河 MCN 等平台，鼓励和推动传统媒体人到新媒体平台发挥作用，打造全媒体人才队伍。截至 2022 年 1 月，新媒体累计用户规模近 1 个亿。

### 3.调整结构，打造移动端龙头平台

整合的目的是深度融合。构建自主平台是主流媒体未来命脉所系。"津云"客户端是天津海河传媒中心重点打造的移动端龙头平台，各工作室生产的原创作品必须首发在"津云"客户端。津云融媒体工作室是推进内容生产供给侧结构性改革的一个重要抓手。在融媒体工作室建设之初，就制定了工业化孵化培育和内容生产流程，通过路演方式广泛招募、择优录用，并不断

修订融媒体工作室的准入标准、退出机制、考评办法、编辑规范、激励模式等。自2018年4月至今，通过多次招募，优胜劣汰，津云融媒体工作室目前有60余家工作室正在运营，千余名传统媒体一线编辑、记者、主持人加入工作室，累计推出新媒体作品3万余件。

津云融媒体工作室的主要特点为：一是构建扁平的管理架构。工作室主创团队，一部分来自天津海河传媒中心内部，根据项目或内容生产需要自由组合成专注某一领域的创作团队，实现"策、采、编、发、评"全流程业务一体化；另一部分来自天津16个区级融媒体中心，它们各自独立，专注本区域的新闻资讯，与来自天津海河传媒中心的工作室形成互补。二是建立有效的激励机制，带动促进全员转型。天津海河传媒中心给予融媒体工作室政策、渠道等方面的支持；津云新媒体提供资金支持，设立丰厚的奖金池，每月按发稿量、传播力等进行奖励，按年度开展优秀工作室评选和颁奖活动。津云新媒体作为工作室的具体服务单位，不定期组织开展外出考察、学习培训、座谈沙龙等活动。此外，还出台"工作室＋"机制，为在视频、音频、图文领域有不同专长的工作室搭建协同合作的平台，实现共同成长。三是聚集优质的媒体资源。在新媒体技能的加持下，组建工作室的传统媒体人的专业优势更容易凸显出来，利于将传统媒体积累的口碑优势转化成网上流量，也能帮助流量变现，培育出工作室的品牌价值。四是形式多样。融媒体工作室注重打造多样化、个性化、对象化的产品，实现从平面到立体，从可读到可视的转变。记忆天津工作室由《今晚报》的编辑记者们组成，几年来，经过不断尝试真人漫画、短视频、互动H5等形式，用新媒体形式、新媒体语言直面热点引导舆论，形成多层次多声部的主流舆论矩阵。来自《天津日报》视觉中心的3家工作室，既能做好摄影记者，也能拍摄出优质短视频。他们挖掘整理日报资料库中的老照片，制作成历史相册，通过今昔对比展现新时代的巨变。此外，媒体融合时代应当放下姿态、转变语态，做既有"意义"也有"意思"的作品。来自电台的三有工作室走出播音室，走向摄像机，做有地域特色的"新闻脱口秀"，用天津方言对新闻进行点评，风格直接、大胆、接地气。来自电视的"Let's白话工作室"由一档法制类栏目编导组建，他们用"网感"语言迅速集结信息关键点，打造了"情景角色扮演短剧"，深受大众非常喜欢。

津云融媒体工作室在鼓励传统媒体人在做好本职工作的同时，发挥自身专长和优势，在新媒体上开展内容创新。2021年，津云融媒体工作室案例入选国家广电总局评选的"2021年全国广播电视媒体融合成长项目提名"名单。津云融媒体工作室创新做法主要为：一是努力培养网红IP，重点鼓励工作室推出符合新媒体发展思路的作品。如2020年，来自3家工作室的10位主持人参与了由津云新媒体策划的"老乡别急，我们帮你"网络公益直播带货活动，累计成交额5180余万元，活动入选中国记协"中国新媒体十大创新案例"。"法天津工作室""先锋科学工作室"等先后受"学习强国"平台之邀开设专栏，多部作品单条播放量突破300万。二是做好跨工作室的优势互补。"工作室＋"培育机制打破了许多工作室"心有余而力不足"的僵局，搭建了互为补充、协同作战的工业化生产模式。三是为工作室搭建学习交流平台。"津云沙龙"不定期开展专题讲座、交流座谈、参观学习、新媒体技术培训等活动。津云融媒体工作室在发展之初曾遇到另一主要困难是新媒体技术能力上的欠缺。工作室成立后的第一道门槛就是熟悉新领域、学习新本领。传统媒体人往往在短视频拍摄制作、互联网传播等方面存在一定的本领恐慌。因此，工作室在一定程度上承担了媒体内部孵化器的工作，催化培育"提笔能写、对镜能讲、举机能拍"的全媒体人。通过广泛开展新媒体技术培训，连续组织了5场线下交流活动，邀请新华网媒体创意工场、央视网小央视频、字节跳动等为工作室主创人员授课，组织参观人民日报"中央厨房"，与侠客岛、麻辣财经负责人座谈，召开《短视频策划及制作入门》等专场培训会，"理论教学＋上手实操"满足学以致用的需求。这种交流学习机制已经成为津云融媒体工作室的常态。

此外，为适应短视频的快速发展，2021年4月，在融媒体工作室机制的基础上，天津海河传媒中心成立了海河 MCN，孵化培育了约 100 个项目，内容涉及 22 个垂直领域，总粉丝数达到 2800 万。通过融媒体工作室和海河 MCN，在实践中甄别和选择人才。通过创造条件，提供政策，建立机制，在中心内部孵化融合团队，带动促进全员转型。

### 4.发挥平台化功能，构建智能媒体

媒体深度融合是一场全方位的改革，需要强化管理、创新机制、优化流程，为改革提供制度保障和配套支持。推进内容生产供给侧结构性改革，离不开新型传播平台的建设，并随着平台的技术升级迭代而进一步深化改革，形成关键的传播形态的进步和人才培养积累，进而创造新型主流媒体新的"内容为王"时代。坚持管理创新，保障媒体深度融合行稳致远。建立打通各媒体的用户数据平台，挖掘大数据资源，实现用户增值服务，并进行统一的版权保护。

海河传媒中心不断强化主阵地智能化建设，打造自主可控平台津云客户端及其矩阵，并视其为融合主阵地，利用大数据、人工智能、虚拟交互等技术进行更新迭代，完成津云客户端前后台升级。海河传媒中心加大对智媒体技术的研发投入，成立"智媒体研究中心"，对新闻传播领域新技术开展前瞻性研究应用；利用大数据、人工智能、虚拟交互等技术进行更新迭代，推动关键核心技术自主创新的战略部署，完成津云客户端前后台升级，3.0 版已在各大应用商店更新上架，提升了 App 的性能及响应速度；新增"语音唤起节目""在线切换样式模板""专题新闻块拖拽""全新直播带货模式"等功能。此外，在人民日报等客户端平台建立媒体号，加强与百度、头条、腾讯等平台的合作，增大内容输出，延伸技术合作，策划专题活动。与天津 16 个区融媒体中心建立紧密合作关系，形成全市"一朵云"的媒体融合新格局。推出内容一键多发平台，使图文、视频等经过一次后台编发，就能在客户端、PC 端以及微信、抖音、快手等平台同步发布，显著提升了内容的传播效能。2021 年 4 月，

在由国家广电总局主办的全国首届广播电视人工智能应用创新大赛中,津云研发的"智媒体内容审核平台""新闻智能推荐系统""移动内容管理系统"斩获三项桂冠。在中国传媒大学"媒体融合与传播"国家重点实验室等专业机构发布的《中国智能媒体发展报告(2021—2022)》中,津云新媒体成功入选2021年中国智能媒体十大年度案例。

津云融媒体工作室在发展之初曾遇到一些困难,集中体现在理念和认知上的不统一。面对同一件事,一开始传统媒体人和新媒体人存在认知上的差异,带来额外的磨合成本。如,一些专攻泛时政内容的融媒体工作室,由分别来自传统媒体出身的资深记者和新媒体出身的新锐编辑共同操刀。传统媒体人坚持严谨、深入的文风,他们对自己的稿件有足够的自信,认为只需要扩大内容在各新媒体平台的刊发力度,就能获得不错的传播效果;而新媒体人则希望对内容进行再包装,如修改标题、精编内容,换用网言网语,穿插GIF动图、可视化图表、条漫等对"硬"主题进行"柔"化处理。为此,采取让数据说话方式,即通过津云自主研发的传播力分析系统,建立起以阅读量等为维度的效果评估机制,直接与稿酬激励挂钩。通过几轮试错,工作室主创团队摸准了一个平衡点,意识到将传统媒体时代的文风平移到新媒体是行不通的;但二次包装也要把握火候,过度包装会稀释信息密度,既要"干货满满"又要平易近人,这样的"度"只有亲身实践才能深刻体会。津云开发的传播力实时评估体系可以随时了解中心各媒体内容生产的有效传播数据,形成传播效果报告,根据稿件情况进行激励。再如,利用互联网用户大数据推进广播节目形态创新、质量提高和各项改革。传统广播过去通过抽样调查了解广播频率与节目传播和收听情况,并据此进行频率和节目的调整。"听听FM""阿基米德FM""津云"广播频道等城市广播移动音频平台(App)的设立,形成了依靠实时大数据对节目更精确更全面的测量和判断。"阿基米德FM"拥有90个万人用户社区,这些社区互动的数据,对于节目如何满足听众(用户)需求、创新内容产品,有着前所未有的价值。实际上,这得益于海河传媒中心旗下的津云新媒体(前身为北方网)20多年来始终保持对新技术的敏感性,坚持以先进技术为引领,用好信息技术革命成果,打造自主可控平台,为完成媒体融合蓄势储能。海河传媒中心新媒体协调编辑部围绕主题主线,通过津云自主研发的"热点新闻监测系统""传播力分析系统"等大数据分析,设立单篇单项活动的奖励机制。通过一篇又一篇作品、一个又一个新媒体产品、一次一次活动,扎实在全中心激励和倒逼员工提高"脚力、眼力、脑力、笔力",用深入采访的客观事实,以最生动的图文、音视频、动漫、数据集成等手段,来讲述故事,提升作品产品的质量。以积小胜为大胜的方式促进转型,提高采编人员的"网言网语"能力,也倒逼新的流程和机制产生。

当用户和大数据积累到一定规模后,要以技术先导的力量加强"智媒建设"。"智能型"是用好5G、大数据、云计算、物联网、区块链、人工智能等信息技术革命成果。津云中央厨房助力海河传媒中心重构策采编发内容生产流程,有效提升了新闻生产效率和内容传播力。以加快广播与人工智能融合、以智能音频加速高质量发展为例。天津广播实行"一体多维"的运营,并非把直播流和音频搬到客户端上就万事大吉了。大部分跨平台内容的生产仍是来自传统广播的再生产。员工在此过程中应熟悉不同平台的特点和用户要求,完成互联网意识的提升和用户意识、用户体验的积累。广播在"津云"客户端上有几十家工作室,其中新闻广播、相声广播、生活广播都提供了优质的独家内容。跨平台内容产品的生产会加速传统广播在"内容、渠道、平台、经营、管理"等方面与新媒体的深度融合,这一过程最终将追踪互联网、移动互联网及人工智能语音识别等技术的发展,选择最合适的方式。在播报环节,人工智能可通过语音合成技术,实现自动识别播报;广播整点新闻资讯可以由能够将文字转码成语音的人工智能机器人承担,逐步实现人工智能与广播内容及制作流程的深度融合。如2019年,央视网与央广网、国际在线等总台"三网"新媒体紧密协作,共同建设"人工智能编辑部",以视听为特色,对总台的优势资源进行智能化开发。此后,又与科大讯飞合作将"人工智能编辑部"建设成集智能创作、智能加工、智能运营、智能推荐、智能审核"五智"于一体的人工智能集成服务平台，为用户提供智能化的多场景服务。"媒体＋人工智能"深度融合，引领"媒体＋AI"生态的不断发展。

海河传媒中心将人工智能技术广泛应用于短视频生产等领域，使用 AI 技术修复黑白影像，推出 MV《青春敢向前》等爆款作品；使用动作捕捉技术打造虚拟主播"云小朵"，在世界智能大会等宣传报道中发挥作用；使用 AI 辅助审核技术对网民上传的海量用户头像、视频等进行敏感图形识别，与人工审核相配合，为内容安全保驾护航；建立打通各媒体的用户数据平台，为挖掘大数据资源、实现用户增值服务、进行版权保护、与智慧城市同构等准备了统一的规模基础。

### 5.头部内容生产实现突破，形成了一批精品力作

海河传媒中心围绕宣传习近平新时代中国特色社会主义思想、抗击疫情、脱贫攻坚、庆祝建党百年、思政课建设和教育"双减"政策等主题报道，打通传统媒体和互联网，畅通毛细血管，不断鼓励有影响力、高阅读量的独家内容生产，形成头部内容生产的突破。实现资源要素主动对接和最优配置。在做好习近平新时代中国特色社会主义思想宣传方面，H5 作品《三道"考题"，天津这样答！》、读图作品《读图：不负重托砥砺前行的"天津答卷"》等成为高质量、有特色的新媒体产品代表作。在建党百年之际，重点围绕中国共产党党史、中国共产党人的精神谱系，《天津日报》精心组织 100 版特刊；津云新媒体与天津市委党校合作的系列微党课短视频，深入浅出接地气，成为一把破解"中国共产党人精神谱系"强大基因密码的钥匙，收获了更多网民，特别是青少年网民的关注与好评；津云新媒体同步推出 H5《百年风华》，以新媒体形式扩大报纸内容传播；天津广播与津云新媒体联合策划互动 H5《同唱一首歌·测测你的声音气质》，携手全国 38 家广播电台广泛参与，在朋友圈形成刷屏效果，吸引 30 万人参与。在习近平总书记视察天津 3 周年时推出

长图《117 米巨献 天津答卷》。在抗击疫情方面，短视频《人民英雄张伯礼》、网络评论《【110】天津，"红警"来了》《【观察】又一波疫情汹涌而至，天津怎么办?》等都引起网民极大关注，阅读量短期内过 10 万＋，形成传播的"头部效应"。融媒体报道《我和我的家乡＠最美乡愁》通过 AR 技术打通新媒体、报纸和电视资源，进行跨平台联动。海河传媒中心广播电视主持人走进津云直播间，创新"宣传＋帮扶"的新闻扶贫模式，以现场带货、"连麦"带货等形式开展了 11 场公益活动，累计成交额达 5180 余万元，并在中国记协新媒体专业委员会组织的 2020 中国新媒体扶贫联合公益行动中，入选 2020 中国新媒体扶贫十大优秀案例。打破媒体资源的身份壁垒，建立融媒体工作室机制，通过路演招标成立工作室 104 家。2021 年，融媒体工作室案例入选国家广电总局"2021 年全国广播电视媒体融合成长项目"提名。实施了海河 MCN 计划，孵化培育近 100 个项目，总粉丝数超过 2800 万。

在抗击新冠肺炎疫情期间，天津海河传媒中心在短时间内生产出上百件有影响力的原创作品，用生动的事实和真实的故事来凝聚人心。在全市四次大筛和几个区先行的筛查中，海河传媒中心下属媒体记者第一时间深入 16 个区的核酸检测现场，作了全方位报道。津云新媒体在首次大筛 7 点开始后仅仅半个小时，就发布了全市首篇关于核酸检测的综合现场报道《直击大筛首日：不到凌晨 5 点，有孩子骑着玩具自行车排队检测》，现场采访了参加核酸检测的市民群众、坚守一线的医务工作者、社区工作者、志愿者，还采访了在津外籍人士、抗美援朝老兵、奥运冠军、"00 后"志愿者等，以具体生动的细节、感人至深的人物，展示真实、立体的"津门战'疫'"群像，鼓舞人心，最大程度凝聚了全市共克时艰的精神力量。2022 年 1 月 14 日到 19 日，天津从市直机关和市属事业单位相继抽调 5000 多名党员干部支援津南区。津云新媒体第一时间播发报道，短时间内阅读量过十万。天津日报《津报观察》微信公众号播放了独家短视频，捕捉到下沉干部在镶嵌国徽的天津大礼堂背景里慷慨宣誓出发的特写场景，充分展现了天津市党员干部听党指挥，召即来、战必胜的奉献精神，一时间朋友圈刷屏，感动无数人。津云新媒体发自管控区的报道《实录：身处津南"疫情风暴眼"的他，一个人干了十个人的活儿》，天津广播发自管控区的报道《实录：津南咸水沽管控区的微光，照亮城市一角！》记录和传扬普通人身上的人性光辉，凝聚共识，引导舆论。高阅读量和感同身受的留言反馈也印证了良好的传播效果。同时，也体现了媒体舆论监督舆情沟通的力量。媒体具有舆论监督的责任。要敏锐发现问题，不回避矛盾，把握好时度效，反映社情民意。广播及新媒体报道《直击：全员核酸筛查首日，有温度也有不足，有感动更有期待！》记录了核酸检测的过程中值得关注的问题和疏漏，及时了解群众诉求，提出了不断改进工作的建议。

形式不断创新，文风不断改进，带来的是效果的显著变化。经过几年的发展，津云融媒体工作室的作品形成了自身特色——"快、广、新、活、准"，也涌现出一批爆款。《邻居老张这一年》《江山如画》《奋斗在路上》等短视频播放量达亿级，收获大量好评。津云短视频《向梦想出发》全网点击量突破4亿次。2020年第三十届中国新闻奖，天津日报评论《向群众汇报》荣获中国新闻奖一等奖。2021年第三十一届中国新闻奖，广播新闻中心消息《东丽中学家属院唯一公厕为"迎检"被街道强拆，居民"内急"成难题》、津云新媒体短视频《无胆英雄张伯礼》均获一等奖；电视新闻中心新闻专题《白衣英雄张伯礼》、津云新媒体短视频《科学的中医药》、海河传媒中心选送的论文《一体多维：城市广播与媒体融合的未来之路》均获三等奖。中心全媒体体系的传播力、引导力、影响力、公信力不断跃升。

2020年全国两会上，津报观察工作室《张伯礼感慨落泪》被人民网、新华网等转载，"张伯礼哭了"登上微博热搜，话题阅读量达1.5亿，2.9万人参与了讨论。领航创作工作室2020年航拍飞行里程超过1.5万千米，积累超过200小时优质航拍和延时素材，《穿越1400年感受魅力天津》成为央视"锦绣中华 大美山川"全国评选代表天津的最佳作品。在今日头条，"申来之笔工作室"的《审视奥运会》系列累计展现量突破2000万。在抖音平台，"城视花絮工作室"的短视频作品《天津医疗队解除隔离,回家!》浏览量超过990万。在快手平台,"let's白话工作室"《每天一点宪法小知识》系列累计访问量突破200万。"3D虚拟主播＋传统相声"融合模式的H5作品《小康来了》展现小康版"江南百景图",传播效果很好。来自电视的好奇大调查工作室推出的《反诈三十六计》系列已成为拳头产品,成为"学习强国"客户端、"新华社"客户端固定转载的栏目,在后者的阅读量平均每条近120万。来自电台的"笑开岩工作室",其成员均为天津相声广播的主持人,通过发挥他们的声音和"人设"的优势,用身体语言和画面辅助声音的魅力,推出了《津云V评》《津云社》虚拟主播作品和一系列的"微喜剧"产品,拓展了受众,也为广播节目聚拢了人气。①

## (五)在媒体融合背景下强化政府舆情引导

新媒体时代,媒体融合是必然趋势。信息科技革命的发展使得传统的舆论生态、媒体格局、传播方式发生深刻变化。要在复杂的媒体环境中,把新媒体的优势与传统媒体的优势整合起来,形成媒体间的优势互补和深度融合,构建政府舆论引导新格局。习近平总书记指出:"要提高网络综合治理能力,形成党委领导、政府管理、企业履责、社会监督、网民自律等多主体参与,经济、法律、技术等多种手段相结合的综合治网格局。"②政务新媒体作为政府体察民情、了解民意、与公民进行沟通交流的工具,能够传递新闻事实,促进人际交流,但有时也会扩大意见分歧;能够引领社会舆论,但有时也会引发

---

① 《媒体深度融合的"海河探索"——社长总编谈媒体融合》(天津海河传媒中心党委书记、总裁王奕),http://www.zgjx.cn/2022-06/08/c_1310616927.htm。
② 《习近平在全国网络安全和信息化工作会议上强调,敏锐抓住信息化发展历史机遇,自主创新推进网络强国建设》,http://www.gov.cn/xinwen/2018-04/21/content_5284783.htm。

舆论危机。①因此，如何在媒体融合背景下强化政府舆情引导，成为重要的议题。

### 1.做好顶层设计，推动媒体融合发展

党的十八大以来，以习近平同志为核心的党中央高度重视媒体融合发展，进行了一系列顶层设计，出台了一系列政策措施，有力推动了我国媒体融合向纵深发展。媒体融合发展是一篇大文章，是一项全局性、系统性的工程，既要发挥长项、快速突破，也要补齐短板、建链强链，不断筑牢推进一体化深度融合的四梁八柱。②面对全球一张网，需要全国一盘棋。全程、全息、全员、全效媒体时代，信息无处不在、无所不及、无人不用，舆论生态、媒体格局、传播方式发生深刻变化，给意识形态工作和新闻舆论工作带来全方位、深层次影响。互联网已经成为意识形态的主战场，各种思想观点、价值取向相互交锋、相互较量。习近平总书记指出，要抓紧做好顶层设计，打造新型传播平台，建成新型主流媒体，扩大主流价值影响力版图，让党的声音传得更开、传得更广、传得更深入。③2019年印发的《关于加快推进媒体深度融合发展的意见》提出："逐步构建网上网下一体、内宣外宣联动的主流舆论格局，建立以内容建设为根本、先进技术为支撑、创新管理为保障的全媒体传播体系。"④在全媒体时代，实现传播体系现代化，不是从一张白纸开始构图、施工，而是要对现有传播体系进行更新、迭代，将其改造成适应新的传播环境、遵循新兴媒体传播规律的新型传播体系。⑤不仅要推动媒体融合向纵深发

---

① 贾金利：《"政务新媒体+"全功能应用拓展路径探析》，《新闻爱好者》2017年3期。

② 余俊生：《社长总编谈媒体融合——北京广播电视台：精准布局卡位 发力并道混跑》，https://mp.weixin.qq.com/s/fVtyDJ6aoOa1kMTC8eFt3w，2020-12-29。

③ 习近平：《加快推进媒体融合发展 构建全媒体传播格局》，《求是》2019年第6期（习近平在中共中央政治局第十二次集体学习时讲话）。

④ 《中共中央办公厅 国务院办公厅印发〈关于加快推进媒体深度融合发展的意见〉》，http://www.gov.cn/xinwen/2020-09/26/content_5547310.htm。

⑤ 张涛甫：《建立全媒体传播体系》，《人民日报》2020-02-03。

展、提升主流媒体核心竞争力,而且要体现资源集约、结构合理、差异发展、协同高效要求,形成从中央到省市县的全媒体传播矩阵,全面做大做强主流舆论力。①同时要不断开创中央媒体与地方媒体之间、不同类型网络媒体之间融合发展的新思路,创新政务新媒体管理体制。②通过全面的融合与发展,融媒体的平台更加强大,传统媒体的经验与新兴媒体的传播优势得以相互促进。

媒体融合发展是一场重大而深刻的变革,本质上是一场主流媒体传播方式的自我革命。改革就是利益的调整。媒体融合是新生事物,要破除既有的体制机制障碍,进行媒体自身革命,谁改得主动、革命得彻底,媒体深度融合就掌握了主导权。③面对传播格局的深刻变革、舆论生态的巨大变化和数字技术的快速发展,主流媒体应通过理念、内容、形式、方法、手段等创新,让正能量更强劲、主旋律更高昂,提高正面宣传质量和水平。因此,要将推进媒体深度融合作为一项战略任务、系统工程,积极探索互联网传播规律和新媒体发展规律,探索适合自身的融合转型道路。④

习近平总书记指出,推动媒体融合发展,要统筹处理好传统媒体和新兴媒体、中央媒体和地方媒体、主流媒体和商业平台、大众化媒体和专业性媒体的关系,不能搞"一刀切""一个样"。要形成资源集约、结构合理、差异发展、协同高效的全媒体传播体系。传统媒体和新兴媒体不是取代关系,而是迭代关系;不是谁主谁次,而是此生彼长;不是谁强谁弱,而是优势互补。从目前情况看,我国媒体融合发展整体优势还没有充分发挥出来。要坚持一体化发展方向,加快从相加阶段迈向相融阶段,通过流程优化、平台再造,实现各种媒介资源、生产要素有效整合,实现信息内容、技术应用、平台终端、管

① 崔士鑫、王志锋:《为媒体融合发展提供有力保障》,《人民日报》2020-01-17。
② 殷俊、姜胜洪:《政务新媒体发展现状及对策探析》,《新闻界》2015 年第 5 期。
③ 赵成新:《加快推进媒体深度融合》,《学习时报》2019-06-21。
④ 赵成新:《加快推进媒体深度融合》,《学习时报》2019-06-21。

理手段共融互通，催化融合质变，放大一体效能，打造一批具有强大影响力、竞争力的新型主流媒体。①报刊、广播、电视等传统媒体拥有丰富与权威的新闻资源，但由于受主流媒体自身特性的限制，很多新闻或无法报道，或被自媒体抢先推送，因而处于被动位置。传统媒体要在舆论引导格局中占据主导地位，急切需要推动媒体深度融合发展。主流媒体应高度重视、充分运用对微博、微信、抖音等广受大众追捧的新媒体，从而为大众提供便捷的信息通道，多渠道及时发布官方信息，有效地进行舆论引导。只有充分融合，传统媒体在融合发展中焕发新的活力，新媒体也在融合发展中有了重要依托，两者相辅相成，才能充分发挥各自优势，共同打造舆论平台，形成舆论引导的新格局。近年来，从中央到地方，各主要新闻单位都在努力探索适合自身的媒体融合发展路径，新闻客户端、微博账号、微信公众号、手机报、移动电视、网络电台等不断涌现，传统媒体与新兴媒体优势互补、此长彼长的态势日益凸显，多媒体传播矩阵初具雏形。但也应看到，一些新闻单位的媒体融合发展重技术创新和资金投入、轻体制机制创新，尚未形成适应融媒体生产的采编发网络和流程；对用户需求、融媒体生产规律的认识和把握还不够深入，尚未实现分众化、差异化传播。

改革必须由表及里，深入融媒体生产的每个流程和环节，加强体制机制创新。随着媒体融合时代的到来，社会民众对于信息的需求不断提高，并呈现多样化的发展趋向，这就要求媒介信息推送的精确性提高，保证受众能获得满足感。而传媒路径的演变使得政务新媒体主体定位发生转型，从宣传模式、新闻发布模式再到政务传播模式，都需要不断探索创新，才能更好地服务社会、联系群众。各级党委和政府要从政策、资金、人才等方面加大对媒体融合发展的支持力度。各级宣传管理部门要改革创新管理机制，配套落实政策措施，推动媒体融合朝着正确方向发展。媒体融合发展中的体制机制创

---

① 习近平：《加快推动媒体融合发展　构建全媒体传播格局》，《求是》2019年第6期（习近平在中共中央政治局第十二次集体学习时讲话）。

新，既是政策问题，也是实践问题。政策作为一种社会治理工具，决定着公共资源的配置。媒体融合越向前推进，越需要加大改革力度，这就要求增强政策的可行性和预见性。①在媒体融合的环境中，报刊、广播、电视等传统媒体必须积极主动介入新媒体平台，将自身效能发挥到最大，原有的发布平台要根据现实需求及时更新，增加主流媒体舆论引导的途径。此外，报刊、广播、电视作为主流媒体，应充分发挥专业优势，建设好旗下的新闻网站，充分发挥优势，做好网络舆论引导工作。

习近平总书记指出，全媒体不断发展，出现了全程媒体、全息媒体、全员媒体、全效媒体。②这为媒体发展提供了难得机遇，也带来了前所未有的风险挑战。打造全息媒体，就是利用全部的技术手段、媒介形态、媒介终端实现立体式传播，适应互联网时代受众获取信息的习惯，充分运用新媒体技术制作"有品质、传得开、叫得响"的创新产品，有利于抢占传播制高点；打造全员媒体，就是人在哪里，舆论阵地就应该在哪里，发挥全社会力量参与，同时积极发动内部全员参与，既要利用众包的力量，积极动员更多的用户做贡献，同时积极发动实现全员参与传播；打造全效媒体，就是既要有基于传统媒体的传播能力，又要有基于互联网，尤其是移动互联网的现代传播能力；既要有舆论引导能力又要有服务能力，达到最大效果。③为建构"四全媒体"，必须进行媒体资源要素优势组合，加速与网络媒体的融合。要以"中央厨房"建设为契机，充分运用新技术新应用，创新媒体生产方式与传播方式，占领信息传播制高点。将最优产能向移动阵地转移，重大时政报道、突发事件报道、重大舆论引导稿件优先新媒体刊发，纸媒和新媒体融合形成"双轮驱动"，提升整体传播效果。④

① 张传香：《媒体融合发展要加强体制机制创新》，《人民日报》2020-04-13。

② 习近平：《加快推动媒体融合发展 构建全媒体传播格局》，《求是》2019年第6期（习近平在中共中央政治局第十二次集体学习时讲话）。

③ 彭永：《建立和完善"三位一体"全媒体传播体系》，《长沙晚报》2019-11-14。

④ 赵成新：《加快推进媒体深度融合》，《学习时报》2019-06-21。

　　只有深刻认识媒体融合发展的本质，才能把握媒体融合发展的规律，使传统媒体和新兴媒体的优良特性实现"强强聚合"，进而实现"催化融合质变，放大一体效能"①。国务院办公厅是全国政务新媒体工作的主管单位，地方各级人民政府办公厅（室）是本地区政务新媒体工作的主管单位，国务院各部门办公厅（室）或指定的专门司局，是本部门政务新媒体工作的主管单位，实行全系统垂直管理的国务院部门办公厅（室）或指定的专门司局，是本系统政务新媒体工作的主管单位。主管单位负责推进、指导、协调、监督政务新媒体工作。行业主管部门要加强对本行业承担公共服务职能的企事业单位新媒体工作的指导和监督。政务新媒体主办单位按照"谁开设、谁主办"的原则确定，履行政务新媒体的规划建设、组织保障、健康发展、安全管理等职责。可通过购买服务等方式委托相关机构具体承担政务新媒体日常运维工作。打造全程媒体，既要适应互联网等新技术的要求彻底重构采编流程，对新闻事件进行全流程的立体式报道，又要在新闻报道的过程中与用户及时互动、沟通和交流，及时把用户反馈体现在新闻报道的全过程。既要抢占先发效应，又要时刻主动喂料，牢牢把握主动权。②要探索自上而下的中央、省、市级媒体相呼应的道路，共同织就全媒体传播网络，切实发挥县级融媒体推进基层文化建设与社会治理的独特作用。一些地区的广播电视领域以省级平台为指挥枢纽，以"一县一端"作为传播矩阵，探索全媒体报道形态；部分县构建"新闻＋政务服务"平台，打造"指尖上的政务服务中心"，坚持管建同步、管建并举。要构建多元化政务新媒体发布平台，各级政府及相关部门联动发声，充分发挥政务新媒体矩阵效应。要真正关注民生反馈，解答并解决人民群众最关心问题，持续改进不适合的做法。

---

①　管洪、田宏明：《不断探索媒体融合新路径》，《人民日报》2020-01-21。

②　彭永：《建立和完善"三位一体"全媒体传播体系》，《长沙晚报》2019-11-14。

### 2.做大做强主流舆论，掌握舆论的控制权

舆论历来是影响社会发展的重要力量。舆论具有高度的社会性，舆论形成后，可以形成一定的舆论氛围，具有精神制约的效力，从而发挥较大的社会影响。马克思指出，舆论是一种"普遍的、隐蔽的和强制的力量"①。"新闻舆论"是通过新闻手段反映公众意见而形成的舆论，而"舆论导向"则是指对于社会舆论加以引导，使之向着预期的方向流动。"新闻舆论导向"的主体主要是包括新媒体在内的各种新闻媒体。

新闻舆论作为一种宣传、教育、动员人民群众的特殊形式，具有强大的社会动员能力和引导能力。马克思曾形象地比喻"报纸是作为社会舆论的纸币流通的"②。当前，舆论格局发生了巨大变化，移动互联网技术对包括党媒在内的主流媒体的冲击是显而易见的。不少群体特别是年轻人基本不看传统媒体，大部分信息从网上获取。因此必须正视事实，坚持"移动优先战略"，下大力气转型，加大投入，尽快掌握新兴舆论战场上的主动权。③主流媒体要牢牢掌握舆论场的主动权和主导权，就必须加快构建融为一体、合而为一的全媒体传播格局，通过流程优化、平台再造，建立适应全媒体时代的内容生产与传播整体架构，打造新型主流媒体。④习近平总书记指出，推动媒体融合发展，是要做大做强主流舆论，巩固全党全国人民团结奋斗的共同思想基础，为实现"两个一百年"奋斗目标、实现中华民族伟大复兴的中国梦提供强大精神力量和舆论支持。⑤

新媒体时代，海量的信息、丰富的资讯涉及社会生活的方方面面，由于

---

① 《马克思恩格斯全集》第 1 卷，人民出版社 2002 年，第 385 页。

② 《马克思恩格斯全集》第 7 卷，人民出版社 1959 年，第 117 页。

③ 赵成新：《加快推进媒体深度融合》，《学习时报》2019-06-21。

④ 崔士鑫、王志锋：《为媒体融合发展提供有力保障》，《人民日报》2020-01-17。

⑤ 习近平：《加快推动媒体融合发展　构建全媒体传播格局》，《求是》2019 年第 6 期（习近平在中共中央政治局第十二次集体学习时讲话）。

众多网民在文化水平、兴趣爱好、价值取向、思想修养、道德规范以及媒介素养等方面参差不齐，给甄别传播内容的真实性带来了难度。更有甚者，部分言论变成了网友的情感宣泄、无厘头骂街和诽谤攻击，不仅污染了网络环境，而且导致舆论导向偏颇。报刊、广播、电视等官方传统媒体代表着社会主流价值体系，组织严密、流程规范、传播力强，是舆论引导格局中的把控者，引领着舆论发展的方向。而新媒体时代呈现出舆论主体多元、传播渠道丰富、内容鲜活生动的新局面，容易造成传播泛化、内容混杂、信息虚假等问题，使舆论引导变得复杂起来。因而，报刊、广播、电视等官方主流传统媒体要做好新媒体时代的舆论引导工作，必须相互融合发展，抢占主导地位。

伴随新媒体的快速发展，我国社会热点问题也呈现出一些新的变化：舆论热点量大面广；单一事件易于跨界演变为复杂问题，舆论热点的泛政治化趋势明显；境外势力容易推波助澜，对热点问题的介入更深更早、力度更大。①就形式维度而言，全媒体时代时空上实现突破，即时的网络直播会成为主流的传媒形式，形成"无视频不网络"；就事件维度而言，全媒体时代信息传播进一步突破时间的限制，传播速度会更快；就传播范围而言，全媒体时代每个人都有麦克风，每个人都可以是自媒体，用户在新闻选择中占据着越来越大的主动权；就传播效果而言，全媒体时代媒体的分众化特征愈加明显，能够更加精准、更加高效地将传播分类。②传统主流媒体要主动适应并把握新媒体迅猛发展的大势，变革新闻生产方式和信息传播模式，打造紧跟科技前沿的融媒体技术体系，构建完整的媒介生态链条，实现新闻价值和传播效果的有机平衡，在移动互联时代牢牢占据舆论阵地，服务受众、引领导向。③在热点问题发酵时，主流媒体如果能够迅速发布权威信息，回应社会关切，就能赢得话语主动权。习近平总书记指出，准确、权威的信息不及时传播，虚

---

① 刘光牛、毛伟：《科学精准把握时度效 全方位提升舆论引导能力》，《中国记者》2022年第1期。

② 彭永：《建立和完善"三位一体"全媒体传播体系》，《长沙晚报》2019-11-14。

③ 张传香：《媒体融合发展要加强体制机制创新》，《人民日报》2020-04-13。

假、歪曲的信息就会搞乱人心；积极、正确的思想舆论不发展壮大，消极、错误的言论观点就会肆虐泛滥。这方面，主流媒体守土有责，更要守土尽责，及时提供更多真实客观、观点鲜明的信息内容，牢牢掌握舆论场主动权和主导权。主流媒体要敢于引导、善于疏导，对于原则问题要旗帜鲜明、立场坚定，一点都不能含糊。①

强化主流媒体舆论引导，一是主流媒体发布权威信息，占领网络舆论战场阵地。对于国家政策和顶层设计，主流媒体及时跟进，充分利用传播平台圈层化、分众化的特点，用人民群众能够"读得懂、听得进、理解得好"的方式及时发声，打通"两个舆论场"间的话语体系，占领政策信息权威发布的网络阵地，切实发挥主流媒体压舱石、稳人心的作用。二是主流媒体要树立自身权威，承担起思想领航者的角色。媒体融合催生的传播手段能够创新理论话语的传播方式，让党的创新理论"飞入寻常百姓家"。及时搜集和了解人民群众思想中的疑虑困惑，通过网评、微评、时评等方式帮助群众明辨是非、廓清迷雾，通过理论思辨、学术争鸣等方式深入剖析现象背后的原因问题，积极回应人民群众的价值判断与道德选择。三是主流媒体健全舆论监督机制，为社会治理营造良好舆论环境。习近平总书记指出："舆论监督和正面宣传是统一的。"新闻媒体监督是最经常、最广泛的一种监督方式，通过电视台舆论监督、问政栏目、网络问政平台等多种形式，形成全媒体问政、全社会监督的舆论场效应，切实提高社会治理的效能。同时要警惕监督问政中的"作秀"问题，媒体在找噱头、找爆点、找燃点的同时，对监督问题既不遮掩回避也不过分渲染夸大，切实将监督问政的效果落到实处。②

古人云："文以载道。"不论媒体形式如何变化，改变的只是信息内容的传播方式，不变的是内容为王的要求。习近平总书记指出："新闻宣传一旦出

---

① 习近平：《加快推动媒体融合发展　构建全媒体传播格局》，《求是》2019 年第 6 期（习近平在中共中央政治局第十二次集体学习时讲话）。

② 赵君香：《强化主流媒体融合发展，推进社会治理现代化》，《学习时报》2020-10-10。

了问题，舆论工具一旦不掌握在真正的马克思主义者手中，不按照党和人民的意志、利益进行舆论导向，就会带来严重的危害和巨大的损失。"①要增强"内容为王"的定力。网络时代众声喧哗，越是传播方式多样化，越要坚持内容为王；越是信息海量供给，越要增强"内容为王"的定力。主流媒体要增强自信和定力，始终把内容生产作为媒体融合发展的第一要务。②进入互联网时代，随着信息技术日新月异，新闻传播格局发生很大变化，我国传媒形态极大丰富，舆论热点频出，各种杂音噪音不断。面对众声喧哗，新闻舆论的力量要与日俱增，党的新闻舆论工作必须始终牢牢坚守主流舆论阵地，掌握舆论的控制权，利用媒体引导舆论。因此，做好新闻舆论工作的重要性更加凸显。

马克思和恩格斯曾经指出："报纸最大的好处，就是它每日都能干预运动，能够成为运动的喉舌，能够反映出当前的整个局势，能够使人民和人民的日刊发生不断的、生动活泼的联系。"③因此，无论技术如何更迭、形态怎样演变，媒体融合发展的方向不能变，积极向上的价值取向不能变。要通过媒体融合发展，建设具有强大凝聚力和引领力的社会主义意识形态。④由于网络舆论的匿名性和多样性，有很多非理性的不良舆论存在，再加上舆论裂变式传播，极容易造成很强的舆论煽动性。网络的复杂性加大了政府舆情管控难度，封、堵、删的传统公关手段已经无法遏制网络舆情的肆意滋长及蔓延，政府如不正面迎接网络舆论的挑战、及时引导，将会严重损坏公众对政府形象的认知。习近平总书记指出，推进网上宣传理念、内容、形式、方法、手段等创新，把握好时度效，构建网上网下同心圆，更好凝聚社会共识，巩固全党全国人民团结奋斗的共同思想基础。要压实互联网企业的主体责任，决不能让

---

①　习近平：《干在实处　走在前列——推进浙江新发展的思考与实践》，中共中央党校出版社2006年，第307页。

②　双传学：《坚定不移推动媒体融合向纵深发展》，《人民日报》2020-01-22。

③　《马克思恩格斯全集》第7卷，人民出版社1959年，第3页。

④　管洪、田宏明：《不断探索媒体融合新路径》，《人民日报》2020-01-21。

互联网成为传播有害信息、造谣生事的平台。①马克思甚至提出根据现实的斗争需要"制造舆论"："'自由报刊'是社会舆论的产物，同样，它也制造社会舆论"。②党政部门应及时发现、捕捉、介入社会热点难点事件，提高对社会热点难点的反应速度，准确把握舆论导向脉搏，及时回复反馈网友意见及评论，及时疏导人民群众的积压情绪，在把握好导向的基础上，增强热点引导的主动性、及时性和有效性，正确引导其价值观走向。

新形势下，传统的监管模式和舆论传播体系遭遇发展瓶颈，必须以变应变，及时更新舆论结构、舆论引导方式，实现传统媒体和新兴媒体的优势互补，增强受众网上网下的交流互动，拓宽舆论表达的渠道和方式，使传统主流媒体在提升舆论引导力的同时，巩固壮大党的主流思想舆论。③要掌握时机，先声夺人，抢占舆论制高点。信息传播有"首发效应"，一般指信息受众对首发信息形成先入为主的"第一印象"。伴随新媒体的快速发展，以移动智能终端为代表的新媒体使得舆论发酵、生成、引爆、扩散的速度越来越快。在疫情报道中，主流媒体注重时度效，要完善热点问题快速反应机制，对热点话题不失语、不缺位。要强化第一落点意识，第一时间、第一现场发出权威声音，先声夺人。④在重视网上沟通和积极引导网上舆论的同时，也要重视网下解决好实际问题，让政务新媒体引领移动互联网舆论传播成为新常态。

### 3.推进政务融媒体发展，提升政府舆情引导能力

习近平总书记指出，要探索将人工智能运用于新闻采集、生产、分发、接收、反馈中，全面提高舆论引导能力。⑤在媒体融合背景下，政务平台更加多

---

① 《习近平在全国网络安全和信息化工作会议上强调，敏锐抓住信息化发展历史机遇，自主创新推进网络强国建设》，http://www.gov.cn/xinwen/2018-04/21/content_5284783.htm。

② 《马克思恩格斯全集》第1卷，人民出版社1995年，第378页。

③ 程文静：《深刻认识推动媒体融合发展的重要意义》，《光明日报》2019-12-16。

④ 王明浩：《主流媒体重大疫情报道的时度效》，《中国记者》2022年第7期。

⑤ 习近平：《加快推动媒体融合发展　构建全媒体传播格局》，《求是》2019年第6期。

元化、政民互动更加便捷化、政务服务更加智能化，为政府形象塑造提供了新的契机，但与此同时也挑战着政府的舆论引导力、政府回应力和网络监管能力。[①]政务新媒体在迅猛发展的同时，政务新媒体在资源整合、专业性和亲和力、舆情引导、黏性强度以及地域发展等方面还存在较大差距和不足，忽视联动功能，政务微信公众号"重新闻轻服务""重宣传轻互动"。《2020 年政府网站和政务新媒体检查情况通报》显示，一些地方和部门运用政府网站和政务新媒体的能力水平有待提高。一是内容保障机制有待健全。个别政府网站和政务新媒体存在信息不更新、服务不实用、互动不回应等问题。在抽查的政府门户网站中 52.3%存在办事指南不规范、内容不完整等问题，少数网站仍未建立听民意、汇民智渠道，企业和群众在线办事、咨询政策存在困难。二是政策解读水平有待提升。一些地方和部门政策解读针对性不强，没有向群众讲清讲透政策措施的重点和公众关心的问题，未能发挥好增进共识、赢得支持和推进落实的作用。三是监督管理责任有待落实。检查发现，62.5%的地方、37.8%的国务院部门未督促本地区、本部门政府网站规范公开有关网站工作年报。部分地方和部门未严格执行政府网站域名管理规定。一些部门未按要求开展常态化监管。除北京市、天津市、安徽省、山东省、贵州省、新疆维吾尔自治区外，其余地区未将部分信用类网站、机构改革后新开设的网站等纳入监管。一些部门政府网站和政务新媒体监管工作仅止步于解决内容不更新等底线问题，未严格对照检查指标提升服务水平。部分单位在政务新媒体摸底普查工作中存在漏报、误报等问题。[②]为此，政务新媒体发展要准确把握媒体融合发展趋势，善于利用媒体融合发展促进社会治理专业化、信息化、智能化。重视媒体融合合作开发，依托政府资源积极与互联网公司合作

---

① 姚梅：《"互联网+政务"背景下我国政府形象塑造研究》，《安徽商贸职业技术学院学报（社会科学版）》2017 年第 3 期。

② 《2020 年政府网站和政务新媒体检查情况通报》，http://www.gov.cn/zhengce/content/2020–12/16/content_5569781.htm。

开发适合政务服务的新产品。专业媒体要做好政务服务不可能一蹴而就,应争取政府提供数据、资金等更多的稀缺资源,在遵循市场规律的前提下,调动积极性和创造性,提高资源要素生产率,形成新的价值和效用。

第一,构建多元回应体系,开辟新型政府回应渠道。政府回应模式要向"网络型""互动型"转变,开辟新型政府回应渠道,以形成健全而多元的政府回应体系。虽然政务微博给我国政府回应机制建设带来了新的机遇,但由于微博强大的舆论信息形成机制,也直接给传统政府回应机制带来强大的挑战。社会公众在与政府进行互动交流的同时,也要求政府及时有效地对公众意见进行处理与反馈,对政府的回应力和舆情引导能力提出了更高的要求。只有建立大平台,实现媒体终端融合,才能加快实现政务数据"出深闺",解决市民的刚需和痛点,形成强大的传播合力和服务能力。利用新媒体平台,搭建集成分散资源、综合服务管理、共享信息流通的媒体综合管理服务平台,以适应建立集约型、服务型、智慧型政府的客观要求。[1]政务新媒体的融合发展不仅是媒体平台的融合,首要的是体制机制的创新与融合。通过建立微博舆情监控机制,从各个层面来监控微博中所传播的信息,使各级政府及时了解网民在微博中所发布的舆情,提前做好相关的政府回应准备,以应对突发的微博舆情事件。[2]

第二,汇聚大数据,实现信息融合。李克强总理曾指出,目前我国信息数据资源80%以上掌握在各级政府部门手里,"深藏闺中"是极大的浪费。目前,尚未形成多部门信息联动发布态势。政务包含了各委办局的职能,这就需要媒体与对应的政府部门协商。各委办局也想利用互联网赋予的机会扩大自己的便民范围,并作为管理工具。如交通运输部门的公交信息,公安部门的违章查询,医疗部门的专家号等。但多数都不愿意把这些资源让渡给媒

---

① 田羽:《"互联网+政务服务"促进政务新媒体融合发展》,《魅力中国》2017年第19期。
② 田冰:《巧用政务微博,回应民众关切》:《人民论坛》2016年第27期。

体。为此，国务院先后出台《关于促进云计算创新发展培育信息产业新业态的意见》《国务院办公厅关于运用大数据加强对市场主体服务和监管的若干意见》《国务院关于印发促进大数据发展行动纲要的通知》。各级组织应顺势而为，加快数据开放与应用的步伐。有计划、分步骤地实现各部门、各层级数据信息互联互通、充分共享，在各个数据领域提供社会公共服务信息，深挖"束之高阁"的"政府数据"。建立信息资源矩阵，完善联动协作机制，重要信息互相转发、互相评论，发挥集群效应、矩阵效应，放大正面声音，形成信息服务和舆论引导合力。①

第三，发挥"两微一端"的综合回应效力。新媒体相互呼应、联动发声，成政务新媒体发展大趋势。②要加强各级各类政务微博、政务微信和政务网站之间的协调配合。传统媒体时代，政府掌控着舆论的主导权，媒介工具是政府对外宣传、发声的喉舌。新媒体时代，人人都是信息的发布者、传播者和接受者，公众已经由过去被动地接收信息转变为主动地检索和筛选信息。相对自由的微博信息发布与获取方式加大未经核实甚至错误信息发布的风险，使得谣言和假信息大量滋生。政府在社会公众中话语权的主导地位受到撼动，政务服务方式的智能化也挑战政府的网络安全治理能力。③许多网络舆论事件在其中酝酿和传播，形成海量信息流与强大的民间舆论场，甚至有研究显示，有近六成假新闻首发于微博。同时，微博微信成为网民爆料、维权的重要渠道，给管理部门带来较大的压力。一些公共危机事件或爆料、维权事件被网民们追捧或吐槽，评论攻击性比较强而且存在很多负能量，使得无理性群体事件被进一步地放大。如果不能及时加以正确引导，极易演变成为网络群体围观事件。"网络水军"受雇于某些利益集团，在网上为他人发帖、回

---

① 贾金利：《"政务新媒体+"全功能应用拓展路径探析》，《新闻爱好者》2017年第3期。

② 田羽：《"互联网+政务服务"促进政务新媒体融合发展》，《魅力中国》2017年第19期。

③ 姚梅：《"互联网+政务"背景下我国政府形象塑造研究》，《安徽商贸职业技术学院学报（社会科学版）》2017年第3期。

帖、删帖，虚假造势，谋取好处，使网络民意"被注水"，影响公众的准确判断；偏激情绪交互感染，网络上所传递的个别信息、发表的个别言论带有明显的感情色彩，致使"民间舆论场"的客观性荡然无存，彻底沦为某些群体利益诉求表达的发泄口；部分网络"大 V"无视社会责任，滥用自身影响力，在网上发布损害国家荣誉和利益的言论甚至造谣传谣、扰乱社会秩序，致使网络谣言滋生、扩散，混淆视听，误导受众，甚至造成社会恐慌。而政务新媒体在引导网络舆论过程中常常处于"失语"或"缺位"的被动状态。与公众互动不够，没有在第一时间发现问题并发布相关权威消息、提供事实真相，没有及时有效地回应网民关切、引导公众理性解读。猜疑、虚假言论在网络上持续发酵，最终演变成为舆论危机事件。①而某些政务新媒体信息发布过程中，不研究、不重视公众关心的内容，其政务信息极少被关注，少数政务微博甚至关闭了回复功能。受众对其认可率较低，导致二次传播可信度降低，传播力不够，受众对其关注度低。因此，需要政务新媒体要解决微博、微信信息传播中的不足。政府融媒体建设应把握微博、微信的传播特性，充分发挥政务"双微"在新闻发布、政务服务、网络问政及扩大自身传播影响力上的传承与协同作用。

第四，加强考核监督，以媒体融合推进政务新媒体发展。政务新媒体的迭代更新极大地改变了政府所处的舆论环境，在实现政策文本软性化表达的同时对政府的舆情引导力也提出新的挑战。但有的政务部门躲在网后，不敢说、不会说、不愿说，怕担责、怕问责、怕有责；有的采取鸵鸟政策，即使是上了网，也不说话，不履责，面对网上群众诉求，不理不问。殊不知，这样的结果只会使质疑声越来越大，民怨越来越多，离群众越来越远。因此，2019 年 4 月出台了《政府网站与政务新媒体检查指标》，提出国务院办公厅将每半年对全国政府网站及政务新媒体的运行情况进行抽查，每年对有关监管工作进行考核，抽查和考核结果将予以公开通报。对政府网站检查时，如网站出

---

① 贾金利：《"政务新媒体+"全功能应用拓展路径探析》，《新闻爱好者》2017 年第 3 期。

现单项否决指标中的任意一种情形，即判定为不合格网站，不再对其他指标进行评分，即"单项否决"。具体包括：一是安全、泄密事故等严重问题，出现严重表述错误，泄露国家秘密，发布或链接反动、暴力、色情等内容，对安全攻击（如页面被挂马、内容被篡改等）没有及时有效处置造成严重安全事故，存在弄虚作假行为（如伪造发稿日期等），因网站建设管理工作不当，引发严重负面舆情。二是站点无法访问，监测1周，每天间隔性访问20次以上，超过（含）15秒网站仍打不开的次数累计占比超过（含）5%，即单项否决。首页不更新，监测2周，首页无信息更新的，即单项否决；如首页仅为网站栏目导航入口，所有二级页面无信息更新的，即单项否决。三是栏目不更新，监测时间点前2周内的动态、要闻类栏目，以及监测时间点前6个月内的通知公告、政策文件类一级栏目，累计超过（含）5个未更新；应更新但长期未更新的栏目数量超过（含）10个；空白栏目数量超过（含）5个。上述情况出现任意一种，即单项否决。四是互动回应差。未提供网上有效咨询建言渠道（网上信访、纪检举报等专门渠道除外）；监测时间点前1年内，对网民留言应及时答复处理的政务咨询类栏目（在线访谈、调查征集、网上信访、纪检举报类栏目除外）存在超过3个月未回应有效留言的现象。上述情况出现任意一种，即单项否决。五是服务不实用。未提供办事服务；办事指南重点要素类别（包括事项名称、设定依据、申请条件、办理材料、办理地点、办理机构、收费标准、办理时间、联系电话、办理流程）缺失4类及以上的事项数量超过（含）5个；事项总数不足5个的，每个事项办事指南重点要素类别（包括事项名称、设定依据、申请条件、办理材料、办理地点、办理机构、收费标准、办理时间、联系电话、办理流程）均缺失4类及以上。上述情况出现任意一种，即单项否决。六是政务新媒体。安全、泄密事故等严重问题，出现严重表述错误；泄露国家秘密；发布或链接反动、暴力、色情等内容；因发布内容不当引发严重负面舆情。上述情况出现任意一种，即单项否决。七是内容不更新。监测时间点前2周内无更新；移动客户端（App）无法下载或使用，发生"僵尸""睡眠"

情况。八是互动回应差。未提供有效互动功能;存在购买"粉丝"、强制要求群众点赞等弄虚作假行为。上述情况出现任意一种,即单项否决。①

第五,政府部门要充分发挥网络直播功能,缩短与市民的距离,实时了解民生民情。一方面,政府可以在政府网站、政府微博、政府微信等信息发布渠道设置在线访谈等,在微信上还可以开通公众号留言功能,并派专人实时看守,及时回应和解决市民的问题,接纳市民提出的意见;另一方面,政府可以在微信和网站上开通网络直播功能,通过与市民一对一或一对多的形式展开交流沟通,同时征求市民的意见和建议,建立良好的政民关系,有利于政府更好地为市民服务,更好地解决问题。

### 4.借力技术创新,为媒体融合提供支撑

技术创新是推动媒体融合发展的"金钥匙"。技术迭代是传媒业转型升级的重要驱动力。5G、AI(人工智能)、AR(增强现实)/VR(虚拟现实)、区块链、云计算等信息传播技术快速发展,将重新调整媒体格局,深刻改变舆论生态,促使媒体融合产生蜕变。面对技术带来的深刻变革,媒体从自主研发到多方合作,纷纷投入技术创新大潮。建设全程媒体、全息媒体、全员媒体、全效媒体"四全"媒体,技术创新是驱动力。媒体应跟上技术发展步伐,依托算法推荐、人工智能、区块链、云计算、物联网、5G 等新技术,发展移动客户端、手机网站等应用新业态,不断培植和强化技术基因,为建立全媒体传播体系提供有力技术保障。5G 具有革命性的迭代意义。要及时充分运用 5G、移动互联网、物联网、人工智能等新技术,因势而谋、应势而动、顺势而为,让技术之光照亮媒体融合发展之路,不断深化这场媒体自我革命。②要借力技术

---

① 《国务院办公厅秘书局关于印发政府网站与政务新媒体检查指标、监管工作年度考核指标的通知》,http://www.gov.cn/zhengce/content/2019-04/18/content_5384134.htm。
② 双传学:《坚定不移推动媒体融合向纵深发展》,《人民日报》2020-01-22。

手段打造多介质、多元化的平台渠道,以平台集成先进的适用技术,替代碎片化技术嵌入、短期化项目建设;以市场化机制引入新的技术,整合各类资源,重构技术布局,真正把 AR、机器人写作、大数据等新技术用起来,激发更大生产力。

要打造全媒体传播新优势,主攻短视频、直播、数据新闻,把功能强大的数据平台作为运行各项业务的基础。主流媒体要以强烈的紧迫感抢占技术风口,瞄准新技术新趋势进行重点布局、全局重塑,努力打造大数据信息资源平台、智能生产和传播平台、用户沉淀平台。建好“中央厨房”,只是技术连接的第一步。用好这一指挥中枢,还需技术再发力。要着力构建与采编发相匹配、与内容生产传播相适应的媒体传播矩阵和接受端口,真正实现多屏合一、一体辐射的即时互动,释放资源通融、内容兼融、宣传互融、利益共融的媒体融合“红利”①,让技术系统支撑有力,实现一次采编、多层加工、多元适配,切实提升新闻信息的加工速度和传播时效,最大限度地满足受众用户的多元化需求。同时,要加强媒体网站建设,建立打通各媒体的用户数据平台,为挖掘大数据资源、实现用户增值服务、进行统一的版权保护、与智慧城市同构等奠定统一的规模基础。

### 5.强化能力建设,塑造全媒体时代的政府形象

媒体融合发展,人才是决定性因素。习近平总书记指出,我还多次强调,各级领导干部特别是高级干部要主动适应信息化要求、强化互联网思维,善于学习和运用互联网。②各级领导干部要“不断提高对互联网规律的把握能力、对网络舆论的引导能力、对信息化发展的驾驭能力、对网络安全的保障能力。各级党政机关和领导干部要提高通过互联网组织群众、宣传群众、引

---

① 双传学:《坚定不移推动媒体融合向纵深发展》,《人民日报》2020-01-22。

② 习近平:《加快推动媒体融合发展　构建全媒体传播格局》,《求是》2019 年第 6 期(习近平在中共中央政治局第十二次集体学习时讲话)。

导群众、服务群众的本领①"。全媒型、专家型的新闻传播和政务媒体的人才队伍至关重要。面对5G、人工智能和媒体融合发展的新形势，必须打造一支政治过硬、本领高强、求实创新、能打胜仗的媒体融合工作队伍。传统媒体拥有专业化的采编人才队伍、权威的信息渠道、规范的采编流程，具备较强信息采集核实、分析解读、深度报道能力。建立全媒体传播体系，要通过媒体融合发展，把传统媒体的这个优势充分发挥出来，进行专业化的新闻生产，打造优质新闻产品。②同时，大数据、云计算等技术被运用到全媒体采编平台之中，移动直播、短视频、H5应用等技术在采编制作环节普遍采用，VR（虚拟现实）、AR（增强现实）等技术从无到有。融媒体的媒介融合还包括了印刷、音频、视频、互动性数字媒体在内等组织之间的战略和文化联盟，这也对媒体人提出了必须掌握多种技能，为内容生产的即时性、多样性提供技术和智力支撑的要求。为此，要提升新闻工作者和政务媒体工作者的全媒体传播能力，形成一专多能的全媒体队伍。习近平总书记提出了"不断增强脚力、眼力、脑力、笔力"，"努力成为全媒型、专家型人才"的要求。③新闻工作者和政务媒体工作者要主动学习新的传播知识、传播技术、传播思维和传播方法，练就媒体融合传播的真本领。脚力是线上与线下开展社会调查的基本功。媒体融合时代，媒体人既要俯下身、沉下心、察实情，亲身走进基层、走进一线、走进田间地头，练就线下实地调查的基本功；也要深入互联网舆论场，掌握网络传播规律，做好线上社会调查，加强数字时代无形的"脚力"。眼力是借助新媒体技术拓展观察社会的视角。在宣传思想工作中，只有"胸怀大局、把握大势、着眼大事"，才能更好地找到工作的切入点和着力点，自觉承担起举

---

① 《习近平在全国网络安全和信息化工作会议上强调，敏锐抓住信息化发展历史机遇，自主创新推进网络强国建设》，http://www.gov.cn/xinwen/2018-04/21/content_5284783.htm。

② 张涛甫：《建立全媒体传播体系》，《人民日报》2020-02-03。

③ 《习近平在党的新闻舆论工作座谈会上强调 坚持正确方向创新方法手段 提高新闻舆论传播力引导力》，https://news.12371.cn/2016/02/19/ARTI1455884864721881.shtml。

旗帜、聚民心、育新人、兴文化、展形象的使命任务。要做到眼中有全局,胸中有情怀,笔下有细节。新媒体技术突破了传统媒介的限制,借助无人机拍摄、传感器采集、VR/AR 临场化呈现、大数据抓取等新技术手段,媒体人拥有了更广阔的视角,可以有效提升新闻工作者观察和分析问题的层次与能力。脑力是用主流价值导向驾驭互联网"云脑"。主要体现于在时代浪潮中要保持定力,要适应与人工智能和谐相处的工作环境,具备以新闻传播学科为基础的多学科、跨学科知识素养,在增强自身"脑力"的同时,科学地借助互联网"云脑",有效提升信息传播水平和舆论引导能力。笔力是夯实基础培育一专多能的"全媒体记者"。"笔力"体现为具体的新闻报道作品和语言文字水准,要适应互联网语态与全息传播形态的表达形式,放下姿态,转变语态,创新形态,以短、实、新的文风妙手著文章,推出一批精品力作。[1]通过强化能力建设,以增强"四力",提升内容生产能力,以更多有温度、有深度、有情怀的产品涵养人心、抓牢用户,推出更多有价值含量的爆款产品,占领传播制高点。[2]

面对网络交流互动平台纷繁复杂的社情民意,政府该如何及时、准确、全面地收集、筛选、整理、加工信息并迅速、有效地对社情民意做出回应,满足公众的合理需求,为公众答疑解惑成为难题。这就需要大量思想深刻、见解独到、能为用户提供独特价值的专业优质内容。但是由于地域发展不均衡,政务新媒体的受众数呈现出"高热低冷"的现象,高的如部分中央国家机关和省级政务新媒体可达数百万甚至上千万受众,少的如一些县级及以下的基层政务新媒体的粉丝仅有寥寥数十人。绝大多数的政务微博、政务微信的受众增加数、转评数、转发数非常少,成长力严重不足。[3]这在一定程度上说明,各级政府、各级干部提升能力已迫在眉睫。

---

① 北京市习近平新时代中国特色社会主义思想研究中心:《媒体融合时代 新闻工作者如何锤炼"四力"》,《光明日报》2019-12-02。

② 双传学:《坚定不移推动媒体融合向纵深发展》,《人民日报》2020-01-22。

③ 贾金利:《"政务新媒体+"全功能应用拓展路径探析》,《新闻爱好者》2017年第3期。

在媒体融合发展中发展政务融媒体应做到：

第一，以人为本，增强用户意识。政务新媒体的舆论宣传必须以人为本，尊重他人人格尊严。"全民网聚新媒体"促使政务新媒体随着传播格局、舆情生态和传播主体地位的变化，走出公共政策制定者、政务信息单向传播者和媒体平台管理者的权威藩篱。移动化、社交化、可视化是重要趋势，微博的出现给政府回应机制建设带来机遇的同时，也直接挑战着政府固有的回应方式和传统的回应时间。要增强用户意识，紧跟需求侧变化，推动内容生产优势向互联网主战场迁移并实现创造性转化。内容上加强议题设置，找准受众的关切点，要上接天线、下接地气，绝不能自说自话。

第二，及时回应、主动作为。信息网络有传播速度快、多声部等特点。政府只有在及时、准确地了解社情民意的基础上迅速决策、及时回应、主动作为，才能更好地塑造良好的政府形象。[1]习近平总书记要求："各级领导干部要增强同媒体打交道的能力，不断提高治国理政能力和水平。"[2]领导干部既要精通"十八般武艺"，更要练好"几把刷子"，成为善用现代传播手段的行家里手。政务新媒体应在重大新闻事件前第一个发声。因此，要提高政务新媒体新闻发布的策划能力，做好重大新闻突发事件的舆论引导预案，做好提前介入及跟踪报道，力争第一时间发布及跟踪报道，牢牢树立政府新闻权威性。

第三，增强互动，转变语态。在媒体融合时代，政务新媒体应加强互动性，要适应互联网语态与全息传播形态的表达形式，表达形式向亲民化方向转化。政务媒体应当放下姿态，避免政务发布及时政信息发布打官腔、脸谱化、抽象化。要让受众或用户愿意听、听得懂、喜欢听，最终实现融媒体传播的传播效果。语言表达要平实、言之有物、实实在在、准确客观，不说套话、不

---

① 姚梅：《"互联网+政务"背景下我国政府形象塑造研究》，《安徽商贸职业技术学院学报（社会科学版）》2017年第3期。

② 习近平：《加快推动媒体融合发展　构建全媒体传播格局》，《求是》2019年第6期（习近平在中共中央政治局第十二次集体学习时讲话）。

说官话，以真诚、平等的姿态来回应网民所提出的各种问题。在体恤和关照公众情感同时，以理服人，形式生动化。要用通俗易懂的方式，柔和的语言策略解读民生政策，发布时政与新闻信息。要真正关注、解答并解决人民群众关心问题，持续改进不适合做法，为民众提供无微不至的服务，在网络空间里树立党和政府的公信力。[①]为吸引公众注意力，政务新媒体应学会创新工作形式，利用文本、照片、图示、图解、动画、视频等多媒体表现形式，以更接地气、更形象的方式发布时政信息，例如，用动画速读政府工作报告等。目前，部分政务新媒体账号立足本职，俯下身子走到群众身边，成为大众喜闻乐见的新晋"网红"。2021 年 3 月，深圳卫健委旗下的政务新媒体账号"深小卫"以"我们一起打疫苗，一起苗苗苗"的魔性宣传口号走红网络，引发全网创作传播趣味性防疫口号的热潮。6 月，河南疾控微信公众号在《再解答：新冠疫苗接种禁忌相关问题》的留言回复中，以"我感觉您这不是胖，是对生活过敏造成的肿胀"等诙谐幽默、亲切生动的表达方式，打破了官媒与网友之间的天然隔阂，消减了群众对于疫苗注射的疑虑，引发了大量网友的关注和点赞。[②]政务新媒体用幽默亲民的表达形式，与网民成功建立有效沟通渠道，有效达成专业知识"广而告之"的宣传目的。

第四，强化网络公关能力，提升政府形象。政务新媒体的"指尖上的舆论能量"正在凸显。互联网＋政务"的发展使得政府形象塑造的舆论环境、公关媒介发生巨大改变，对政府公务人员的网络公关能力也提出了更高的要求。为此，必须提升公务人员的公众形象意识，加强公务人员的网络公关能力培训，推动政务新媒体平台的融合发展。通过建立健全网络监管体制机制及法律法规，更好地塑造公开民主、高效智能、民主法治的政府形象。积极培养政务微博"发言人"，及时发布相关的政务信息，并就网民在微博上所提出和反

---

① 俞燕君、俞冰：《政务新媒体语言及发布策略探究》，《出版广角》2016 年第 8 期。

② 胡俭宏：《后疫情时代政务新媒体的发展与变化》，http://www.cpd.com.cn/n15737398/n26490099/922/t_1049098.html，2022 年 09 月 05 日。

映的相关问题进行沟通与交流。此外，要创新聚才用才机制，建立健全传统媒体和新媒体人才使用机制。着力完善人才激励机制，改进用人体制、优化人才环境，进一步研究设计更加科学合理的考核评价体系、职级晋升制度、薪酬分配办法，吸引凝聚全媒体内容生产、融媒体技术研发、跨媒体经营等方面的高端人才。①

① 张传香:《媒体融合发展要加强体制机制创新》,《人民日报》2020-04-13。